JN418392

개정판

현대 생산운영관리

장성기 저

Production & Operations Management

도서출판 두남

머리말

Preface

오늘날 기업이 당면하고 있는 글로벌 경쟁의 심화, 인공지능 등 기술의 급속한 발전, 환경에 대한 중요성 인식, 고객중심의 시장경제 등과 같은 경영환경의 변화는 기업의 생산관리에 지대한 영향을 끼친다고 할 수 있다. 예를 들면 고객의 다양한 요구에 따른 제품 라이프 사이클의 단축이나 세계시장에서의 경쟁을 위한 정보기술과 요소기술을 기반으로 한 통합화는 기존의 생산시스템의 역할과 기능의 측면에서 커다란 변화를 가져 왔다.

이러한 시대적인 변화의 흐름에 따라 생산관리는 관리의 기본인 표준에 의한 과학적 관리가 정립된 토대 위에서 기업의 기본 업무들 상호간의 연계가 이루어져야 하며 생산구조와 생산활동 간의 괴리가 없어야 할 것이다.

이 책은 경영학의 한 분야인 생산관리에 대해서 학부 학생뿐만 아니라 대학원생, 그리고 일반 기업의 현장에서 일하는 생산관리 담당자들의 이해를 돕기 위하여 저술하였다. 이 책의 저술 목적은 무한 경쟁시대를 맞이하여 초일류 생산시스템의 관리를 위한 현대적인 생산관리기법의 기본적인 개념 소개와 사례연구를 통해서 현장의 실무에 적용할 수 있게 하는데 있다. 또한 최근에 세계적 일류기업들에 의해 소개되고 있는 공급사슬관리(SCM: Supply Chain Management), 전사적 자원관리시스템(ERP: Enterprise Resource Planning) 등에 대해 보다 집중적인 접근을 통하여 이에 대한 이해와 실제 적용이 가능하도록 하였다.

이 책의 대표적 특징으로 다음과 같은 부분에 대한 구체적인 설명을 들 수 있다.

- 초일류 생산시스템을 위한 현대적 생산관리 기법
- SCM, CIM, ERP, 6시그마 등과 같은 전략적 접근법
- 전사적 품질경영과 최근의 품질향상운동
- 생산전략의 중요성과 이의 구축과정

이 책은 학부 및 대학원에서 경영학, 산업공학, 공업경영학, 산업시스템경영학 등 경영학 관련 전공을 하면서, 생산관리에 관한 기초과정, 고급과정을 공부하고자 하는 학생들에게 교재로 사용될 수 있을 뿐만 아니라, 일반 제조업체나 서비스 업체에서 생산관리, 자재관리, 재고관리, 물류관리 등을 담당하는 실무자 및 관리자에게 편하고 쉬운 지침서가 될 것으로 기대한다.

2023년 8월

저자 장성기

차 례

Contents

Chapter

01

생산의 기능 및 목표

1. 생산관리의 정의
2. 생산관리의 발전
3. 생산시스템
4. 생산관리의 목표
5. 생산관리의 최근 동향

생산 활동은 인간의 존재와 함께 시작하였다고 할 수 있으나, 생산관리를 조직 내에서 생산기능의 효과적·효율적 관리라 정의할 때 생산관리의 역사는 아담 스미스의 국부론 이후로 생각하는 것이 타당할 것이다. 조직에서 생산기능은 생산관리자에 의해 관리되는 것으로서, 공장의 운영을 전반적으로 책임지고 있는 공장장이 이와 같은 생산관리자의 대표적 예라 할 수 있다. 또한 제조에 대해 책임을 지고 있는 제조부장과 원자재 및 제품의 품질을 관리하는 품질부장도 생산관리자라 할 수 있을 것이다. 이들 공장관리자들은 제조업에서 제품의 생산을 책임지고 있다.

그러나 생산관리자는 제조업뿐만 아니라 서비스산업에도 존재하는데 즉, 은행, 호텔, 식당, 항공사 등의 서비스산업에서 운영관리자가 제조업의 생산관리자에 해당하는 역할을 수행한다. 이러한 서비스 조직의 운영관리자는 제조업에서 제품의 생산·공급을 책임지고 있는 생산관리자와 마찬가지로 서비스의 생산·공급을 책임지고 있다.

과거 제조업을 중심으로 제품의 생산을 효과적·효율적으로 관리하는 학문체계는 제조관리(manufacturing management)란 명칭으로 불리어졌다가 그 후 좀 더 넓은 의미의 생산관리(production management)로 변경되어 사용되어졌다. 그러나 1980년대 이후 미국의 경우 전체 GNP에서 차지하는 비율과 전체고용인원에서 차지하는 비중 등에서 서비스업이 제조업을 훨씬 능가함에 따라 더욱 포괄적 의미의 운영관리(operations management)란 명칭으로 바뀌어 사용되고 있다. 하지만 아직도 많은 사람들이 생산관리라는 용어에 익숙하기 때문에 생산관리라는 용어가 제조업과 서비스업을 모두 포함하는 의미로 종종 사용된다.

1. 생산관리의 정의

생산관리란 조직 내 생산기능의 효과적·효율적 관리라고 정의할 수 있다. 효과성이란 올바른 목표의 선택과 관련되는 의미이며, 효율성은 일을 바르게 하는 것을 의미하는 것이다. 생산기능이란 제품이나 서비스를 생산하는 기능을 말하는 데, 이 기능은 생산관리자가 담당하고 있다. 또한 생산관리를 생산시스템의 목적을 달성하기 위하여 투입물, 변환기능, 산출물, 정보피드백 등의 네 가지 구성요소를 어떻게 관리할 것인가를 다루는 학문분야라고 정의할 수도 있다.

생산관리의 개념은 점차 운영 중심에서 전략 중심으로, 부분 중심적에서 통합적으로 변화되어 가고 있다. 운영 중심이란 생산시스템의 변환 과정의 관리에 중점을 둠으로써 환경의 변화가 관리체계에 흡수되지 못하는 경우를 의미하며, 전략 중심이란 환경의 변화가 관리 체계에 흡수되어 환경과 생산시스템의 상호 작용으로 생산 능력과 시장의 기회를 조화시키고 새로운 가치를 창출하는 경우를 의미한다. 부분 중심적이란 생산관리가 품질관리면 품질관리, 재고관리면 재고관리, 제조부서면 제조부서, 설계부서면 설계부서의 부분적인 관점에서 관리됨을 말하고, 통합적이란 모든 부서와 공정이 상호 연결되어 유기적으로 통합된 생산관리가 필요함을 의미한다. 근래에 그 중요성이 크게 강조되고 있는 전사적 자원관리시스템(ERP: enterprise resource planning)의 개념은 이러한 통합적 관리의 대표적 접근으로 볼 수 있다.

생산관리의 기본 기능은 다른 경영 활동과 마찬가지로 계획, 조직화, 지휘, 통제로 구성된다. 계획은 목표 수립을 포함하는 전략 계획부터 목표를 달성하기 위한 제반 활동과 방법을 명시하는 전술 계획, 추진 일정과 실행 절차에 관한 운영 계획 들로 구성된다. 조직화는 계획된 목표를 달성할 수 있도록 종업원에게 동기를 부여하고 활동을 조정한다. 통제는 운영 상태가 계획된 목표와 일치하는지 평가하고 운영 상태의 조정이 필요한 경우에는 이에 대한 조치를 취하는 과정을 말한다.

2. 생산관리의 발전

근대적인 생산관리의 시작은 영국의 산업혁명 이후라고 할 수 있는데, 지난 100여 년간 생산관리의 발전과정을 살펴보면 다음과 같다.

1) 과학적 관리법

현대적 의미에서의 생산관리는 1900년대 초 테일러(Frederick W. Taylor)의 과학적 관리법으로부터 태동되었다. 당시 미국의 시대적 배경은 남북전쟁이 종료되고 노예들이 해방됨에 따라 인권문제, 고용착취문제 등과 더불어 조직적인 파업이 빈발하여 기업의 생산성이 극도로 저하되었던 시기였다. 테일러는 고임금·저노무비의 이념을 실현하기 위해 과학적 관리법에 의한 관리가 요구된다고 제의하였는데, 그가 이를 실현하기 위하여 우선적으로 관심을 가진 것은 노무자의 태업이었다. 테일러는 태업을 과학적인 과업관리에 의해 제거하고자 노력하였는데 과업관리의 방법으로서 작업의 표준화, 작업조건의 표준화, 그리고 차별적 성과급제를 채택하였다.

① **작업의 표준화** : 노무자의 과업을 세부기본동작으로 분류하고 각각의 기본동작을 분석하여 최선의 작업방법을 도출하였다. 또한 각 동작의 시간을 측정하여 과업을 수행하는데 소요되는 시간, 즉 작업시간의 표준화를 이루었다. 따라서 노무자는 표준화된 작업방법에 의해 작업을 수행하게 되고, 표준화된 작업시간에 의해 일일 생산량과 적정생산량이 결정되었다.

② **작업조건의 표준화** : 작업이 표준시간 내에 수행되려면 작업환경이 일정해야 하는데, 테일러는 장비, 자재, 작업도구의 표준을 설정하여 노무자들이 항상 일정한 여건에서 작업을 수행할 수 있도록 하였다.

③ **차별적 성과급제** : 차별적 성과급제란 노무자의 작업성과에 따라 차별적인 임금률을 적용하는 것을 말한다. 예를 들어 두 가지의 다른 임금률을 설정하고 적정한 양 이상의 성과를 내는 노무자에게는 높은 임금률을 적용하고, 달성하지 못한 경우에는 낮은 임금률을 적용하였다.

테일러의 과학적 관리법은 오늘날 미국의 경영관리에 지대한 공헌을 한 것으로 평가되고 있으나, 테일러는 '인간은 금전적인 유인에 의하여 행동한다'는 전제에서 출발하였기 때문에 인간의 심리적, 사회적 측면에 대한 문제의식이 부족하였다는 비판을 받았다.

2) 이동조립라인

1913년 포드(Henry Ford)는 자동차의 대량생산을 가능케 한 획기적 기술혁신인 이동조립라인(moving assembly line)을 도입하였다. 이동조립라인에 의해 작업자와 전체 제조 시스템의 속도를 동시화 함으로써 전체 조직의 능률을 향상시키고자 한 것이 이동조립라인 시스템의 기본 목적이라 할 수 있다.

이동조립라인은 대량생산을 합리적으로 수행하는 방식으로 포드의 경영철학인 포디즘(Fordism)의 실현 형태라 할 수 있다.

포드는 이동조립라인 시스템을 완성하기 위하여 오늘날 대량생산의 3대 원칙이라고 불리는 3S 개념을 제시하였다.

① **장비의 전문화(specialization)** : 제품의 단위당 생산원가를 낮추기 위하여

포드는 단일제품을 선정하고, 그 제품의 생산효율을 최대화할 수 있도록 장비를 전문화하였다. 포드사는 1900년대 초부터 1927년까지 제품의 종류를 T형차로 단일화하고 5,000여 종의 규격화된 부품을 생산하기에 적합한 전문적인 장비를 도입하였다.

② **작업의 단순화(simplification)** : 작업을 여러 개의 단순작업으로 분류하여 생산라인의 각 작업자에게는 한 두 개의 단순한 작업을 부여하고, 작업자들이 이들 단순작업을 반복적으로 수행하게 함으로써 생산성을 제고하고자 하였다. 또한 큰 작업을 작은 작업들로 분류하여 조립라인의 각 작업자에게 균등하게 작업을 분배함으로써 작업자간의 작업량 불균형으로 인한 비효율성을 제거할 수 있었으며, 작업자에 대한 교육 훈련비용도 절감할 수 있었다.

③ **부품의 표준화(standardization)** : 각 부품의 규격, 형상, 무게 등을 표준화하여 항상 동일한 부품이 반복적으로 생산되도록 하였다. 또 부품의 표준화는 부품의 호환성을 제고시켜 제조원가를 절감시키는 효과를 가져다주었다.

3) 인간관계론

20세기 초반의 자본주의 사회에서는 과학적 관리론에 입각하여 고도로 분업화된 생산방식이 주요 생산형태로 자리 잡았다. 그 속에서 종업원의 인격은 무시되고 생산라인의 한 부품처럼 기계화되었다. 그러나 생산성을 향상시키는 최선의 방법이 이러한 과학적 관리만은 아니라는 사실이 밝혀진 것은 1924년에서 1932년 사이에 실시되었던 호손실험(Hawthorn experiment)에서 비롯되었는데, 이 실험을 통해 인간관계가 생산성 향상에 커다란 영향을 미친다는 것이 공식적으로 확인되었다.

호손실험은 메이요(Elton Mayo)와 하버드대학 연구팀이 시카고에 있는 웨스턴 전기회사(Western Electric)의 호손공장에서 인간행동에 관한 연구를 4차에 걸쳐 실시하였다. 1차 실험에서는 조명과 같은 환경의 변화가, 2차 실험에서는 임금인상이나 휴식시간 등 작업관련 요인들이, 3차 실험에서는 작업자의 태도나 감정이, 4차 실험에서는 사회적으로 인정받고 싶은 욕구가 생산성에 어떠한 영향을 미치는지 알아보았다.

이 실험으로 생산성에 영향을 크게 미치는 것은 작업환경이나 노동조건보다 작업자의 심리적 반응이라는 결과를 얻게 되었다. 즉, 작업능률을 향상시키는 것은 조명밝기와 같은 물질적 작업환경이나 임금, 초과수당 등과 같은 경제적 노동조건에서만이 아니라 종업원의 태도나 감정 등의 인간관계에 의해서 크게 좌우된다는 것을 알아냈다. 또한 기업의 종업원들 간에 이루어진 조그마한 모임인 비공식적인 조직이 생산성 향상에 중요한 역할을 하고 있음이 밝혀졌다.

4) 의사결정모형

의사결정모형(decision model)은 생산시스템을 수학적인 형태로 나타내는 데 사용된다. 의사결정모형은 일반적으로 결정변수, 성과측정식 및 제약식으로 구성된다. 의사결정모형의 목적은 여러 제약조건하에서 생산시스템의 성과를 최대화하는 결정변수의 값을 구하는 것이다.

최초의 의사결정모형은 1915년 해리스(F. W. Harris)에 의해 개발된 재고관리를 위한 경제적 주문량(EOQ: economic order quantity) 모형이라고 볼 수 있다. 그 후 1931년 벨 전화연구소의 슈워트(Walter A. Shewhart), 그리고 닷지(H. F. Dodge)와 로믹(H. G. Romig)은 통계적 품질관리를 위한 계량의사결정모형(관리도와 표본검사법)들을 개발하였다. 그러나 생산관리에 계량 의사결정모형이 본격적으로 도입된 것은 제2차 세계대전을 계기로 각종 OR(operations research) 또는 경영과학(management science) 기법이 개발되면서부터이다. 1947년 단치히(George Dantzig)는 선형계획모형의 심플렉스 해법(simplex method)을 개발함으로써 선형계획법의 실제 응용을 촉진시켰다. 1950년대에는 컴퓨터 시뮬레이션 모형이 생산관리에 응용되었으며, 1950년대 이후 생산관리에 여러 가지 OR 기법들이 확대, 적용되어 왔다.

5) 시스템 및 상황론적 생산관리

시스템이론은 전체시스템 관점에서의 조직연구의 중요성을 강조하며, 조직은 고도로 상호관련성이 있고 상호의존적인 부분의 집합체인 시스템으로 간주한다. 관리자가 하나의 하위시스템에 변화를 가할 때 이것은 전체시스템의 다른 부분에도 영향을 미치게 된다는 것이다. 예컨대, 생산에서의 정책변화는 재무, 마케팅, 인사 등 다른 시스템에 영향을 미친다. 즉, 이러한 시스템 접근 방식이 조직 내의 상황이론으로 발전하게 되었다.

상황이론은 모든 상황에 적합한 조직 및 경영기법의 존재가능성에 의문을 제기하고, 조직이 직면하는 과업 및 성격에 따라 조직의 적합성 및 경영기법이 변화해야 한다는 점을 강조하고 있다.

즉, 한마디로 요약하면 상황이론이란 환경이 달라지면 유효한 조직도 달라진다는 것이다. 상황(contingency)이라는 용어를 최초로 사용한 로렌스(P. R. Lawrence)와 로시(J. W. Lorsch)에 의하면 상황이론을 여러 가지 환경의 변화 및 요구에 효율적으로 대응하기 위하여 조직이 어떠한 특성을 갖추어야 할 것인가를 규명하기 위한 이론이라고 정의하였다.

6) SCM 및 ERP의 등장

1970년대에는 4세대 컴퓨터의 등장과 함께 정형적이고 구조적인 생산결정문제들은 대부분 컴퓨터에 의존하게 되면서 공장입지, 설비배치, 수요예측, 재고관리, 일정관리용 컴퓨터 패키지 프로그램이 다수 개발, 사용되었다. 한편 하버드 대학의 스키너(W. Skinner) 교수는 기업의 전략과 정책에 입각한 생산 활동의 종합적인 전개를 주장하였으며, 1980년대에 이르러 그의 주장은 일본의 토요다 자동차 공장에서 이른바 JIT(just-in-time)생산으로 실증되었고, 미국 내에서도 MRPII(manufacturing resource planning)와 FMS(flexible manufacturing system) 등으로 생산과 판매활동의 전략차원에서의 접근이 시도되었다.

1990년대에는 품질관리의 개념이 제품 차원의 TQC에서 조직시스템 차원의 통합적 품질경영(TQM : total quality management)으로 전환되었다. 또한 기업의 업무 프로세스를 근본적으로 혁신하고자 하는 비즈니스 프로세스 리엔지니어링(BPR : business process reengineering)이 등장하였다. 이 기법은 모든 기업의 업무 프로세스를 처음부터 새로운 시각으로 기본적으로 다시 생각하고 근본적으로 재설계하자는 것이다. 1990년대 후반에는 인터넷의 급속한 확산과 활용이 생산관리를 포함한 기업 경영 전반에 크게 영향을 미치고 있다. 또한 최근에는 원자재의 공급자로부터 공장, 창고, 최종고객에 이르기까지의 정보, 자재 및 서비스의 흐름을 전체 시스템의 관점에서 관리하는 공급사슬관리(SCM : supply chain management)가 대두되었다. SCM은 특히 물류분야에서 구매, 생산, 수송, 유통의 관리를 통합한 생산관리의 통합을 이룬 혁신적 방법으로 공급업자, 생산업자 그리고 고객까지 통합한 개념으로 발전되었다. 또 ERP(Enterprise Resource Planning)도 IT 기술의 발달로 기업의 모든 기능을 통합한 강력한 비즈니스 솔루션이 되었다.

3. 생산시스템

일반적으로 기업이나 공공조직이 인간, 자재, 기계설비, 에너지, 정보 등 이용 가능한 자원을 유용하게 활용하여 유형의 제품이나 무형의 서비스를 산출하는 모든 활동을 일컬어 생산 활동이라 정의한다. 이와 같은 생산 활동의 궁극적 목적은 요구되는 제품이나 서비스를 최소의 투입요소를 가지고 최대의 산출물로 변화시키는 경제적 최적화에 있다고 하겠다. 생산시스템이란 투입물을 원하는 산출물로 변환시키는 기능을 수행하는 일련의 구성요소들의 총집합체라고 할 수 있다.

3.1 생산시스템의 정의

생산시스템은 [그림 1.1]과 같이 투입물, 변환기능, 산출물, 그리고 정보피드백의 네 가지 기본요소로 구성된다. 노동, 재료, 자본 등의 생산자원이 변환과정에 투입되면, 변환과정에서는 여러 가지 형태의 변환활동을 수행하게 된다. 변환과정에서는 형태변환(가공, 조립), 시간적 변환(창고, 은행), 장소적 변환(항공사, 운수업), 소유적 변환(소매업, 도매상, 리스업), 행위적 변환(인증, 보증, 검사) 등의 다양한 변환을 통해 부가가치를 창출하게 된다. 또한 정보피드백 및 통제활동을 통하여 투입물과 변환과정의 개선을 도모한다. 예를 들어서, 동일한 시설에서 동일한 인력에 의해 제품을 생산해도 수시로 불량 또는 생산원가의 변동이 발생하게 된다.

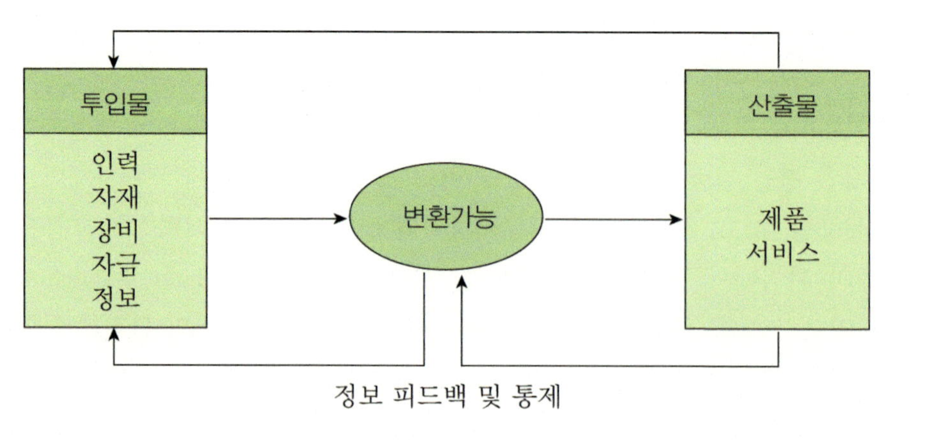

| 그림 1.1 | 생산시스템의 기능

재고량도 계획된 수치보다 과부족이 생긴다. 이러한 변동이 발생하면 변동의 원인을 분석하여 개선적인 관리활동이 시작된다. 그리고 생산시스템은 이러한 과정을 거쳐 점진적인 개선을 하는 나선형적 사이클의 형태로 발전하게 된다.

3.2 생산형태

일반적으로 생산의 형태를 일회 생산량의 연속성, 수주와의 관계, 그리고 생산량과 종류에 따라 〈표 1.1〉과 같이 분류할 수 있다.

표 1.1 생산시스템의 분류

생산시스템	생산의 연속성	연속생산 로트생산 개별생산
	수주와의 관계	재고형 생산(make-to-stock) 주문식 생산(make-to-order) 주문식 조립(assemble-to-order)
	생산량과 종류	소품종 대량생산 중품종 중량생산 다품종 소량생산

1) 생산의 연속성

① 연속생산시스템

대부분 전용설비를 이용하여 특정 품목을 전문적으로 생산하는 형태를 말하며, 장치산업 위주로 생산을 하는 경우에 대부분 적용된다. 수주와의 관계측면에서 보면 제품의 종류가 한정되어 있으며, 유통망 및 운송망 체계가 발달되어 있는 특징을 가진다. 그러므로 예측생산에 의한 생산관리의 업무비중이 회사전체업무에 커다란 비중을 차지하게 된다. 생산량과 종류의 측면에서 보면 소품종 대량시스템과 유사하다.

② 로트 생산시스템

연속생산을 할 만큼의 시장수요는 없지만 주문마다 생산할 만큼 수량이 적지 않을 경우에, 어느 정도 로트량이 되기를 기다려 생산하는 방식을 말한다. 이러한 경우에는 1회 생산물량이 어느 정도 확보되어야 생산가능한 제조형태의 구조를 갖고 있다.

③ 개별생산

중간조립품은 거의 같거나 최종제품이 거의 유사하나 주문에 맞추어야 하는 비규격품들의 공장에서 나타나는 현상이다. 범용설비를 갖추고 고객의 요구에 의해 시방이 결정되며 영업에서는 기존 기획제품을 중심으로 활동하지만, 외형 및 성능의 변화나 제품의 사용환경, 설치환경에 따라 제품이 다르게 된다. 설비제조 회사의 특징으로 제품이 아직 사회 환경적으로 범용화 되지 못한 제품을 만드는 경우가 대부분 해당된다.

2) 수주와의 관계

① 재고형 생산(MTS: make to stock)

재고형 생산은 기계 배치가 제품 위주인 기업에서 주로 사용되는 생산형태이며, 제품위주의 설비배치전략은 소수의 표준품을 생산하는 기업에 적절한 기업전략이다. 이들 제품위주의 설비배치형 기업은 주로 수요예측에 따라 생산하며, 즉각적인 조달이 필수적이므로 완제품의 형태로 재고를 유지하는데, 이와 같은 형태의 생산방식을 재고형 생산이라 한다.

② 주문식 생산(MTO: make to order)

주문식 생산이란 완제품 재고를 거의 보유하지 않고 고객의 주문을 받은 후에 제품을 생산하는 방식인데, 공정위주의 기계 배치를 하는 기업에서 주로 적용하고 있다. 주문식 생산은 고객의 제품명세가 주문마다 상이하여 제품의 수가 방대한 반면에, 제품은 소량의 불규칙한 수요패턴을 가지는 기업환경에 적절하다. 이런 기업환경에서는 제품의 설계와 제조에 필요한 상당한 조달시간이 허용된다.

③ 주문식 조립(ATO: assemble to order)

주문식 조립은 재고형 생산과 주문식 생산의 중간 형태로서 조립품이나 주요 부품의 형태로 재고를 보유하고 있다가 고객의 주문이 있으면 이들을 완제품으로 조립하는 생산방식이다. 이와 같은 생산방식을 채택하는 기업의 특징은 상대적으로 적은 조립품과 사양품을 조립하여 다양한 종류의 완제품을 생산하는 것이다. 이들 기업이 다루는 제품은 일반적으로 주문식 생산 하에서 보다는 표준화되어 있으며, 고객은 상대적으로 짧은 리드타임을 기대한다.

3) 생산량과 종류

① 소품종 대량생산

소품종 대량생산이란 적은 종류의 품종을 1회 생산-로트 결정시 생산량의 로트를 많이 배정하는 것을 말한다. 이러한 시스템에서의 특징은 생산계획 수립시 생산계획의 근거가 예측형이면서 연속생산을 하는 형태를 갖는다. 공정상의 특징은 1회 공정을 착수하는 데 준비시간이 많이 소요되는 공정특성을 대부분 가지고 있다. 생산설비가 대부분 자동화로 되어 있고 생산 사이클이 연속적인 특성을 갖는다.

② 중품종 중량생산

소품종 다량생산과 다품종 소량생산 형태의 중간위치에서 생산되는 방식으로 품종과 수량이 그리 많지 않고, 또한 극단적으로 적지 않은 경우를 말한다. 1회 경제적 생산량과 원가구조, 작업의 전환에 따른 준비시간, 리드타임에 의해서 업종과 기업환경에 맞도록 주관적으로 기준을 정할 수 있다.

③ 다품종 소량생산

제품의 종류나 모델이 다양하고 1개 품종 당 생산량이 아주 적은 경우로서 선진국 사회로 전환되는 시점에서 나타나는 현상이며, 모델의 다양화 등으로 고객의 수요욕구를 충족시키는 전략차원에서 파생될 수 있는 생산시스템이다.

4. 생산관리의 목표

생산관리의 목표는 보다 좋은 제품이나 서비스를 보다 싸게 보다 빨리 그리고 보다 유연하게 생산하는 것이라고 할 수 있다. 특히 최근에 다품종 소량생산시대를 맞이하여 급변하는 시장환경에 적절하게 대응하는 유연성에 대한 중요성이 점차 부각되어지고 있다.

1) 비용(C: cost)

생산원가를 포함해서 생산 활동과 관련되는 모든 비용은 최대한 줄여야 한다. 일반적으로 기업의 이익을 증가시키기 위해서는 외형을 늘리거나 생산원가를 절감하여야 하는데, 생산관리에서는 일차적으로 생산원가의 절감에 모든 노력을 기울이게 된다. 즉, 생산관리에서는 생산원가를 절감하여 고객에게 제품이나 서비스를 경제적으로 공급하는데 주안점을 두게 된다. 생산원가의 절감을 통해 기업의 가격 경쟁력이 향상되고 결국 이로 인해 기업의 경쟁력이 높아지게 되는 것이다.

2) 품질(Q: quality)

품질은 기업 이미지와 신용도 그리고 대외 경쟁력을 결정하는 중요한 요인이 된다. 그런데 품질이 좋은지 나쁜지를 결정하는 주체는 바로 고객이다. 따라서 좋은 품질의 제품 혹은 서비스를 만들기 위해서는 설계할 때부터 소비자의 요구사항이 충분히 반영될 수 있도록 하여야 한다. 또한 최종공정에서 생산된 제품이 처음에 제품설계에서 명시한대로 만들어져 나와야 한다. 좋은 품질의 제품을 만들기 위해서는 제품품질과 관련된 회사 내 모든 부서들이 적극 참여하여 함께 노력하여야 한다.

높은 수준의 품질은 경쟁 제품과 확연한 차이를 나타내면서 차별화를 가지는 비가격 경쟁 중에서 가장 중요한 전략요소이다. 또한 오늘날 시장에서의 품질은 소비자의 구매결정에 가격이상으로 중요하기 때문에 경쟁의 최우선순위로 강조해도 지나치지 않다고 할 수 있다.

3) 납기(D: delivery)

납기란 기업이 주문을 받은 후 제품이나 서비스를 고객에게 공급할 때까지 소요되는 시간이다. 납기와 관련되어 중요한 점은 고객이 요구하는 시기에 정확하게 맞추어 가급적 신속하게 공급하여야 한다는 점이다. 이를 위해서는 고객의 갑작스런 요구에 대응할 수 있도록 평상시에 충분한 양의 재고를 확보하고 있든지 아니면 단기간 내에 고객의 요구량을 제공할 수 있는 공급능력을 확보하는 것이다.

4) 유연성(F: flexibility)

유연성이란 새로운 상황에 대처하거나 적응할 수 있는 능력으로서 제품에 대한 고객욕구의 변화에 능동적으로 대처하는 수단이다. 최근 고객의 요구가 급변하고 있기 때문에 기업은 다양한 제품을 생산할 수 있도록 유연성을 제고하여야만 할 것이다. 이것은 제품과 서비스뿐만 아니라 기업의 조직구조, 관리체계 등도 유연성 있게 대처하여야만 한다. 경제가 성장하면 할수록 고객은 더욱 다양한 제품과 다양한 서비스를 원하기 때문이다.

이상과 같은 네 가지 목적을 동시에 모두 달성하면 바람직하겠지만 이들 목적은 일부 서로 상충되는 경향이 있어서 한 가지 목적에 치우치면 나머지 목적은 희생되는 경우가 발생할 수 있다. 예컨대, 납기와 유연성을 달성하기 위해서는 비용증가가 불가피하게 수반되기도 한다. 따라서 생산관리자의 입장에서는 이들 네 가지 상충되는 목적을 여하히 적절하게 조정시킬 것인가가 중요한 과제가 될 것이다.

5. 생산관리의 최근 동향

생산관리에 영향을 많이 끼치는 최근 동향은 다음과 같다.

5.1 서비스산업의 부상

생산운영관리에 영향을 크게 끼치는 현상 중 하나는 서비스산업의 부상이다. 과거에는 산업이 제조업중심이었으나 국민소득이 올라감에 따라 제조업에 비해 서비스산업의 비중이 점차로 커지게 되었다. 이러한 현상은 당연하다. 왜냐하면 제조업체에서 노동력이 감소하는 이유는 제조업의 생산성이 점차로 높아지고 있기 때문이다. 이것은 주로 자동화와 기술의 발달 때문이다.

제조업체와 서비스업체와의 경영이 각 산업의 특성상 서로 동일하지 않다. IBM의 전 회장 Louis Gerstner(2003)도 서비스를 경영하는 데 필요한 재능과 제조업체의 재능이 확연히 다르다고 하였다. 왜냐하면 제조업체는 제품을 팔지만 서비스업체는 능력과 지식을 창조하여 팔기 때문이라고 하였다.

5.2 고객중심경영

20세기 중후반 공급과 수요의 관계가 역전되었다. 또 기술의 급속한 발전으로 신제품의 수명주기가 점차로 단축되어 세계는 생산자시대에서 소비자시대로 옮겨갔다. 기업은 과거 그 어느 때보다도 고객을 잘 알아야 하고, 고객을 만족시킬 줄 알아야 한다. 또한 정보기술의 발전으로 지금 소비자는 구매하고자 하는 제품과 서비스에 대한 정보를 상세하게 가지고 있다. 특히 인터넷은 소비자로 하여금 수많은 제품과 서비스의 가격, 품질, 성능 등 모든 요소들을 쉽게 비교할 수 있게 되었다. 이것은 소비자의 구매 패턴에 지대한 변화를 가져왔다. 이러한 변화는 기업으로 하여금 경쟁이 더 심하여졌음을 의미하며, 고객의 중요성을 더욱더 부각시켰다.

5.3 기술의 급속한 발전

기술은 우리의 일상생활은 물론 산업의 경쟁법칙을 바꾸어 놓고 있다. 인공지능(AI), 클라우드 컴퓨팅, 사물 인터넷(IoT) 등을 포함하는 정보기술, 자동화기술, 전자상거래 기술 등이 더욱 발전할 것으로 예상되며, 이에 따라 기업들은 다양한 기회와 위협을 동시에 직면하게 될 것이다. 기술의 변화와 발전은 새로운 제품과 서비스의 출현을 가속화 시키며 생산 방식에도 영향을 미쳐 기업 간에 경쟁력 차이를 유발하게 될 것으로 보인다.

5.4 통합 및 파트너십의 중요성

생산운영관리 분야에서 통합은 최근 많은 관심을 받고 있다. 이 중 대표적인 것이 SCM이다. SCM은 생산을 포함한 물류의 흐름을 고객으로부터 공급업자에 이르는 단계를 통합한 개념이다. 이렇게 SCM은 원자재에서 고객에 이르기까지의 물류의 흐름을 시스템적 접근방법으로 통합한 개념이다. 통합은 중복의 비효율성을 제거하고, 낭비를 제거하며, 프로세스를 개선함으로써 고객과 기업의 가치를 증진시킨다. 또 사슬에 있는 모든 이해관계자들의 가치를 극대화함으로써 파트너십을 강화하고, 사슬의 가치를 궁극적으로 최적화시킨다. 이것은 생산운영의 초점을 조직 내부에서 외부의 공급업체, 그리고 더 나아가 고객까지 포함시키는 일대 혁신을 가져왔다.

5.5 지속가능성의 중요성

환경경영, 기업의 사회적인 책임, 윤리경영 등 지속가능성의 중요성이 더욱 커지고 있다. 기업들이 환경에 대한 중요성을 인식하는데 더욱 압력을 받을 것이고 이를 준수하려는 윤리나 사회적 책임을 더욱 강요받게 되고 사회적 기업으로서의 역할을 기대하고 있으며 환경을 생각하는 녹색경영이 관심을 받고 있다. 또한 종업원들의 작업 안정성, 긍정적인 작업조건 그리고 경력개발의 기회 제공 등은 매우 중요한 사항으로 고려되고 있다.

연 습 문 제

1. 생산관리의 정의와 발전과정에 대하여 설명하시오.

2. 생산시스템의 투입요소를 간단히 설명하시오.

3. 대학을 예로 들어 생산시스템을 설명하시오.

4. 생산관리의 목표는 무엇인가?

5. 생산시스템을 생산의 연속성을 기준으로 분류하고, 각각 간단히 설명하시오.

6. 테일러의 과학적 관리법을 간단히 설명하고, 이의 문제점에 대하여 논하시오.

7. 대량생산의 3S원칙에 대하여 설명하시오.

Chapter

02

생산전략

1. 전략의 개념
2. 생산전략과 기업성과의 연계
3. Order-Winners와 Qualifiers의 개념
4. 생산전략 변천과정

1970년대 초까지만 하여도 생산기능에 대한 전략적 인식이 부족하여 생산전략에 관한 연구가 미미하였는데, 이는 생산이란 단기적인 하루하루의 운용문제로서 주로 기술적 문제로 생각했던 데에 그 원인이 있었던 것이다. 즉 전통적인 생산시스템은 대규모 시장, 표준화 설계, 호환성 있는 부품에 의한 대량생산 등을 강조해 왔으며, 테일러에 의해 주창되었던 과학적 관리법의 원리를 적용해 왔다. 과학적 관리법은 분업과 전문화에 의한 작업효율을 강조하고, 조직상의 커뮤니케이션의 혼란을 막기 위해 엄격한 관료적 통제를 강조해 왔다. 이러한 원칙에 따라 최선의 생산 공정은 장기간 가동을 전제로 설계되었고, 공정단계를 전문화하여 설비이용률 제고를 추구하였다. 그리고 공급자와 구매자 및 각각의 생산단계에서 발생하는 불규칙한 변동을 완충하기 위하여 재고를 보유하고, 작업을 시스템관점에서 논리적으로 연결하여 엄격하게 감독하였다.

이러한 생산시스템에 대한 가정과 원리들은 스키너(Skinner 1969)가 생산의 전략적 역할을 강조하면서 새로운 변화를 맞이하게 되었다. 스키너의 주장에 의하면 모든 기업들은 각자의 상이한 강점과 약점을 보유하고 있으며 서로 다른 방법으로 경쟁방식을 선택할 수 있다는 것이다. 그리고 각자의 생산시스템들은 서로 상이한 운영특성을 갖고 있으며, 생산기능의 역할은 생산시스템을 경쟁상황과 전략에 적합하도록 운영하는 것이라고 주장하였다.

1. 전략의 개념

전략(strategy)이란 용어는 고대 희랍의 "strategos"라는 말에서 유래하였으며 원래 전쟁에서 승리할 수 있는 군사전략이라는 의미를 지니고 있었다. 이러한 군사전략 개념이 경영학의 개념으로 소개된 것은 1950년대 후반부터이며, 경영학에 전략개념이 최초로 제시된 것은 1962년 챈들러(Chandler)의 "경영전략과 경영구조"에서였다. 그는 경영전략이란 "기업에 기본적인 장기목표를 설정하고, 그 목표달성을 위한 행동방향을 결정하며, 목표달성에 필요한 자원을 배분하는 것"이라고 정의하였다.

경영전략은 기업전략, 사업전략, 기능전략으로 구분할 수 있는 데, 기업전략은 기업 전체적인 수준에서 기업의 목적과 목표의 설정, 사업의 선택 및 이를 위한 자원의 획득과 배분에 관한 전략이며, 사업전략은 사업별로 경쟁사와 특정시장에서 어떻게 경쟁우위를 확보하는가를 결정하는 전략이다. 그리고 기능전략은 사업전략의 하위전략으로서 각 기능부문 수준에서의 목표 설정과 경쟁력 제고방안에 관한 전략이다. 생산전략은 기능전략의 하나로서 기업전략 또는 사업전략과 일관된 내용으로 수립되어야만 기업의 경쟁력을 창출할 수 있다.

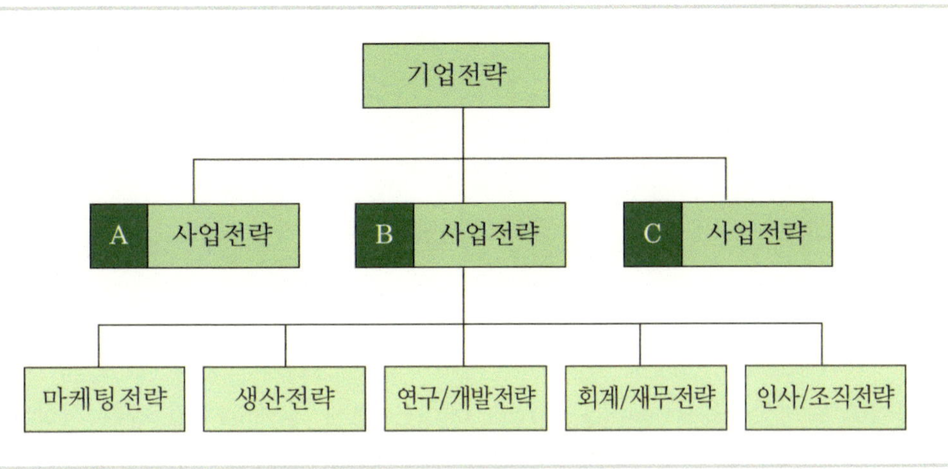

그림 2.1 전략의 구조적 차원

1.1 기업전략

가장 상위 수준인 기업전략(corporate strategy)은 기업이 어느 사업에 참여할 지에 대한 규정과 기업의 주요 자원들을 어떻게 획득/배분할 것인지를 결정하는 문제를 다루게 된다. 기업의 투자방향, 업종, 비전, 경쟁적 우위를 확보하기 위한 전반적이고 장기적인 기업행위의 과정을 결정하는 것이다.

이를 위해서는 현 사업부들의 위치와 성과를 철저하게 분석하고 평가하여야 한다. 사업부 분석 및 평가에는 BCG매트릭스법과 SWOT분석법이 널리 사용되고 있다.

1) BCG매트릭스

BCG매트릭스는 미국의 컨설팅전문회사인 Boston Consulting Group에 의해 개발된 기법으로 성장-점유율(growth-share) 매트릭스라고도 불린다. 이 방법은 사업부들이 속한 시장의 성장률과 상대적 시장점유율의 관계에 의해 각 사업부들을 평가하고 전략을 제시하여 주는 방법으로 [그림 2.2]에 보는 바와 같다.

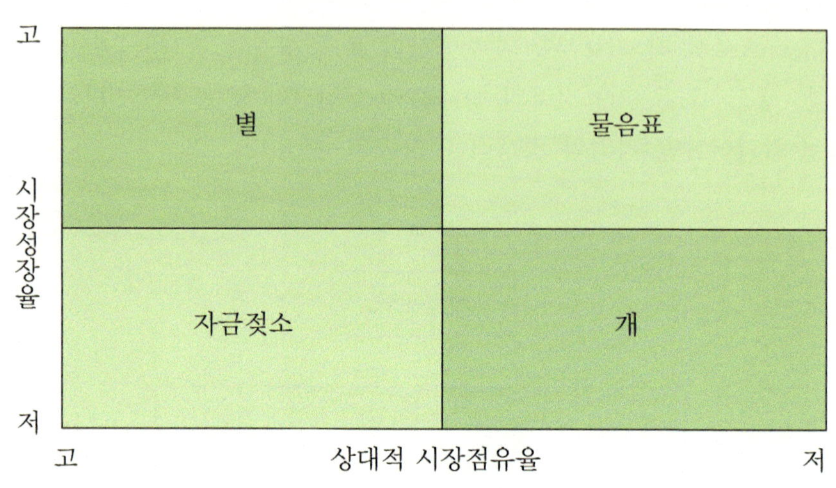

그림 2.2 BCG 매트릭스

수직축의 시장점유율(market growth rate)은 현재 그 사업부가 속한 시장의 연간 성장률을 나타내고, 수평축의 상대적 시장점유율(relative market share)은 그 시장에서 가장 큰 경쟁자의 시장점유율에 대한 자사의 시장점유율을 나타낸다.

BCG 매트릭스상의 네 개의 사업영역을 살펴보면 다음과 같다.

① **물음표(question mark)** : 물음표는 시장성장률은 높으나 상대적 시장점유율이 낮은 사업이다. 이 사업부의 제품들은 제품수명주기 상에서 도입기부터 성장기 초반에 속한다. 신규로 시작하는 사업이기 때문에 기존의 선도 기업을 비롯한 여러 경쟁기업에 대항하기 위해 상당량의 자금 투하를 필요로 한다.

② **별(star)** : 별은 시장성장율도 높고 동시에 상대적 시장점유율도 높은 경우에 해당하는 사업이다. 이 사업부의 제품들은 제품수명주기 상에서 성장기에 속한다. 여기에 속한 사업부를 가진 기업은 시장 내 선도기업의 지위를 유지시키고, 성장해가는 시장의 수요에 대처하고, 여러 경쟁기업들의 도전을 극복하기 위해 역시 많은 자금의 투하가 필요하다.

③ **자금젖소(cash cow)** : 이 사업은 시장성장률은 낮지만, 선도 기업으로 높은 상대적 시장점유율을 유지하고 있다. 즉, 제품수명주기 상에서 성장기 후기부터 쇠퇴기까지에 속하는 사업이다. 여기에 속한 사업은 많은 이익을 시장으로부터 창출해 낸다. 왜냐하면 시장의 성장률이 둔화되었기 때문에 그만큼 새로운 설비투자 등과 같은 신규자금의 투입이 필요 없고, 시장 내에서 선도

기업에 해당되므로 규모의 경제와 높은 생산성을 누리고 있기 때문이다.

④ **개(dogs)** : 개는 시장성장률도 낮으면서 상대적 시장점유율도 낮은 상황에 속하는 사업이다. 자금젖소와 마찬가지로 제품수명주기 상에서 성장 후기에서 쇠퇴기까지 이르는 사업이다. 따라서 자금젖소와 마찬가지로 낮은 시장성장률 때문에 그다지 많은 자금의 소요를 필요로 하지는 않지만, 사업 활동에서 얻는 이익도 매우 적은 사업이다.

BCG 매트릭스 상에서 성공적인 제품 또는 사업부의 경우에는 물음표(도입기) → 별(성장기) → 자금젖소(성숙기 이후) 과정을 밟게 된다.

2) 수직통합(Vertical Integration)

포트폴리오 분석에 의해 현 사업부들의 평가가 이루어지면 기업은 성장전략을 결정하여야 하는데, 기업의 성장전략의 방향으로는 일반적으로 다음의 세 가지가 있다. 첫째, 현재의 제품이나 시장과 관련된 사업 중에서 성장할 수 있는 새로운 기회를 추구하는 집중적 성장전략, 둘째 기업의 현재제품이나 시장과 관련이 없는 사업을 추가하는 다각화 성장전략, 셋째 원료와 제품의 흐름에 따라 기업의 성장을 추구하는 통합적 전략이 있다.

제조업체를 기준으로 하여 통합적 전략을 나타내면 [그림 2.3]과 같다.

전방통합(forward integration)이란 공급업체-제조업체-유통업체로 이루어지는 원료와 제품의 흐름상에서 자사보다 앞의 기업을 통합하는 경우를 의미한다. 예컨대, 제조업체가 유통업체를 통합하는 경우를 들 수 있다.

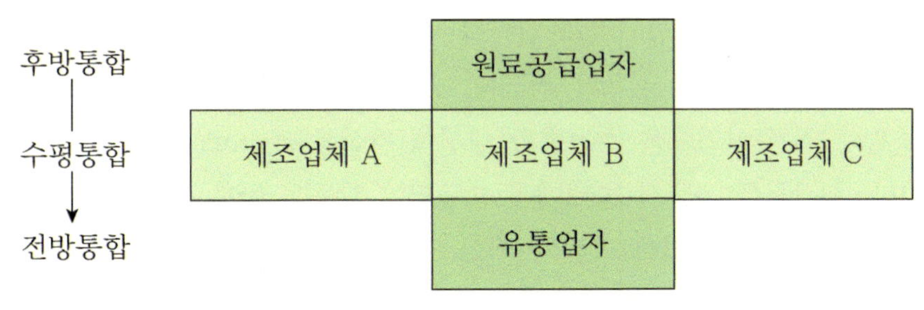

그림 2.3 통합적 전략

후방통합(backward integration)이란 원료나 제품의 흐름상에서 자사보다 뒤의 기업을 통합하는 것으로, 제조업체의 경우에 원료 공급업체를 통합하는 것을 말한다. 이들 전방통합과 후방통합을 합쳐 수직통합(vertical integration)이라고 한다. 반면에 수평통합(horizontal integration)이란 기업이 자사와 동일한 수준의 기업들을 통합하는 경우를 의미하는데, 제조업체가 관련 산업의 다른 제조업체를 통합하여 시장점유율을 늘리든지 유통채널의 효율화를 추구하는 경우가 이의 예이다.

산업시대의 매우 안정적인 대량시장에서 성공한 회사들이 그들의 공급사슬 대부분을 소유하려고 했던 것이 일반적이었으며, 이것이 바로 수직 통합화로 알려져 왔었다. 수직통합의 목표는 규모의 경제를 통해서 최대의 효율성을 얻는 것이었다.

예측가능하고 안정된 경영환경에 있어서는 수직통합이 적절한 방안이라고 하겠으나 시장이 급속히 발전하고 고객들이 원하는 제품이 보다 다양화되어질 때, 이러한 모델은 붕괴되기 시작하였다.

3) 가상통합(Virtual Integration)

세계화의 급속한 진전에 따른 치열한 경쟁 그리고 기술적 변화가 빠른 속도로 이루어지는 상황에서 여러 회사들이 win-win을 추구하며 함께 일하는 공급사슬관리의 발전을 가져왔고, 각 회사는 그들이 잘 할 수 있는 활동에 초점을 맞추게 되었다. 즉, 최근의 기업들은 [그림 2.4]에서 보는 바와 같이 그들의 핵심 사업에 초점을 맞추려는 노력을 전개하여 차별적 우위를 지니는 분야에 사업 역량을 집중하고, 나머지 분야는 외부조달(outsourcing)과 전략적 제휴 그리고 고객과의 파트너십을 형성함으로써 수직계열화는 퇴조하고 있다. 이러한 외부조달의 확대로 모든 부품을 자체적으로 제조하던 기업들이 대부분의 부품을 외부 조달하여 완제품만 조립하거나, 제조 그 자체를 외부조달로 해결하고 있는 경우도 생기고 있다. 더 나아가 배송 및 물류 서비스를 제3자 업체에게 위임하는 방식을 많은 기업들이 사용하고 있다. 예컨대 Apple사의 경우에는 범용 컴퓨터 매출원가의 93%를 외부구매에 의존한다.

이와 같이 최근 기업들은 수직통합 대신에 가상통합(virtual Integration)을 실천하고 있다. 회사들은 공급사슬 내에서 요구되는 활동을 함께 수행할 수 있는 다른 회사들을 찾게 되며, 기업이 그들의 핵심 경쟁력을 어떻게 정의하고 공급사슬 내 그들의 위치를 어떻게 설정할 것인지는 그들이 내려야 할 가장 중요한 의사결정 중의 하나인 것이다.

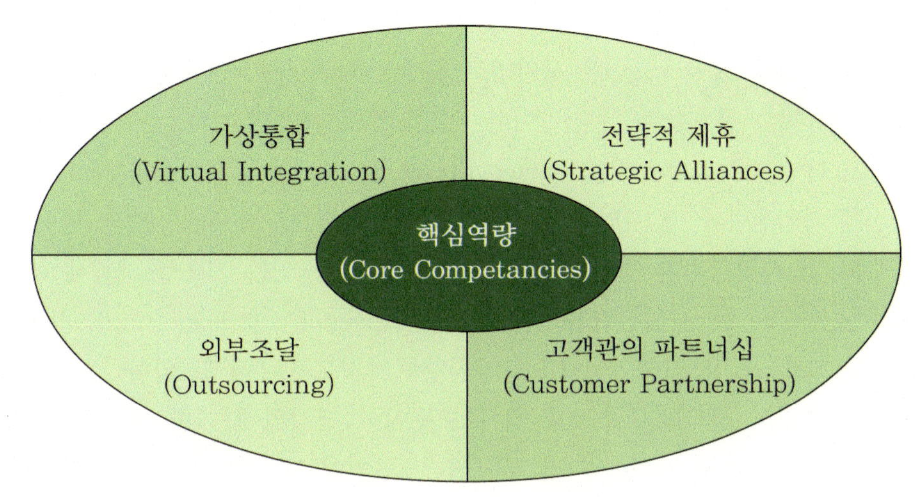

| 그림 2.4 | 핵심역량 전략

4) SWOT분석

SWOT분석은 〈표 2.1〉에서 보는 바와 같이, 경영환경의 기회(opportunity)와 위협(threat)을 파악하고, 기업의 강점(strength)과 약점(weakness)을 인식하여 여러 가지 형태의 전략적 반응을 유도하는 기법이다.

| 표 2.1 | SWOT분석

	기회(Opportunity)	위협(Threat)
강점(Strength)	SO전략 [확대전략]	ST전략 [안정성장전략]
약점(Weakness)	WO전략 [우회, 개발전략]	WT전략 [축소, 철수전략]

1.2 사업전략

사업전략(business strategy)은 사업별로 경쟁사와 특정시장에서 어떻게 싸워 경쟁우위를 확보하는가를 결정하는 전략이다. 일반적으로 기업의 자사, 사업부, 제품라인 등과 같은 각 전략사업단위(SBU: strategic business unit)들의 전략을 말한다. 사업전략은 전체 기업전략과 각 사업전략이 유기적으로 연결되도록 사업전략의 범위를 규정해 주고 또 사업단위가 경쟁우위를 획득, 유지할 수 있는 기초를 제공해 준다.

포터(M. Porter)는 사업전략을 원가우위전략(overall cost leadership), 차별화전략(differentiation) 및 집중화전략(focus)의 세 가지로 구분하고 있다.

포터의 본원적 전략은 〈표 2.1〉에서 보듯이 경쟁기업에 대한 경쟁우위요소와 경쟁범위라는 두 가지 차원에 따라 분류된다. 기업이 보유할 수 있는 경쟁우위 요소로는 경쟁기업에 대한 전반적인 비용우위와 경쟁기업제품에 대해 차별적인 특징을 보유하는 것으로 볼 수 있다. 경쟁범위란 기업이 전체시장을 선택하느냐 아니면 부분시장만을 표적시장으로 선택하는가를 결정하는 것이다.

1) 원가우위전략

원가우위전략이란 원가를 낮추기 위한 일련의 기능별 정책을 통하여 원가상의 우위를 달성하는 것이다. 이 전략을 달성하기 위해서는 규모의 경제성을 가지는 대량생산설비와 경험축적에 근거한 원가절감을 모색하여야 한다. 이러한 전략이 성공하려면, 규모의 경제를 이룰 수 있는 공장을 짓거나, 또는 기업의 각종 운영비·연구개발비·고객서비스·광고 등의 비용을 최소화할 필요가 있다. 이러한 전략에 의해 이윤을 높이려면 시장규모가 크거나 시장의 성장속도가 빨라서 대량판매가 용이하거나, 또는 매출을 최대화해야 한다.

그러나 원가우위전략에도 여러 가지 위험이 있다. 기술의 변화가 과거의 투자나 노하우를 무용지물로 만들어 버리거나 혹은 경쟁 상대가 모방이나 판매력 우위를 앞세워 규모의 경제성을 추구하며 따라오거나, 또는 환경변화에 의한 차별화전략에 대항할 수 없게 되어버리는 경우가 있을 수 있다.

2) 차별화전략

차별화전략이란 기업이 제공하는 제품이나 서비스를 차별화함으로써 그 기업이 독특하다고 인식될 수 있는 그 무엇을 창조하는 것이다. 차별화에는 고객에 대한 서비스, 디자인, 상표이미지와 기술 등 여러 방법이 있을 수 있다. 고객에게 이 제품은 무엇인가 다르다는 인식을 심어주어 제품에 대한 충성심을 심어주는 전략이다.

일단 이 전략이 성공하면 기업은 그 산업 내에서 평균이상의 수익률을 올릴 수 있는 성장 기업이 된다. 이 전략의 단점은 다른 경쟁자가 쉽게 모방하는 것이 가능하기 때문에 계속적인 주의를 기울여야 한다. 어떤 기업이 차별화를 달성했더라도 경쟁회사와의 가격차가 적으면 충분히 경쟁해 나갈 수 있으나, 차별화에만 너무 주력하고 가격 면에서 경쟁회사에 비해 크게 뒤지게 되면 가격 경쟁력을 가진 기업이 일시에 진입해 올 수 있다. 즉 차별화 전략이 원가우위전략에 의해 밀려나게 되는 것이다. 또 경쟁회사의 모방이 성행하게 되어 기업이 차별화하고 있다고 생각하더라도 소비자들이 차별화를 인정하지 않게 될 위험도 있다.

3) 집중화전략

집중화전략이란 특정 시장, 특정 구매자집단, 제품라인의 일부분 또는 특정 지역을 집중적으로 공략하는 것이다. 집중화전략은 광범위하게 경쟁하는 것보다 전략시장을 중점적으로 공략하는 것이 효율적이고 효과적임을 전제로 한다. 예를 들어 특별한 계층의 매니아들을 위한 제품을 만듦으로서 고가의 가격으로 큰 이익을 획득할 수가 있다. 집중화전략이 갖는 위험으로는 집중화전략을 추구하는 기업이 표적시장에서 책정한 가격이 전체시장에서 볼 때 경쟁회사의 가격에 비해 크게 높은 경우 고객이 그만큼의 프리미엄 가격을 지불하지 않게 되어 집중화에 의해 실현한 차별화의 가치를 유지할 수 없게 될 때 발생한다.

표 2.2 포터의 본원적 전략의 분류

		경쟁우위요소	
		고객이 인식하는 제품 특성	비용우위
경쟁범위	전체시장	차별적 전략	원가우위전략
	목표시장(집중화)	차별적 집중화	원가우위 집중화

1.3 기능전략

기능전략(functional strategy)은 위의 상위전략을 효과적으로 집행하기 위해 생산, 영업, 인사, 재무, 연구개발 등의 기능분야가 특정과업을 수행함으로써 기업의 경쟁력에 기여하는 것을 목적으로 하고 있다. 따라서 마케팅전략, 생산전략, 연구개발전략, 재무/통제전략, 구매/유통전략, 인사/조직전략 등과 같이 사업전략을 지원하는 각 기능부서의 전략을 의미한다. 각 기능부서의 전략은 기업전략이 추구하는 경쟁우위를 획득, 유지하는 데 일관성 있는 의사결정들로 지원해야 한다. 다시 말해서 특정기업전략을 지원하는 각 기능부서의 의사결정들 간에는 일정한 패턴을 유지해야 한다.

생산전략은 기업전략 또는 사업전략과 일관된 내용으로 수립되어야만 기업의 대외경쟁력을 창출할 수 있는 데 특히 생산전략은 [그림 2.5]와 같이 기업전략 하에 마케팅전략과 긴밀하게 연계되어 내부적 역량과 외부적 요구사항을 산업특성 및 시장특성과 잘 조화시켜 수립하여야 한다.

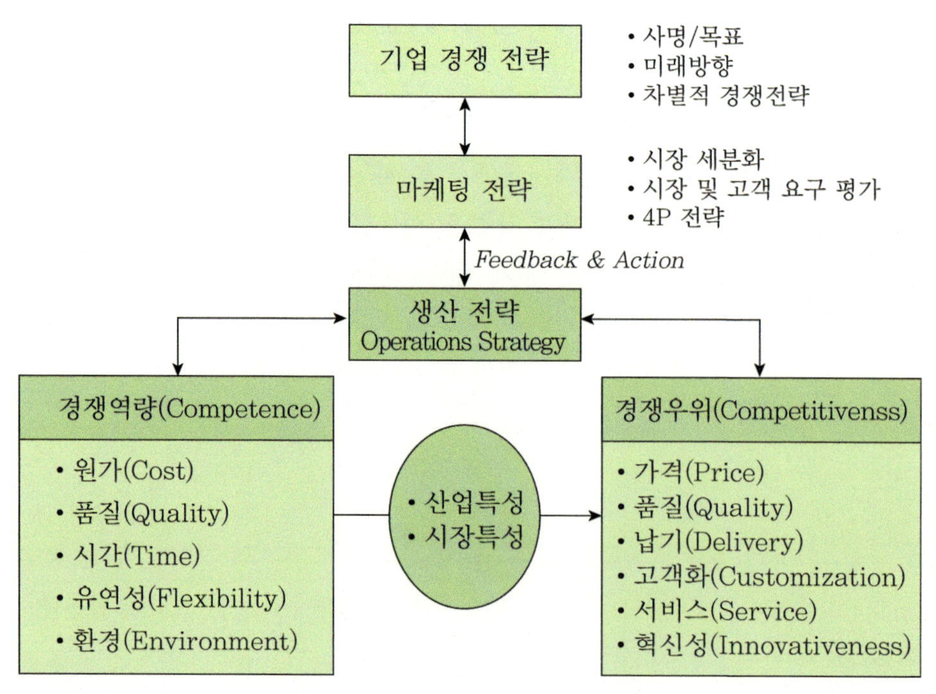

그림 2.5 생산전략과 기업전략의 관계

경쟁역량(competence)은 경쟁기업에 비하여 더 잘 할 수 있는 활동을 의미하며 일반적으로 원가, 품질, 시간, 유연성 등과 같이 고객에게 가치를 높이거나 그 가치가 전달되는 과정을 효율적으로 할 수 있는 특정한 방법의 내부적 능력을 나타낸다. 경쟁이 치열하게 되면 이러한 내부적 역량은 경쟁력을 지속적으로 유지하기 위한 최소한의 필요조건이지 치열한 경쟁에서 살아남을 수 있는 충분조건이 되지 못한다.

기업이 경영전략을 수립하는 데 가장 중요한 관심은 어떻게 하면 경쟁기업에 비해서 경쟁우위(competitiveness)를 확보할 수 있는가의 문제이다. 전략을 수립하는 가장 중요한 목적은 경쟁자에 대하여 보다 높은 경쟁우위를 유지하는 것이기 때문이다. 다시 말해서 전략은 상대방 경쟁자의 강점에 비추어 어떻게 하면 우리 회사의 경쟁역량을 가장 효율적으로 사용할 수 있는가를 파악하는 것이다. 이와 같은 경쟁우위를 창출하기 위해서는 산업특성과 시장특성을 면밀히 분석하여야 할 것이다.

2. Order-Winners와 Qualifiers의 개념

Order-Winners(주문획득요소)와 Qualifiers(주문자격요소)는 비교적 최근에 소개된 개념으로서 Order-Winners는 시장에서 우월적인 경쟁우위를 지속적으로 보장해 주는 요소로 경쟁사가 단기간에 모방할 수 없는 경쟁요소를 말하며, Qualifiers란 시장에서 지속적으로 생존하는 데 필수적인 기본적 자격조건을 말한다.

1) 주문자격요소(order qualifiers)

고객으로부터 잠재적인 공급업체로 선정되기 위해 반드시 충족시켜야 할 경쟁능력의 차원을 말한다. 가령 공급업체자격을 가지기 위해서 ISO 9000 인증을 필요로 한 경우가 많이 있다. 이 경우 ISO 9000 인증을 가지지 못한 기업이라면 고객의 잠재적인 공급업체 리스트에 이름을 올리는 것조차도 불가능하게 될 것이다. 물론 ISO 9000 인증을 받았다고 해서 고객으로부터 주문을 얻어 내는 것은 아니지만, 인증을 받는 것이 최소한 주문을 얻어 내기 위해 필요한 자격요건은 되는 것이다.

2) 주문획득요소(order winners)

고객으로부터 주문을 얻어 내기 위해 필요한 경쟁능력의 차원을 말한다. 고객이 주문을 낼 대상을 선정할 때는 주문자격요소를 충족시키는 잠재적인 공급업체를 대상으로 다양한 측면의 평가와 심사를 하게 된다. 이 경우 가장 적합한 공급업체로 선정되기 위해서는 다른 경쟁적 공급업체보다 무엇인가 차별화되는 뛰어난 경쟁능력의 차원을 가지고 있어야 할 것이다. 주문획득에 직접적인 영향을 미치는 경쟁능력의 차원이 바로 주문획득요소이다.

[그림 2.6]에서 보듯이 Order-Winners의 성과가 향상되면 그것은 바로 경쟁우위효과로 그대로 이어지지만, Qualifiers는 어느 일정한 수준에 오르면 경쟁효과가 시장에서 생존할 수 있는 조건까지 급격히 향상되나 그 이상의 성과 향상은 경쟁효과에 기여하지 않게 된다.

〈표 2.3〉은 어느 유럽의 배터리 제조업체가 규정하고 있는 제품계열별 주문자격요소와 주문획득요소의 내용을 나타내고 있다. 표에서 보면 제품계열에 따라서, 시간의 흐름에 따라서 주문자격요소와 주문획득요소의 내용이 변화하고 있음을 알 수 있다. '제품계열 10A'를 보면 2002년의 경우 적합성 품질과 배달신뢰성이 주문을 얻기 위해 필요한 자격요소가 된다. 특히 배달신뢰성은 주문을 잃게 만드는 보다 중요한 주문자격요소로 인식되고 있다. 주문을 얻어 내기 위한 주문획득요소로서는 비용, 설계품질, 배달 속도를 중요한 것으로 인식하고 있다. 100점 만점으로 평가한 중요성 정도에 비추어 보면 비용경쟁능력(60점)이 가장 중요한 주문획득요소인 것을 알 수 있다.

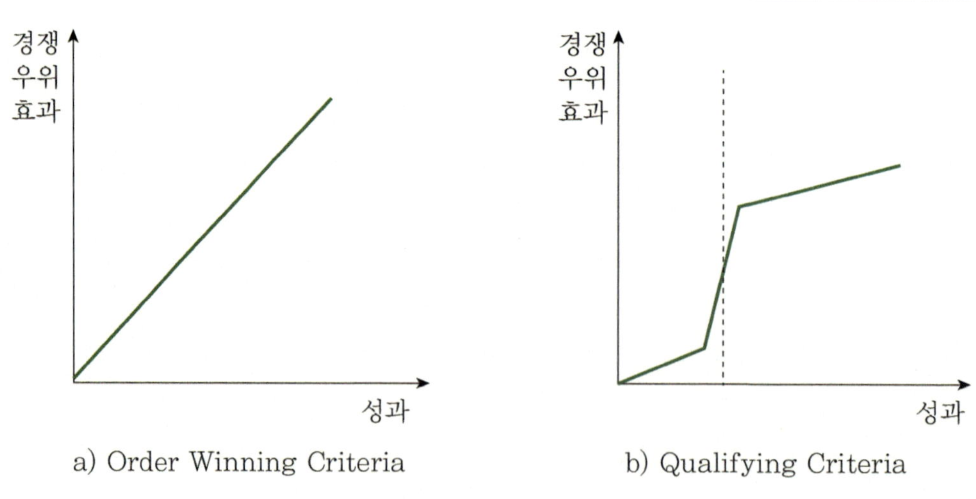

| 그림 2.6 | Order-Winners 대 Qualifiers

표 2.3 제품계열별 주문자격요소와 주문획득요소

경쟁력요소	1998	2000	2002
제품계열 10A			
설계품질	40	30	20
적합성품질	Q	Q	Q
시간 - 배달신뢰성	QQ	QQ	QQ
배달속도	25	20	20
비용	35	50	60
제품계열 C80			
설계품질	60	50	40
적합성품질	20	20	15
시간 - 배달신뢰성	QQ	QQ	QQ
배달속도	20	20	10
비용	Q	10	35

Q: 주문자격요소
QQ: 주문상실위험이 큰 주문자격요소
기타 숫자로 표시된 것은 주문획득요소의 중요성비중을 나타냄.

2.1 제품수명주기별 Order-Winners와 Qualifiers

일반적으로 Order-Winners와 Qualifiers는 [그림 2.7]과 같이 제품의 수명주기와 사업특성에 따라 각각 달라진다.

제품수명 주기별로 살펴보면 도입기 단계에서는 제품의 특성, 기술적 진기함 등이, 성장기 단계에서는 제품의 공급능력이 중요하고 성숙기, 쇠퇴기로 갈수록 가격이 중요하게 되어 Order-Winners로 채택될 가능성이 높게 되는 것이다. Qualifiers도 도입기에는 기본 성능과 품질이, 성장기에는 고객이 받아들일 수 있는 가격과 제품다양성, 성숙기에는 고장이 없는 제품 등으로 변하게 된다.

따라서 구체적인 프로세스 수준에서도 현제품의 수명주기에 따라 각기 다른 Order-Winners와 Qualifiers를 구성해야 한다. 이때 중요한 것은 Order- Winners와 Qualifiers는 시장과 경쟁이라는 외부적 관점에서 전개되어야 한다는 것이다. 다시 말해서 자사의 능력이나 자원의 한계와 연결시키지 말라는 의미인데 이것은 자사의 수준과 입장을 고려하여 Order- Winners, Qualifiers를 파악할 경우 분석의 범위가 좁아져 시장의 경쟁요소들이 여러 각도에서 파악되지 않기 때문이다.

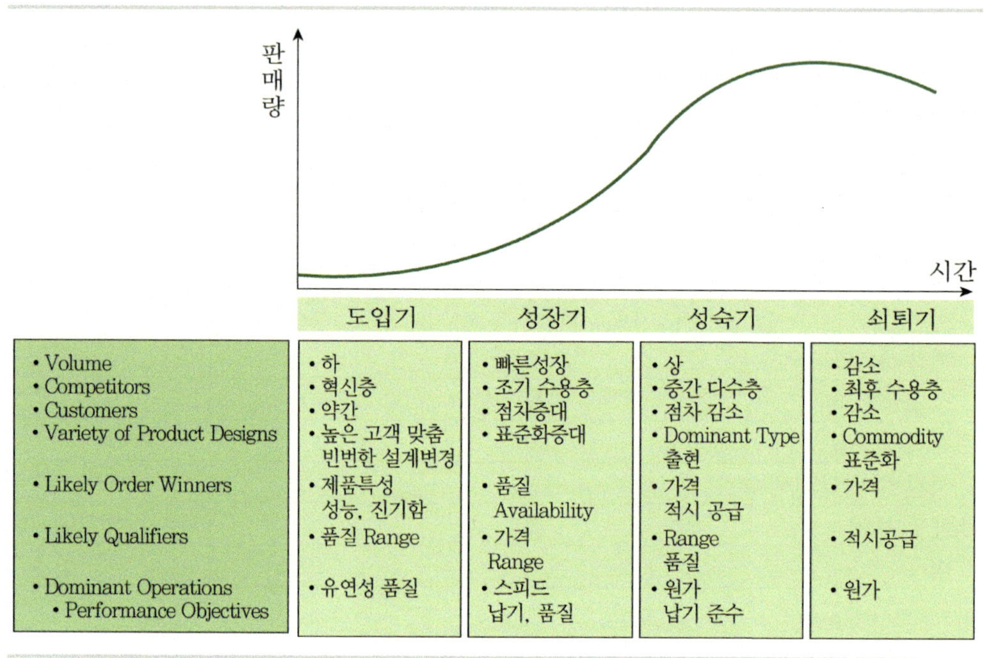

그림 2.7 제품수명 주기별 필요 경쟁역량

3.생산전략 변천과정

1) 대량생산시대에서의 생산전략

1900년대 초부터 1960년대까지의 대량생산시대, 즉 수요가 공급을 초과하는 만들면 팔리는 시대에 있어서는 생산전략 개념은 존재하지도 않았고 필요하지도 않았었다고 말할 수 있다. 왜냐하면 이 시대에 있어서 생산에 대한 기본 사고는 테일러의 과학적 관리법을 토대로 어떻게 하면 효율성을 극대화할 것인가 하는 점에 모든 초점을 맞추었기 때문이다.

2) 1980년대의 생산전략

미국 하버드대 스키너교수에 의해 생산전략의 개념이 소개된 이래 많은 연구가 이루어졌는데 가장 본원적인 생산능력으로 원가, 품질, 납기, 유연성 등을 공통적으로 도출하였다. 그런데 이 시대에는 상충적 관점과 전략적 우선순위를 강조하였다. 예를 들어, 원가와 품질의 관계와 같이 품질을 높이려면 원가가 높아지고 원가를 낮추려면 품질이 떨어지게 되며, 납기와 재고투자의 관계와 같이 납기를 줄이려면 재고투자를 높여야 하고 재고투자를 줄이게 되면 납기가 증가되는 것으로 인식하였다. 또한 원가, 품질, 신뢰성, 유연성 등과 같은 능력 중에서 어느 하나의 능력에 초점을 맞추어 기업의 관심과 자원을 집중시켜야 하는 데 이것은 생산능력상의 우선순위를 강조하기 때문에 경쟁우선순위라는 의미로 사용하게 되었다.

한편 일본 와세다 대학의 나까네 교수는 일본의 제조기업들이 특정한 순서에 따라 생산능력을 구축하고 있음을 밝히고, 이를 지속적 개선 관점으로 설명하는 누적모형을 제시하였다. 어떤 기업이 경쟁우선순위로써 유연성을 원한다면 그 이전에 품질, 신뢰성, 원가효율성에 대한 능력이 선행되어야 한다는 것이다.

3) 민첩생산방식(AMS : Agile Manufacturing System)의 출현

1990년대 접어들면서 경영환경의 변화는 놀라울 정도로 빠르게 진행되었다. 국경이 없는 무한경쟁의 가속화, 소비자 니즈의 다양화에 따른 제품 라이프 사이클의 단축, 정보기술의 급격한 발전 등에 따라 전통적인 소품종 다량 생산체제에서 본격적인 다품종 소량 생산체제로의 이전이 불가피하게 되었다. 이에 따라 새로운 개념들 예를 들면, CIM(Computer Integrated Manufacturing), ERP(Enterprise Resource Planning), SCM(Supply Chain Management), VC(Virtual Corporation) 등 많은 것들이 소개되었다. 이들 중에서 개념적 철학 및 접근법으로부터 출발한 AMS(Agile Manufacturing System)는 아직 그 실체는 출현되지 않았지만 미래의 생산시스템이 구축하여야 할 지향점으로 기대된다. Naylor et. al(1999)는 민첩성은 시장지식과 가상기업을 이용하여 변화가 심한 시장에서 이익이 날 수 있는 기회를 활용하는 것이라고 정의하고 있다. 즉, 시장의 기회활용을 중시한 정의이다. Gunasekaran(1999) 교수는 한걸음 더 나아가 시장의 변화에 맞춘 핵심역량을 중시하고 있다. 핵심역량을 기반으로 하여 여러 기업과 동맹관계를 수립할 것, 정보의 중요성, 불확실성을 관리하기 위해 조직을 강조하고 있다. AMS는 시장의 변화에 대해서 여하히 신속하게 생산시스템에서 대응하여 고객의 요구를 만족시킬 것인가 하는 것을 기본목표로 하고 있다. 이의 핵심 내용으로는 첫째, 엔지니어링과 제조의 통합이며 둘째, 생산에 있어서의 원가, 품질, 납기, 유연성 등의 요소와 설계, 엔지니어링 그리고 물류 등 모든 차원에서 세계 수준급의 성과달성 추구를 도모하며 셋째, 과거 상충적 관계의 부정, 즉 민첩성과 유연성은 동시에 추구할 수 있고 혁신과 개선을 통해서 완전함의 끊임없는 추구를 그 바탕으로 하고 있다.

연 습 문 제

1. 기업전략, 사업전략 및 기능별 전략을 각각 간단히 설명하시오.

2. 포터(Porter)의 본원적 사업전략에 대하여 간단히 논하시오.

3. Order-Winners와 Qualifiers에 대하여 간단히 설명하시오.

4. BCG 포트폴리오에 대하여 설명하시오.

5. 후방통합, 전방통합 및 수평통합에 대하여 간단한 예를 들어 설명하시오.

Chapter 03

생 산 기 술

1. 자동화의 발전
2. 자동화기술
3. 서비스 부문의 기술
4. 자동화기술의 평가

기술이란 투입요소를 재화나 서비스로 전환하기 위해 사용되는 모든 과정으로 정의할 수 있으며, 기술을 산업의 상황에 적용이 가능한 지식과 과학적인 절차, 기법 및 장비라고 정의할 수도 있다.

기업에서 제품이나 서비스의 생산, 공장설비, 물류, 정보시스템의 설계 등을 결정할 때는 항상 기술과 관련하여 의사결정을 하게 된다. 이러한 의사결정은 많은 자본투자가 수반되고, 한 번 투자로 오랜 기간 동안 유지되어야 하기 때문에 매우 중요하다.

일반적으로 기술의 종류는 사용대상과 기술내용을 기준으로 분류할 수 있는데 사용 대상을 기준으로 한 기술은 제품기술과 공정기술로 분류할 수 있고, 기술내용을 기준으로 한 기술은 설계기술, 소재기술, 생산기술로 분류 할 수 있다. 그러나 이러한 제품기술과 공정기술은 상호 독립적이 아니라 상호 영향을 미치고 있다.

생산기술을 정의할 때는, 협의의 정의로서 공정기술을 가리켜 생산기술이라 부르는 경우가 많다. 공정기술이란 제조공정의 공정품질을 극대화하기 위하여 공정품질에 영향을 미치는 인자들의 값을 최적화하는 기술을 의미한다. 예를 들어, 열처리 공정에서 재질의 기계적 특성을 향상시키기 위하여 열처리 온도와 시간이 중요한 인자가 된다면, 그러한 인자들의 최적치를 찾아내기 위한 모든 노력과 지식들을 총칭하여 열처리 공정에서의 제조공정기술이라 부를 수 있다. 그러나 생산기술에 의하여 제조업의 경쟁력을 향상시키고자 한다면, 생산기술에 대한 포괄적인 의미의 정의를 필요로 한다. 즉 생산기술이란 어떤 종류의 제품, 부품 또는 재료를 좋은 품질로, 높은 생산성으로, 낮은 원가로 만들어 내어, 어떤 범주의 수요처에서 쓰일 수 있도록 하는 기술을 의미한다.

1. 자동화의 발전

자동화란 인간의 육체적 노동의 대체를 목표로 산업 혁명기 이래 최근까지 진행되어 온 기계화(mechanization)에 덧붙여 전자공학과 자동제어 기술의 성과에 기초하여 기계 설비의 자동조작과 제어를 가능하게 하여 결국 인간의 정신적 노동도 대체하려는 것이다.

그러나 공장 자동화(FA : Factory Automation)라고 할 때는 단위 기계 설비 또는 공정의 자동화뿐만 아니라 인간의 정신적 노동에 의하여 수행되었던 생산 활동 전반에 걸친 관리업무(계획, 지시, 통제)도 컴퓨터와 소프트웨어의 지원을 받음으로써 개개 공정만이 아니라 공장 전체로서의 통합된 효율적 생산을 가능하게 하는 것을 말한다. 이렇게 함으로써 생산 활동 전반의 효율화와 더불어 직접·간접 노동을 통틀어 제조업의 꿈인 공장의 무인화가 촉진된다.

이러한 공장 자동화의 발전은 공정 자동화(process automation), 기계적인 자동화(mechanical automation), 유연생산셀(FMC : flexible manufacturing cell), 유연생산시스템(FMS : flexible manufacturing system), 공장 자동화(FA : factory automation), 컴퓨터통합 생산시스템(CIM : computer integrated manufacturing)과 같은 단계를 거치면서 오늘에 이르고 있다.

FA는 일본의 생산 현장에서 진화되어 온 자동화의 한 형태로 여겨진다. 한편, 1940년대 이래 세계의 제조업을 이끌어오던 미국이 새 시대의 미국식 생산자동화라고 내놓은 것이 CIM이였다. 말하자면 FA가 생산 현장을 중시한 것이라면 CIM은 생산관리부서의 자동화를 중시한 것이었다. 오늘날 FA하면 일본에선 생산과 생산관리를, 미국에선 생산관리와 생산을 혼합한 광의의 생산 자동화 수단으로써 넓은 의미로 해석하고 있다. 따라서 FA는 상향(bottom-up)형식으로 CIM을 지향한 것으로 제조 기술을 대표하는 두 나라의 생산에 대한 개념의 차이를 반영한 두 가지 형태의 생산 시스템인 것이다.

전자분야의 발전과 기계공업의 발전으로 미래 공장의 생산시스템은 컴퓨터 시스템이 결합되고 인공지능 소프트웨어에 의해 완전 자동화된 무인화 생산시스템으로 전환되어 갈 전망이다. 향후 공장의 모습은 인간의 수작업 개입을 거의 줄이는 개념과 사상을 기본으로 발전되어 가고 있다.

결국 제조분야는 엔지니어링 데이터베이스 분야와 일반관리 부문을 일체화시켜 이들 상호 정보를 통합하는 컴퓨터통합 생산시스템(CIM : computer integrated manufacturing) 사상으로 발전되고 있다.

기업 내 정보들에 대하여 상호 네트워크화 개념에서 통합하고 정보의 흐름에 대하여 병목현상이 생기지 않도록 하여 전체적 관리가 하나의 품질경영으로 변신할 수 있는 정보를 제공할 수 있을 때만 제조업의 경쟁력 확보에 정보시스템이 갖는 기여도가 절대적이기 때문에 CIM이 각광을 받고 있다.

CIM 시스템 구현에 있어서 MRP(manufacturing resource planning) 시스템은 가장 기초적이면서 가교 역할을 하는 중간 매개체의 역할을 하고 있다. 이는 제조업의 관리 시스템과 활동 시스템의 중간위치에서 활동이라는 것과 관리라고 하는 중간단계에서 촉매제 역할을 하고 있는 각 서브시스템의 기능들이 MRP 시스템이기 때문이다.

공장자동화 또는 무인화에 있어서 MRP 시스템을 핵으로 하는 생산관리 시스템은 어떠한 위치에서 작용되겠는가? 우선, 고객으로부터 영업부문이 받은 오더의 정보내용은 제품을 만드는 생산공장 입장에서 보면 크게 두 가지로 나누어 생각할 수 있다.

첫째 관리부문에서의 영역에서 보는 생산일정이 포함된 MPS(master production schedule)정보로서 어느 일자에 작업을 착수하고 어느 일정에 최종제품을 출하할 것인가를 결정하는 정보이다. 이것은 무엇을(품목), 몇 개(소요량), 언제까지(납기) 만든다고 하는 내용으로 관리할 필요가 있다.

둘째 주요관점으로 보는 정보는, 고객의 요구 시방이 담긴 기술시방 정보로서, 주로 설계부문에서 취급하고 수주한 제품을 어떻게 설계하여 만들지를 결정한다.

이러한 두 가지의 정보, 즉 일정정보와 제품의 시방정보가 제조현장에서는 하나의 관리 사양으로 되어 작업이 개시된다. 그리고 FA화가 실현되었을 때 전자의 정보는 생산관리 시스템으로서 처리되고 후자의 정보는 CAD/CAM(computer aided design/computer aided manufacturing) 정보로 처리되게 된다.

또 생산관리 시스템과 CAD/CAM 시스템의 정보는 제조현장의 로봇화된 유연생산 시스템(FMS : flexible manufacturing system)으로 전달되어 실제의 가공·조립이 진행되게 되는 것이다.

2. 자동화기술

2.1 산업용 로봇

산업용 로봇은 1962년 GM사에서 처음 도입하였다. 초기의 산업용 로봇은 무거운 물건을 들어 올리거나 위험한 작업을 수행하였으나 마이크로컴퓨터의 발달로 크기가 작아지고, 이동성이 좋아지고, 내장된 프로그램의 지시를 수행할 수 있게 되었다.

산업용 로봇이란 다양한 과업을 수행할 수 있도록 가변프로그램의 지시에 의해 자재, 부품, 공작 도구를 이동하거나, 다른 다양한 기능을 수행하는 기계라고 할 수 있다.

1) 산업용 로봇의 구조와 PLC

산업용 로봇은 조인트와 링커로 구성되어 있다. 조인트는 인간의 관절과 유사하며 일의 자유도를 가능하게 하며, 링크는 투입링크와 산출링크로 구성되어 있고, 로봇의 고정부분이다. 로봇의 구조는 몸체와 팔부분과 손목부분이다. 그래서 로봇의 팔이 수행할 수 있는 표준적 동작은 암 스위프(arm sweep), 어깨회전(shoulder swivel), 팔꿈치 펴기(elbow extension), 좌우이동(yaw), 피치(pitch), 회전(roll)의 여섯 가지 동작을 수행한다. 그렇지만 모든 로봇이 이러한 기능을 수행하는 것은 아니다.

PLC(programmable logic controllers)는 공정을 통제하고 추적하기 위하여 특별히 설계된 마이크로프로세서를 사용하는 기기이다. PLC는 CIM에 있어서 중요한 요소이며, 공장에서 사용되기 때문에 제조업체용으로 개발되었으며, 시끄럽고, 먼지가 많고, 더러운 환경에서 적응할 수 있도록 설계되었다.

2) 산업용 로봇의 종류

산업용 로봇을 기능에 따라서 분류하면 다음과 같다.

① 방향전환(pick-and-place)로봇

가장 단순한 산업용 로봇으로서 물건을 집어서 이동하는 기능을 가지고 있다. 방향의 이동은 좌우, 상하, 전후의 두 방향밖에 할 수 없다.

② 서보(servo)로봇

방향전환로봇보다 발전된 로봇으로서 팔의 이동방향이 조인트의 수에 따라 5~7개의 방향으로 전환할 수 있는 로봇이다. 이 로봇은 팔과 손의 이동이 서보 메카니즘(servo mechanism)으로 통제된다.

③ 프로그래머블(programmable)로봇

프로그래머블 통제기에 의해서 지시를 받는 서보로봇이다. 프로그래머블 통제기 는 팔과 손의 움직임을 기억하고, 로봇에 지시를 내린다.

④ 전산(computerized)로봇

컴퓨터에 의해 움직이는 서보로봇이다. 프로그래머블 통제기와는 달리 컴퓨터는 전자적으로 지시를 변경할 수 있다.

⑤ 감지(sensory)로봇

촉감이나 시각적인 능력을 지닌 전산로봇이다.

⑥ 조립(assembly)로봇

조립을 하기 위해 특별히 제작된 전산로봇이다.

2.2 수치제어공작기계

수치제어(numerical control)란 기계가 어떤 작업을 수행할 때 그 작업이 자동적으로 수행되도록 사전에 설계된 프로그램의 지시에 의해서 통제 받는 것을 말한다. 이러한 지시는 숫자, 문자, 기호에 의해서 이루어진다. NC는 입력된 프로그램에 의하여 기계공구와 다른 설비의 위치와 진행경로를 조정한다.

1) NC공작기계의 역사

1947년 파슨스(Parsons)사와 미국 공군은 1947년부터 NC공작기계에 대하여 연구를 시작했다. 1954년 미국 공군과 MIT연구진은 NC밀링기계를 생산했으며, NC공작기계를 통제할 수 있는 NC언어인 APT(automatically programmed tool)를 개발 작업(드릴링, 천공, 마무리작업, 그라인딩, 재봉)에 이용되었다.

1969년에 NC공작기계시스템은 프로그램을 내장한 미니컴퓨터를 부축한 CNC로 발전하였고, 1947년에는 보다 싼 마이크로컴퓨터가 통제기능을 담당하게 되었다. 또한 1969년에는 중앙컴퓨터와 일련의 NC공작기계 또는 CNC를 연결한 DNC가 개발되었다. DNC시스템은 5~20개의 공구를 통제하며 각각의 기계로부터 수집한 자료를 총괄적으로 통제할 수 있는 기능이 있다.

2) NC공작기계의 구성요소

NC공작기계는 지시프로그램, MCU(machine control unit), 공작공구의 세 가지로 구성되어 있다.

① 지시프로그램

이는 공작기계의 활동을 지시하는 명령문이다. 입력기기로는 천공테이프, 천공카드, 매그네틱, 35mm 영화필름 등이 있다.

② MCU

이는 지시프로그램을 읽고, 해석하고, 이 결과를 기계공구의 동작으로 전환시키는 하드웨어이다. 초기의 MCU는 테이프 판독기를 이용했으나 최근의 NC공작기계시스템은 MCU로서 마이크로컴퓨터를 이용하는데 이것이 CNC이다.

③ 공작공구

이는 작업대, 주축, 모터, 절단기, 고정장치물 등으로 되어 있다.

가장 정교하고 복잡한 NC공작기계는 머시닝센터이다. 이는 여러 가지 기능을 한 대의 자동화된 기계에 통합시킨 기계이다. 이 기계는 드릴링, 밀링과 같은 여러 가지 작업을 할 수 있으며, 테이프의 지시에 의해 공구를 자동적으로 바꿀 수 있다. 또한 작업물을 원하는 장소에 놓을 수 있다.

3) CNC와 DNC

① CNC

CNC(computerized numerical control)란 MCU로써 독자적인 프로그램을 내장한 마이크로컴퓨터를 사용하는 NC이다. NC에서는 파트프로그램이 천공테이프 판독기를 통하여 작업 때 마다 반복하여 입력되지만, CNC에서는 한 번의 입력으로 컴퓨터의 기억장치에 저장이 된다.

② DNC

DNC는 여러 대의 NC공작기계를 한 대의 호스트 컴퓨터에 연결하여 모든 NC공작기계를 실시간으로 통제하는데 한 대의 컴퓨터에 보통 100대 이상의 기계를 통제할 수 있다. DNC의 특징은 중앙컴퓨터가 일시에 모든 기계를 통제하는 것이다. 그리고 DNC는 중앙컴퓨터, 대기억장치(NC파트프로그램이 장착된), 텔레커뮤니케이션라인, 기계공구로 구성되어 있다.

DNC는 DNC(direct numerical control)과 DNC(distributed numerical control)의

두 가지 종류가 있다. 전자는 호스트 컴퓨터를 이용해 NC기계나 공정을 직접 통제하는 것이고, 호스트 컴퓨터는 기계공구와 떨어져 있으며 NC공작기계들에게 명령을 한다. 후자는 마이크로프로세서의 발달로 전자의 DNC보다 늦게 개발되었으며 네트워크화된 DNC이다.

2.3 자동자재관리

자재관리(materials handling)는 제품을 이동시키고, 포장하고, 저장하는 모든 과정을 말한다. 이 모든 과정은 돈과 시간이 소요되지만 제품의 가치에는 아무런 도움을 주지 못하므로 자재의 흐름을 자동화함으로써 원가를 절감하는 방법을 찾아야 한다. 자동자재관리는 자동운반차량과 자동창고시스템을 통하여 가능하다.

1) 자동운반차량

운반시스템은 공장 내의 원자재, 재공품, 완제품 등을 필요로 하는 장소로 이동시키는 시스템이다. 제조비에서 운반비용이 차지하는 비중이 매우 높기 때문에 경영자는 운반비의 절감에 많은 관심을 나타내고 있다. 그래서 경영자들은 운반시스템을 자동화하는데 많은 노력을 하고 있다.

자동운반시스템의 대표적인 것은 AGV이다. AGV(automated guided vehicles)는 작업장에서 컴퓨터의 통제로 정해진 경로를 따라 움직이는 무인소형 트럭이다. 또한 AGV는 작업장 사이에 있는 경로를 선택할 수 있는 능력이 있는데, 이러한 능력은 호스트 컴퓨터로부터 정보를 받는 컨트롤러(controller)가 있기 때문이다.

FMS에서 AGV를 선택할 때 셀과 조립라인 사이에서 이동하는 원자재와 부품의 크기와 무게, 고정장치를 고려해야 한다. 그리고 사용하는 AGV는 CNC와 같은 다른 기기와 대화가 통해야 한다.

2) 자동창고시스템

오늘날 제조물에 부착된 바코드는 제조 창고에도 컴퓨터를 필요로 되게 되었다. 이러한 결과로 창고 안에 있는 품목에 대한 모든 정보가 실시간으로 파악되어 기업의 정보시스템에 즉각 연계되어 진다.

자동창고시스템(automated storage and retrieval system: AS/RS)은 자동화를 전

제로 자재는 신속하고, 정확하고, 안전하게 취급되고, 저장되며 인출하는 모든 행위를 통제하는 시스템이라고 할 수 있다. 즉, 자동창고는 AGV의 도움을 받아 인간의 보조 없이 자재를 인수하고 전달할 수 있다.

예를 들어 IBM의 유통센터는 매일 10만5천개의 컴퓨터 부품 및 관련 서적을 AS/RS와 13대의 AGV를 이용하여 선적한 결과 생산이 20% 증가했으며, 정확도는 99.8%를 기록했다.

2.4 컴퓨터응용기술

1) CAD

CAD(Computer-Aided Design)는 제품에 모든 설계활동을 말한다. CAD는 단순히 자동설계의 도구라는 개념을 넘어, 회사 내의 개발부문과 생산부문을 연결할 뿐만 아니라, 회사 내의 경영관련 정보와의 통로역할도 할 수 있다.

CAD를 자동설계라고 표현하여, 설계를 자동으로 하는 장치라고 생각하는 것은 잘못이다. 설계는 인간의 창조적 개념을 도형으로 표현하고, 착상을 검증하여 이를 물건제작으로 구현하는 것이다. 이 과정에서 도형표현 및 방대한 참고자료를 검색하고 참조하는 작업을 컴퓨터에서 지원 받아 인간과 컴퓨터의 공동작업을 가능하게 하는 것이라고 이해하는 것이 바람직하다.

표 3.1 CAD의 적용범위

적 용 분 야	적 용 업 무
기계	기구·구조의 설계, 부품의 설계 및 제도
전기·전자	전자회로 설계, 프린트 기판 설계
항공기	기체구조 설계
자동차	차체설계, 금형설계, 치공구설계
선박	선체구조 설계
건축·토목	빌딩·주택의 의장설계, 견적설계, 교량설계
지도·요인	지형도·시가지도의 작성
어패럴	패턴메이킹, 그레팅

설계의 절차는 기획단계의 시안을 개념적 형태로 결정하고, 부분이 구체화되어 가공되어간다. 설계기능을 분해하면 인간의 창조성에 의존하는 설계의 초기 단계 기능과, 자료의 수집, 참조, 평가, 편집 등의 사무적 처리부분의 중간 단계 이후의 기능으로 구분된다. 이 중간단계 이후가 컴퓨터의 지원을 받는 부분이다. 특히, 자료의 검색과 도형의 표시는 컴퓨터의 위력이 가장 발휘되는 영역으로, CAD는 이 부분을 빠르고 정확하게 실시할 수 있으므로 현대의 설계에서 필수 불가결한 것이 되었다.

고도로 안정된 성능을 갖게 된 CAD는 다양한 기업에 채용되고 있다. 그 대표적인 적용분야는 〈표 3.1 〉과 같다. 적용업무의 예를 보면 구체적인 물체를 대상으로 하는 업무에는 모두 적용할 수 있는 것으로 되어 있다. 또 CIM 시스템에서는 대단히 중요한 정보처리 자원이 된다. CAD 시스템에 의한 설계는 현재 인공지능의 지원을 추가함에 따라 더욱 빠르고 정밀하게 달성되고 있다.

2) CAM 시스템

CAD의 발달에 따라 설계부문의 업무효율은 눈에 띄게 향상되었으나 생산 전체에 파급되는 효과는 크게 얻지 못했다. 그러나 CAM이 CAD와 N/C 공작기계의 사이에 위치함에 따라 이 문제는 점차 해결되게 되었다.

① **CAM이 등장하기 이전** : CAM이 등장하기 이전에는 설계정보와 기계 사이의 매개로 인간을 필요로 하였다. 다시 말해서 CAD의 출력정보는 작업내용이 N/C 데이터로 처리되고, 이 데이터를 종이테이프 등을 이용하여 기계를 자동제어하여 가동시키는 방법이 취해졌다. 이는 고속처리 능력을 가진 CAD와 N/C 기계 사이에 저속처리를 하는 인간의 작업이 끼여들게 되어 전체적 효율이 떨어지는 구조로 되어 있었다.

② **CAM에 의한 CAD와 N/C의 통합** : CAM의 등장에 따라 CAD와 N/C가 결합되어 설계내용이 기계에 직접 전송됨으로써 장애는 개선되고 생산부문 전체의 효율은 향상되었다. 이에 따라 훌륭한 성과는 얻었으나 이 과정에서 부수적으로 새로운 문제가 발생하게 되었고, 발생된 문제의 해결을 포함한 CAM은 새로운 CAD/CAM으로서 정착했다. 여기서 문제가 의미하는 것은 기계에 데이터를 직접 전송하기 이전에 공작의 준비도 사전에 해 놓아야 한다는 것을 말한다.

CAD와 N/C의 결합에서 출발한 CAM의 개발은 일찍이 플랜트 전체의 통합을 가능하게 하는 '생산공정준비', '생산공정제어'의 기능을 갖고 있다. 또한 CAM은 플랜트 운영의 주역이 되고, CIM 시스템 통합의 핵심적 중추기능을 갖는다.

CAD의 발전이 CAM의 개발을 부추겨 왔고 CAM은 플랜트 제어의 주요한 기능으로 발전했다. 플랜트가 무인화 경향으로 발전하는 과정에서 플랜트에 종속된 생산관리 기능의 중요성은 증가되었다.

CAM 시스템의 기본기능은 [그림 3.1]에서와 같이 CAD 시스템의 설계기술정보와 CIM 비즈니스 기능의 일환인 생산관리 시스템 관리정보가 CAM 프로세서로 공급되어 CAM 시스템은 플랜트 생산 활동 전체를 통합적으로 제어한다.

기본기능은 생산준비와 생산공정제어 두 가지로 구분되는데, '생산준비'는 생산작업의 실시에 앞서 생산환경의 준비를 계획하고 입안하는 기능이다. '생산공정제어'는 준비된 계획에 따라 플랜트의 생산활동을 실행하는 기계를 직접 제어하는 기능이다.

CAM은 CAD 설계기술 정보를 제조기계에 통합하는 기술로서 발전되어 왔지만, 독자적인 생산관리 기술로서 플랜트생산을 통합하여 관리하는 중요한 시스템으로 자리 잡아가고 있다. 수십 종류의 공정설계시스템이 개발된 것은 제조기업에서 생산관리, 공정관리에 관한 관심이 높다는 것을 나타낸다.

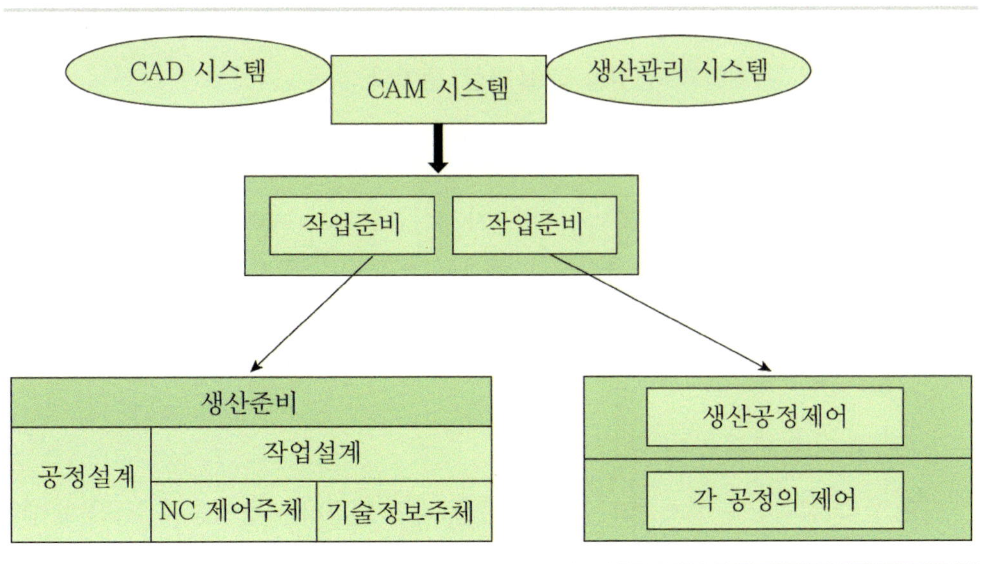

그림 3.1 CAM 시스템의 기본기능

2.5 FMS

1) FMS의 개념

FMS(flexible manufacturing system)란 여러 가지 개별적 생산시스템의 이론과 기술을 통합한 시스템으로서 중앙컴퓨터의 지시에 의해 일련의 공정이 NC공작기계에 의해 자동으로 수행되고, 자재를 자동으로 운반하는 전산화된 생산시스템이다. FMS는 유연자동화의 일종으로, GT(group technology)의 가장 진보된 제조셀이며, 또한 각 작업장의 NC프로그램의 통제 하에 다양한 종류의 제품을 일시에 생산할 수 있는 능력을 가지고 있다.

2) FMS의 구성요소

FMS는 여러 가지 형태로 기업의 특성에 맞게 도입될 수 있다. FMS를 CIM의 요소로 보았을 때 머시닝센터, 자재취급과 저장, 컴퓨터통제시스템으로 구성되어 있다.

① 머시닝센터

머시닝센터는 밀링, 천공작업 등의 다양한 기능을 수행할 수 있는 기계공구를 가진 작업장으로써 NC 공작기계와 공구, 그리고 산업용 로봇으로 구성되어 있다. 머시닝센터가 자재취급과 결합해 더욱 더 자동화되면 머시닝센터는 FMC(flexible machining cell)가 된다. FMC는 공정과정이 비슷한 부품군을 전문적으로 생산하기 위해 서로 다른 기계들과 공정을 그룹화한 셀이다.

② 자재취급과 저장

자동컨베이어시스템이나 AGV와 같은 자재취급기기가 여러 개의 FMC와 결합되면 FMC가 FMS로 변한다. 자재취급과 저장의 도구로는 팔레트, 컨베이어, 산업용 로봇, AGV, AS/RS 시스템을 들 수 있다. 이것은 컴퓨터통제시스템과 연결이 되어야 한다.

③ 컴퓨터통제시스템

이것은 각 작업장을 통제하고, 각 작업장을 서로 연결하는 중앙통제기능을 수행한다. 이 통제시스템은 각 작업장의 현황을 피드백 받으며, 이때 피드백된 자료는 생산뿐만 아니라 검사, 수리, 보전에 관련된 자료들이며, 이들 자료에 대한 조치를 취한다.

3) 도입의 효과 및 문제점

FMS를 도입함으로써 다음과 같은 기대효과를 얻을 수 있다.

- 여러 가지 제품의 생산이 가능하다.
- 수요의 변화에 신속하게 대응할 수 있다.
- 고품질의 제품생산이 가능하다.
- 다른 종류의 제품을 생산하는데 필요한 준비시간이 단축되고, 고객수요를 충족시킬 리드타임이 줄어든다.

한편 FMS를 도입할 때 발생할 수 있는 문제점은 다음과 같다.

- FMS 도입에 따르는 시간·비용·노력이 많이 소요된다.
- 사용기계류의 생산능력한계와 동일한 부품군 내에서도 발생할 수 있는 각종 도구의 중복 필요성 등으로 제품 및 제품믹스변경에 한계점이 있다.

2.6 CIM

1) CIM의 배경

공장자동화의 시초는 18세기 후반 미국의 에번스(O. Evance)의 제분공장 설계 건설에서 채용되었던 흐름생산(flow production)이라고 한다. 그 후 포드 자동차 공장의 조립라인(1931년)이 등장하였다. 이후 1960년대까지의 자동화 목표라고 하면 같은 종류의 제품을 대량으로 생산하여 생산성 향상에 기여하는 것뿐이었다고 할 수 있다.

1970년대에 접어들면서 MC(Machining Center), 로봇, 자동창고, 자동반송 시스템 등을 활용한 생산 시스템은 제품의 다양화 또는 소량 생산에 대응하여 생산과정의 개별 공정별로 고안되고 있었다.

1980년대에 와서는 공장, 직장 단위에서 장시간 자동적으로 생산활동을 할 수 있는 시스템인 FMS 또는 FA가 구축되기 시작하였다. 그 후 자재계획에서부터 설계, 제조, 출하까지의 기술생산부문과 영업·결재를 포함한 판매 부분을 통합하여 전체 생산 시스템을 지향하는 자동화, 즉 CIM(Computer Integrated Manufacturing)이 등장하였다.

CIM은 정보화 사회의 요청에 적절히 대응한 새로운 전략적 시스템이라 할 수 있다. CIM의 필요성을 처음으로 인식한 회사는 미국의 GM사라고 할 수 있다. GM사는 설계·생산을 위한 CAD/CAM의 구축, 관리정보의 축적, 제어, 자재관리, 조립, 검사의 컴퓨터화 등을 통하여 전사적인 CIM의 구축을 목표로 하고 있었다. 그러나 설계자동화라 칭하던 CAD/CAM과 일반 비즈니스 업무의 컴퓨터화인 OA 또는 공장의 FMS 등도 개개의 부문 내에서의 업무를 효율화한 것이어서 「자동화의 섬(Island Automation)」으로 전사적인 것이 되지 못했다.

GM사는 회사 내의 2만대 이상의 컴퓨터 내장기기 그리고 약 3만대의 로봇을 연결시켜 데이터처리의 「하이웨이」를 만들기 위하여 MAP(Manufacturing Automation Protocol)을 사용하기에 이른 것이다. MAP은 다른 종류의 컴퓨터 또는 FA기기가 서로의 기능을 발휘할 수 있고 다른 종류의 기기들 간에 의사전달이 가능하도록 표준어를 정하는 것이다. 이를 위하여 표준화된 통신체계(ISO/OSI)에 준거한 제조통신 표준규약(MAP)을 완성시켰으며 이는 세계적으로 표준화되어 있다. MAP은 일종의 공장 내의 LAN인데 공장 내의 어느 곳에서든 정보를 신속하게 알고자 하는 것으로 공장 내의 전기배관처럼 어느 곳에서든지 콘센트를 접속하면 다른 종류의 FA기기들이 연결되어 서로 통신이 가능하도록 하는 것이다.

CIM화는 생산시스템 전체를 대상으로 하기 때문에 제도와 관습 및 국민성과 밀접한 관련이 있다. 따라서 미국, 유럽, 일본의 CIM에 대한 기대와 관리방법은 차이가 있다. 미국은 한때 여러 산업 분야에서 세계 시장 점유율이 현저하게 떨어지고 일본 및 독일에 비하여 노동생산성이 떨어져 CIM화가 그 대응방안으로 논의되면서 관리자의 생산성 향상책으로는 시스템화가, 현장의 생산성 향상책으로 자동화가 적극적으로 추진됐다. 1980년대 들어 제품품질의 저하가 문제시됨으로써 제조단계에서의 품질확보 문제가 현안으로 대두되었다. 이러한 품질의 문제와 종합 생산성의 저하가 특히 일본 제품과의 경쟁력을 저하시키는 커다란 요인으로 강하게 인식됨에 따라 미국기업이 경쟁력을 유지하는 유일한 방안으로 일본 기업과 같은 효율적인 자동화 기능의 확보가 제시되었던 것이다. 이와 같이 제조기업이 살아남기 위한 유일한 수단으로 CIM이 채택되었으며, 미국에서의 CIM은 생산현장의 고도의 자동화를 전제로 하고 있다.

일본의 경우는 공장 자동화에 의한 현장의 자동화, 합리화에 주력을 두었기 때문에 유럽이나 미국에 비해 현장 자동화 수준이 꽤 높은 편이었다. 그러나 관리와 간접부문 시스템화의 측면에서는 유럽이나 미국의 기업에 비해 제도 및 관습 등의 차이로 늦어졌다는 것이 일반적인 해석이다. 일본의 제조업체는 시장요구의 다양화와 비용절감 요구에 대응할 수 있는 생산체제의 확립이 필요하였으며, 설비면에서는 메카트로닉스 기술을 구사한 자동화장치가 개발되어 유연생산시스템(FMS : Flexible Manufacturing System) 등 고도의 생산시스템이 실용화되었다.

더욱이 공장전체를 보다 효율적으로 운영하기 위하여 현장의 자동화에 머무르지 않고 판매, 생산계획 및 설계·개발을 포함한 공장의 일관생산 시스템의 필요성이 인식되었다.

2) CIM의 정의와 역할

전사적 통합의 아이디어는 지리적으로 분산된 위치에 있는 인력, 기술, 업무처리(business processes), 고객 및 공급자들을 통합하는 것이다. 이러한 통합은 기업목표를 실현시키는데 필요하다. 통합의 도구는 사람들(종업원)에게 권한을 주는 것이다. 기업에 자료처리를 적용시킬 경우 지역적, 구조적 특수성을 극복하는데 필요한 3가지의 통합도구는 네트워크 통신, 데이터베이스 관리시스템 및 그룹웨어이다.

CIM의 목적은 공통의 통합된 자료저장소 주변의 모든 기업운영과 활동을 통합하는 것이다. 즉 CIM은 조직과 개인의 효율을 향상시키는 새로운 경영철학과 결부된 통합시스템과 데이터통신을 이용하여 제조기업 전체를 통합하는 것이다.

CIM은 실체이기보다는 개념적인 것이며 C(Computer : 컴퓨터)를 의미하기보다는 I(Integrated : 통합)를 강조한 것이다.

제조업체에는 3가지의 흐름이 있다. 물자의 흐름(material flow), 정보의 흐름(information flow) 및 자금(financial flow)의 흐름이다. 물자의 흐름을 자동화 하는 것을 공장 자동화라 하며 이를 위해서는 많은 자동화 기기들이 사용된다. 즉 CNC 등의 CAD/CAM장비, 로봇, PLC, DCS, 자동창고, 무인반송차 등의 장비들이 사용된다. 물자의 흐름은 물론 정보의 흐름을 개선하는 것도 매우 중요한데, 이는 물자와 정보의 흐름이 모여서 전체 제조업체의 흐름으로 구성되기 때문이다. 자금의 흐름은 기업 내에서 수행되는 모든 활동에 의해서 이루어지며, 이러한 활동들은 의사결정에 의하여 촉발된다. 최근 들어 시장상황이 정보 흐름의 자동화를 더욱 필요로 하는 방향으로 진행되고 있기 때문에 물자의 흐름보다 정보의 흐름을 중요시하는 경향이 높아지고 있다.

궁극적으로 CIM은 제조 및 시장환경의 급속한 변화에서 기업이 생존하기 위하여 전략계획을 통해 경쟁에서 이길 수 있는 제품을 개발하고, 제품설계에서 생산에 이르는 모든 과정을 컴퓨터를 이용하여 설계, 분석하고 피드백을 통해 좋은 제품을 신속하게 생산할 수 있도록 프로세스를 개선시키는 시스템이다. 이는 공장자동화보다 더 포괄적인 개념이다. CIM이란 제조업체 경영전반의 모든 업무, 즉 제품개발, 생산, 판매, 회계 등 모든 분야를 컴퓨터와 통신 등 정보기술을 이용하여 통합 지원해 주는 정보의 기반구조(infrastructure)라 할 수 있다([그림 3.2]).

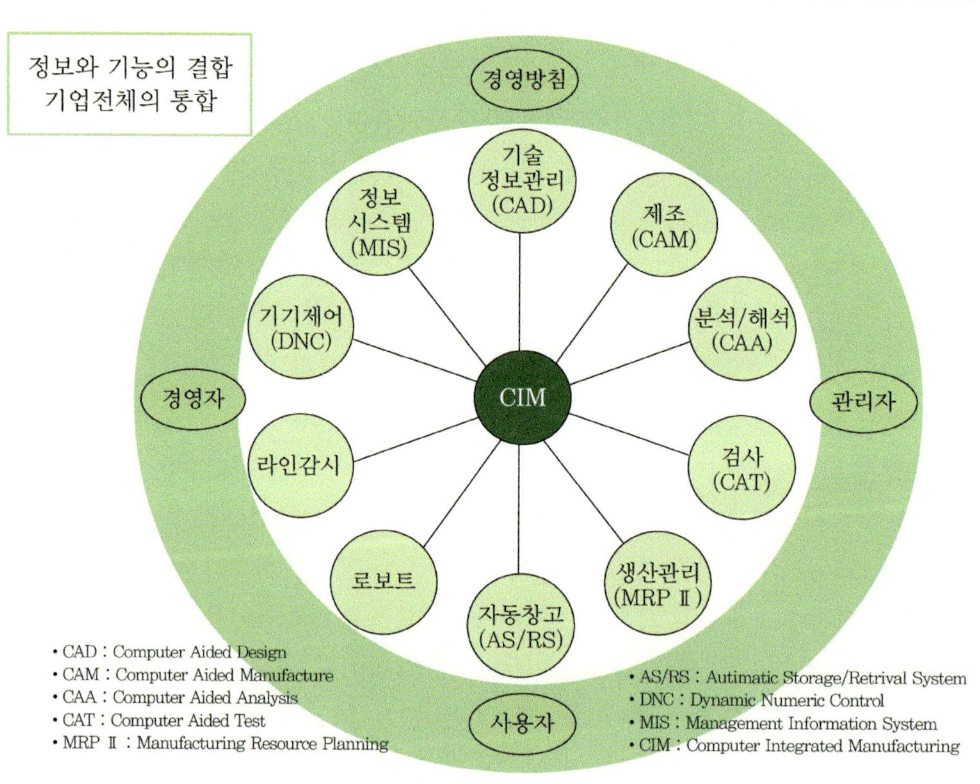

| 그림 3.2 | CIM의 개념

3. 서비스 부문의 기술

서비스 생산활동의 원가, 품질 및 속도를 향상시키는 가장 중요한 요소는 정보의 흐름과 처리를 효과적으로 관리하는 능력이다. 19세기가 산업혁명을 낳았다면 20세기는 정보혁명을 낳았다고 할 수 있다. 정보혁명이란 보다 빠르게 값싸게 정보를 전달, 처리, 저장 및 검색하는 기술의 발전을 의미한다. 전자공학의 급속한 발전으로 서비스부문에 많은 정보기술이 폭넓게 도입되고 있다.

1) 사무자동화

사무자동화(OA: office automation)란 사무직 근로자의 업무효율성을 향상시키도록 새로운 사무기술들을 활용하여 사무처리과정을 자동화하고 개선하는 것이다. 사무자동화에는 PC, 워드 프로세싱(word processing), 스프레드쉬트(spreadsheet), 전자우편(electronic mail), 원격화상회의(teleconferencing), 음성우편(voice mail), 팩스(fax) 등과 같은 기술이 사용된다. 이와 같은 사무자동화 기술은 데이터로부터 지식을 창조하고 그 지식을 효율적으로 전달하게 한다.

워드 프로세싱은 초안 작성, 수정, 교정, 복사, 프린트 및 원문의 정리보존에 소요되는 시간을 단축함으로써 사무생산성을 향상시킨다. 스프레드쉬트는 대량의 데이터를 조직·분석·해석하는데 소요되는 시간을 단축시킨다. 전자우편과 팩스는 정보를 빠르고 효율적으로 다른 사람에게 전달한다. 음성우편은 문자정보대신 음성정보를 전달, 저장 및 검색하는 것을 제외하고는 전자우편과 기능은 비슷하다. 원격화상회의기술은 정보와 영상을 실시간으로 상호 전달할 수 있도록 한다. 이 기술은 직접 대면회의의 대체수단으로서 서로 떨어진 곳에서도 신속하게 문제해결을 할 수 있게 하고 동시에 여행경비도 절감시킨다.

2) 영상처리시스템

영상처리시스템은 복잡한 영상을 읽고, 파악하고, 저장하고, 재생하는 디지털 및 광학기술이다. 은행은 신용카드와 수표처리업무에 영상처리장비를 폭넓게 사용하고 있다. 한편 바코딩과 스캐닝 기술은 슈퍼마켓과 할인점에서 재고를 줄이고 판매패턴을 추적하는 데 사용되고 있다.

3) 전자자료교환

전자자료교환(EDI: electronic data interchange)은 한 기업의 정보시스템에서 다른 기업의 정보시스템으로 정보를 직접 전송하는 시스템이다. 현재 EDI는 서비스부문과 제조부문 양쪽에서 모두 폭넓게 사용되고 있다. EDI는 기업과 공급자 및 고객 사이에 정보를 신속히 전달하는 효율적인 수단이 되고 있다.

4) 의사결정지원시스템 및 전문가시스템

이 시스템들은 의사결정 대안의 개발, 대안의 평가에 필요한 정보의 수집 및 분석, 그리고 최선의 대안이나 만족스러운 대안을 파악하는 데 유용하다. 또한 이 시스템들은 경영자가 제안하는 의사결정 대안의 원가 및 기타 영향을 평가하는 데도 유용하다. 예를 들면, 은행에서는 개인의 신용정보를 전문가시스템에 의해 평가하여 신용대출 여부와 한도를 자동적으로 결정하고 있다.

5) 컴퓨터 네트워크 시스템

오늘날 모든 컴퓨터 기능을 단독의 메인프레임 컴퓨터에만 의존하는 조직은 드물다. 대부분의 조직에서는 최종사용자의 마이크로컴퓨터(클라이언트)와 서버 역할을 하는 컴퓨터를 네트워크로 연결한 클라이언트/서버(client/server) 접근법을 사용하여 가장 작은 마이크로컴퓨터로부터 가장 큰 메인프레임 컴퓨터에 이르기까지 모든 컴퓨터를 네트워크로 상호 연결해 놓고 있다.

네트워크화된 컴퓨터시스템에서는 최종사용자가 컴퓨터를 통해 통신할 수 있고, 하드웨어, 소프트웨어, 데이터 및 다른 자원을 공유할 수 있다. 예를 들면, 사무실 LAN(local area network)에서 최종사용자는 서버에 속해 있는 소프트웨어 패키지와 데이터베이스의 사용을 공유할 수 있고, 고품질의 값비싼 레이저 컬러 프린트와 연결될 수도 있다. 마이크로컴퓨터와 텔레커뮤니케이션 링크의 가격은 떨어지고 성능은 향상됨에 따라 최근에 와서 이러한 클라이언트/서버 네트워크는 광범위하게 도입되고 있다.

4. 자동화기술의 평가

FMS, CAD/CAM 등과 같은 자동화 기술은 대규모 자본투자를 요구한다. 따라서 기업은 기술의 획득에 앞서 그 기술로부터 얻을 수 있는 재무적 혜택이나 전략적 혜택을 세밀하게 평가해야 한다. 새로운 기술을 도입하는 목적은 노무비의 절감뿐만 아니라 제품의 품질 및 다양성 향상, 생산리드타임의 단축, 그리고 생산의 유연성 향상에 있으므로 기술투자의 평가는 매우 어렵다. 더욱이 이러한 혜택 중 일부는 노무비의 절감과는 달리 무형이므로 평가가 더욱 어렵다.

자동화는 여러 가지 이점을 가져다주지만 새로운 자동화 기술을 도입할 때는 수익성, 기술성 및 수용성 측면에서 구체적인 평가가 따라야 한다.

1) 수익성 평가

자동화 투자의 수익성은 계량화하기 힘들기 때문에 평가하기 힘들다. 유연성, 대응성, 그리고 컴퓨터에 의한 통합이 주는 이점을 계량화한다는 것은 쉬운 일이 아니다. 또한 장기적인 관점에서 관련활동인 자재운반, 재고관리, 보수유지, 품질관리, 원가회계 등에 미치는 영향을 계량적으로 평가한다는 것은 더욱 힘들다.

자동화 투자는 생산시스템을 질적으로 바꾸어 전체 시스템의 성과를 개선시키려는 전략적 결정이기 때문에, 재무적 분석에 의해서 결정하기보다는 경쟁력을 향상시키기 위해서 얼마나 필요한 것인가 하는 전략적 관점에서 결정하는 것이 바람직하다. 재무적 분석기법은 계량화하기 힘든 이점을 적절하게 반영하지 못하여 위험 회피적 경향을 띠게 되므로 자동화 도입이 늦어지고 장기적 관점에서 경쟁력이 뒤지는 결과를 초래하게 된다.

2) 기술성의 이해

자동화를 도입하기 위해서는 변화의 주체가 필요하다. 자동화는 관련부서가 많고 정보가 필요하므로 전담 태스크 포스 팀(TFT)을 구성하여 변화를 주도해 나가도록 하는 것도 하나의 방법이 될 수 있다. 자동화와 같은 새로운 기술을 도입할 때는 누군가가 자동화에 대해 확고한 생각을 가지고 끈기 있게 설득할 때 도입의 가능성이 보다 높아지는 것이다. 또한 경영층은 변화의 주체가 될 지식과 경험을 갖춘 기술요원을 파악하여 그들이 자동화 전문가가 될 수 있는 시간과 자원을 제공해 주는 것이 필요하다.

3) 수용성의 조장

자동화의 도입은 새로운 기술을 도입하는 것으로 조직 내에 많은 변화를 가져와 노동자, 기술자, 관리자 모두가 저항하게 될 가능성이 크다. 특히 노동자들이 가장 큰 영향을 받게 되는데 그들은 작업환경 및 일상 업무의 변화, 실직의 우려, 그들에게 일어날지도 모르는 것에 대한 불안을 느끼게 된다. 따라서 경영층은 종업원이 느끼는 불안을 신중히 고려하여 변화가 그들에게 주는 의미를 이해할 수 있도록 필요한 정보를 제공해야 한다.

변화의 시기에는 변화의 긍정적인 측면을 강조함으로써 부정적인 반응을 불식시키는 것이 중요하다. 긍정적인 측면을 위해서는 자동화의 장기적 효과를 중심으로 생각해 보는 것이 좋다. 즉, 지금까지 나온 사례를 통해 자동화의 도입으로 실직의 위험이 있는 것이 아니라 단순하고 힘든 작업을 대체하고 작업시간을 로봇 등을 통해 단축함으로써 작업환경을 보다 인간적으로 만들어갈 것이라는 것과 동시에 기업의 경쟁력이 향상되어 모두에게 유익한 결과를 가져올 것이라는 것을 강조할 필요가 있다. 또한 노동자들의 심리적 불안을 해소시키기 위해서는 타당성 조사 단계부터 그들을 참여시키는 것이 바람직하다.

자동화의 도입은 관리자뿐만 아니라 최고경영층에도 영향을 미치게 된다. 중간관리자들 중에는 컴퓨터 사용에 익숙하지 못하여 새로운 자동화시스템에 대하여 두려워하고, 부서 간 통합이 이루어져야 할 때 부서이기주의에 의하여 자기 영역만을 확보하고자 하기도 한다. 이러한 저항을 최소화시키기 위해서는 자동화의 긍정적인 측면에 대한 이해를 구함과 동시에 그들을 변화의 주체로 참여시키는 것이 필요하다.

연 습 문 제

1. CAD, CAM을 설명하시오.

2. NC, DNC, CNC를 비교하여 설명하시오.

3. FMS과 CIM을 간략하게 설명하시오.

4. CIM의 주요 혜택은 무엇인가?

5. 자동화기술의 평가는 어떻게 하여야 하는가?

Chapter

04

제품설계

1. 신제품 개발전략
2. 제품수명주기
3. 연구개발의 유형
4. 제품설계단계
5. 품질기능전개
   (QFD : quality function deployment)
6. 제품설계 시 고려사항
7. 제품설계의 새로운 추세

오늘날 무한경쟁의 환경에서, 새롭거나 향상된 제품 또는 서비스를 경쟁자보다 빠르게 시장에 내놓아야만 그 기업은 경쟁우위를 확보할 수 있고, 이는 곧 기업의 이익 증가, 시장 점유율 증가와 함께 기업의 이미지 제고와도 연결되어 시장을 선도하는 리더가 될 수 있다.

특히 신제품의 개발은 기업의 이익뿐만 아니라 기업의 생존과도 직결된다. 고객이 요구하는 제품을 신속히 개발하여 출시하여야만 기업은 경쟁우위를 확보할 수 있고 이익을 얻을 수 있다. 이를 위해서는 우선 효과적인 제품의 설계가 필요한데, 무엇보다 고객의 요구사항들을 잘 반영시켜야 한다. 또한 원가절감, 품질향상, 그리고 제조 및 배송의 용이성은 물론 환경친화성까지 만족시켜야 한다.

제품의 설계는 설계부서의 활동으로만 이루어지는 것이 아니고 기업전체의 활동들이 모두 결합되어 이루어진다. 즉, 신제품의 생산은 마케팅부서의 신제품 개발을 위한 사전 시장조사, 생산부서의 생산기술 능력과 구매부서의 생산자재 수급 능력 등의 상호작용을 통해서 이루어진다. 따라서 각 부서들 간의 상호관계를 잘 고려하고, 아울러 이들의 이해관계를 합리적으로 절충하는 것이 중요하다.

제품설계 과정에서는 이용할 자재를 규정하고, 제품의 물리적 특성들을 명확히 결정하고, 성능 표준을 설정해야 한다. 또한 설계과정에는 최종제품이 품질수준에 영향을 미치는 특성들도 잘 반영해야 한다. 고객의 요구사항에 적합하도록 설계해야 하고, 경제적 측면도 충족시켜야 하며, 생산시간의 단축 및 제품이 폐기된 이후의 환경영향까지도 고려하여야 한다.

제품설계는 매우 중요하다. 일반적으로 제품설계단계에서 소요되는 비용은 신제품 개발비용의 60~80%를 차지한다. 생산이 실제로 이루어지기 전 제품설계단계에서 생산비용이 거의 결정되므로, 생산단계에서 설계를 변경하는 것은 매우 비경제적이다. 그러므로 제품설계 단계에서 신제품의 성공여부가 결정되고, 시장 점유율이 결정된다고 하여도 과언이 아니다.

1. 신제품 개발전략

신제품은 다양한 기능이 총체적으로 고려되어 결정되나 시장 잠재력과 생산기술은 신제품 결정에 있어서 주요한 요소라 할 수 있다. 일반적으로 신제품 개발전략에는 다음과 같은 세 가지 전략이 있다.

1) 시장지향적 전략(market-pull strategy)

시장에서 원하는, 즉 판매 가능한 제품을 개발하려는 전략으로, 신제품은 기존의 기술 및 생산과정과는 관계없이 시장에 의해 결정되며, 고객의 요구가 신제품 도입의 주요한 근거가 된다. 이 전략에 의하면 요구되는 신제품의 유형은 시장조사나 고객의 피드백을 통해 결정되며, 이에 따라 결정된 제품을 생산한다.

2) 기술지향적 전략(technology-push strategy)

생산 가능한 제품, 즉 만들 수 있는 제품을 개발하려는 전략으로, 이 경우에는 신제품은 시장과는 관계없이 생산기술로부터 비롯되며, 시장을 창출하여 만든 제품을 판매하는 것은 마케팅 부문의 책임이 된다. 이 전략에 따르면 공정이나 생산기술 그리고 보유하고 있는 생산 라인 등에 의하여 신제품이 결정되며, 적극적인 연구개발과 생산활동을 통해 시장에서 우위를 차지하는 우수한 제품을 만드는 것을 목표로 한다.

3) 기능간 협력전략(interfunctional strategy)

시장 잠재력으로 표현되는 시장 기능이나 공정 또는 생산기술에 의한 기술적 요소가 신제품 결정에 가장 중요한 요소로 부각되는 경우도 있으나, 실제적으로 신제품은 마케팅 기능, 생산 기능, 엔지니어링 기능, 디자인 기능, 재무 기능 등이 상호 조정되어 통합적 관점에서 결정되어야 한다. 이러한 전략을 기능간 협력전략이라고 한다. 또한 수요나 기술의 관점에서 신제품 개발이 결정된 경우도 예비 설계에 들어가기 전에 다기능적 관점에서의 타당성 검증이 필수적이며 시장의 요구와 생산 기능과의 양립이 가능한 것이어야 한다.

기능간 협력전략은 최상의 신제품을 창출하는 경우가 많지만 부서간 갈등과 마찰로 인하여 가장 실행이 어려운 접근법이기도 하다. 따라서 이 전략에서는 보통 다양한 부서간의 통합·조정을 위하여 태스크 포스팀과 같은 특별조직이 운영되는 경우가 많다.

2. 제품수명주기

기업에서 생산된 제품은 다른 생명체와 마찬가지로 일정한 수명주기를 가지고 있다. 그것은 대체로 도입기, 성장기, 성숙기 및 쇠퇴기의 4단계로 구성되며 이를 제품수명주기(PLC : product life cycle)라고 한다.

시장 발달시기의 낮은 수요로부터 출발하여 성장기, 성숙기의 대량 포화상태를 지나 최종적으로 쇠퇴기로 진행되어 간다. 제품의 도입으로부터 소멸에 이르기까지 몇 주 또는 몇 개월밖에 걸리지 않는 제품이 있는가 하면 수년 또는 수십 년이 걸리는 제품도 있다. 어떤 경우이든 이러한 형태는 생산관리자에게 다음과 같은 중요한 의문을 야기시킨다. 즉, 제품수명주기의 각 단계를 어떻게 조정해야 하는가? 기대수요를 최적으로 충족시키기 위해 어떠한 설비, 재료, 인력, 관리시스템이 필요한가? 제품이 각 단계를 지남에 따라 기존설비와 공정에 어떤 조치가 이루어져야 하는가? 등의 문제가 있다.

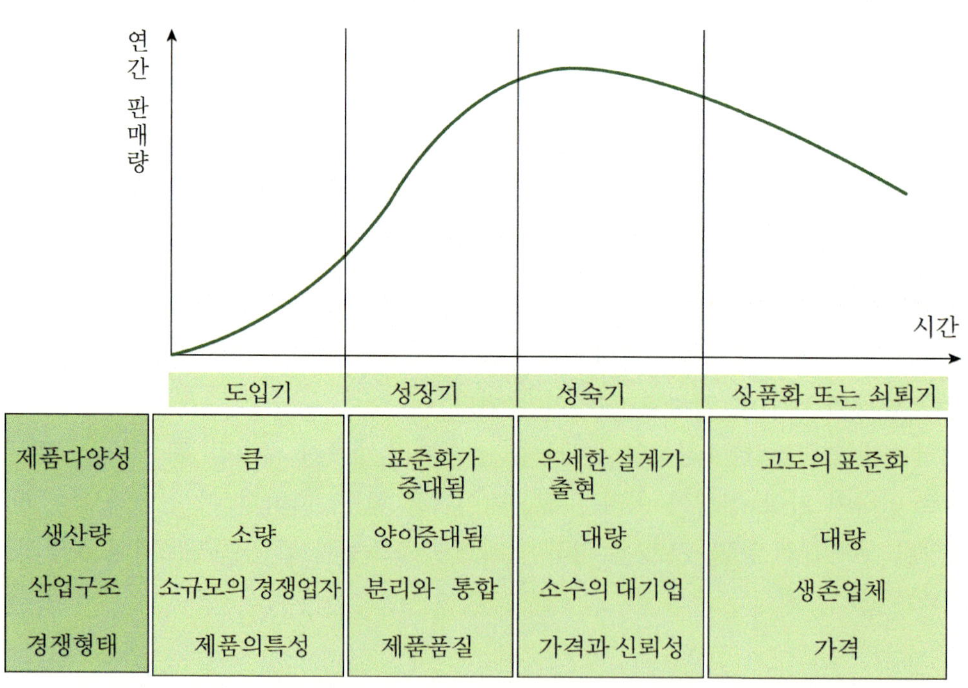

	도입기	성장기	성숙기	상품화 또는 쇠퇴기
제품다양성	큼	표준화가 증대됨	우세한 설계가 출현	고도의 표준화
생산량	소량	양이증대됨	대량	대량
산업구조	소규모의 경쟁업자	분리와 통합	소수의 대기업	생존업체
경쟁형태	제품의특성	제품품질	가격과 신뢰성	가격

그림 4.1 제품수명주기의 특성

3. 연구개발의 유형

신제품 아이디어 중 가장 중요한 것은 기업의 연구개발(R&D: research & development)노력이다. 연구란 특정한 실체의 발명과 새로운 원리의 발견을 지향하는 탐구과정이다. 연구에는 응용 목적과는 관계없이 새로운 지식을 탐구하는 순수연구와 실제 문제의 해결을 위해 수행되는 응용연구의 두 가지가 있다. 대부분의 경우 순수연구는 그 결과를 바로 실용화하기가 어렵고, 소요 연구비용이 막대하므로 기업조직에서는 거의 실행되지 않고 있다.

일반적으로 연구개발의 유형은 다음과 같이 네 가지로 분류할 수 있다.

1) 기초연구

과학적 지식의 진보를 위한 근본적인 조사로 뚜렷한 상업적인 목적을 갖지 않는 연구활동이지만 회사의 현재 또는 잠재적인 관심분야에는 들어가 있다.

2) 응용연구

새로운 과학지식의 발견을 적용하는 연구로 제품이나 공정에 대해 뚜렷한 상업적인 목적을 지니고 있다.

3) 개발

연구에서 발견된 것을 제품 또는 공정으로 변환시키는데 있어서 부딪치게 되는 예외적인 문제들에 관련된 기술적인 활동을 의미한다.

4) 실행

일단 혁신의 다른 구성요소들이 완성되면 남아있는 공정은 신제품을 만드는 것, 필요한 장비와 설비를 만드는 것, 그리고 제품 또는 공정을 보급시키는데 필요한 시장 채널을 개척하는 것 등의 활동을 포함한다.

4. 제품설계단계

신제품 제조과정에 영향을 미치는 다양한 성공요인들과 실패요인들이 있다. 신제품을 개발하기 위해서는 우선 이러한 요인들에 대한 철저한 사전분석을 실시한 후에 신제품의 개발에 착수하여야 한다. 일반적으로 새로운 제품을 개발하려는 의사결정은 R&D, 생산 및 유통을 위한 막대한 양의 자본을 필요로 한다. 따라서 이러한 중요한 의사결정들은 구매 및 마케팅으로부터 제조 및 물류관리까지 중요한 영향을 미친다.

새로운 제품의 설계는 아이디어의 창출부터 시작하여, 구체적인 생산과정의 세부사항들이 결정되고, 다양한 개발과 실험단계를 거친 후, 최종제품으로 시장에 출시된다. 이 과정에서 고객의 요구사항들을 평가·분석하여 그 결과를 연구개발부서

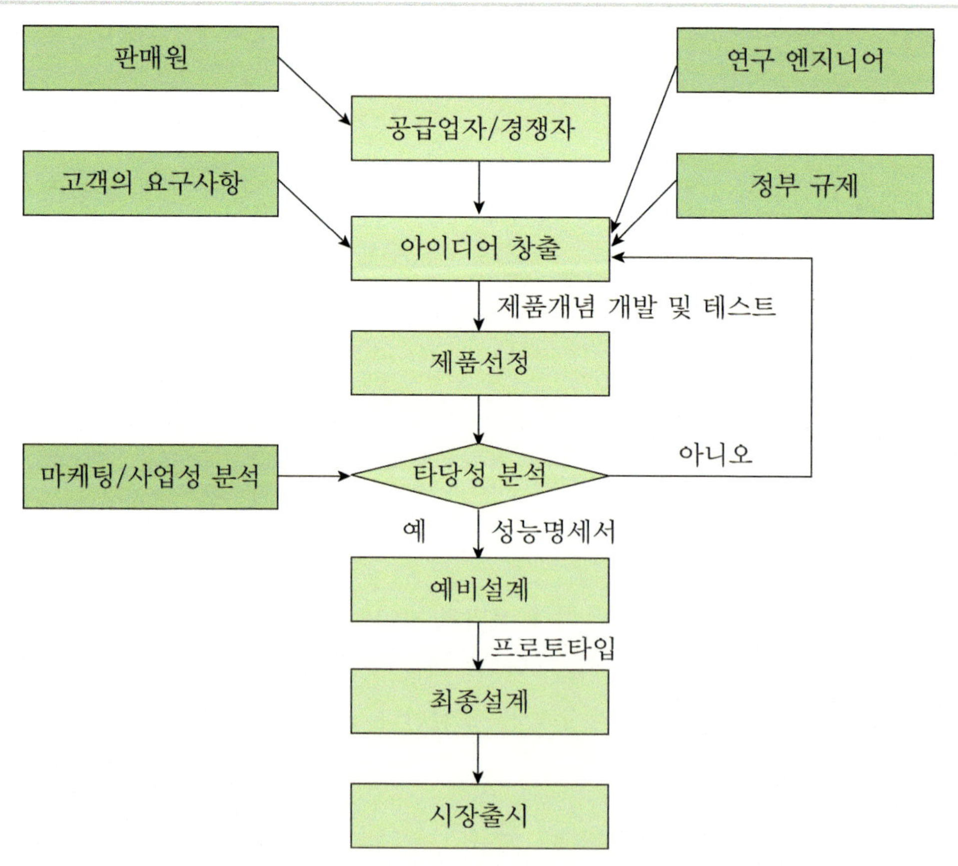

그림 4.2 제품설계 및 개발과정

에 피드백 하여 제품개발과정에 도움을 주어야 하고, 운영관리의 기능을 통해 제조공정 및 유통시스템을 잘 설계하여야 한다. 전체 조직의 기능들이 상호 유기적으로 관계가 잘 이루어져야 일관성 있는 양질의 제품을 설계하고 제조할 수 있다.

제품을 개발하는 과정에는 많은 활동들이 동반되고, 모든 요소들이 유기적으로 균형을 이루어야 소비자의 만족도가 큰 성공적인 제품을 출시할 수 있다. [그림 4.2]에는 이러한 제품설계 및 개발과정이 나타나 있다.

1) 아이디어 창출

새로운 제품에 대한 아이디어는 연구개발, 기술공학 등의 기업내부로부터 얻을 수 있으며, 또한 고객, 경쟁자 및 공급자 등의 기업외부로부터 얻을 수도 있다. 새로운 아이디어의 창출을 위해서 고객의 불평이나 문제의 개선을 위한 표적 집단면접, 여러 사람의 아이디어를 종합하는 브레인스토밍(brain storming) 등과 같은 방법들을 이용할 수 있다. 이러한 기법들을 통해 얻는 새로운 아이디어는 반드시 고객의 요구사항들을 잘 반영하여야만 시장에서 성공할 수 있다.

신제품에 대한 아이디어는 지식지향적인 순수연구로부터 나오는 아이디어와 구체적이고도 상업적인 응용을 목적으로 하는 문제지향적 응용연구에서 나오는 아이디어로 구분된다. 전자는 기술지향적 아이디어로, 후자는 시장지향적 아이디어로 불리기도 한다.

2) 제품선정

새로운 아이디어가 모두 신제품으로 개발되는 것은 아니다. 아이디어 창출단계에서 아이디어 평가 및 정리 과정을 통과한 아이디어는 제품개념의 개발과 테스트를 통해 구체화되는 과정을 거쳐야 한다. 제품개념은 제품 아이디어를 소비자의 요구기능대로 전환시키는 것을 의미하고, 제품개념의 테스트는 소비자 조사를 통하여 제품사용의 적합성을 검증하는 절차이다. 일반적으로 초기 제품개발단계의 소요비용은 신제품개발 비용의 60% 이상을 차지한다고 알려져 있다.

새롭게 창출된 아이디어는 제품개발 기준, 시장기준 및 재무기준에 의해 타당성 분석이 이루어진다. 이를 마케팅전략의 개발이라고 하고, 이 과정에서는 선택된 제품개념에 대하여 예비적인 마케팅 전략을 수립하고 사업성을 평가한다. 이 단계는 표적시장의 선정, 마케팅목표, 장·단기 마케팅전략의 3단계로 구성된다. 또한 사업성 분석도 이 단계에서 이루어지는데, 이는 신제품의 매출액, 비용, 수익 등에 대한 추정치를 토대로 기업목적과 현금흐름에 기여하는 바를 파악하여 수요예측, 제품원가분석, 총이익 추정 등이 가능하다. 마지막으로 타당성 분석을 통과하여 개발이 승인된 제품개념은 설계부서로 보내져 예비설계가 이루어진다.

3) 예비설계

예비설계 단계는 기능설계라고도 하는데 이 단계에서는 채택된 아이디어를 구체적인 제품으로 전환한다. 즉 제품개념의 사업성이 충분하다고 판단되었으므로, 실제로 물리적 형태의 제품을 기술공학적 측면에서 개발하는 단계이다. 이 단계에서는 제품개발부서와 엔지니어링 부서와의 긴밀한 협조관계로 규모, 색상, 에너지 소요, 수명 등에 관한 제품의 개략적인 개념을 설계하는 것으로, 이때 막대한 연구개발비가 소비된다. 또한 이 단계에서는 제품원형(prototype)을 만들어 제품의 물리적 특성, 파괴결과 및 전반적인 결함을 체크하여야 한다. 그리고 제품의 운영상 특징뿐만 아니라, 품질, 신뢰성, 유지가능성 및 사용기간에 대해서도 신경을 써야 한다. 특히 신제품 및 마케팅프로그램을 실제로 시장에 도입하여 소비자 반응을 시험할 수 있고, 시장 진입 초기에 발생할 수 있는 많은 문제점들을 큰 비용 없이 해결할 수 있기 때문에 시장세분화, 목표시장선정, 포지셔닝, 가격정책, 제품정책, 경로정책 등 전반적인 마케팅프로그램의 점검과 제품점검이 필요하다.

4) 최종설계

프로토타입은 예비설계단계에서 많은 변경을 가능하게 하는데 이 변경 사항들은 최종설계에서 개발되는 제품의 설계도와 명세서에 통합된다. 만약 변경이 이루어지면, 제품의 성능을 확인하기 위해 재실험을 할 수도 있다. 따라서 이 단계에서는 프로토타입의 분석결과를 바탕으로 설계명세서와 조립도면을 통해 실제 생산과정과 연결될 수 있는 틀을 마련하게 되고 시험 마케팅 결과를 토대로 최종적으로 시장에 신제품을 도입할 것을 결정한다. 아울러 신제품의 출하시기, 신제품의 출하지역 등이 이 단계에서 결정된다.

5. 품질기능전개(QFD: quality function deployment)

제품을 설계할 때는 고객들의 목소리를 듣고 그들의 기대를 파악하는 것이 무엇보다도 중요하다. 그들의 기대가 일단 파악되면 다음 단계는 그것을 제품 및 서비스의 규격으로 전환하여야 한다. 그 전환과정은 산출(output)을 규정짓는 두 가지 수단, 즉 고객의 요구조건과 기술적 규격의 설정을 통하여 이루어진다. 이때 품질기능전개 기법을 적용하면 큰 도움을 받을 수 있다.

고객들이 요구하는 품질특성, 그들의 기대수준, 그리고 고객들이 각 기준에 부여하는 비중(상대적 중요도)등은 서로 크게 다르기 때문에 외관상으로는 도저히 성취할 수 없는 것처럼 보인다. 고객의 목소리가 어떻게 서로 모순되는가를 보면 다음의 예와 같다.

- 빠른 가속력과 아주 저렴한 연비를 갖는 승용차
- 정중한 서비스, 맛있는 음식, 저렴한 가격의 레스토랑
- 높은 안전성과 쉽게 접근할 수 있는 컴퓨터 시스템
- 획기적인 진전이 있고 즉각적으로 적용할 수 있는 연구결과
- 안전성·신뢰성·효율성·경제성 있는 공학적 설계

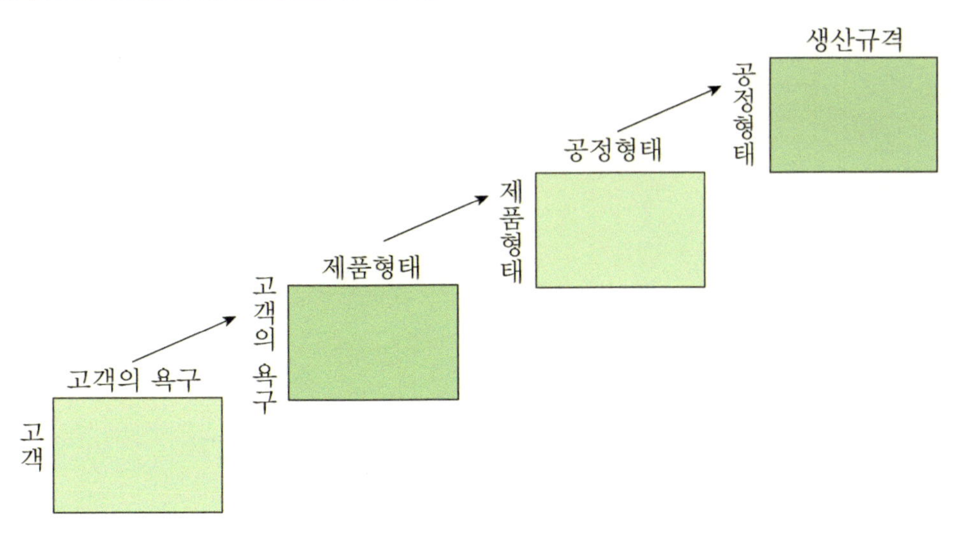

그림 4.3 품질기능 전개의 절차

품질기능전개(QFD: quality function deployment) 기법은 이와 같이 까다로운 고객의 요구조건을 적절한 기술적 규격으로 전환시키는데 효과적으로 이용될 수 있다. 이 기법은 측정단위를 규정하는 데 도움이 되고 또한 여러 가지 설계특성의 조합 사이의 상관관계를 평가하는 기틀을 제공한다.

품질기능전개의 기본개념은 일반적인 설계논리를 매트릭스 형태로 자세히 기록하는 기법이다. [그림 4.3]에서 보는 바와 같이 품질기능전개는 고객의 요구사항을 우선 제품의 설계형태로 전환하고 이를 다시 제품형태, 공정형태 그리고 구체적인 생산규격으로 전환하는 과정을 상호 연결된 일련의 매트릭스로 구성하는 기법이다.

다시 말해서 품질기능전개(QFD: quality function deployment)의 핵심은 고객이 요구하는 것과 그 요구를 충족시키기 위한 제품·서비스가 설계되고 제조되는 방법을 서로 연관시키는 커다란 매트릭스이다. 이러한 품질기능전개(QFD) 기법은 1972년 일본의 미쯔비시 조선소에서 처음으로 고안되었고 그 후 도요타 자동차회사를 비롯하여 여러 기업에서 활용되면서 발전되어 왔다.

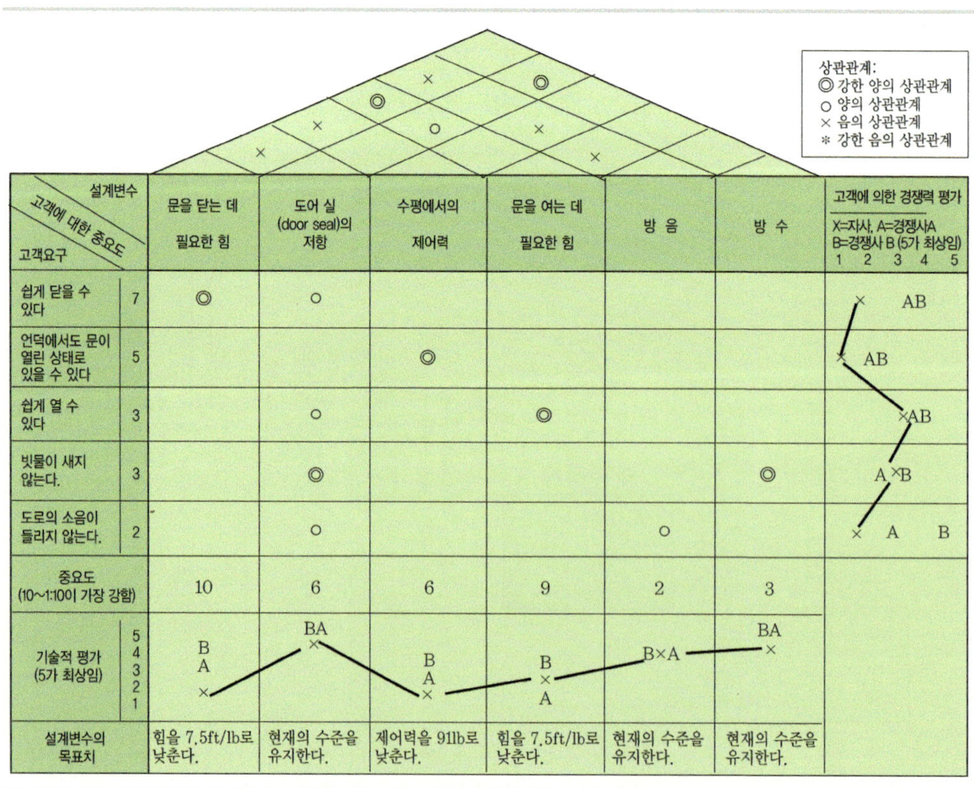

고객요구	고객에 대한 중요도	문을 닫는 데 필요한 힘	도어 실(door seal)의 저항	수평에서의 제어력	문을 여는 데 필요한 힘	방 음	방 수	고객에 의한 경쟁력 평가
쉽게 닫을 수 있다	7	◎	○					× AB
언덕에서도 문이 열린 상태로 있을 수 있다	5			◎				× AB
쉽게 열 수 있다	3		○		◎			×AB
빗물이 새지 않는다.	3		◎				◎	A×B
도로의 소음이 들리지 않는다.	2		○			○		× A B
중요도 (10~1:10이 가장 강함)		10	6	6	9	2	3	
기술적 평가 (5가 최상임)	5 4 3 2 1	B A ×	BA ×	B A ×	B × A	B×A	BA ×	
설계변수의 목표치		힘을 7.5ft/lb로 낮춘다.	현재의 수준을 유지한다.	제어력을 91lb로 낮춘다.	힘을 7.5ft/lb로 낮춘다.	현재의 수준을 유지한다.	현재의 수준을 유지한다.	

| 그림 4.4 | 품질의 집(House of Quality)

이 기법은 어떤 제품설계 문제에도 적용될 수 있으며 특히 근래에 와서 미국과 일본의 전자·가전제품·의류·설비 및 서비스 등 여러 산업분야에서 활발하게 이용되고 있다.

품질기능전개(QFD)는 신제품도입을 위한 개발시간을 단축시키거나 파괴적이고 값비싼 공학적 설계의 변경회수를 줄이는 데에도 이용되어 도움을 주고 있다. 또한 품질기능전개는 공통의 언어와 구조를 사용함으로써 다양한 여러 기능 – 기술·마케팅·생산·인사·재무 등 – 에 종사하는 관리자들과 기술자들을 함께 참여시키는 데에도 큰 역할을 한다.

요컨대 QFD는 고객의 요구를 설계나 생산에서 사용되는 기술적 명세로 바꾸는 데 사용되는데 예를 들어, 고급차를 설계함에 있어서 고객의 요구가 부드러운 승차감과 고급 인테리어라고 하면 부드러운 승차감은 스프링과 같은 현가장치나 시트(seat)에 대한 기술적 명세로, 그리고 고급 인테리어는 차의 내부 인테리어 직물에 대한 기술적 명세로 나타난다.

QFD의 기본적 설계 도구는 [그림 4.4]와 같은 '품질의 집(house of quality)'이다. 품질의 집을 짓는 첫 번째 단계는 시장조사를 통해 고객의 요구사항(CA: customer attribute)을 파악하는 것이다. 예를 들면 자동차 문의 설계에 있어서 CA는 "쉽게 닫을 수 있다", "언덕에서도 문을 열면 열린 상태가 유지된다.", "쉽게 열 수 있다.", "빗물이 새지 않는다.", "도로의 소음이 들리지 않는다." 등이 될 것이다. CA는 품질의 집 매트릭스의 맨 왼쪽에 기재한다. 이 매트릭스에서 CA의 오른쪽에는 고객이 매긴 각 CA의 중요도를, 그리고 가장 오른쪽에는 고객이 각 CA에 대해 자사와 경쟁사를 비교·평가한 결과를 기재한다.

다음 CA를 충족시키기 위한 일련의 설계특성(EC: engineering character- istics)을 개발하여 매트릭스의 상단에 기입한다. 그런 다음 각 EC와 각 CA와의 관계 및 EC 상호간의 관계를 평가한다. 그리고 각 EC에 대해 자사와 경쟁사를 비교·평가한다.

마지막으로 설계팀은 품질의 집에 나와 있는 모든 정보(CA, EC, 각 CA에 대해 고객이 내린 경쟁사와의 비교·평가, EC와 CA와의 관계, EC 상호간의 관계, 각 EC에 대한 기술적 평가)에 근거하여 EC의 설계목표치를 결정한다. 이러한 목표치는 [그림 4.4]의 매트릭스의 하단에 기재된다.

이와 같은 접근법을 사용하면 설계명세와 설계목표치를 설정함에 있어서 기능간 그리고 고객과의 의사소통이 보다 원활해진다.

6. 제품설계 시 고려사항

제품설계에 고려해야 할 사항으로 표준화, 다양화와 모듈화, 환경친화성 등을 들 수 있다.

1) 표준화

제품과 서비스를 설계할 때 고려해야 할 주요한 점은 표준화이다. 포준화란 제품과 서비스 또는 프로세스에 있어서 다양성을 감소하는 정도를 의미한다. 다시 말하면 표준화는 제품다양화를 줄이거나, 여러 제품에 될 수 있으면 같은 부품을 사용하거나 또는 프로세스를 단순화시키는 것이다.

표준화는 다시 좁은 의미와 넓은 의미로 분류할 수 있다. 좁은 의미의 표준화란 구체적인 표준규격이나 측정치를 말한다. 따라서 협의의 표준화는 부품의 표준화를 통해 부품의 대량생산을 가능하게 하는 것이다. 반도체, 건전지 등은 협의의 표준화를 통한 대량생산의 예에 속한다. 그리고 대량생산은 다시 규모의 경제를 통해 비용을 절감시킨다. 또 협의의 표준화는 재고량을 감소시키고, 보전과 수리를 용이하게 한다.

제조업체에 비하여 서비스의 표준화는 그리 쉽지 않다. 모든 것이 확실하고 측정하기 쉬운 유형의 서비스는 표준화하기가 용이하다. 이런 서비스는 대개 자본집약적인 서비스 시스템에 의해서 생산되며, 고객의 주문 정도(고객화정도)가 그리 높지 않은 서비스이다. 그러나 그렇지 않은 서비스는 표준화하기가 쉽지 않다. 이런 서비스는 생산성이나 품질을 측정하기가 비교적 어렵다. 서비스를 효율적이고 능률적으로 관리하기 위해서는 가능하면 서비스에 대해 표준화를 시켜야 한다. Berry와 Zeithaml, 그리고 Parasuraman(1990)은 서비스업체가 실패하는 이유 중 하나는 고객에게 서비스를 제공하는 서버들의 역할에 대해 표준화를 규정하지 않았기 때문이라고 하였다.

넓은 의미에서 볼 때 표준화와 단순화는 서로 동일한 의미로 사용된다. 즉, 광의의 표준화는 제품과 서비스의 종류를 단순화하는 것이다. 제품의 종류를 단순화시킴으로써 고객에게 제공되는 제품과 서비스의 종류는 제한되지만 비용을 감소시킬 수 있다. 일본의 자동차회사들은 다른 국가들에 비해 자동차의 선택사양을 대폭적으로 감소시켜 자동차를 판매하고 있다. 그러나 일본 자동차회사들은 선택사양을 감소시키는 대신에 저가격에 고품질제품을 만든다. 제품의 단순화를 통해 비용의 감소를 실현시켰기 때문에 저원가구조가 가능하다. 서비스도 표준화를 시켜 모든 고객에게 동일한 서비스를 제공할 수도 있다. 식당에서 단 한 가지의 전문화된 음식만 파는 것도 일종의 서비스의 표준화이다. 이렇게 하여 표준화는 고객에게 서비스를 제공하는 시간과 가격을 감소시킬 수 있다. 특히 어떤 제품에 있어서 표준화는 한 국가에서뿐만 아니라 전 세계적으로 응용되고 있다.

2) 다양화와 모듈화

제품의 다양화(diversification)는 제품단순화(simplification)의 반대 개념으로 여러 종류의 제품을 생산하기 때문에 복수의 제품라인, 형태 및 모형을 의미한다.

오늘날 소비자가 사용하는 대부분의 첨단 제품들은 표준화된 부분과 그렇지 않은 부분을 동시에 가지고 있다. 예를 들면 컴퓨터와 주변 기기들을 연결하는 장치는 표준화되어 있지만, 동일한 용도의 기기들이라도 그 모양과 기능이 다양화되어 있다. 일반적으로 신제품의 개발에 있어서 표준화가 지나치게 적용되면 다양성을 위축시킬 수가 있고, 이와 반대로 무리하게 다양성을 확대시키면 표준화의 효과를 저해하는 결과를 초래할 수 있다. 따라서 표준화와 다양성을 합리적으로 조화시킬 수 있는 기준이 필요하다.

제품다양화는 너무나 많은 여러 종류의 제품을 계획하고 통제하여야 하는데 이는 현실적으로 용이하지 않다. 이 문제점을 해결하기 위한 방법 중에 하나가 모듈화이다. 모듈(module)이란 복수의 부품으로 구성되어 있는 표준화된 중간조립품을 말하는 것으로 서로 다른 모듈이 구성되어 하나의 완성품이 이루어진다. 모듈화는 일종의 표준화 기법으로써 제품의 다양화를 만족시키는 동시에 부품의 다양화를 줄이는 기법이다. 모듈화의 기본 아이디어는 제품을 구성하고 있는 부품들을 모아서 모듈을 개발하고 이 모듈을 여러 제품에 공통으로 사용하자는 것이다.

3) 모듈러설계

전통적인 제품설계 방법은 동일 제품계열내의 다른 제품들에는 관심을 기울이지 않고, 각 제품마다 따로따로 설계하였다. 이러한 경우 개개 제품들의 최적화에는 문제가 없지만, 동일 제품계열의 전체 최적화는 이루어지지 않고 비슷한 부분들의 설계가 반복됨으로써 많은 낭비 요소를 초래하였다. 모듈러 설계는 이러한 문제점을 해결하기 위하여 제안된 방법으로, 개개의 제품은 물론 제품계열 전체의 분석을 통해 제품계열과 개개 제품 모두의 최적화를 동시에 유도할 수 있는 방법이다.

원래 모듈(module)은 건축의 기본측정단위로서, 건축용 블록(building block)과 같은 것이다. 블록만 있으면 다양한 평수의, 다양한 구조의 건물을 지을 수 있다. 마찬가지로, 모듈설계는 다양한 제품으로 결합될 수 있는 구성품을 개발하는 것이다. 일련의 표준화된 소수의 구성품(모듈)을 개발하여 최종조립단계에서 서로 상이하게 결합함으로써 제품의 다양화를 도모한다. 이렇게 함으로써 구성품의 단순화로 생산이 용이하여 경제적 생산이 가능해지고, 제품다양화를 가져와 다양한 고객욕구의 충족을 가능케 해준다.

예를 들면, 개인용 컴퓨터의 경우 CPU 5가지, H/D 용량 5가지, 모뎀(modem) 2가지, RAM 2가지, 모니터(monitor) 4가지, CD-Rom 3가지 정도만을 고려해보자. 모듈의 수는 5+5+2+2+4+3 = 21가지이지만, 결합방식에 따라 제품의 종류는 5×5×2×2×4×3 = 1,200가지가 된다. 즉, 고객이 요구하는 바에 따라 이론적이긴 하지만 1,200가지의 모델을 제공할 수 있게 된다.

모듈 설계의 장점은 비교적 적은 부품이 사용되므로 결점을 발견하고 교정하기가 쉽다는 것이다. 또한 모듈러 설계는 불량모듈을 제거하고 양호한 모듈로 대체하기가 쉽다. 모듈의 제조와 조립으로 단순화를 꾀할 수가 있다. 즉, 부품의 수가 적기 때문에 구매 및 재고관리가 더욱 쉽고 조립업무가 더욱 표준화되어 훈련비용이 감소한다.

모듈 설계의 단점은 첫째 다양성의 감소이고, 둘째 불량부품을 제거하기 위해 모듈을 분해할 수 없다는 것이다. 즉, 모듈 전체를 폐기해야 하므로 이로 인한 비용이 발생한다.

4) 로버스트 설계

로버스트 설계(robust design)란 제품이나 공정을 처음부터 환경변화에 의해 영향을 덜 받도록 설계하는 것이다. 로버스트 설계를 이용하면 온도, 습도, 조명, 먼지 등과 같은 환경상의 변동요인들을 생산공정 상에서 통제하는 것보다 비용이 훨씬 덜 들게 된다. 또한 로버스트 설계는 제품의 사용품질을 크게 향상시킨다. 로버스트 설계는 이 방법을 개발한 일본의 통계학자인 다구치의 이름을 따서 다구치설계(Taguchi design)라고도 불린다.

제품생산 전에 잠재적 변동을 줄이기 위해 로버스트 설계에서는 계획된 실험을 통해 제품설계의 파라미터들의 여러 값이 성능특성에 미치는 영향을 살펴봄으로써 제조상의 변동이나 환경상의 변동에 가장 둔감한 제품이나 공정설계의 파라미터 값을 구한다. 이렇게 제품 및 공정을 설계단계에서 고려함으로써 제조공정에서 발생할 수 있는 나쁜 영향을 최소화시키고 비용을 감축함으로써 품질을 향상시키고 있다.

이 방법으로 인해 제품과 공정의 설계에서 제품품질의 획기적 향상을 이룰 수 있다. 일반적으로 생산 중에 모든 변동원인을 통제하려는 하는 것보다 로버스트 설계 노력을 하는 편이 비용이 훨씬 적게 든다.

5) 환경친화적 설계

환경친화적 설계(DFE: Design For Environment)는 광의로 제품과 공정의 전 과정에 걸쳐 환경, 안전, 보건의 목적을 위한 측면에서 설계를 수행하는 시스템적 고려라고 정의한다. 또는 제품과 설계 절차의 프로세스 엔지니어링에 환경적 고려를 총합시키는 활동이라고 정의하기도 한다. 여기서 DFE 활동이란 제품의 가격과 성능 그리고 품질의 기준을 만족시키면서 환경적으로도 적합한 제품을 개발하는 것을 의미한다. 결국 DFE는 안전하고 환경 효율적인 제품의 설계를 말한다.

DFE는 자원의 재생과 부품의 재사용을 촉진시키기 위한 재생과 재사용을 위한 설계(Design for Recover and Reuse), 자원 사용 감소, 분류의 용이성 등을 위한 폐기물의 최소화를 위한 설계(Design for Waste Minimization), 그리고 에너지 사용 감소 등을 위한 에너지 보존을 위한 설계(Design for Energy Conservation), 자원 보존을 위한 설계(Design for Material Conservation), 보건 및 안전을 위한 설계가 있다.

6) 설계에서 인간적인 요소

설계자들은 종종 제품설계과정에서 인간공학적(egronomics) 요소들을 통합시키기 위하여 많은 노력을 기울이고 있다. 인간공학적 요소라는 것은 제조된 상품과 서비스와 관련지어 생의학적, 사회심리학, 훈련 및 성능을 고려함을 의미한다. 예를 들어, 제트 비행기와 우주선에서 각종 기계의 설계와 그 위치는 긴급할 때 조종사가 신속하게 대응하는 것에 중요한 영향을 미친다. 사무실 배치의 설계요소들, 즉 온도라든가 소음의 기준치들은 작업자의 사기, 능률 및 커뮤니케이션에 영향을 끼칠 수 있다.

소비자들이 구매하는 많은 제품들이 인간공학적인 요소들을 내포하고 있다. 소비자들은 필요 이상의 긴장이나 노력을 들이지 않으면서 쉽고도 안전하게 제품을 사용할 수 있어야만 한다. 그 제품들의 사용지침을 따르고 주의 깊게 사용하는 보통사람들에게 안전하도록 설계되지 않는다면 소비자들에게 위험하게 될 소지가 많다. 미국에서는 1972년 소비자 상품안전법이 제정되어 사고를 유발하는 잘못된 설계는 그 설계자들에게 책임을 묻게 하고 있다. 따라서 제품의 설계, 상표 및 포장에 인간공학적 요소들이 고려되어야 하는 것이 필수적이다.

최근에는 신체장애자들을 위한 제품과 서비스의 설계가 많은 관심을 끌고 있다. 건물의 입구, 문, 화장실, 그리고 승강기 등이 설계과저에서 지체장애자들의 신체적 조건을 고려하여 설계되어져야 한다.

7. 제품설계의 새로운 추세

7.1 CAE(Computer-Aided-Engineering)

기존의 연구개발에 있어서는 부여된 사양에 기초하여 도면을 그리고 시작품을 작성하는 것이 우선이었다. 그 다음에 시작품에 대해서 실험·평가를 하여 그 결과에 만족하지 않으면 설계를 변경하고 만족할 때까지 다시 시험작성, 실험·평가를 하는 시행착오를 거듭하였다. 최근에는 고객의 즉시납품 요구와 다품종 소량생산 등에서 볼 수 있듯이 제품자체의 라이프사이클이 단명화 되고, 연구개발기간에의 여유가 더욱 없어졌다. 이와 같이 제한된 기간 내에 연구개발을 할 필요가 있으므로 연구개발부문에 대한 부하가 많아지고, 품질저하의 위험, 재작업발생에 의한 기간·공수의 증대 등을 초래하게 되었다.

[그림 4.5]에서 알 수 있듯이 제품비용의 비율은 제조부문의 거의 절반을 차지하고 있으며, 연구개발부문은 5%에 불과하다. 그러나 제품의 비용책임(비용에 대한 기여)의 관점에서 보면, 제품 비용의 85%가 연구개발단계에서 이미 결정되어 버린다. 즉, 연구개발업무는 최종제품에 대한 영향력이 매우 크다고 할 수 있다.

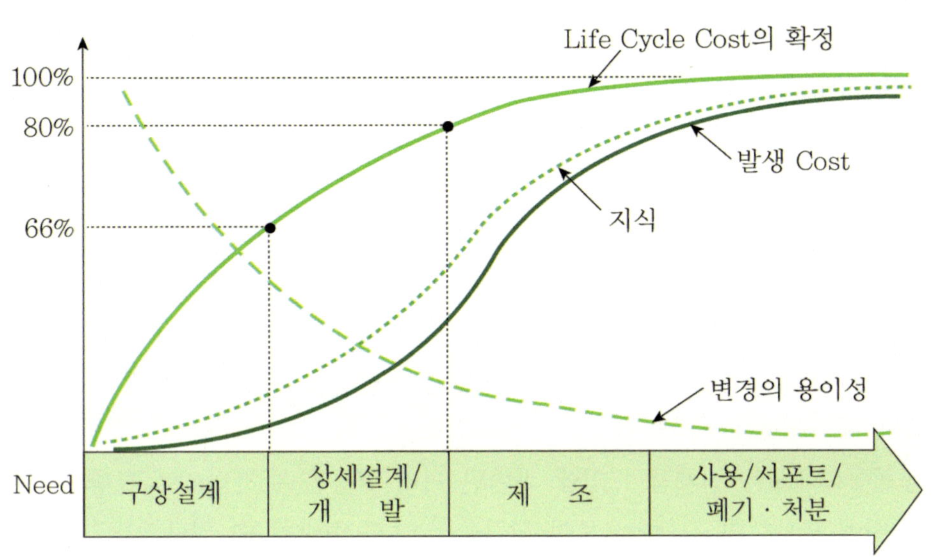

출처: W.J. Fabrycky and B.S. Blanchard, *Life-Cycle Cost and Economic Analysis*, Englewood Cliffs, N.J. 제품개발의 Cost Management, Tany Tkeyuki.

그림 4.5 개발 사이클에서의 비용결정 비중

이와 같은 상황 하에서 연구개발부문에 요구되는 것은 연구개발기간의 단축화, 개발력·기술력의 강화, 개발효율의 추구 등이다. 따라서 연구개발에 있어 컴퓨터를 이용하여 지원하는 CAE(Computer Aided Engineering)가 주목받게 되었다. CAE란 '성능이나 기능을 검토할 때에 실제로 시험작성, 실험·평가하는 것과 같이 컴퓨터를 이용하여 해석·시뮬레이션하는 것이다. 즉, 실제 시작품의 제작횟수를 줄이거나 제작하지 않고 검토하기 위해 이용하는 시스템'이라 할 수 있다.

CAE를 이용한 연구개발에서는 우선 제품의 형상을 정의하고 이에 따라 중량·간섭 등의 기하학적인 검토를 하게 된다. 이것을 모델링이라 하며, 종래의 연구개발업무에서는 시험작성설계/시험작성에 해당된다. 모델링은 3차원 형상 모델링 기능을 이용하여 실행한다.

다음에 모델링에 의해 정의된 형상을 바탕으로 제품의 성능/기능 등을 공학적으로 해석·시뮬레이션 한다. 이 부분은 기존의 연구개발업무에서의 실험·해석에 해당된다. 이 결과에 만족하지 않은 경우에는 모델링 해석·시뮬레이션을 만족할 때까지 반복하여야 한다. 필요하다면 실제로 시작품을 제작하고 실험·평가를 하기도 한다.

7.2 동시공학

신제품의 신속한 도입은 경쟁우위의 달성에 매우 중요하다. 제품개발과정을 신속히 하기 위한 방법이 동시공학(CE: concurrent engineering)이다. 동시공학에서는 신제품의 개념 개발, 제품 및 공정의 상세 엔지니어링, 시험생산, 생산, 시장도입에 이르기까지의 제품개발단계를 순차적으로 밟아가는 것 보다는 기능 간 통합과 제품 및 공정의 동시개발을 강조한다. 동시공학에서는 설계엔지니어, 생산전문가, 마케팅전문가, 품질전문가 등 사내의 신제품 관련부서와 경우에 따라서는 외부의 공급자까지 신제품 개발팀에 참여시켜 공동작업을 통해 제품이나 서비스를 설계하고 생산공정을 선택한다.

동시공학에서는 신제품 도입에 관련된 여러 활동을 순차적으로 진행하기 보다는 동시에 병행하여 진행함으로써 시간을 상당히 절감할 수 있다. 이러한 시간절감은 각 활동간의 중복시간의 제거뿐만 아니라 각 단계에서의 실수를 줄임으로써 비롯된다. 사실상 순차적 접근법에서는 한 단계에서의 실수가 그 이후의 단계나 최종단계에서 발견되어 다시 앞으로 되돌아옴으로써 신제품도입에 더 많은 시간이 소요되는 경우가 자주 발생한다.

ITI(Industrial Technology Institute)의 Stoll(1988)은 CE를 다음의 네 가지 'C'로 설명하였다.

① 동시성(concurrence) : 제품설계와 공정설계가 동시에 이루어진다.
② 제약성(constraints) : 공정은 제품설계에 제약을 준다.
③ 협조성(coordination) : 최선의 품질과 비용, 그리고 납기일을 달성하기 위해서는 제품과 공정이 서로 협조하여야 한다.
④ 합의성(consensus) : CE팀의 모든 구성원들의 합의하에 의사결정을 하여야 한다.

CE는 설계의 후반단계보다 초반단계에 더 많은 시간을 투자한다. 대개 과거에는 설계가 연속적으로 이루어졌기 때문에 설계의 문제점들이 설계의 초기단계보다는 후기에 발생하는 것이 상례였다. 그러나 이러한 현상은 높은 비용을 수반한다. 즉, 문제점이 원형검사나 테스트단계 또는 시작단계에서 발견될 때에는 이미 많은 시간과 비용이 투자된 후이므로 이 단계에서 문제점을 고치기가 불가능할 때도 있다. 그러므로 잠재적인 문제점들을 설계의 후기단계에서보다는 초기단계에 빨리 발견하여 제거하고 수정하는 것이 기업에게 많은 시간과 비용을 절감시켜 준다. CE는 이러한 점에서 상당히 유용한 개념이다.

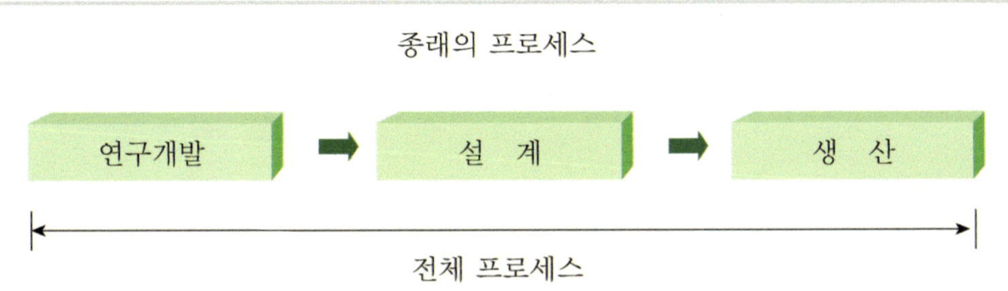

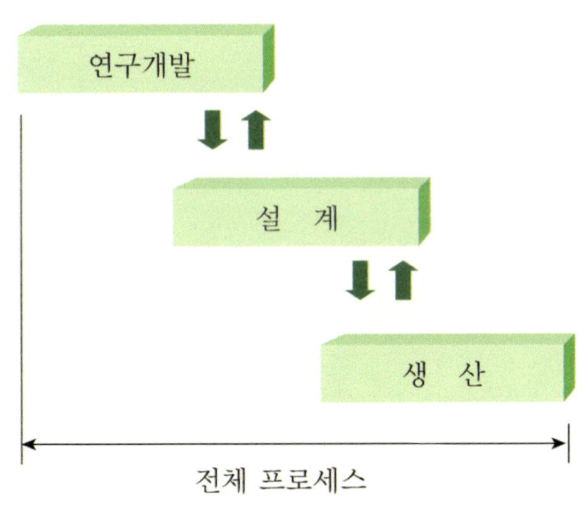

| 그림 4.6 | 종래의 비즈니스 프로세스와 동시공학의 비교

이러한 개념을 간략하게 그림으로 나타내면 [그림 4.6]과 같다. 종래의 직선적 과정이 시계열적 성격으로 이어지는 절차라면, 동시공학은 여러 기능이 동시에 참여함으로써 진행되는 절차인 것이다. 따라서 신제품 개발을 앞당기고 환경변화에 유연하게 적응할 수 있는 장점을 지니게 된다.

동시공학의 장점은 시장에서 빠른 적응, 제품개발의 신속성, 높은 품질, 공정시간의 단축, 엔지니어링 과정의 축소, 생산성의 향상 등을 들 수 있다. 특히 엔지니어링 과정의 축소는 제품개발을 신속하게 하고, 품질을 향상시키는데 중요하게 작용하며, 노무시간도 감소되고 그 결과 노무원가의 절감효과를 기대할 수 있다.

연 습 문 제

1. 신제품개발에 있어서의 세 가지 전략에 대하여 설명하시오.

2. 연구개발의 유형에 대하여 설명하시오.

3. 품질기능전개(QFD: quality function deployment)에 대하여 간략하게 설명하시오.

4. 모듈러설계의 개념에 대하여 논하시오.

5. 동시공학설계(CE: concurrent engineering)에 대하여 설명하시오.

6. 로버스트 설계의 개념을 간략히 설명하시오.

Chapter

05

입지선정 및 공정배치

1. 공업입지
2. 입지선정에 관한 계량적 모델
3. 서비스업의 입지결정요인

기업에서 공장입지를 세울 때는 제품의 최종 소비자에 대한 수송과 저장시설, 중간 창고의 입지 등과 연결하여 시설의 위치, 개수, 규모 등을 유기적으로 관련시켜 결정해야 하며, 일단 결정되면 막대한 설비 투자가 소요되기 때문에 시설의 입지 문제는 생산자원을 장기적으로 한정하는 전략적인 의사결정이다.

입지란 재화를 생산하여 공급하는 시설이 위치하는 장소이며, 입지의 결정은 생산능력계획, 설비배치, 직무설계 등의 제 결정과 함께 생산운영 시스템의 조직 또는 설계의 영역에 속하는 중요한 의사결정이다.

공정선택 의사결정에서는 사용할 생산공정의 유형과 소유 범위를 결정한다. 공정선택 의사결정은 원가, 품질, 납기 및 유연성에 영향을 미치고, 또한 장비, 설비 및 노동력의 유형을 결정짓는다. 따라서 공정선택은 기업의 중요한 전략적 의사결정 중의 하나이다.

공정선택 의사결정이 이루어지기 위해서는 먼저 제품의 장기적인 산출량이 계획되어야 한다. 따라서 공정선택에 앞서 수요예측과 물리적 생산능력에 관한 의사결정, 즉 설비계획이 선행되어야 한다.

1. 공업입지

공장의 위치를 결정하는 요인은 자연적 조건, 경제적 조건 및 사회적 조건 등으로 구분되며 공업의 종류에 따라 다소 차이가 있다.

자연적 조건에는 기후, 지형, 지질, 용수, 지리적 위치 등이 있고 경제적 조건에는 교통, 노동력, 토지가격, 원료 등이 있다. 그리고 사회적 조건에는 정책, 관계법규, 세제, 지역사회의 특성, 환경문제 등이 있다.

입지선정은 기업의 장기계획이므로 초기에 기업에 적합한 전략을 수립해야만 경제적 효과를 얻을 수가 있는데 왜냐하면 공업의 입지선정은 일단 결정이 되면 변경이 어렵고, 장기적이면서 많은 자본투자가 필요하기 때문이다.

1.1 공업입지의 일반적 입지요인

공업입지의 요인을 결정하는 데는 일반적으로 다음과 같은 세 가지 요인이 있다.

1) 경제적 입지요인

교통, 노동력, 지대, 시장의 근접성 등이 있다. 이것은 입지를 선정함에 있어 가장 중요한 요인이다.

2) 자연적 입지요인

기후, 원료, 용수 등이 있다. 원자재 및 제품의 품질 또는 작업능률 등은 기후에 상당한 영향을 받는다. 원료특성에 따라 원료산지와 관련이 있고 충분한 용수도 중요한 요소가 된다. 특히 음료수, 주류 등은 공업입지에 있어서 수질이 매우 중요한 요인이 될 것이다.

3) 사회적 입지요인

관계법규, 지역사회의 특성, 문화적인 관점, 세제, 환경문제 등이 포함된다. 특히 환경문제는 갈수록 공업입지에 중요한 요소가 되고 있다.

1.2 공업입지론

어떤 장소에 공장을 지어야 기업의 이윤이 최대가 될 것인지를 고려하여 최적의 장소를 선택하는 것을 연구하는 것이 공업입지론이다. 공업의 최적 입지를 분석하는 이론적 접근방법에는 최소비용론과 최대수익론이 있다. 최소비용론은 생산 제품의 수요는 어디서나 동일하나 생산비용이 지점마다 다르다는 가정 하에 생산비용이 최소가 되는 지점이 바로 공장의 최적 입지가 된다는 논리이다. 반면에 최대수익론은 생산비용은 어디서나 동일하나 수요가 다르다는 전제하에 결국 최대의 수익을 올릴 수 있는 곳이 공업의 최적입지가 된다는 논리이다. 최소비용론을 주장한 대표적인 사람이 베버이며, 최대수익론을 주장한 대표적인 사람은 뢰쉬이다.

1) 베버의 공업입지론

공업입지에 관한 이론을 처음으로 체계화한 사람이 독일의 경제학자 베버인데, 그는 최소비용론에 입각하여 공업입지론을 전개하였다. 즉, 생산비가 최소일 때 기업의 이윤이 최대가 된다는 전제 하에 최소비용으로 제품을 생산할 수 있는 장소를 최적입지장소로 보았다.

베버는 이 입지론을 정립시키기 위하여 복잡한 현실 세계를 단순화시킨 다음과 같은 몇 가지 가설을 설정하였다. ① 지형, 기후, 경제, 기술 조직 등은 모든 지역이 동일하다. ② 원료 산지, 동력 산지, 시장은 일정한 곳에 고정되어 있다. ③ 노동력은 충분히 공급되나 임금은 지역별로 차이가 있다. ④ 운송비는 화물의 중량과 운송 거리에 비례한다. ⑤ 생산자는 이윤의 극대화를 추구한다.

그는 생산비를 운송비, 노동비, 원료비로 구분하였으며, 이 중에서 장소에 따라 차이가 큰 비용을 운송비로 보았다. 왜냐하면 제품을 생산하는 데 필요한 원료나 연료의 비용, 제품의 값은 운송비가 얼마나 드느냐에 따라 차이가 나기 때문이다. 즉, 베버는 원료의 가격 변화는 운송비에 좌우된다고 생각하고 원료비를 운송비에 포함시켰다. 따라서 공업이 특정 장소에 입지할 경우 총생산비용에 영향을 미치는 요인을 운송비와 노동비로 보았다. 그는 또한 공장이 한 곳에 단독으로 입지할 때보다 다수의 공장이 한 곳에 집중하는 경우에 발생하는 생산비용의 절감효과를 고려해서 생산비 절감에 대한 집적이익을 공장입지선정에 영향을 주는 요인으로 보았다.

① 최소운송비 지점

베버는 공장입지를 결정하는 가장 중요한 요인을 운송비로 보았으며, 모든 생산요소에 대한 비용이 지역 간에 차이가 없을 때에는 총 운송비가 최소인 지점으로 공장의 위치가 결정된다는 것이다. 운송비는 일반적으로 원료와 제품의 무게 및 수송거리에 의해 결정되므로, 운송비는 무게×거리로 표시되며, 총 운송비란 원료를 구입하여 제품을 제조한 후 시장에 내다 팔기까지 소요되는 모든 운송비(원료운송비+동력운송비+제품운송비)를 말하는데 이 비용이 최소가 되는 지점이 최소운송비 지점이 된다.

② 노동비절약의 지점

다음으로 베버는 노동비를 고려하였다. 지역 간에 노동비의 차이가 있으며 어떤 지역의 노동비가 상대적으로 저렴할 때, 운송비가 최소인 지점에서 노동비가 저렴한 지역으로 옮겨가는 데 추가적으로 소요되는 운송비보다 절감되는 노동비가 더 클 경우 노동비가 저렴한 지점이 최적입지가 된다.

③ 집적이익이 큰 지점

지역 간의 임금 격차에 따라 최적 입지가 변화될 수 있는 것처럼 집적이익이 큰 것도 최적입지에 영향을 준다. 연관 산업이나 서로 다른 기업이 한 지점에 집적함으로써 생산비가 절감되어 총비용이 최소생산비 지점보다 적을 경우 집적이익이 큰 지점이 최적 입지가 된다.

이와 같이 베버의 이론은 최소운송비 지점, 노동비 절약의 지점, 집적이익의 지점 등을 차례로 분석하여 전체적으로 최소생산비 지점에 공장이 입지해야 최대의 이윤을 얻을 수 있다는 것이다.

베버의 이론은 시장의 수요를 고려하지 않고 생산비만을 분석 대상으로 한 점과 운송비가 거리에 정비례한다고 본 점 등이 현실과 거리가 있으나, 최초로 공업입지 이론을 체계화하였으며 최적입지를 규명하기 위한 접근 방식이나 개념들은 오늘날 공업의 지역적 패턴을 이해하는데 많은 도움을 주고 있는 것으로 평가되고 있다.

2) 뢰쉬의 공업입지론

뢰쉬는 수요를 핵심적 변수로 하여 입지이론을 전개시킨 최초의 경제학자로서 최소비용이론을 부정하고 총소득이 최대가 되는 지점, 즉 수요를 최대로 하는 지점이 이윤을 극대화시키는 최적지점이 된다고 주장하였다.

그는 비용뿐만 아니라 수요도 지역에 따라 크게 차이가 나기 때문에 수요의 공간상 변이를 고려하지 않은 채 선정된 최소비용지점은 무의미하다고 보았다. 베버의 이론이 수요를 무시했다는 점에서 비판을 받는 것과 마찬가지로 뢰쉬의 이론도 비용을 무시한 이론이라는 면에서 비판의 대상이 되고 있다.

4) 국제적 입지요건

세계화가 가속화되고 있는 시점에서 기업은 여러 나라를 상대로 비즈니스를 하여야 하는데, 이 경우 입지를 국내에 한정시키지 않고 외국에 입지를 선정해야 할 필요가 있다.

해외의 시설입지 선정은 문화, 법규 및 정치적 영향력 등의 차이로 인해 매우 어려운 문제일 수 있다. 언어 및 관습은 운영, 통제, 그리고 궁극적으로 정책 문제에 영향을 준다. 국내 상황에서와 마찬가지로 입지 대안들의 체계적 분석이 필요하다.

해외의 시설 입지 선정 시 고려해야 할 주요 요인들은 입지선정국가에 대한 투자여건, 경제적 상황 및 정치적 상황을 고려해야 한다.

2. 입지선정에 관한 계량적 모델

1) 손익분기점에 의한 분석

손익분기점 분석기법은 비용을 고정비와 생산량에 비례하는 변동비로 나누어 조업수준에 따른 총비용의 변화를 분석하고자 하는 기법이다. 자본비용인 토지, 건물, 연료비 등을 고정비로 분류한 반면에 생산량의 변화에 따른 비용인 원료비, 노무비, 교통비 등은 변동비로 분류한다.

[그림 5.1]은 두 개의 입지의 비용과 수량과의 관계를 보여 주고 있다. 이 그림에서 각 입지마다 고정비와 변동비는 다르나 판매가는 어느 입지나 같다고 가정한다. 따라서 두 입지의 총비용선은 다르나 매출액선은 하나밖에 없다. 만약 입지가 수요에 영향을 미치지 않는다면, 수요가 V_0보다 크면 $TC_1 < TC_2$이므로 입지 1이 입지 2에 비해 유리하고, 반대로 수요가 V_0보다 작으면 $TC_2 < TC_1$이므로 입지 2가 입지 1에 비해 유리함을 알 수 있다. 즉, 수요와 판매가가 입지에 관계없이 동일하다면 비용이 최소가 되는 입지가 최적이 된다.

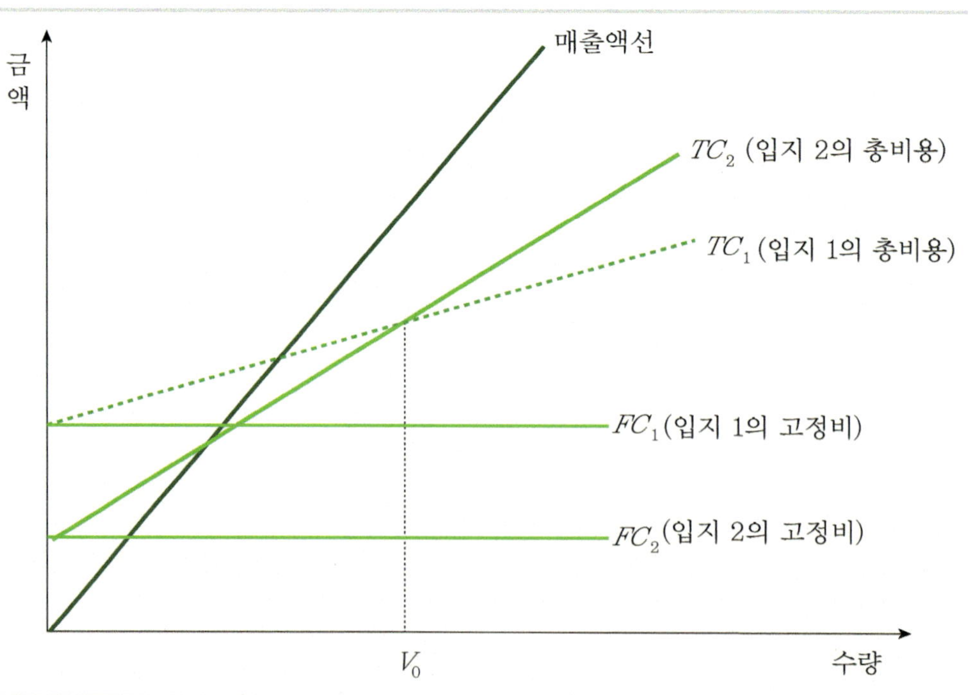

그림 5.1 두 개의 입지에 대한 손익분기분석

그러나 수요와 판매가가 입지마다 동일하지 않을 경우에는 최소비용입지가 항상 최대이익을 가져다주지는 않는다. 왜냐하면 최소비용입지가 아닌 다른 입지가 비용 이상으로 수익을 증가시킬 만큼 수요가 더 많을 수 있기 때문이다. [그림 5.2]는 [그림 5.1]과 같은 비용구조를 보여주고 있다. 그러나 입지 2의 수요V_2는 입지 1의 수요V_1보다 크게 되므로. 이 경우에는 비용이 더 큰 입지라도 이익의 측면에서는 더 유리한 입지가 될 수 있다. 즉, [그림 5.2]에서$\mathrm{P}_2 > \mathrm{P}_1$이면 입지 2가 더 유리하게 된다.

제조업의 경우에는 공장이나 창고의 입지는 수요의 크기에 거의 영향을 미치지 않으므로 [그림 5.1]과 같이 주어진 수요량에 대한 최소비용입지가 최적입지가 된다. 그러나 소매점과 같은 서비스업의 경우에는 입지에 따라 수요가 달라진다. 예를 들면, 세탁소나 슈퍼마켓의 경우, 보다 가깝고 편리한 위치에 고객이 많이 몰리므로 입지가 수요에 영향을 미친다. 이 경우에는 [그림 5.2]와 같이 비용과 수익 양쪽을 모두 고려하여 이익이 보다 큰 입지를 선택하여야 한다.

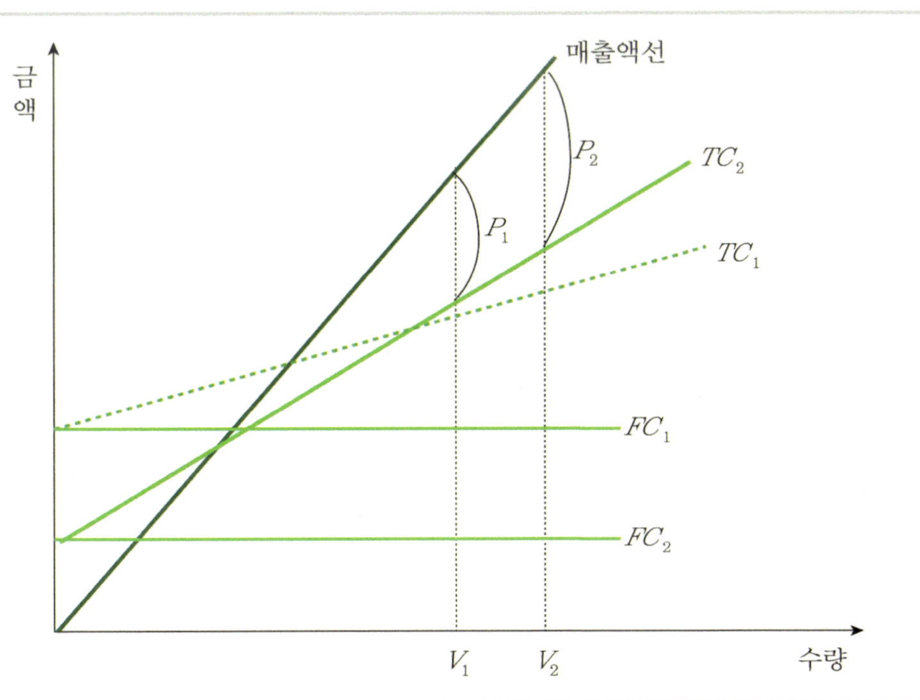

| 그림 5.2 | 입지별 수요가 다른 경우의 손익분기분석

2) 중심법(center of gravity method)

중심법이란 기존의 설비, 운송거리 및 운송량을 고려하면서 단일 설비의 입지를 결정하는 기법으로 중간창고나 물류 또는 유통센터의 입지결정에 많이 사용된다.

이 기법을 이용하기 위해서는 먼저 기존 설비의 위치를 x와 y를 두 축으로 하는 지도상에 표시한다. 그러면 수송비용을 최소화하는 중심점은 다음과 같이 계산된다.

$$x^* = \frac{\sum_i x_i V_i}{\sum_i V_i}, \qquad y^* = \frac{\sum_i y_i V_i}{\sum_i V_i}$$

여기서 x^* = 중심점의 x축 좌표
y^* = 중심점의 y축 좌표
x_i = 설비 i의 x축 좌표
y_i = 설비 i의 y축 좌표
V_i = 설비 i의 유출입 운송량

예를 들어 어느 회사는 A, B, C, D, E 5개의 판매 대리점을 가지고 있으며, 각 판매 대리점의 입지와 요구되는 운송량은 [그림 5.3]과 같다고 하자.

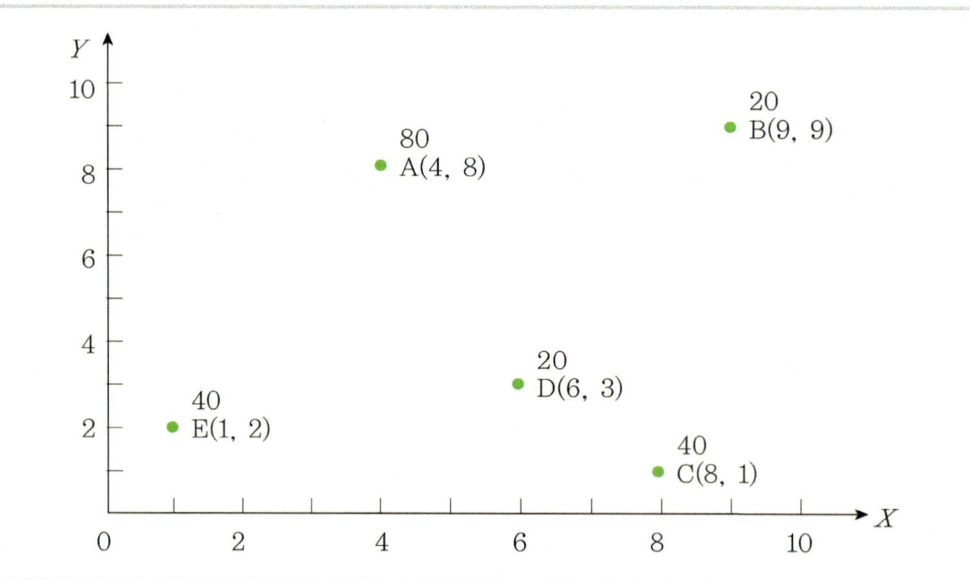

| 그림 5.3 | 판매대리점의 입지

| 표 5.1 | 중심점의 계산

판매 대리점	(x, y)	운송량(V)	xV	yV
A	(4, 8)	80	320	640
B	(9, 9)	20	180	180
C	(8, 1)	40	320	40
D	(6, 3)	10	60	30
E	(1, 2)	50	50	100
합계 200 930 990				
$x^* = \frac{930}{200} = 4.65,\ y^* = \frac{990}{200} = 4.95$				

이 회사는 판매 대리점에 물량을 공급하는 물류센터를 중심점 근처에 세우려 하고 있다. 〈표 5.1〉과 같이 중심점을 구하면 (4.65, 4.95)이므로 이 근처에 물류센터를 설립하면 된다.

3) 요인평가법

요인평가법은 후보 입지가 지니는 각각의 특성 또는 요인에 대해 점수를 부가하여, 총점수가 높은 입지를 선택하는 방법이다. 여기서 각 요인에 대해 가중치를 부과함으로써 입지요인의 상대적 중요성을 고려해 볼 수도 있다. 요인평가법의 기본적인 형태를 살펴보면 다음과 같다.

$$S_j = \sum_{i=1}^{n} W_i F_{ij},\ j = 1, 2, \cdots\cdots, n$$

여기서 S_j = 입지j의 총점수

W_i = 요인i의 가중치

F_{ij} = 입지j의 요인i에 대한 점수

n = 입지의 수

요인평가법의 적용 예를 살펴보자. 어느 회사는 공장의 입지로 입지 1과 입지 2의 두 위치를 고려하고 있다. 입지선정에 고려해야 할 요인들과 이들 요인을 A,

B, C, D, E의 5등급으로 평가를 한 결과는 〈표 5.2〉와 같다. 이와 같은 비계량평가를 A=10점, B=8점, C=6점, D=4점, E=2점으로 점수화하고, 각 요인의 상대적 중요도를 감안하여 합계 100인 가중치를 〈표 5.3〉과 같이 부여하였다.

표 5.2 | 입지요인과 평가결과

입지요인	입지 1	입지 2
노동력의 공급	B	A
수송의 편의	C	D
지역사회의 태도	A	B
정부의 규제	C	D
생활여건	B	D
연간 투자수익률	C	A

〈표 5.3〉의 자료와 위의 식을 이용하여 두 입지의 총점수를 구해보면 다음과 같다.

$$S_1 = 20(8) + 10(6) + 10(10) + 5(6) + 15(8) + 40(6) = 710$$

$$S_2 = 20(10) + 10(4) + 10(8) + 5(4) + 15(4) + 40(10) = 800$$

따라서 입지 2가 입지 1에 비하여 유리하다고 할 수 있다.

표 5.3 | 입지요인의 가중치와 평가점수

입지요인	가중치	점 수	
		입지 1	입지 2
노동력의 공급	20	8	10
수송의 편의	10	6	4
지역사회의 태도	10	10	8
정부의 규제	5	6	4
생활여건	15	8	4
연간 투자수익률	40	6	10

3. 공정의 유형

생산공정을 분류하는 기준은 다양하지만 일반적으로 다음과 같은 두 가지 기준에 따라 생산공정을 분류한다.

- 공정은 제품의 흐름에 따라 라인공정, 단속공정 및 프로젝트공정으로 분류된다.
- 공정은 고객 주문의 유형에 따라 재고생산공정(또는 계획생산공정)과 주문생산공정으로 분류된다.

3.1 라인공정, 단속공정 및 프로젝트공정

1) 라인공정

라인공정의 특징은 제품의 흐름이 직선적인 형태를 취한다는 데 있다. 라인공정의 대표적인 예로는 조립라인과 카페테리아를 들 수 있다. 라인공정에서는 제품은 표준화되어 있고, 정해진 작업순서에 따라 한 작업장에서 다음 작업장으로 직선적으로 일관되게 흘러간다. 각 개별 작업들은 서로 밀접하게 연결되어 있으며, 각 작업장은 다음 작업을 지연시키지 않도록 전체적으로 공정 균형이 잘 잡혀 있어야 한다. 따라서 라인공정의 제품 흐름은 아주 원활하다. [그림 5.4]는 라인공정의 전형적인 제품흐름을 보여 주고 있다. 제품은 생산라인의 한쪽 끝에서 다른 쪽 끝으로 계속적으로 흘러가면서 점차 완성된다. 지엽적인 흐름이 이 생산라인에 합류되기도 하지만 이 또한 전체적으로 흐름이 원활하도록 통합된다.

라인동정은 다시 연속생산공정(continuous process)과 반복생산공정(repetitive process)으로 세분해 볼 수 있는데 각각의 특징을 살펴보면 다음과 같다.

① 연속생산공정이란 가동의 시작과 중지에 많은 시간과 비용이 소요되므로 하루 24시간 계속적으로 가동되어야 하는 생산공정으로서 화학, 제지, 철강, 석유정제 등과 같은 장치산업이 이에 해당한다.

② 반복생산공정에서는 제품은 동일한 생산과정을 반복적으로 거쳐 큰 로트로 생산된다. 보통 조립라인 형태의 생산방식을 취하는 이른바 대량생산이 이에 해당된다. 반복생산공정을 통해 생산되는 전형적인 제품의 예로는 자동차, 가전제품, 기성복, 장난감 등을 들 수 있다.

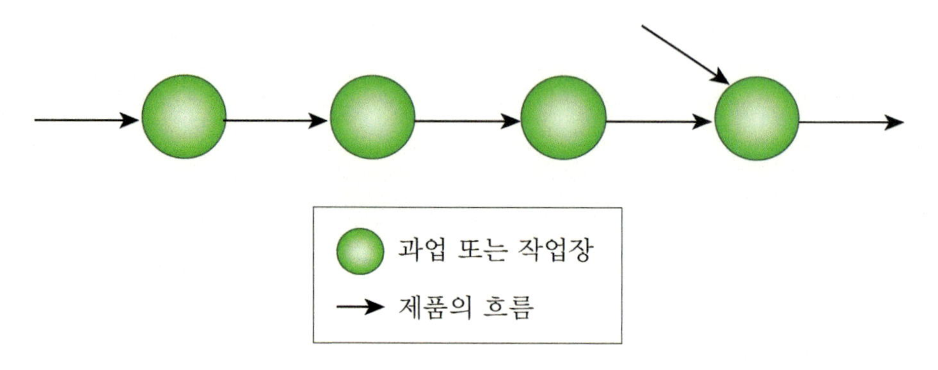

그림 5.4 라인공정의 제품 흐름

연속생산공정과 반복생산공정 모두 직선적인 제품흐름을 갖지만 일반적으로 연속생산공정이 반복생산공정보다 더 자동화되어 있으며 더 표준화된 제품을 생산한다.

라인공정은 매우 효율적이나 유연성은 매우 떨어진다. 라인공정에서는 높은 효율성을 추구하기 위해 가능한 노동을 자본으로 대체하며, 나머지 노동작업도 단조로운 작업으로 표준화시킨다. 그리고 높은 자본투자비용을 회수하기 위해 소수의 표준화된 제품을 대량으로 생산한다. 이와 같이 라인공정에서는 제품과 작업이 표준화되어 있고 작업장도 공정순서에 따라 조직되어 있기 때문에 제품이나 생산수량의 변경이 상당히 어렵다. 따라서 라인공정은 일반적으로 유연성은 매우 떨어지는 특성을 갖는다.

일반적으로 라인공정은 대량으로 생산되는 제품과 표준화된 제품에서 사용되는데 이는 높은 효율성을 제공하기 때문이다.

2) 단속공정

단속공정은 제품이 단속적인 시간간격마다 소규모의 배취(batch) 또는 로트(lot)로 생산된다는 특징을 갖는다. 단속공정에서는 유사한 기능을 수행하는 장비나 작업자를 한데 모아 하나의 작업장을 형성하며, 제품이나 주문은 필요한 작업장만을 거친다. 따라서 개개의 제품이나 주문은 서로 다른 작업흐름을 취하며, 작업의 시작과 중단이 자주 일어나기 때문에 제품의 흐름이 불규칙적이고 원활하지 못하다. [그림 5.5]는 이와 같은 단속공정의 제품 흐름을 보여주고 있다. 단속공정의 예로는 각종 수리 및 정비공장, 각종 기계설비의 주문제작, 맞춤복 등을 들 수 있다.

단속공정의 설비배치는 비슷한 설비와 작업기술이 함께 모인 공정별 배치를 취한다. 반면에 라인공정은 여러 가지 공정, 설비 및 노동기술이 제품의 가공순서에 따라 배치되는 제품별 배치를 취한다.

단속공정은 종종 개별주문 생산공정(job shop)이라고도 불리는데, 개별주문 생산공정은 단속공정 중에서도 고객의 주문에 의해서만 제품을 만드는 단속공정을 말한다.

단속공정은 범용설비와 높은 숙련도의 작업자를 쓰기 때문에 제품이나 생산수량의 변경에 매우 유연한 장점이 있으나 다양한 제품이 복잡한 제품 흐름을 가지고 작업의 대기시간이 길기 때문에 생산의 효율성이 떨어지며, 재고, 일정 및 품질의 통제가 상당히 어려운 문제가 있다.

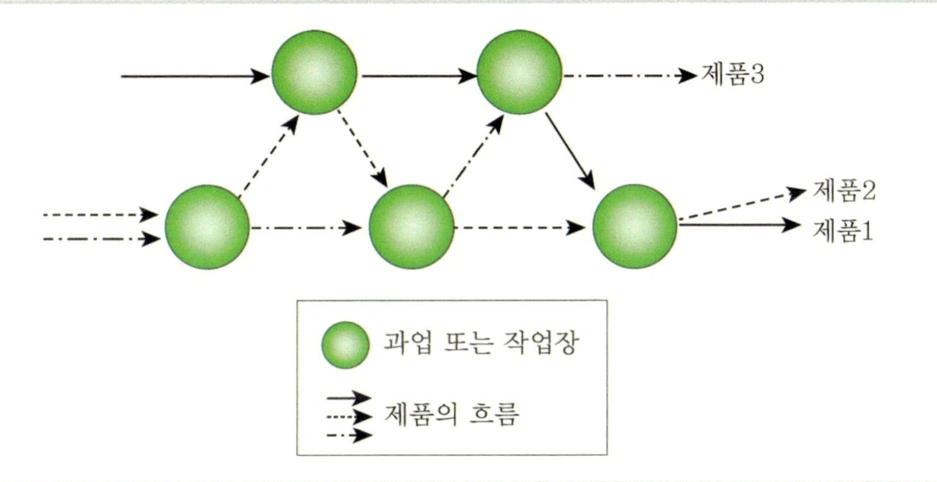

그림 5.5 단속공정의 제품 흐름

단속공정은 제품이 표준화되어 있지 않거나 생산수량이 적을 때 적합하다. 이런 경우에는 단속공정이 가장 경제적이며 위험을 최소화한다. 단속공정은 보통 제품 수명주기의 초기단계에 있는 제품, 기본적으로 고객의 주문에 의해 생산되는 제품, 그리고 시장수요가 적은 제품에 사용된다.

3) 프로젝트공정

프로젝트형 생산이란 빌딩, 댐, 교량, 고속도로 등의 건설공사, 특수한 대형제품의 제작, 영화의 제작 등과 같이 어떤 주요 산출물 한 단위를 상당한 기간에 걸쳐 생산하는 형태를 말한다. 일반적으로 프로젝트형 생산은 비반복적이며 1회적인 성격을 가지고 있다.

엄밀히 말해 프로젝트에서는 제품의 흐름은 없으며 다만 프로젝트의 완성에 필요한 많은 세부과업들이 있을 뿐이다. 이러한 세부과업들은 전체 프로젝트의 완성에 기여할 수 있도록 선행관계에 따라 계획되어야 하며, 또 전체 일정에 맞도록 통제되어야 한다. [그림 5.6]은 프로젝트의 완성에 필요한 세부과업들이 선행관계에 따라 연결되어 있는 모습을 보여 주고 있다.

프로젝트는 한 번으로 끝나므로 자동화가 어려우며, 노동력을 절감하기 위해 통상 범용설비가 사용된다. 프로젝트형 생산에서는 경영계획 및 통제가 어렵다. 왜냐하면 프로젝트는 처음부터 확실하게 정의하기가 어렵고 따라서 변화와 혁신의 정도가 크기 때문이다.

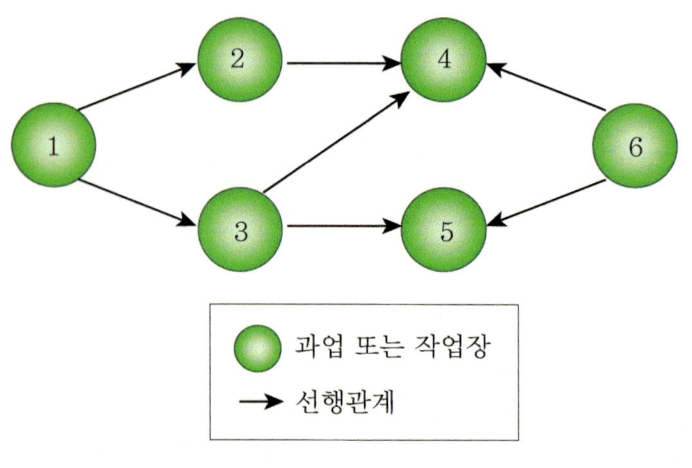

그림 5.6 프로젝트공정의 형태

라인공정, 단속공정 및 프로젝트공정의 일반적인 특징을 요약하면 〈표 5.4〉와 같다.

표 5.4 라인공정, 단속공정 및 프로젝트공정의 특징

특징 \ 공정유형	라인공정	단속공정	프로젝트공정
제 품:			
생산량	대량(연속 또는 대규모 로트)	소규모 로트 또는 배취	단일단위
제품흐름	연속적, 직선적	복잡, 단속적	없음
표준화의 정도	높다	낮다	낮다
제품의 다양성	낮다	높다	매우 높다
시장형태	대량	고객주문	유일
노동인력:			
기술	낮다	높다	높다
과업형태	반복적	비반복적	비반복적
보수	낮다	높다	높다
자본:			
투자	높다	중간	낮다
설비	전용	범용	범용
생산목표:			
원가	낮다	중간	높다
품질	균일	보다 가변적	보다 가변적
납품	신속	중간	늦다
유연성	낮다	중간	높다
계획 및 통제:			
생산통제	쉽다	어렵다	어렵다
재고관리	쉽다	어렵다	어렵다

3.2 재고생산공정과 주문생산공정

공정선택에 영향을 미치는 또 다른 중요한 기준은 제품이 재고생산(또는 계획생산)되느냐 또는 주문생산 되느냐이다. 재고생산과 주문생산은 각각 장·단점을 가지고 있다. 재고생산공정은 낮은 원가로 빠른 서비스를 제공하는 반면, 주문생산공정에 비해 유연성은 떨어진다.

1) 재고생산공정

재고생산(make-to-stock: MTS)공정 또는 계획생산공정에서는 불특정다수의 고객을 대상으로 기업이 자체적으로 정한 제품규격과 생산수량에 따라 생산이 이루어진다. 재고생산을 하는 기업은 반드시 표준화된 제품라인을 가지고 있어야 한다. 재고생산은 표준화된 제품을 고객에게 어떤 만족스러운 서비스수준(예를 들면, 95%의 수요를 재고부족 없이 충족)으로 재고로부터 제공한다. 서비스수준을 충족시키기 위해서는 기업은 수요가 발생하기에 앞서 재고를 비축해 두어야 하는데 재고는 수요의 불확실성에 대처하고 소요생산능력을 평준화하는데 사용된다. 따라서 재고생산에 있어서는 수요예측, 재고관리 및 생산능력계획이 필수적이다.

재고생산에서는 생산자가 제품을 규정한다. 고객은 가격이 적정하다고 생각하면 재고로부터 제품을 구매한다. 재고가 없으면 추후에 납품을 받기로 하고 구매하기도 한다. 생산공정은 현재의 수요가 아니라 미래의 수요에 대비해 재고를 쌓아가며 현재의 수요는 가용 재고로부터 충족된다.

재고생산의 가장 중요한 성과측정치는 재고나 생산능력과 같은 생산자원의 이용률과 서비스수준이다. 이러한 성과측정치로는 재고자산회전율, 생산능력가동률, 서비스수준 등이 있다. 재고생산의 목적은 원하는 서비스수준을 최소의 비용으로 충족시키는데 있다.

2) 주문생산공정

주문생산(make-to-order: MTO)공정에서는 공정활동이 고객의 개별적인 주문에 따라 이루어진다. 주문주기는 고객이 원하는 제품의 규격과 수량을 명시함으로써 시작된다. 생산자는 이러한 고객의 요구에 근거하여 가격과 납기를 견적한다. 만약 고객이 이 견적을 받아들이면, 제품은 구성품으로 조립되거나 또는 고객이 제시한 규격에 따라 제작된다. 최종적으로 완성된 제품은 고객에게 인도된다.

주문생산공정에도 여러 가지 형태가 있을 수 있다. 완전주문 생산공정에서는 주문을 받을 때까지는 생산활동이 이루어지지 않으며 주문을 받은 후에야 비로소 완전히 고객이 요구하는 규격에 따라 제품이 생산된다. 반면에 자동차 조립라인과 같은 주문조립생산(make-to-assemble: MTA)에서는 조립품이나 구성품은 수요예측에 따라 생산하고, 최종제품은 고객의 주문에 의해 조립생산한다. 이 경우 소수의 공통조립품은 예측이 될 수 있도록 하고, 최종제품은 고객이 다양한 사양 선택(option)을 할 수 있도록 제품이 설계된다. 이렇게 하면 고객에게는 높은 제품다양성을 제공하지만 공통조립품의 재고는 한정된다. 주문조립생산공정은 재고생산공정과 주문생산공정의 일종의 혼합형이라고 볼 수 있다. 즉, 조립품은 재고생산되지만 최종제품은 주문생산된다.

주문생산공정의 가장 중요한 성과측정기준은 납기이다. 발주에 앞서 고객은 제품 인도에 얼마나 시간이 걸리는지를 알기를 원한다. 만약 생산자가 제시한 납기를 고객이 받아들이면, 생산부서는 이 납기에 맞도록 주문의 흐름을 통제한다. 물론 납기는 생산부서와 마케팅부서가 상호 협력하여 현실에 맞게 설정되어야 한다. 주문생산공정에서는 보통 납기의 길이와 납기준수율과 같은 납품관련 기준으로 생산활동의 성과가 측정된다.

두 공정의 기본적인 차이점을 요약, 정리하면 〈표 5.5〉와 같다.

표 5.5 재고생산과 주문생산 비교

특 징	재고생산	주문생산
제품	생산자가 규정 소수의 종류 저가품	고객이 규정 다양한 종류 고가품
생산관리의 목표	재고, 생산능력 및 서비스 수준의 균형 유지	납기 및 생산능력의 관리
주요 생산관리 문제	수요예측 생산계획 재고통제	납기관리 주문흐름통제

4. 공정선택 의사결정

라인공정은 보통 재고생산의 형태를 취하지만 주문생산을 취할 수도 있다. 예를 들면, 라인공정의 전형적인 예인 자동차 조립라인에서는 고객이 요구한 선택사양에 따라 자동차를 조립생산한다. 제품이 표준화되어 있음에도 불구하고 이는 주문생산 형태인 것이다. 한편 프로젝트는 일반적으로 주문생산을 취하지만 재고 또는 계획생산되는 경우도 있다. 예를 들어, 아파트나 연립주택 건설의 경우에는 건축업자가 평형과 수량을 결정한 다음 분양을 하며, 수요가 적으면 미분양도 나오게 된다.

공정선택은 일반적으로 다음과 같은 요인들에 의해 영향을 받는다.

① **시장여건** : 고객이 원하는 것이 무엇인가, 이익이 보장되는 가격으로 충분한 수요가 있는가, 현재와 미래의 경쟁여건은 유리한가 등을 고려해야 한다. 일반적으로 라인공정은 저가품 대량생산을 요구하고, 단속공정은 중가품 소량시장을 요구하며, 프로젝트공정은 고가품시장을 요구한다.

② **소요자본** : 공정선택에는 재고, 장비 및 설비에 소요되는 자본과 투자수익률을 고려해야 한다. 일반적으로 라인공정은 단속공정이나 프로젝트공정에 비해 훨씬 더 많은 자본을 요구한다.

③ **노동력** : 적정한 비용으로 충분한 노동력이 있는가를 고려해야 한다. 일반적으로 프로젝트공정과 단속공정은 값비싼 숙련된 노동력을 요구하며, 반면에 라인공정은 비교적 값싼 미숙련 노동력을 요구한다.

④ **관리기술** : 각 공정에 요구되는 관리기술을 습득하고 유지할 수 있겠는가를 고려하여야 한다.

⑤ **원자재** : 원자재는 충분히 공급될 수 있는가, 원자재의 변화가 공정에 어떤 영향을 미칠 것인가 등이 고려되어야 한다.

⑥ **기술** : 제품 및 공정에 관한 기술이 비용을 회수할 수 있는 충분한 기간 동안 안정적일 것인가를 검토해야 한다. 즉, 비용이 회수되기 전에 기술혁신으로 공정이 진부화될 염려는 없는지를 평가해 보아야 한다.

올바른 공정선택을 위해서는 여러 유형의 연구를 통해 이상의 6가지 요인을 세심하게 분석해야 한다. 잠재수요 및 시장여건을 평가하기 위해서는 시장조사를 통한 마케팅 분석이 이루어져야 하며, 경제성 평가를 위해서는 여러 가지 공정 대안에 대해 경제성 분석이 이루어져야 한다. 경제성 분석에서 가장 중요한 것은 매년의 투자액, 수익 및 비용을 추산하여 각 대안의 현금흐름을 파악하는 것이다. 이러한 현금 흐름에 근거하여 각 대안의 순현가나 내부수익률을 계산할 수 있다. 경제성의 측면에서는 순현가나 내부수익률이 가장 큰 대안이 선호된다.

마케팅 분석과 경제성 분석이 끝나면 이들을 종합하여 의사결정에 반영해야 한다. 한 공정 대안이 다른 대안에 비해 분석결과가 월등히 좋은 경우에는 공정선택에 주관적인 요인들은 별로 영향을 미치지 못한다. 그러나 일반적으로 각 대안은 비용과 위험의 측면에서 제각기 장·단점을 갖고 있기 때문에 공정선택에는 상당한 판단이 요구된다.

5. 제품-공정 믹스

제품구조는 표준화정도가 낮은 한두 개의 제품구조와 제품생산, 다품종소량생산, 소품종다량생산, 표준품 대량생산으로 흔히 구분하는데 이러한 생산 시스템의 공정기술은 [그림 5.7]과 같은 행렬로 나타낼 수 있다.

제품-공정 행렬에서 행은 생산공정이 낱개생산에서 연속생산으로 이르는 과정에서의 주요 단계를 나타내며, 열은 제품의 초기 도입에서 표준화 제품에 이르기까지 제품수명주기상의 중요 단계를 나타내고 있다.

제품이 일련의 단계를 거치는 것과 마찬가지로, 공정 또한 일련의 단계를 거친다. 예로써 다품종소량생산과 묶음생산공정은 잘 적합되고 있으나, 표준품 대량생산과 주문생산 공정은 경제성이 없다. [그림 5.7]에서 빗금 친 영역은 경제성이 없는 영역을 나타내고 있다. 제품구조와 공정기술에 따라 경쟁유형, 생산과업 및 운영통제방법에는 차이가 있다.

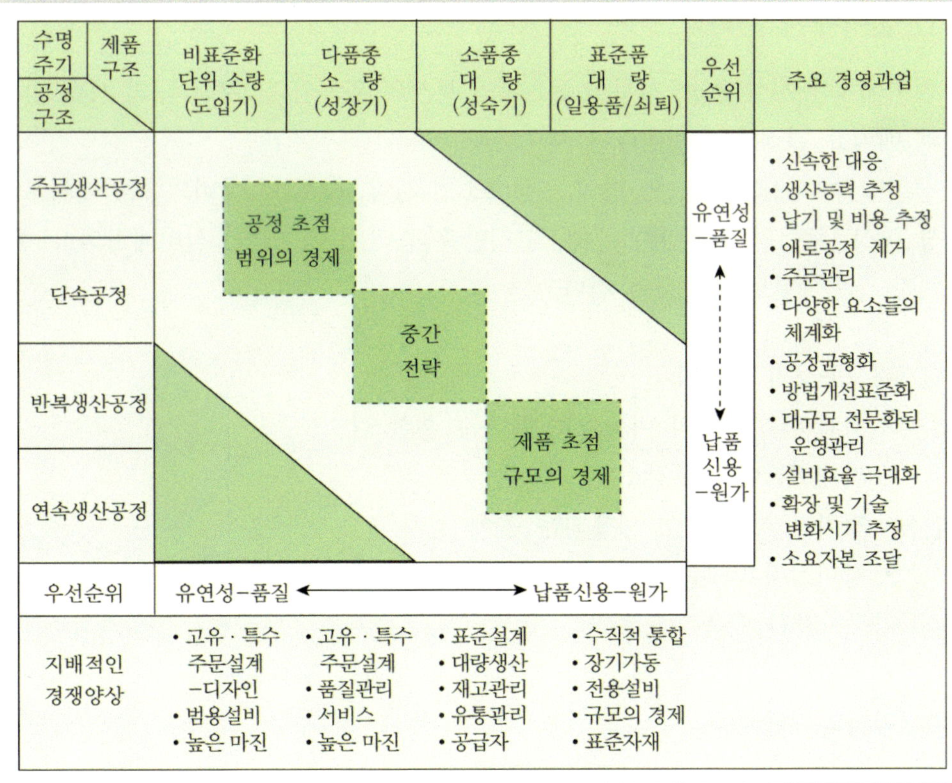

그림 5.7 공정특성행렬

예를 들면 [그림 5.7]에서 보는 바와 같이 표준화 정도가 낮고 소량생산에 가까운 경우 생산과업의 우선순위는 유연성과 품질에 있는 반면, 표준화 정도가 높고 대량생산에 접근할수록 생산과업의 우선순위는 공정 간의 상호 의존성과 원가에 있음을 알 수 있다.

공정기술은 제품의 원가, 품질, 납기, 유연성 등과 같은 생산시스템의 성과에 영향을 미친다. 그러므로 공정기술의 선택은 경쟁전략에 입각한 생산전략적 관점에서 이루어져야 한다. 비용우위 전략에서는 낮은 제조원가가 중요하므로 대량생산과 제품중심적인 공정기술이 바람직하다. 반면에 혁신적인 제품설계에 의한 차별화를 추구할 경우 이에 부응하기 위하여 생산 시스템은 유연성이 확보된 공정중심적인 기술이 요구된다.

6. 설비배치

1) 설비배치의 의의

설비배치란 시설(공장, 사무실 등) 내의 부서의 위치와 각 부서 내의 사람 및 장비의 배치를 결정하는 것이다.

설비배치의 목적은 생산공정의 구성요소인 사람, 시설 및 장비의 최적배치로 생산성 향상, 종업원 직무만족 증대, 고객만족 증대 등에 있다. 설비배치의 목적을 구체적으로 살펴보면 다음과 같다.

① 생산공정의 단순화
- 사람이나 자재의 이동을 방해하는 혼잡 감소
- 자재취급비용의 감소
- 장비가 가장 많이 이용되는 곳에 설치
- 장비정비 및 수리를 위한 접근의 용이

② 가공시간의 단축
- 원활하고 신속한 제품흐름을 위한 능률적인 생산공정

③ 공간의 최적활용
- 가용공간의 효과적이고 능률적인 활용

④ 유연성 제고

⑤ 쾌적하고 안전한 작업환경을 제공함으로써 인적자원의 최적활용
- 감독의 용이
- 필요시, 부서간 조정 및 대면접촉의 용이
- 종업원의 사기 앙양

⑥ 고객만족도 증대

설비배치는 자재취급의 능률, 자본설비의 이용률, 공정 중 재고수준, 작업자의 수 및 생산성, 집단의사소통 및 종업원의 사기와 같은 행위적 특성들에 까지 지대한 영향을 준다. 또한 서비스 시설의 경우, 시설배치는 고객만족에 직접적으로 영향을 준다. 그러므로 높은 생산성과 작업장의 사람들의 사회적·심리적 욕구충족을 가져올 수 있는 환경을 형성하고, 고객만족에도 각별한 관심을 기울여야만 한다.

2) 설비배치의 기본유형

생산시스템은 그 안에서 발생하는 흐름과 연계시켜 볼 필요가 있다. 정유공장에서는 일정한 장치들을 거쳐 기름의 흐름이 있고, 조립공정에는 가전제품이나 자동차의 흐름이 있으며, 은행에는 돈과 서류의 흐름이 있다. 건설업의 경우에는 생산되는 제품은 고정된 위치에 있고, 대신에 생산투입물(인적자원, 원자재, 장비 등)의 흐름을 보게 된다.

주어진 상황에서의 적합한 배치는 제품의 변환과정에 관련된 흐름의 유형에 영향을 받는다. 주어진 생산공정에서 적절한 배치방안을 선택할 때는 다음 요소들을 고려하여야 한다.

① **제품의 유형** : 제품이 유형의 재화인가 무형의 서비스인가, 제품설계 및 품질의 표준화 및 안정성의 정도, 재고(예측)생산품인가 주문생산품인가 등

② **생산공정의 유형** : 사용 기술, 취급되는 자재의 유형 및 서비스 제공 수단 등

③ **생산량** : 수요수준과 변동성은 현재의 시설설계 및 능력이용률과 확장이나 변화를 위한 대비에 영향을 준다.

배치의 기본적인 유형에는 제품별 배치(product layout), 공정별 배치(process layout), 고정배치(fixed layout), 셀 배치(cellular layout) 등이 있다. 물론 한 공장이 하나의 배치형태만을 갖는 것이 아니고, 이들의 혼합형태를 취할 수 있다.

(1) 제품별 배치

대부분의 소비재 생산을 위한 대량생산에서는 설비 및 장비의 보편적인 배치유형은 제품별 배치이다. 연속적인 제품단위들이 작업절차서에 명시된 대로 동일한 작업순서를 따르기 때문에, 장비는 원활하고 신속한 흐름을 제공하기 위해서 제품 작업순서에 따라 배치되어야만 한다.

제품별 배치(product layout)란 제품이나 제공되는 서비스의 각 단위를 완성하는데 필요한 작업절차와 동일하게 설비 및 장비를 배치하는 것으로 정의될 수 있다. 따라서 컨베이어 벨트와 같은 고정통로용 자재 운반장비를 필요로 하며, 생산장비도 특정 제품만을 위한 전용장비가 사용된다. 자동차 등 조립생산공정에서 주로 이용되며, 라인배치라고도 한다([그림 5.8] 참조).

제품별 배치가 유리한 경우는 다음과 같다.

① 제품혼합(product mix)이 소수의 기본적 유형에 한정될 경우
② 고도로 표준화된 부품들로 생산된 품목들의 제품설계가 안정적인 경우
③ 수요의 변동성이 한정적인 대량생산의 경우

제품별 배치의 장점은 다음과 같다.

① 기계화나 자동화로 자재취급시간 및 비용이 절감될 수 있다.
② 가공단위들의 원활하고 신속한 이동으로 공정 중 재고소요량이 줄어든다.
③ 재공품 저장공간의 소요 및 작업장에의 특별한 통로를 필요로 하는 융통적 물자취급장비의 필요성이 없으므로, 공간활용이 증대된다.
④ 생산운영의 기획, 일정계획 및 통제가 단순화된다. 이들 기능의 대부분이 생산공정설계에 구체화되어 있기 때문이다. 이는 정보처리 및 의사결정의 필요성을 상당히 줄여준다.

제품별 배치의 단점은 다음과 같다.

① 제품 및 공정 특성의 변경이 필요할 경우 융통성이 결여된다.
② 전용장비의 이용으로 상당히 고액의 투자를 요한다.
③ 생산라인 상의 한 기계가 고장 나게 되면, 지연과 높은 정비비용 등을 수반하는 전체공정의 유휴를 가져온다.
④ 매우 단순화되고 반복적인 과업과 빠른 생산속도로 종업원의 사기저하와 높은 결근율 및 이직률 등의 형태로 나타나는 심각한 심리적 문제를 낳게 된다.

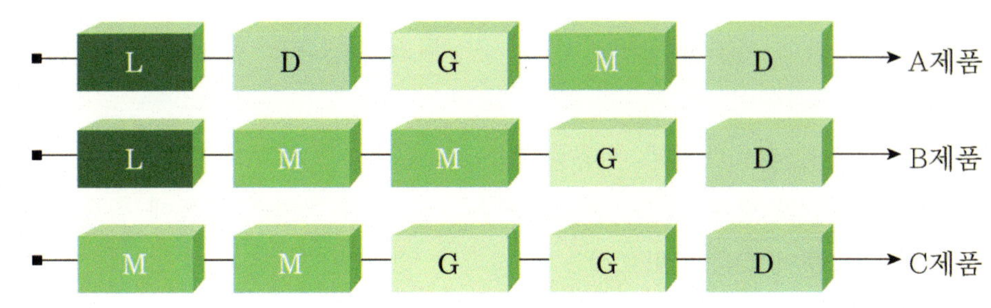

| 그림 5.8 | 제품별 배치

(2) 공정별 배치

공정별 배치(process layout)는 설비와 장비를 동일한 기능을 갖는 것끼리 집단으로 배치하는 것이다. 다양한 주문들은 그들의 특정한 공정처리요건에 따라 필요한 작업장을 찾아 이동하므로 각각 상이한 경로를 거치게 된다. 따라서 공정별 배치에서 사용되는 설비는 여러 제품의 생산에 이용되므로 범용장비라 하고, 작업장 간의 제품의 운반을 위한 지게차와 같은 물자취급 장비가 필요하게 된다. 주문생산공장에서 주로 이용되며, 기능별 배치(functional layout)라고도 한다([그림 5.9]〉 참조).

공정별 배치가 유리한 경우는 다음과 같다.

① 매우 다양한 제품이나 서비스를 처리하여야 할 융통성이 요구될 때

② 부품이나 구성품들을 표준화할 수 없을 때

③ 각각의 주문은 소량이고 주문의 종류는 다양할 때

공정별 배치의 장점으로는 다음과 같은 것들이 있다.

① 한 기계의 고장으로 인한 생산중단이 적고 쉽게 극복할 수 있어 인적자원과 설비의 높은 이용률

② 고도의 기술과 경험을 적용하는 데서 오는 긍지, 일정하지 않은 작업속도에 따른 작업흐름에서의 상대적인 독립성 등에 의한 직무만족

③ 범용설비로 비교적 저렴하고 정비가 용이

공정별 배치의 단점으로는 다음과 같은 것들이 있다.

① 각 주문마다의 특별한 작업준비 및 공정처리 요건들의 필요성으로 인한 단위당 높은 생산원가
② 로트(lot) 생산시 대량의 재공품 재고
③ 다양한 제품의 형태, 크기 등에 따른 추가공간과 물량의 이동에 필요한 통로, 융통적인 운반장비의 필요성
④ 생산일정계획 및 통제의 복잡성
⑤ 비교적 긴 공정처리시간 및 낮은 설비이용률

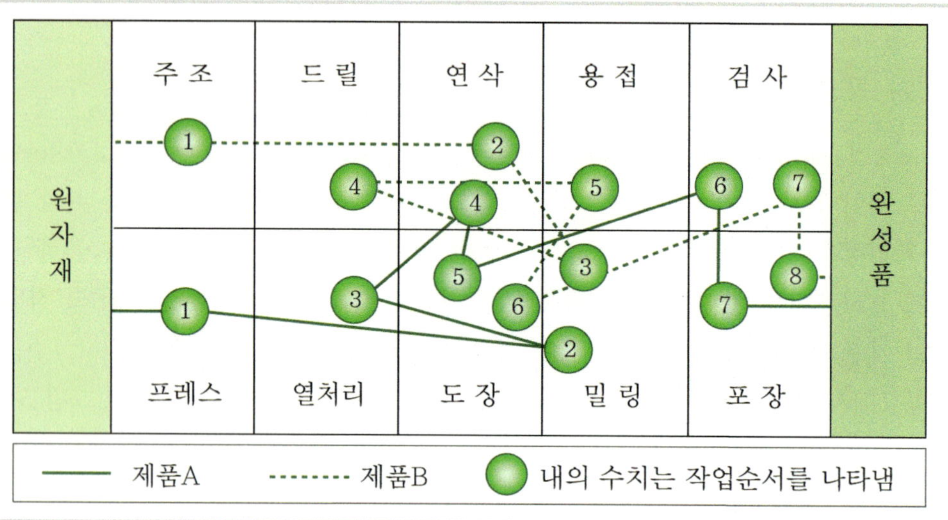

그림 5.9 공정별 배치

(3) 고정위치배치

고정위치배치는 대규모의 댐, 교량, 도로, 고층건물 등과 같이 생산대상물의 지리적 위치가 고정되어 있어 전혀 이동이 불가능한 경우는 물론, 대형 항공기, 선박 등의 경우는 생산단계에 따라 제품의 이동이 거의 불가능하여 고정된 위치에 놓이게 되는 것이다. 따라서 생산에 필요한 자재, 설비, 인력 등이 필요에 따라 위치가 고정되어 있는 생산대상물로 이동하게 된다. 마찬가지로, 제철소, 발전소, 또는 건물 등의 정비는 자원이 작업이 수행되어야 할 대상물로 이동하여야만 한다.

고정위치배치에 있어서의 중요한 문제는 생산활동 및 인적·물적 자원 조달을

위한 일정계획, 조정 및 통제에 있다. 이를 위한 기법으로는 PERT/ CPM(Program Evaluation & Review Technique/Critical Path Method)이 있다.

(4) 셀 배치

최근에는 배치를 변형한 집단관리기술배치(group technology layout)나, 제품의 모듈설계에 따른 모듈러 셀 배치(modular cell layout), 그리고 제품별 배치의 문제점을 완화시키기 위한 대안으로서 셀 생산방식 등의 형태도 나타나고 있다.

집단관리기술(group technology)이란 한정량 및 주문생산시스템의 공정별 배치에서 부품을 형상, 치수, 재질, 가공순서, 사용설비 등의 유사성이나 동질성에 따라 집단화하여 다품종소량생산에서 로트 크기를 대량화하고, 공정설계를 합리화하여, 각 집단 내에서 기계와 공구를 공동 사용하고, 준비시간, 공정간 이동거리 및 시간, 가공대기시간 등을 줄여줌으로써 원가절감, 회계책임 및 관리책임 증대, 품질향상, 생산성 향상, 직무만족 증대 등을 실현시킬 수 있는 생산기술과 관리기술의 복합적 체계를 말한다.

집단관리기술 배치(group technology layout)란 다품종소량 생산시스템에서 집단관리기법의 적용으로 공정흐름이 서로 동일하거나 유사한 부품을 집단화하여 이들의 생산을 위한 설비들을 일괄공정형태로 배치하는 것이다. 이렇게 함으로써 다품종소량 생산시스템에서 표준품 대량생산시스템의 제품별 배치가 갖는 이점을 누릴 수 있게 된다.

모듈러 셀 배치(modular cell layout)란 제품설계에서 모듈설계의 개념에 따라 제품의 부품들을 모듈화하고, 이들 모듈을 생산하기 위한 작업장을 각각 하나의 셀(cell)로 구성하여 배치한 것이다. 이는 집단관리기술배치에서의 집단화된 작업장과 유사하다. 모듈러 셀 배치는 제품별 배치의 변형이다. 대부분의 경우 하나의 셀에는 한 사람의 작업자가 셀 전체의 작업을 감당함으로써, 자신이 만든 모듈에 대한 책임의식 및 자긍심을 갖게 된다.

셀 생산방식(cellular manufacturing)이란 최초 공정에서 최종 공정까지를 한 사람 또는 소수의 작업자가 담당하여 완제품을 만들어내는 자기완결형 생산방식이다. 따라서 과거 제조공정의 상식이었던 컨베이어 라인에 의한 대량생산방식과는 전혀 다른 생산방식이다.

셀 생산방식의 특성은 다음과 같은 것들이 있다.

① 여러 명의 작업자가 컨베이어 라인의 흐름을 따라 세분화된 공정만을 수행하

는 기계설비 중심의 타율생산방식에서, 숙련된 작업자가 컨베이어 라인이 없는 셀 내에서 전체 공정을 담당하는 사람 중심의 자율생산방식으로의 변화이다.

② 라인 생산방식에서는 생산 기종이나 모델의 변경에 많은 준비시간이 걸리는 반면, 셀 생산방식에서는 각 셀이 별도로 서로 다른 기종이나 모델을 생산할 수 있어 다양한 고객의 욕구를 충족시키기에 적합하다.

③ 라인생산 체제에서는 여유 있을 때 많이 생산하여 재고로 쌓아두는 방식으로, 재고비용이 늘어나고 자금압박으로 이어지는 경우가 많다. 이러한 문제를 근본적으로 해결하기 위해서는 로트 중심의 생산에서 단위(낱개)생산으로 바뀌어야 하는데, 이것이 셀 생산방식의 궁극적인 목표인 '주문형 생산(Build-To-Order)' 체제이다.

④ 컨베이어 라인에서는 가장 능력이 부족한 작업자에 맞추어 라인의 속도가 정해지고 라인의 일부가 정체되거나 문제가 생기면 전체 공정에 영향을 미치기 때문에, 작업자 능력 활용상의 손실이 크다. 1인 셀 생산 방식에서는 이러한 능력 활용상의 로스가 완전히 없어진다.

⑤ 기존 라인에서는 작업자들이 세분화된 단일 공정만을 담당하기 때문에 자신이 얼마만큼 생산했는지를 알 수가 없어 일에 대한 만족감이나 성취감을 느끼기가 힘들다. 반면 셀 방식에서는 자기 완결형 생산 특성으로 인해 작업자들이 성취감이나 만족감을 얻기 쉬우며, 그것은 결국 품질 및 생산성 향상으로 연결될 수 있다.

셀 생산방식이 성공하기 위해서는 ① 셀 생산 방식의 적용이 적합한 제품인지 아닌지의 판단(예, 제품 구조상 고도의 정밀성이나 균일성을 요구하여 사람보다는 기계/설비의 비중이 큰 제품, 또는 너무 크거나 무거워서 작업자가 쉽게 다루기 어려운 제품에는 적용이 곤란하다), ② 작업자들이 쉽게 생산 작업을 수행할 수 있도록 지원 시스템 측면에서의 보완(예를 들면, 자재·부품의 표준화 구매 프로세스의 간소화 및 신속화, 실시간(realtime) 정보시스템 구축 등의 사전 정비가 있어야 한다), ③ 작업자들을 숙련된 다기능공으로 육성하고 작업 의욕과 성취감을 지속시킬 수 있는 인센티브 제도, ④ 자율경영의 사고 등이 요구된다. 셀 생산 방식에서는 리드 타임이 다르고 작업자의 의욕이나 능력 수준도 서로 다르다. 따라서 중앙에서 계획하고 통제하기 보다는 작업자들이 스스로 판단하고 작업할 수 있는 자율경영의 분위기가 조성되어야 한다.

연 습 문 제

1. 베버의 산업입지론에 대하여 설명하시오.

2. 베버의 공업입지론과 뢰쉬의 공업입지론의 차이에 대하여 설명하시오.

3. 다음 표를 이용하여 4개의 입지를 요인평가법에 의하여 평가하시오.

입지요인	가중치	점 수			
		가	나	다	라
부지 및 건축비용	0.10	C	B	A	B
운영비용	0.25	B	A	A	B
교통편의성	0.15	A	B	D	C
주차편의성	0.30	B	A	A	B
주변인구	0.20	A	C	D	B

(단 A=10, B=8, C=6, D=4, E=2 점으로 계산하시오.)

4. 어느 회사는 다음과 같은 두 개의 입지를 검토하고 있다.

(단위: 천원)

관련항목	입지 A	입지 B
단위당 변동비	2	1
고정비	15,000	35,000
단위당 판매가격	3	3

손익분기점분석을 통해 어느 입지가 유리한가를 검토하시오.

(1) 예상수요가 다같이 30,000단위라면 어느 입지가 유리한가?

(2) 입지 A의 예상수요는 40,000단위, 입지 B의 예상수요는 30,000단위라면 어느 입지가 더 유리한가?

5. 어느 부품회사는 A, B, C 3개의 공장에 부품을 납품하고 있다. 3개 공장의 위치와 연간 각 공장에 납품하는 부품의 양은 다음 표와 같다. 중심법을 이용하여 입지를 결정하시오.

공장	위치 :(x, y)	운송량(천개/년)
A	(30, 35)	5
B	(35, 45)	6
C	(50, 20)	4

6. 공정별 배치와 재품별 배치는 어떻게 다른지 설명하시오.

7. 집단관리기법(GT: group technology)의 개념은 무엇인가?

Chapter

06

품질관리

1. 품질관리
2. 품질경영
3. 통계적 품질관리
4. 품질 및 성능 향상을 위한 도구

제품의 종류가 점점 다양해지고 그 기능이 복잡해짐에 따라 품질에 대한 요구가 높아지고 있다. 쥬란(J. M. Juran)은 품질을 용도에 대한 적합성으로 정의하였다. 그는 제품의 필수적 요건은 그 제품을 사용하는 사람들의 요구를 충족시키는 것이므로 용도에 대한 적합성의 개념을 모든 제품 내지 서비스에 적용할 수 있다고 주장하였다. 한편 Crosby는 품질을 요구조건과의 일치성이라 하였고, Deming은 현재와 미래의 고객요구조건에 대한 충족도라고 하였다. 그리고 ISO 8402에는 '명시된 요구사항을 어느 정도 만족시켜 주는가를 나타내는 제품이나 서비스의 총체적 성능'이라고 규정하였으며, 우리나라의 공업규격인 KSA3001에서는 품질을 '물품 또는 서비스가 사용 목적을 만족시키고 있는지의 여부를 결정하기 위한 평가의 대상이 되는 고유의 성질·성능의 전체'로 정의하고 있다.

따라서 품질이란 제품의 유용성을 정하는 성질 또는 제품이 그 사용 목적을 수행하기 위하여 갖추고 있어야 할 성질을 말하며, 이것은 여러 가지 품질 특성의 집합에 의하여 이루어진다. 또한 품질은 제품 또는 서비스가 사용목적을 만족시키고 있는가를 결정하기 위하여 평가대상이 되는 고유의 성질 및 성능의 전체라고 할 수 있다.

품질에는 절대적 품질과 상대적 품질이 있으나 품질관리에서 일반적으로 다루는 품질은 품질의 절대 우량만을 구하는 절대적 의미에서의 품질이 아닌 소비자의 조건에 적합한 상대적 품질이다.

1. 품질관리

품질은 경쟁력에 있어 가장 중요한 요소 중 하나이며 시장점유율과 수익성을 높이는 데 결정적인 역할을 한다. 많은 기업이 경쟁력 제고를 위해 품질개선에 혼신의 노력을 기울이고 있으나 만족스러운 성과를 얻지 못하는 경우가 많다. 이는 품질향상의 근본이 무엇이며 품질개선의 도구와 방법을 확실히 이해하지 못한 채 품질개선 프로그램을 시행하기 때문이다.

일본 기업의 성공의 근간이 되는 전사적 품질경영(total quality management: TQM)은 품질향상을 위한 단순한 도구나 기법이 아니라 최고경영층의 적극적인 지원 아래 기업문화의 변화까지 포함하는 광범위한 경영철학이다.

TQM의 세 가지 기본 개념은 다음과 같다.

① **고객초점(customer focus)** : 품질은 고객이 평가하며 고객에 만족을 주는 제품과 서비스를 제공해야 한다. 즉, 모든 경영과 품질제고의 초점은 고객에 맞추어져야 한다.

② **지속적인 개선(continuous improvement)** : 제품과 서비스의 품질은 1회성 노력에 의해 비약적으로 개선될 수 있는 것이 아니다. 상품기획, 설계 및 개발, 생산, 구매 등의 전 과정에 대해 지속적인 개선이 시행되어야만 품질의 향상이 이루어진다.

③ **전원참여(total participation)** : 품질개선은 품질관리부서만의 책임과 직무가 아니다. 조직의 최고경영자부터 경영일선의 직원까지 전 구성원이 품질의 중요성을 인식하고 품질개선을 위해 노력하여야 한다.

1.1 TQM의 역사

1) 품질관리 중요성의 대두

전 세계의 기업이 품질관리의 중요성을 인식하게 된 것은 일본기업 특히 도요타를 비롯한 일본 완성차메이커가 1970년대 말부터 타의 추종을 불허하는 최고품질의 자동차로 미국 시장에서 확고한 위치를 굳히기 시작하면서부터이다. 사실 품질관리의 이론적 틀은 미국의 학자에 의해 정립되었다. 그러나 1980년대까지 미국기업은 품질관리의 이론을 기업에 정착하는 데 소홀하였다. 반면 일본 기업은 미국의 품질관리 이론을 적극적으로 도입하였다. 또 품질관리이론을 자신의 독특한 문화적 특성에 접목하여 세계 최고의 품질수준을 이룩하는 데 성공하였다.

2) 품질관리개념의 발전

1951년 쥬란(Joseph Juran)은 품질관리분야에 있어서 가장 중요한 저서로 알려진 “품질관리 핸드북”을 출간하였다. 이 책에서 쥬란은 품질과 관련된 비용을 두 가지로 분류하였다.

하나는 회피가능비용(avoidable costs)으로써 결점, 불량, 재작업, 수선에서 발생하는 비용으로 쥬란은 이 비용을 실패비용(failure costs)이라고 명명하고 기업이 품질개선에 투자하면 이 비용의 발생을 억제할 수 있다고 하였다. 또 다른 비용은 회피불가능비용(unavoidable costs)이며, 검사, 샘플링 등과 같이 불량방지를 위한 노력에서 발생하는 비용이다.

주란은 또 이 책을 통해 기업의 경영자가 품질개선을 위해 얼마를 투자할 것인가에 대한 답을 제공하였다. 즉, 실패비용은 품질개선을 통해 절감할 수 있는 비용이므로 경영자는 적어도 실패비용에 해당하는 비용을 품질개선을 위해 사용할 수 있다고 제안하였다.

1956년에는 파이겐바움(Armand Feigenbaum)은 주란의 개념을 한층 더 발전시켜 전사적 품질관리(total quality control: TQC)를 제시하였다. 파이겐바움은 기업이 고품질 제품을 생산 못하는 원인은 특정 부서 혼자 품질개선을 추구하기 때문이라고 주장하였다. 파이겐바움의 TQC개념은 부서간의 협조를 중시한다. 즉, 품질을 품질부서에서만 개선하고자 하는 것이 아니라 설계개발부, 생산부, 구매부, 영업부의 담당직원으로 구성된 "부서간 팀"을 편성하여 품질개선을 추구하는 것이다. 파이겐바움은 품질개선은 모든 부서의 공동노력으로 가능하다고 주장한 것이다.

일본의 품질관리는 오랜 문화적 전통에서 비롯된 것이라고 보인다. 일본이 현재와 같은 품질수준을 이룩할 수 있었다는 것은 데밍(W. Edwards Deming)의 덕이라고 하는 것은 너무 단순한 논리이다. 데밍이 통계적 품질관리를 일본의 경영자에게 가르쳐 준 것은 사실이나, 일본 기업은 이미 세계적 수준의 제품을 만들 수 있는 능력을 보유하고 있었다는 사실을 간과해서는 안 된다. 데밍의 기여는 일본인이 보유하고 있는 장인의 능력을 통계적으로 관리할 수 있도록 한 것이다. 일본 품질관리의 특성은 다음과 같다.

첫째, 카이젠(改善)이라고 하는 지속적인 개선이다.

둘째, 일본의 상인정신인 고객을 위해선 무엇이든지 하는 것이다. 즉, 모든 수단을 동원하여 고객의 만족을 끊임없이 추구하는 것이다.

셋째, 개인보다 그룹을 중시하는 일본 문화특성을 살린 문제해결방식의 도입이다.

이시카와 교수는 현장에서 근무하는 실무자를 중심으로 분임조를 만들고 이들을 중심으로 품질문제를 해결하는 소위 품질분임조(quality control circle: QCC)의 결성을 제시하였다.

현재 우리가 사용하고 있는 전사적 품질경영(Total Quality Management)은 파이겐바움의 개념에서 출발한 것이며 이를 발전시켜 고객중심의 개념과 일본 품질관리의 특성인 지속적 개선을 추가한 것이다. TQC에서 TQM으로 용어가 변경된 것은 좁은 의미의 통제(control)를 관리(management)로 변경된 것이다.

1.2 품질의 개념

1) 품질의 정의

품질이라는 용어를 많은 사람이 자주 사용하기는 하나 품질에 관한 공통적인 정의를 내리기는 매우 어렵다. 가빈(David A. Garvin)은 품질의 여러 가지 정의를 다음과 같이 정의하였다.

(1) 초월적 의미의 품질

예술품의 경우, 객관적이며 구체적인 조건을 충족해야만 고품질로 인정되는 것은 아니다. 어떤 예술품에 대해 많은 사람들이 감정적으로 탁월성을 인정할 때, 이 예술품은 초월적 의미의 품질을 지니고 있다.

(2) 제품중심적 품질

초월적 의미의 품질과는 달리 객관화되고 측정가능한 기준에 의해 품질을 평가할 수 있는 경우이다. 이 경우, 품질의 차이는 곧 제품간 속성의 차이를 의미한다.

(3) 사용자중심적 품질

품질은 사용자가 평가한다는 것이다. 고객은 각자가 다른 욕구를 지니고 있으며 고객의 독특한 욕구를 충족하는 제품이 좋은 품질의 제품이라는 것이다.

(4) 생산중심적 품질

제품의 품질은 설계사양의 충족 정도에 의해 결정된다는 정의이다. 이 정의는 생산과정에서 설계규격에 맞는 제품이 제조되어야 적정한 품질수준이 성취된다는 것으로 매우 생산중심적인 품질개념이다.

2) 품질의 분석

(1) 가빈의 품질 요소

가빈에 의하면 기업이 품질 면에서 전략적 우위를 점할 수 있는 요소는 여덟 가지가 있다. 기업은 이 여덟 가지 중 어떠한 특성에 중점을 둘 것인가를 결정하여 전략적으로 활용해야 한다. 그는 품질의 여덟 가지 요소를 다음과 같이 정의하였다.

① **성능(performance)** : 제품기능이 수행되는 특성을 나타내며 예컨대, 자동차의 경우 최대속도, 가속력, 안전성 등이며, 서비스업에서는 항공기의 정시도착율 등이다.

② **특성(feature)** : 성능의 부차적인 것으로 자동차의 경우 에어백, 항공회사의 기내무료음료 등이 이에 해당된다. 물론 성능과 특성을 완전히 구분하는 것이 어려울 때도 많다.

③ **신뢰성(reliability)** : 특정 기간 동안 제품이 고장 나지 않을 확률이다.

④ **일치성(conformance)** : 제품/부품이 사양서의 규격과 일치하는 정도이다. 일치성은 쥬란이 중시하던 요소이다.

⑤ **내구성(durability)** : 제품이 고장 나서 폐기되는 기간까지를 의미한다.

⑥ **서비스의 편의성(serviceability)** : 제품이 고장 났을 때 수리기간, 수리하는 사람의 친절도와 능력과 관련이 있다.

⑦ **심미성(aesthetics)** : 사용자가 외양, 질감, 색채, 소리, 맛 등 제품의 외형에 대해 반응을 나타내는 주관적인 차원이다. 이 차원은 개인에 따라 판단기준이 다를 뿐 아니라 유행에 따라 변화한다.

⑧ **인지된 품질(perceived quality)** : 주관적 차원으로, 소비자는 제품/서비스에 대해 완전한 정보를 갖고 있지 못하므로 광고, 상표, 명성 등 간접적 정보에 기초하여 품질을 지각한다.

(2) 서비스 품질 요소

가빈에 의해 제시된 이와 같은 여덟 가지 차원은 제품의 품질과 관련되어 있으며 서비스에 직접 적용할 수 없다. 파라슈라만 등(Parasuraman, Zeithaml, Berry: PZB)은 서비스의 품질을 결정짓는 다섯 가지 주요 요소를 상대적 중요성에 따라 다음과 같이 제시하였다.

① **신뢰성(reliability)** : 고객의 기대에 지속적으로 신뢰성을 갖고 정확하게 부응하는 능력이다. 예를 들어 고객이 맥도날드 가게에 갈 때 갖는 기대는 주문을 하면 바로 나올 것, 환경이 깨끗할 것, 주문받는 직원이 예의바를 것 등이다.

② **응답성(responsiveness)** : 자진해서 고객을 돕고 신속한 서비스를 제공하려는 의지로서, 자동차 사고시 신속한 보험처리 등을 예로 들 수 있다.

③ **보증성(assurance)** : 서비스 제공자가 자신의 능력수준이 보증되어 있다는 것을 고객에게 알리고 서비스를 제공하는 능력을 말한다. 의사나 법률가와

같은 전문가들은 사무실 벽에 학위증서 등을 진열하며 좋은 건물에 사무실을 가지고 있다.

④ **감정이입(empathy)** : 고객과의 의사소통을 통해 고객의 요구를 이해하고 고객에 대한 개별적인 배려, 주의를 뜻한다. 은행직원은 고객의 질문에 항상 웃으면서 대답하도록 훈련을 받는다.

⑤ **유형성(tangibility)** : 물리적인 시설, 설비, 직원의 복장과 같이 외관적인 측면에서 고급화를 추구하는 것이다. 예를 들어 호텔, 보험회사, 은행의 직원은 항시 직무환경을 최고의 상태로 유지하며 복장도 고객에게 고급이미지를 심어 주도록 하고 있다.

1.3 품질관리의 정의

품질관리란 '수요자의 요구에 맞는 품질의 제품을 경제적으로 만들어 내기 위한 모든 수단의 체계이다. 근대적인 품질관리는 통계적인 수단을 채택하고 있으므로 특히 통계적 품질관리(statistical quality control)라고 부른다'(KSA 3001).

1) 통계적 품질관리(SQC: Statistical Quality Control)

통계적 품질관리란 가장 유용하고, 더욱 시장성이 있는 제품을 가장 경제적으로 생산하기 위하여, 생산의 모든 단계에 통계적 원리와 수법을 응용하는 것이다.

2) 종합적 품질관리(TQC: Total Quality Control)

종합적 품질관리란 소비자가 충분히 만족할 만한 제품의 품질을 가장 경제적인 수준으로 생산할 수 있도록 사내의 각 부분이 품질의 개발, 품질의 유지 및 개선에 노력을 조정, 통합하는 효과적인 체계이다.

1.4 품질비용

1) 품질비용의 정의

품질비용은 좋은 제품과 서비스를 만드는 데 사용된 모든 비용이다. 여기에는 예방비용, 평가비용, 내부 실패비용, 외부 실패비용, 고객의 요구를 초과하여 충족시켜 주기 위한 비용, 그리고 상실한 기회의 비용 등이 포함된다. 이러한 비용을 다 합치면 대개 회사 수입의 20% 내지 30% 정도나 된다. 따라서 품질비용을 줄이는 것이 품질경영(TQM)의 가장 핵심적인 개념이라고 할 수 있다.

2) 품질비용의 구성

품질비용은 품질을 달성하기 위해 지출되는 적합품질비용(conformance costs)과 나쁜 품질에 의해 발생되는 비적합품질비용(nonconformance costs) 또는 실패비용(failure costs)로 구분된다. 적합비용은 다시 예방비용과 평가비용으로 구분되며, 비적합비용은 내적실패비용과 외적실패비용으로 구분된다. 〈표 6.1〉은 품질비용의 구성을 요약해 놓은 것이다.

표 6.1 품질비용의 구성

분 류		내 용	내 역
예방비용		계획, 훈련, 설계 및 분석과 같이 예방활동에 관련된 비용	품질계획, 신제품검사, 공정관리, 품질감사, 공급자 품질평가, 교육훈련
평가비용		수입검사, 감사, 확인, 점검 및 최종검사 등과 같이 평가와 검사에 관련된 비용	수입검사 및 시험, 공정검사 및 시험, 최종검사 및 시험, 제품 품질평가, 시험설비의 정도관리, 검사재료 및 부대서비스, 보유품의 품질평가
실패비용	사내실패	고객에게 전달되기 이전의 재작업과 수리	폐기, 재작업, 고장해석, 전수선별, 재검사 및 재시험, 과다한 공정평균설정, 품질등급저하
	사외실패	고객에게 전달된 후의 수리, 교환, 환불	보증이행 부담, 리콜, 고객 불평처리, 반품처리, 불량감안 여유분

① 예방비용(preventive cost, P-cost)

예방비용은 P-cost라고도 하며, 기업이 고객에게 제공하는 제품과 서비스에서 불량품이 발생하지 않도록 예방하는 일체의 비용을 말한다. 예방비용은 불량의 원인을 분석하고, 그 원인을 제거하기 위하여 필요한 비용으로써, 제품을 실제로 생산하기 이전에 발생하는 비용이다. 그래서 대개 예방비용은 제품설계단계나 공정개발단계에서 발생한다. 예컨대 불량품질이 발생하지 않도록 하기 위한 품질계획, 품질교육, 품질자료의 수집, 생산 검토, 훈련, 신제품설계의 검토 등과 관련하여 소요되는 비용이 여기에 포함된다.

예방비용은 점차로 그 중요성이 증가하고 있다. 이것은 일본 제품의 경쟁력 강화에 그 영향이 있다. 일본 제품이 높은 수준의 품질을 유지하는 데에는 여러 가지 이유들이 있지만, 그 중 한 가지는 바로 일본 기업들의 예방비용에 대한 강렬한 관심이다. 또 불량품을 사전에 방지하는 것이 품질비용을 가장 적게 하는 최선의 방법이라고 일본 기업들은 굳게 믿고 있다. 그래서 지속적으로 불량의 원인을 파악하고, 제거하여 불량의 원인을 사전에 방지한다.

② 평가비용(appraisal cost, A-cost)

평가비용은 제품의 품질특성이 미리 정한 기술적인 품질규격에 적합한지를 측정 및 평가하는 비용으로, A-cost라고도 부른다. 원자재에서 완제품에 이르는 전 과정에서 불량품 발생을 방지하기 위하여 소요되는 비용으로 원자재의 수입검사, 공정검사, 완제품검사, 품질연구실 운영 등 품질에 대한 평가 활동에 소요된 비용이다. 평가비용은 소비자에게 제품을 판매하기 이전에 발생하는 비용이다.

③ 실패비용(failure cost, F-cost)

실패비용은 일명 F-cost라고도 하며, 제품의 품질이 표준규격에 미달되어 발생하는 비용이다. 예컨대 소정의 품질을 유지하는데 실패하였기 때문에 발생한 불량제품, 불량원자재에 의한 손실비용, 클레임 처리비용, 설계 잘못으로 인한 추가비용 등이다.

실패비용은 공정 중에 또는 제품이 고객에게 판매된 후에 발생하며, 대부분의 제조업체에 있어서 품질비용중 가장 많은 비중을 차지하고 있다. 대개는 품질 총비용의 70% 이상을 차지하고 있다. 그러나 실패비용이 관심을 많이 받지 못하고 있는 이유는 실패비용을 측정하기가 쉽지 않기 때문이다.

실패비용은 내적실패비용(internal failure cost)과 외적실패비용(external failure cost)으로 구분되는데 내적실패비용에는 기계고장시간, 품질불량, 재작업이나 스크랩 등과 같은 항목이 포함된다. 외적실패비용에는 반품이나 반환, 보증비용, 고객 불만족이나 시장상실에 의한 잠재비용 등이 포함된다.

2. 품질경영

WTO 체제하의 무한경쟁 시대에 국가 경쟁력을 확보하기 위해서는 기업들이 무엇보다도 기술 개발과 품질 혁신을 통한 고부가가치, 고품질의 제품과 서비스를 창출해야 한다. 고객의 요구가 더욱 다양화, 개성화, 고급화, 감성화 되어가고 있는 공급 과잉시대에는 고객이 구매 판단 기준으로 품질을 중요시함에 따라 품질 수준도 점점 높아지고 있다. 따라서 품질을 가장 중요시하는 품질의 시대를 맞아 보다 더 효과적이고 체계적인 품질경영 체제를 구축해야 한다.

ISO 8402에선 품질경영(quality management)을 "최고 경영자에 의해 공식적으로 표명된 품질에 관한 조직의 전반적인 의도 및 방향과 목표 및 책임을 결정하고 또한 품질 시스템 내에서 품질계획, 품질관리, 품질보증 및 품질개선과 같은 수단에 의해 이들을 수행하는 전반적인 경영기능의 모든 활동이다." 라고 정의한다.

2.1 ISO의 역사적 배경

ISO 9000의 탄생배경은 국가별로 다른 품질보증 규격을 국제적으로 통일하여 국제 통상의 편리함을 도모하자는 데 있다.

최초의 품질보증시스템에 대한 규정은 미국 국방성의 MIL-Q-9858이 1959년에 제정된 것이 시초라 할 수 있다. 당시 미국에서는 군수품의 높은 신뢰성, 품질보증이 문제시 되는 무기, 항공기, 잠수함 등을 구매하는데, 품질 유지에 어려움이 있어 이를 해결하기 위하여, 사전에 제도적으로 불량을 예방할 수 있는 방안을 강구한 것이 MIL-Q-9858을 제정한 배경이다.

미국은 이 규칙을 나토 회원국에 전파하였고, 그 후 각국이 이를 국가별로 품질시스템 규격으로 제정하여, 산업에 활용하게 되었다. 이후 각국의 산업별 활용내용이 다소 상이하여, 이를 통일하여 산업별 단일 규격을 제정할 필요성이 제기되었다. 영국이 1987년 BS 5750을 정하여, 이를 근간으로 캐나다와 협력하여, 국제표준화기구(ISO: International Organization for Standardization)[1] 기술 위원회(ISO/TC176)에

---

1) ISO(International Organization for Standardization, 국제표준화기구)는 재화 및 서비스와 관련된 제반설비와 활동의 표준화를 통하여 국제 교역을 촉진하고 지적, 학문적, 기술적, 경제적 활동 분야에서의 협력증진을 하기 위한 목적으로 1947년에 창설된 국제기구이다. 이러한 목적을 위하여 ISO는 표준 및 관련활동의 세계적 조화를 촉진하고, 국제규격을 개발·발행하며, 회원기관과 관련 국제기구와의 협력을 도모한다. ISO에 회원 자격으로 참가하여 국제 표준을 제정하는

서 1987년에 회원국의 동의를 얻어 품질 경영 및 품질 보증규격을 국제규격으로 제정하게 되었다.

그 후 1994년 개정판이 적용되어 왔고, 다시 2000년에 ISO 9001:2000년판이 발행되었다. 이 2000년판에는 기존의 ISO 9001, ISO 9002, ISO 9003이 모두 ISO 9001로 통합 되었을 뿐만 아니라, ISO 14000(환경 경영 시스템)과 호환성이 있도록 개발되었다. 이 규격은 제조업, 건설업, 서비스업뿐만 아니라, 학교 및 지방 자치 단체와 같은 공공 서비스 분야에 이르기까지 모든 산업 분야에 걸쳐 모든 규모의 조직에 적용될 수 있다.

현재 미국, 일본 등 전 세계 60여개국과 유럽연합(EU) 등에서 국가규격으로 채택하고 있다. 이에 따라 EU회원국과 자유무역연합 회원국 등 유럽시장에서, 상품을 교역하려면 ISO 9000 인증획득을 받아야 한다. 우리나라의 경우는 ISO 9000시리즈를 1992년 KS 9000 시리즈로 채택하였다.

국내외 기업환경은 급변하고 있으며, 국가 간, 기업 간, 가격 및 비가격 경쟁이 치열해지고 있고, 품질문제가 새로운 기업전략 수단으로서 추진되고 있는 추세이다. 이제 품질경영은 기업의 전략적 차원에서, 최고 경영자를 중심으로, 전 종업원이 적극적으로 참여하여 경쟁력 강화와 품질의 새로운 개혁의 수단으로, 전 산업에서 확산되고 있는 추세이다.

2.2 ISO 9000의 변천

1) ISO 9000의 등장

ISO 9000(Quality Management and Quality Assurance Standards - Guideline for selection and use)은 품질경영 및 품질보증의 규격의 선택 및 사용의 지침에 대해서 안내하고 있으며, 이는 내부품질경영의 목적(ISO 9004)과 외부품질 보증의 목적(ISO 9001, ISO 9002, ISO 9003)에 관한 국제규격을 채택하고 사용하기 위한 지침이다.

ISO 9000에서는 품질시스템에 관한 국제규격의 "선택 및 사용지침"인 ISO 9000, 품질 경영을 목적으로 하는 "품질경영 및 품질시스템의 소요지침"인 ISO 9004, 그

세계 각국의 회원들은 대부분 각국의 표준화와 관련된 업무를 담당하고 있는 정부기관이나 협회들로 구성되어 있으며, 이들의 협의를 통해 제정된 국제 표준은 각국의 실정에 맞게 수정하거나 번역되어 국가 표준으로 사용되고 있다.

리고 계약을 목적으로 하는 외부품질보증규격인 ISO 9001, ISO 9002, ISO 9003으로 분류하고 있다.

- **ISO 9001 – 제품 설계, 개발, 생산, 설치 및 서비스에 있어서의 품질보증 모델** : ISO 9001 요건 4.1항부터 4.20항까지 모두 포함되며 설계, 개발, 생산, 설치, 서비스 등을 수행하는 조직에 해당하는 규격이다. 제품의 연구, 개발, 설계, 제조, 설치, 서비스 제공 등의 기업의 모든 경영활동을 수행하는 조직 또는 기업에 해당된다.
- **ISO 9002 – 제품의 생산, 설치 및 서비스에 있어서의 품질보증 모델** : ISO 9001요건 4.4항을 제외한 나머지 요건들이 이 규격에 포함되며, 설계 및 개발을 제외한 제반 경영활동을 수행하는 조직에 해당하는 규격이다.
- **ISO 9003 – 최종 검사 및 시험에 있어서의 품질보증 모델** : ISO 9001 요건 4.4항, 4.6항, 4.9항, 4.19항을 제외한 나머지 요건들이 포함되며 검사 및 시험업무만을 대상으로 하기 때문에 이에 해당하는 조직은 극소수이다.

1. 고객중심 : 조직의 존재이유는 고객에 있다.
2. 리더십 : 리더는 조직의 목적과 방향의 일관성을 확립한다.
3. 전원참여 : 모든 계층의 구성원들이 조직의 필수요소이다.
4. 프로세스 접근법 : 관련된 자원 및 활동이 하나의 프로세스로 관리될 때 바라는 결과를 보다 효율적으로 달성할 수 있다.
5. 경영에 대한 시스템적 접근법 : 조직목표의 효과적·능률적 달성을 위해서는 상호 연관된 프로세스를 하나의 시스템으로 파악하고 이해하며 관리하여야 한다.
6. 지속적 개선 : 조직의 총체적 성과를 위한 지속적 개선은 조직의 목표가 되어야 한다.
7. 의사결정의 사실적 접근법 : 효과적인 의사결정은 자료 및 정보에 근거를 두어야 한다.
8. 호혜적 공급자 관계 : 조직 및 조직의 공급자는 상호 의존적이며, 상호 호혜적 관계는 가치창조를 위한 쌍방 모두의 능력을 증진시킨다.

2) ISO 9000 : 2000 개정

국제인정포럼(IAF) 및 국제표준화기구(ISO)는 품질경영시스템분야에서 세계적으로 가장 널리 사용되고 있는 기준의 최신버전인 ISO 9001:2008 인증의 전환을 위한 이행 계획에 동의하였다.

ISO 9001:2000 인증의 유효성은 ISO 9001:2008 공표 후 1년 동안에 ISO 9001:2008로 전환(최초 또는 갱신)되어야 한다. ISO에 의해 ISO 9001:2008 공표 후 24개월 후 기존에 ISO 9001:2000에 의해 발행된 인증은 효력을 잃는다. 이에 따라 한국산업규격(KS)이 개정 공고(2009년 1월 21일) 되었다.

3) ISO 9000의 구성

(1) ISO 9000

품질보증에 관한 국제표준으로 제품자체에 대한 품질을 보증하기 보다는 제품의 생산과정 등의 공정에 대한 신뢰성 여부를 판단하기 위한 기준으로 국제표준화기구인 ISO(Organization for International Standardization)에 의해 규정된 ISO 9000은 공산품은 물론 소프트웨어, 서비스 등의 전체산업에 적용될 수 있는 범용적인 규정이다.

ISO 9000은 ISO가 1987년에 채택한 국제품질표준규격으로서 현재 전 세계적으로 우리나라를 포함한 100여개 국가에서 국제거래의 품질표준 및 인증제도로서 도입하고 있다. ISO 9000은 품질시스템 인증규격인 ISO 9001, ISO 9002, ISO 9003과 사용지침인 ISO 9000 및 ISO 9004로 구성되어 있다.

ISO 9001은 공급자가 설계/개발, 생산, 설치 및 서비스의 전 과정에 대해 품질적합성을 보증할 때 사용되는 품질보증모형이다. 따라서 ISO 9001은 설계/개발, 제조, 설치 및 서비스 등을 모두 포함하고 있는 사업장에 적용된다.

ISO 9002는 공급자가 구매, 생산 및 설치에 대한 품질적합성을 보증할 때 사용되는 품질보증모형이다. 따라서 ISO 9002는 이미 만들어져 있는 디자인 또는 사양으로 생산하고 있는 사업장이나 기본 설계는 외부에서 도입하고 OEM방식의 생산형태를 취하고 있는 사업장에 적용된다.

ISO 9003은 공급자가 단지 최종검사 및 시험에 대해서만 품질적합성을 보증할 때 사용되는 품질보증모형으로, ISO 9003은 시험·검사만으로 품질을 확인할 수 있는 경우와 대부분의 부품을 외부로부터 공급받아 단순조립만 하거나 생산공정이 거의 자동화된 사업장에 적용된다.

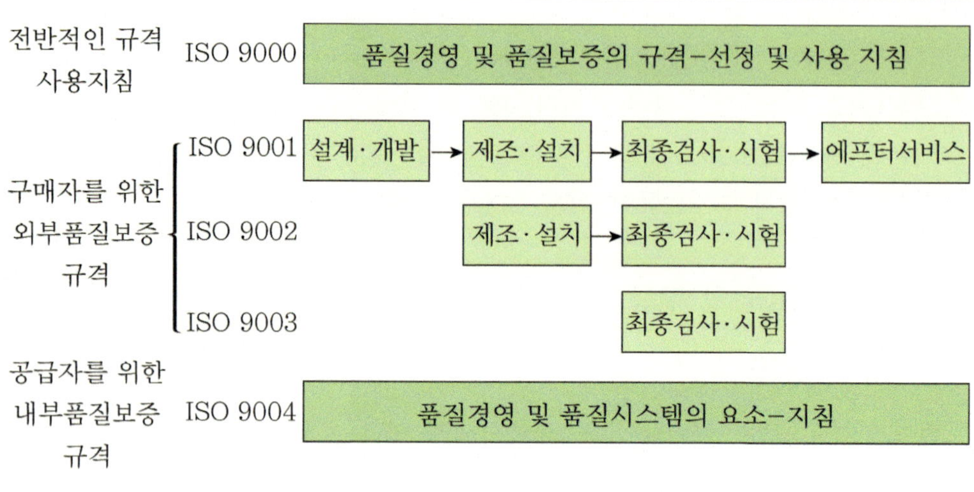

그림 6.1 ISO 9000 시리즈

생산흐름상에서 ISO 9001, 9002, 9003의 적용범위를 살펴보면 [그림 6.1]과 같다. 이 그림에서 보면 ISO 9001이 품질보증의 대상범위가 가장 넓다. 하지만 모든 기업이 ISO 9001 인증이 필요한 것은 아니며, 기업의 활동영역에 따라 ISO 9002 또는 ISO 9003 인증을 취득할 수도 있다.

한편 ISO 9000은 품질경영 및 품질보증표준의 선택 및 사용지침으로서 ISO 9001~9004의 선별사용에 대해 해설하고 있으며, 내부 및 외부 품질보증의 목적에 따라 품질시스템의 규격을 선택하고 사용하기 위한 지침을 부여한다. ISO 9004는 공급자의 품질경영 및 품질시스템의 요소에 관한 지침을 포함하고 있다. 즉, 공급자가 품질경영을 위해 품질시스템을 구축하고 실시하는 데 있어 기본이 되는 요소들을 지침으로 제시하고 있다.

이를 요약하면 ISO 9000은 ISO 9000을 적용할 때 길잡이 역할을 하는 지침을 제시하고 있고, ISO 9001, ISO 9002, ISO 9003은 구매자를 위한 품질보증구격들을 제시하는 것으로서 외부 품질보증규격이라고 볼 수 있으며, ISO 9004는 공급자를 위한 규격으로서 내부 품질보증규격이라고 볼 수 있다.

(2) 5S의 정의

5S는 정리(seiri)·정돈(seiton)·청소(seisoh)·청결(seiketsu)·습관화(shitsuke)를 의미하는 일본어를 영어로 표기했을 때의 첫 글자 'S'를 따서 만든 표현이다. 5S의

개념은 현장과 작업 속에 숨어 있는 낭비를 철저히 제거함으로써 현장의 생산효율을 높임과 동시에 현장에 개선의식을 정착시켜 현장의 활성화를 가져오게 하는 것이다. 이러한 낭비 제거의식은 환전한 품질의 제품을 만들자는 기업의 목표를 달성하는 데 중요한 기본이 되는 것이다.

① **정리(整理)** : 필요·불필요를 구분해서 불필요한 것은 과감히 버리는 일
② **정돈(整頓)** : 정리한 다음 필요할 때 누구라도 쉽고 편리하게 사용할 수 있는 상태로 명시하여 보관하는 일
③ **청소(淸掃)** : 현장·설비의 먼지, 더러움, 이물 등을 제거하여 깨끗하게 만드는 일
④ **청결(淸潔)** : 정리·정돈·청소 상태를 유지하여 위생적인 현장을 만드는 일
⑤ **습관화** : 정리·정돈·청소·청결을 생활화하는 일

3. 통계적 품질관리

통계적 품질관리는 크게 두 가지로 나누어 볼 수 있다. 하나는 샘플링검사이고 다른 하나는 관리도이다. 샘플링검사가 표본을 추출해서 생산제품의 합격 여부를 결정하는 것이라면, 관리도는 공정에 이상이 있는지의 여부를 파악하려는 것이다.

통계적 품질관리는 또한 계량적(variable)인 것과 계수적(attribute)인 것의 두 가지로 나누어 볼 수 있다. 계량적인 것은 직경, 길이, 무게 등 연속적인 값을 측정하는 것이고, 계수적인 것은 적합 또는 부적합과 같이 두 개의 값 중 하나를 취하는 변수를 측정하는 것이다.

3.1 품질검사

품질검사는 생산/서비스 프로세스가 제대로의 기능을 수행하고 있는지, 수입원자재나 완제품에 불량품이 일정한 비율 이상으로 포함되어 있는지를 결정하기 위해 필요하다. 품질검사를 위해 결정해야 할 내용으로 검사시점, 검사의 측정치, 검사의 크기, 검사장소, 검사자를 들 수 있다.

1) 검사시점

공정의 어느 시점에서 검사가 이루어져야 최대의 효과를 얻을 수 있을지 하는 것은 중요하다. 제조업의 경우 검사 시점은 다음과 같다.

① **수입검사** : 원자재, 부품 등을 구입할 때, 이들이 정해진 규격에 일치하는지를 결정하기 위하여 실시하는 검사로서, 이는 불량품을 판매자에 반품하고 양품만 받아들이기 위해 필요한 과정이다.

② **공정내 검사** : 재공품의 변환과정에서 거치는 각 단계마다 현재의 재공품이 후속공정에서 사용되어도 좋은지를 검사하는 것이다. 공정 내 검사는 몇 개의 검사장소를 어디에 설치할 것인가와 검사시 100% 전수검사를 할 것인지 또는 샘플링검사를 할 것인지를 결정해야 한다.

③ **완제품검사** : 완제품이 생산되면 외관상 혹은 기능상 갖추어야 할 표준을 만족시키고 있는지를 검사하여야 한다. 만약 불량품으로 판정이 되면 그 원인을 발견하고 공정개선조치를 취해야 하며, 불량품에 대해서는 폐기처분을 하든지 아니면 재작업을 하도록 해야 한다.

2) 검사의 측정치

검사시 사용되는 측정치의 형태는 계량적인 것과 계수적인 것이 있다. 계량적인 것은 직경, 길이, 무게 등 연속적인 값을 측정하는 것이고, 계수적인 것은 적합 또는 부적합과 같이 두 개의 값 중 하나를 취하는 변수를 측정하는 것이다.

3) 검사의 크기

검사의 대상으로 모집단 전체를 하느냐, 또는 그의 일부분인 표본으로 하느냐 하는 것은 비용과 시간 등을 고려하여 결정한다.

① **전수검사** : 모집단 전체를 검사대상으로 하기 때문에 100% 검사라고도 한다. 만일 검사비용이 검사하지 않고 불량품을 통과시킴으로써 발생하는 비용보다 작으면 전수검사를 하여 불량품을 철저히 제거하여야 한다.

② **샘플링검사** : 로트별로 표본을 추출하여 검사한 후 로트의 합격, 불합격 여부를 판정하는 방법이다.

4) 검사장소

검사가 행해지는 장소에 따라 현장검사와 실험실검사가 있다.

① **현장검사** : 제조되는 현장에서 검사가 행해지는 방법으로서, 예컨대 선박의 경우 균열여부를 검사할 때는 현장에서 행해진다.

② **실험실검사(lab test)** : 특수 장비나 기구를 갖춘 실험실에서 제품을 검사하는 방법이다. 의약품이나 식품의 경우에 주로 이 방법을 사용한다.

3.2 샘플링검사

모집단(population)으로부터 샘플을 발취하는 것을 샘플링(sampling)이라고 하고 추출된 샘플을 갖고 모집단의 특성을 알아내는 것이 샘플링검사이다.

샘플링을 하는 목적은 대상으로 하는 모집단에 대한 특성치를 추정하여 그 모집단에 필요한 조치를 취하기 위한 것이다. 따라서 어떠한 조치를 취하느냐에 따라서 샘플링방법이 달라진다. 샘플이 갖추어야 할 조건으로는 ① 신뢰할 수 있는 샘플링에 의해서 얻어진 것 ② 정밀도가 충분한 것 ③ 모집단에 대하여 신속히 조처를 취할 수 있을 것 ④ 경제적으로 얻어진 것 ⑤ 치우침(bias)이 없을 것 등이다.

검사라고 하는 것은 본래 대상물을 하나하나 전부 검사하는 것에 의해 그 품질이 보증되는 것이다. 그러나 실제의 검사에 있어서는, 전수검사를 행할 수 없다든지, 전수검사를 하는 경우 경제적으로 부적당하다고 하는 이유 때문에 샘플링 검사가 행해진다. 샘플링검사란 로트 가운데서 몇 개의 시료를 샘플링해서 검사하고 그 결과에 의해 로트의 합·불합격을 정하는 것이기에 하나하나는 보장할 수 없지만, 어떤 확률로서 로트의 품질을 보증하는 것이다.

1) 샘플링검사가 유리할 때

샘플링검사는 제품의 품질을 어떤 확률로서 로트별 품질을 보증할 수 있으므로 검사 노력의 절감 등 경제적으로 유리한 경우가 많다. 그러므로 하나하나의 제품에 대하여 품질을 보증하지 않아도 되는 경우에는 샘플링검사를 실시한다.

파괴검사에서는 물품의 품질을 보증하기 위하여 샘플링검사를 할 수 밖에 없다. 또는 과거의 실적 등에서 제품의 품질이 아주 높은 수준으로 뛰어나다고 판단되는 경우에는 무검사가 경제적으로 유리한 경우도 있다.

일반적으로 다음과 같은 경우에는 전수검사보다도 샘플링검사가 유리하다.

- 다수·다량의 것으로서 어느 정도 불량품의 혼입이 허용되는 경우
- 검사항목이 많은 경우
- 불완전한 전수검사에 비하여 신뢰성이 높은 결과를 얻을 수 있는 경우
- 검사비용을 적게 하고자 할 때
- 생산자에게 품질향상의 자극을 주고자 할 때

2) 전수검사가 유리할 때

전수검사가 유리할 경우에는 전수검사가 훨씬 편하거나 비용이 적게들 경우 또는 불량품이 조금이라도 혼입되는 것이 허락되지 않는 경우이다. 전자의 경우 자동검사기 또는 단순한 게이지로 검사를 행한다든가, 검사에 시간이 걸리지 않고, 검사기간에 비해서 얻어지는 효과가 크다. 후자의 경우는 소수의 불량품의 혼입도 그 결과에 중대한 영향을 미치는 경우이다. 예를 들면, 브레이크의 작동시험, 고압용기의 내압시험 등은 인명에 치명적인 영향을 미칠 수 있다. 또, 보석 등 고가의 물품의 경우, 회사의 신용에 관계되는 것 등이다.

샘플링계획을 설계할 때 두 가지 품질수준을 정해야만 한다. 첫째는 합격품질수준(acceptable quality level, AQL)으로 소비자에게 허용될 수 있는 품질수준이다. 이것은 그 품목의 생산자가 목표를 하고 소비지가 흔히 계약이나 구입주문시 이야기하는 품질수준이다, 예를 들어 어떤 계약이 1,000개에 1개의 불량품이 나올 품질을 요구하면 이것이 바로 0.001의 AQL이다. AQL 품질을 갖는 로트를 기각할 확률을 생산자 위험(α)이라고 하는데, 이는 채택될 수 있는 로트의 품질임에도 불구하고 이를 기각할 위험을 말한다. 대부분의 생산자 위험은 0.05 즉 5%로 설정된다.

두 번째 품질수준은 로트허용불량률(lot tolerance percent defective, LTPD), 즉 소비자가 받아들일 수 있는 최악의 품질수준이다. 불량품의 높은 비용을 인식하고 있기 때문에 생산관리자들은 공급자로부터 나쁜 품질의 자재를 받아들이는데 있어서 매우 주의하게 되었다. 따라서 샘플링계획은 예전보다 더욱 낮은 LTPD 값을 갖는 경향이 있다. LTPD 품질을 갖는 로트를 받아들이는 확률을 소비자 위험(β)라고 한다. 소비자 위험에 대한 일반적인 값은 0.10 즉 10%이다.

3.3 검사특성(OC: operating characteristic)곡선

샘플링검사는 로트로부터 일부의 샘플을 추출하여 검사하고 이를 근거로 그 로트의 합격여부를 판정한다. 어떤 불량품을 가진 로트로부터 일정 크기의 샘플을 추출할 때, 그 가운데는 불량품이 전체의 비율에 비해 많이 섞여 나올 수도 있고, 양품이 많이 섞여 나올 수도 있다. 이와 같이 샘플을 뽑는 일을 동일한 모집단에 대하여 여러 번 실시한다 해도 그 결과가 같지 않을 것이다.

일반적으로 로트의 크기(N)와 샘플의 크기(n), 합격판정개수(c) 등을 안다면 특정불량률을 갖는 로트가 합격되는 확률을 구할 수 있다. 다시 말하면 양품의 로트와 불량품의 로트를 구별하기 위하여 표본의 크기와 합격판정개수를 효과적으로 결정하는 샘플링검사를 사용하면 양품의 로트를 받아들일 확률과 불량품의 로트를 거부할 확률이 높게 된다. 이러한 검사의 능력은 OC곡선(operating characteristic curve: OC Curve)에 의하여 설명된다.

OC곡선은 n과 c에서 로트의 불량률에 따라 그 로트를 합격할 확률을 나타내 주는 곡선을 뜻한다. 이것은 샘플링계획이 좋은 로트와 나쁜 로트를 얼마나 잘 구별하는지를 보여준다. 모든 경영자는 AQL보다 좋은 품질을 갖는 로트는 채택하고 LTPD보다 나쁜 로트는 전혀 통과되지 않기를 바란다. 어떠한 샘플링검사도 이러한 수준의 성과를 보장할 수 없으므로 생산관리자들은 AQL, α, LTPD 그리고 β에 의해 명시된 성과수준을 얻기 위해 표본의 크기 n과 합격수준 c를 정해야만 한다.

100%검사(전수검사)에서는 합격품질수준 이상인 검사대상 로트는 언제나 합격되고 합격품질수준 이하면 불합격된다. 그러므로 샘플링검사에는 두 가지 위험이 따른다.

- 생산자 위험(제1종 과오) : 불량률이 AQL 이하인 로트가 불합격 처리될 위험
- 소비자 위험(제2종 과오) : LTPD 보다 높은 불량률의 로트가 합격될 확률

1회 샘플링검사에 대한 표본크기와 합격수준을 갖고 있다고 하자. 이 경우 샘플링검사에 대한 OC곡선을 어떻게 작성할 것인가? 우선 로트의 합격확률 P_a를 얻기 위해 부록에 있는 누적포아송확률분포표를 사용한다. P_a의 값을 찾기 위한 절차는 다음과 같다.

① 로트 불량률 p에 대한 값을 선택한다.

② 표본 크기 n을 p에 곱한다.

③ 부록에 있는 누적 포아송확률분포표를 이용하여 적합한 P_a의 값을 찾는다.

예를 들어 표본크기 n=50이고 합격 수준 c=1인 샘플링검사를 이용하여 OC 곡선을 그려보고 AQL=0.01과 LTPD=0.06로 요구될 때의 생산자 위험과 소비자 위험을 구해보면 다음과 같다.

우선 p=0.01로 가정하자. p와 n을 곱하여 pn=0.01×50=0.5를 얻는다. 부록에 있는 누적포아송분포표를 이용하여 c=1인 경우 0.5에 대응하는 값을 찾으면 P_a=0.910을 얻게 된다.

아래의 표가 OC곡선에 이용될 나머지 값들을 보여주고 있다. 이 표를 이용해 아래의 OC곡선을 그릴 수 있다. 이 계획에 따르면 생산자 위험은 9%이고 소비자 위험은 20%이다. 이 두 값들 모두 일반적으로 사용되는 값보다 높게 나타났다.

표 6.2 n=50과 c=1인 OC곡선에 대한 값

불량률(p)	np의 값	c개 이하의 불량품의 합격화률(P_a)	설 명
0.01(AQL)	0.5	0.910	α = 0.09
0.02	1.0	0.740	
0.03	1.5	0.560	
0.04	2.0	0.410	
0.05	2.5	0.275	
0.06(LTPD)	3.0	0.200	β = 0.20
0.07	3.5	0.130	
0.08	4.0	0.090	
0.09	4.5	0.060	
0.10	5.0	0.040	

이상적인 OC곡선이란 좋은 로트와 나쁜 로트를 완전히 구분하는 OC곡선이다. 예를 들어, 불량률이 2% 이하인 로트는 모두 합격시키고 2%보다 큰 로트는 모두 불합격시키고자 한다면 이때의 가장 이상적인 OC곡선은 [그림 6.2]와 같다. 하지만 이와 같은 이상적인 OC곡선은 전수검사에서만, 그것도 검사가 완전하게 이루어진다고 가정할 때만 가능하다.

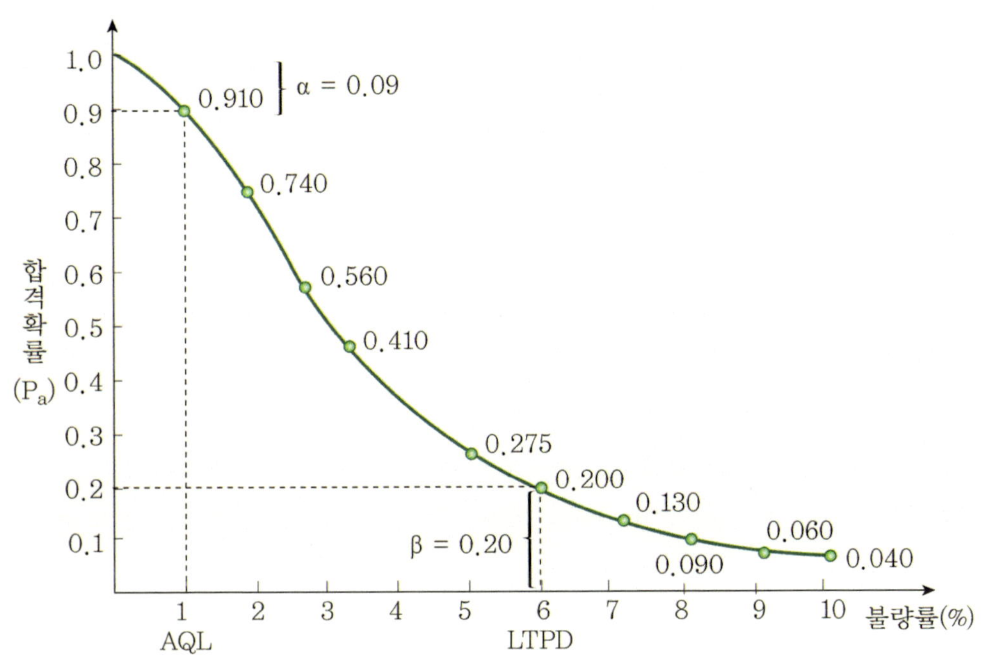

| 그림 6.2 | n = 50과 c = 1인 1회 샘플링검사에 대한 OC곡선

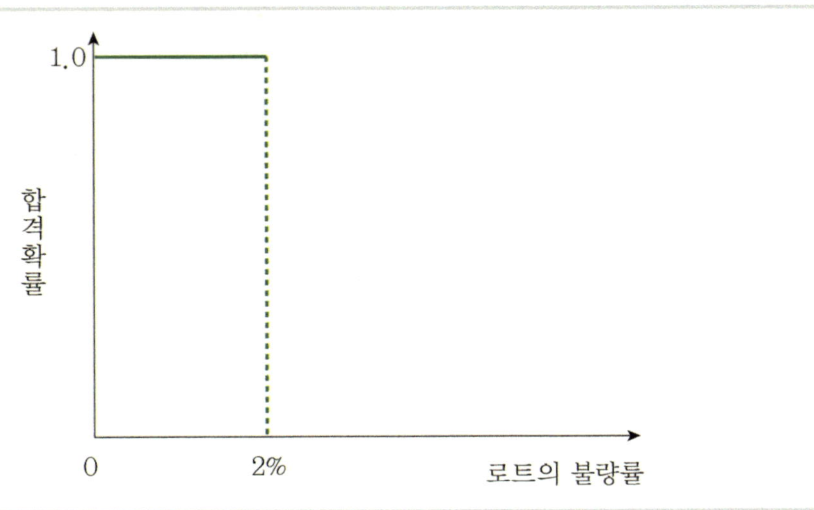

| 그림 6.3 | 이상적인 OC곡선

3.4 관리도

관리도는 공정에서 생산되는 제품의 품질의 특성을 감시하는데 사용되며, 제품이나 서비스의 현재 품질을 측정하고 공정 자체가 품질에 영향을 미치는 방향으로 변화하고 있는지를 발견하는데 유용하다. 기본적인 절차는 먼저 무작위 표본을 취하여 표본의 품질특성을 측정한다. 만일 표본의 측정값이 관리상한(upper control limit, UCL) 또는 관리하한(lower control limit, LCL)밖에 위치해 있다면 그 공정은 잘못된 기계설정, 비숙련 작업자 또는 나쁜 원재료 등에 대한 점검이 필요함을 의미한다.

관리상한과 하한을 설정하는 이유는 어떠한 두 제품이나 서비스들도 정확히 똑같게 생산되어질 수 없기 때문이다. 비록 제조업자들이 공정변동을 줄이고 싶어하지만, 공정변동은 여전히 발생하기 마련이다. 관리도에서 강조되는 점은 관찰된 변동이 정상적이냐, 아니면 비정상적이냐 하는 것이다. UCL 또는 LCL을 정하는 것은 비정상적인 변동을 찾아내자는 것이다.

1) 공정통제

공정통제란 제품이나 서비스가 생산되고 있는 과정에서 이들을 검사하여 품질변동의 유무를 결정하는 것이다. 이를 위해 공정에서 생산되고 있는 제품을 정기적으로 채취하여 검사한 후 품질 특성이 변하지 않았다면 그 공정을 계속 유지하고, 만일 변하였다면 공정을 중단한 후 그 원인을 규명하여 시정조치를 취하게 된다.

공정통제는 기본적으로 두 가지 가정에 입각하고 있다. 첫째는 품질변동은 어떠한 공정에도 있기 마련이라는 것이다. 아무리 공정이 완벽하게 설계되었다 하더라도 그 공정으로부터 나오는 제품마다 품질특성에 변동이 있는 것이다.

둘째는 제조공정이 항상 안정상태에 있는 것은 아니라는 것이다. 이러한 변동은 피할 수 있는 원인에 의하여 발생하기 때문에 비용과 노력을 투입하면 이 원인을 제거할 수 있다. 도구의 마모, 조정이 필요한 장비, 불량원자재, 기계정비불량, 작업자요인 등은 이상 원인으로 볼 수 있으며, 공정통제의 관심대상은 바로 이 이상변동이다.

공정에 단순히 우연변동만 존재하면 이 공정은 통계적으로 안정상태에 있다라고 하고, 이상변동도 존재하면 이 공정은 불안정상태에 있다라고 한다. 따라서 품질관리의 목적은 공정변동이 어떠한 원인에 의하여 발생하는지를 밝히고, 제거할 수 있는 이상변동이 존재하면 공정을 중단시킨 후 시정조치를 취하여 공정이 언제나 안정상태에 있도록 유지하는 것이다.

2) 계량치 관리도

계량치 관리도는 품질특성이 무게, 길이, 인장정도 등과 같이 연속적인 값을 갖는 계량치로 나타날 때 사용된다. 계량치 관리도의 대표적인 것은 $\bar{x}-R$관리도와 $\tilde{x}-R$관리도이고, 공정의 분산, 즉 변동폭을 관리하기 위해서는 범위관리도(R관리도)가 사용된다.

(1) $\bar{x}-R$ 관리도

공정변동은 공정평균에 대한 유효한 관리도를 작성하기 전에 관리되어야만 하는데, 그 이유는 공정변동에 대한 측정이 $\bar{x}$관리도에 대한 관리한계를 정하는데 필요하기 때문이다. 공정변동을 통제할 수 없다면, $\bar{x}$관리도에 대한 관리한계는 부정확하게 될 것이다. R관리도에서의 관리한계는 다음과 같다.

$$CL = \bar{R}$$
$$UCL = D_4\bar{R}$$
$$LCL = D_3\bar{R}$$

여기서 $\bar{R}$은R값에 대한 평균 관리도상의 중심선이고, D_3와 D_4의 값은 〈표 6.3〉에 주어져 있다.

① $\bar{x}$관리도

공정변동이 통제될 수 있다면, 분석자는 공정평균을 통제하기 위해$\bar{x}$관리도를 작성할 수 있다. $\bar{x}$관리도에 대한 공정한계는 다음과 같다.

$$CL = \bar{\bar{x}}$$
$$UCL = \bar{\bar{x}} + A_2\bar{R}$$
$$LCL = \bar{\bar{x}} - A_2\bar{R}$$

여기서 $\bar{\bar{x}}$는 $\bar{x}$ 값에 대한 평균관리상의 중심선 또는 생산관리자가 공정에 대해 설정한 목표치이다. 상수 A_2의 값은 공정평균에 대한 3× 표준편차(3σ) 한계를 제공하는데, 이 값도 〈표 6.3〉에 주어져 있다. $\bar{R}$의 값이 관리한계에 사용되는 점을 유의하여야 하는데, 그 이유는 공정변동이 통제된 후에 $\bar{x}$관리도를 작성하기 때문이다.

| 표 6.3 | $\bar{x}$관리도와 $\bar{R}$관리도에서 3σ한계를 계산하기위한 값

표본크기 (n)	$\bar{x}$관리도에서 UCL과 LCL에 대한 값(A_2)	R관리도에서 LCL에 대한 값(D_3)	R관리도에서 UCL에 대한 값(D_4)
2	1.880	0	3.267
3	1.023	0	2.575
4	0.729	0	2.282
5	0.578	0	2.115
6	0.483	0	2.004
7	0.419	0.076	1.924
8	0.373	0.136	1.864
9	0.337	0.184	1.816
10	0.308	0.223	1.777

예제 1 $\bar{x}$ 관리도를 작성하는 예를 하나 들어 보자. (주)영산은 생산제품인 1파운드짜리 과일 통조림의 무게를 관리하기 위해 생산공정으로부터 크기 5인 표본을 10회 추출하여 무게를 측정하였다. <표 6.3>은 이 측정결과를 보여 주고 있으며, 이 표에서 마지막 두 열은 표본평균 $\bar{x}$와 표본범위 R을 나타내고 있다.

| 표 6.4 | 생산공정으로부터 추출한 표본의 무게측정치

표본	표본측정치(파운드)					계	표본평균 ($\bar{x}$)	표본범위 (R)
1	1.04	1.01	0.98	1.02	1.00	5.05	1.010	0.06
2	1.02	0.97	0.96	1.01	1.02	4.98	0.996	0.06
3	1.01	1.07	0.99	1.03	1.00	5.10	1.020	0.08
4	0.98	0.97	1.02	0.98	0.98	4.93	-.986	0.05
5	0.99	1.03	0.98	1.02	1.02	5.03	1.006	0.04

표본	표본측정치(파운드)					계	표본평균 ($\bar{x}$)	표본범위 (R)
6	1.02	0.95	1.04	1.02	0.95	4.98	0.996	0.09
7	1.00	0.99	1.01	1.02	1.01	5.03	1.006	0.03
8	0.99	1.02	1.00	1.04	1.09	5.14	1.022	0.10
9	1.03	1.04	0.99	1.02	0.94	5.02	1.004	1.10
10	1.02	0.98	1.00	0.99	1.02	5.01	1.002	0.04
합계							10.048	0.65

① $\bar{x}$관리도

표본평균의 평균 $\bar{\bar{x}}$와 표본범위의 평균 $\bar{R}$을 구하면 다음과 같다.

$$\bar{\bar{x}} = \frac{\sum_{j=1}^{N} \bar{x}_j}{N} = \frac{10.048}{10} = 1.005$$

$$\bar{R} = \frac{\sum_{j=1}^{N} R_j}{N} = \frac{0.65}{10} = 0.065$$

따라서 $\bar{x}$관리도의 CL, UCL 및 LCL은 다음과 같이 계산된다.

$$CL = \bar{\bar{x}} = 1.005$$

$$UCL = \bar{\bar{x}} + A_2\bar{R} = 1.005 + 0.58(0.065) = 1.043$$

$$LCL = \bar{\bar{x}} - A_2\bar{R} = 1.005 - 0.58(0.065) = 0.967$$

10개의 표본평균을 $\bar{x}$관리도에 나타내 보면 [그림 6.4]와 같다. 이 그림에서 어느 점도 관리한계를 벗어나지 않고 또 작위적인 변동도 보이지 않으므로 현재의 생산 공정은 관리되고 있는 상태에 있다고 볼 수 있다.

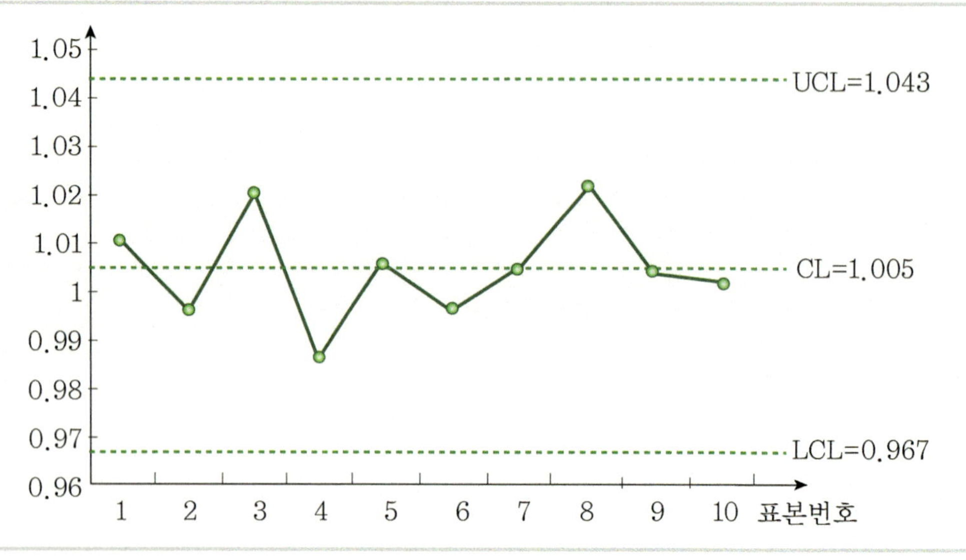

그림 6.4 $\bar{x}$관리도

② R관리도

앞의 〈표 6.3〉에서의 (주)영산의 과일통조림 무게 자료를 가지고 R관리도의 CL, UCL 및 LCL을 구해보면 다음과 같다.

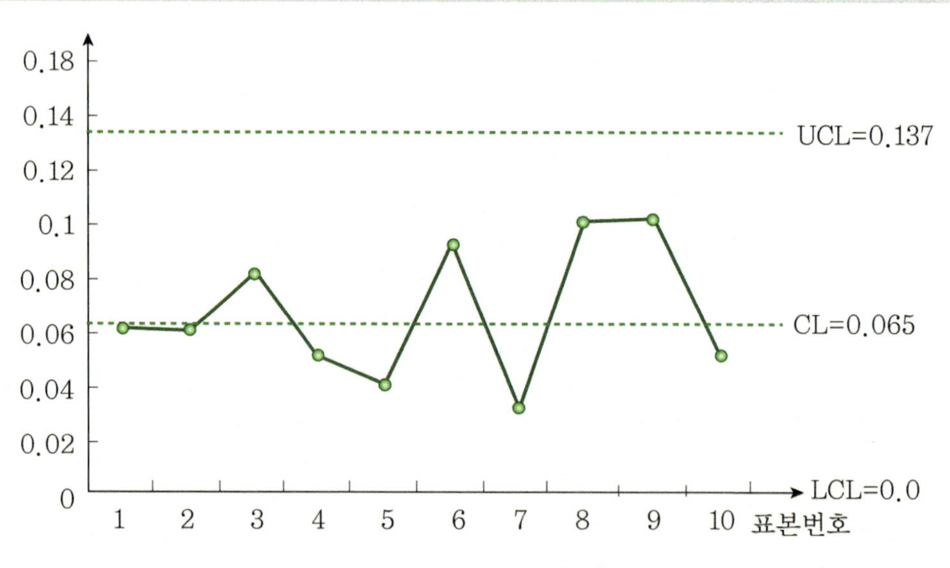

그림 6.5 R관리도

$CL = \bar{R} = 0.065$

$UCL = D_4\bar{R} = 2.11(0.065) = 0.137$

$LCL = D_3\bar{R} = 0(0.065) = 0$

10개 표본의 범위를R관리도상에 나타내 보면 [그림 6.5]와 같다. 이 그림에서 보면 공정의 분산 역시 관리되고 있는 상태에 있음을 알 수 있다.

(2) $\tilde{x}-R$ 관리도

$\tilde{x}-R$관리도는 중위수($\tilde{x}$)관리도와 범위관리도(R)의 결합이며 $\bar{x}-R$관리도의 변형이라고 할 수 있다. $\tilde{x}-R$의 용도는 $\bar{x}-R$관리도와 같고 작성절차와 방법도 같다.

$\tilde{x}-R$관리도는 대량생산의 가공공정에 많이 이용되는 관리도이다. $\tilde{x}$는 모평균치의 한 추정치이므로 $\tilde{x}$관리도는 제품품질특성치의 집중위치를 관리할 수 있다. R관리도는 기능은 앞에서 이미 설명을 하였다. 따라서 $\tilde{x}-R$관리도는 $\bar{x}-R$관리도와 유사하여 제품품질특성치의 집중위치와 분산정도 두 개의 측면으로 제품품질을 감시하고 관리를 하는 것이다. $\tilde{x}$의 계산은 $\bar{x}$계산보다 편리하여 $\tilde{x}-R$관리도 운영업무량은 $\bar{x}-R$관리도보다 작지만 $\tilde{x}-R$관리도의 정밀도가 다소 낮다. $\tilde{x}-R$ 관리도의 계산공식은 아래와 같다.

$\tilde{x}$관리도

$CL = \bar{\tilde{x}}$

$UCL = \bar{\tilde{x}} + m_3A_2\bar{R}$

$LCL = \bar{\tilde{x}} - m_3A_2\bar{R}$

R관리도

$CL = \bar{R}$

$UCL = D_4\bar{R}$

$LCL = D_3\bar{R}$

3) 계수치 관리도(control charts attributes)

계수형관리도는 제품의 품질특성값을 측정할 수 없거나 측정이 곤란하여 제품을 불량품수나 불량률 및 표면 결점수 등 품질특성을 판정하여 공정을 관리하는데 사용한다. 이와 같이 불량품의 수 또는 결정수 등을 이용한 계수형 관리도에는 불량률관리도(p관리도: p-chart for fraction attributes), 불량개수관리도(np관리도: np-chart for fraction of defectives) 등이 있다.

(1) 불량률관리도(p관리도)

대표적인 계수형 관리도인 p관리도는 불량률에 의하여 공정을 관리하는 방법이다. p관리도는 품질특성값의 측정이 곤란하여 계수치로 나타낼 수밖에 없는 경우, 또는 측정이 가능한 품질특성이라도 합격, 불합격의 판정에 이용되는 경우에 적용된다.

p관리도의 작성절차는 다음과 같다.

① 품질특성치의 선정

p관리도의 관리대상은 바로 불량률이다. 불량률에 포함되는 범위는 불량품의 규정에 따른 폐품, 재가공품, 배상품등이다. 따라서 불량품p의 계산 공식은 아래와 같다.

p = (폐품 + 재가공품 + 배상품 + 기타 종류의 불량품)/표본총량

② 데이터의 수집

관리도의 이론기초는 정규분포이다. p관리도 등 계수형 관리도는 이항분포에 속하지만, 실험 결과에 따르면 $n\bar{p} \geq 5$일 경우(n: 표본크기, $\bar{p}$: 모집단의 평균불량률), 불량률과 불량품수의 분포는 정규분포에 접근한다. 따라서 $n\bar{p} \geq 5$를 만족하여 정규분포이론으로 문제를 해결하기 위해서는 반드시 무작위로 표본 즉 n을 크게 추출하여야 한다. 그러나n이 너무 크면 많은 인력과 시간 등이 필요하여 관리비용을 증대시킬 수 있다. 동시에 n이 너무 작으면 $n\bar{p} \geq 5$조건을 만족시킬 수 없을 뿐만 아니라 공정상태를 정확히 반영해주는 불량품도 추출하기 어려워 p의 변동을 정확히 측정할 수 없다. 따라서 p관리도에서 n의 크기 결정은 관리대상의 불량률 p의 크기에 따라 결정하여야 한다.

③ 중심선과 관리한계선의 결정

$$\bar{p} = \frac{\sum P_n}{\sum n}$$

$$관리상한(UCL) = \bar{p} + 3\sqrt{\frac{\bar{p}(1-\bar{p})}{n}}$$

$$관리하한(LCL) = \bar{p} - 3\sqrt{\frac{\bar{p}(1-\bar{p})}{n}}$$

위 식에서 n의 크기가 일치하지 않은 시에는 UCL, LCL 크기에 따라 관리선도 계단식으로 고르지 않고 계산량이 많고, 또 관리한계선도 복잡하다. 따라서 이를 극복하기 위해 $\bar{n}$를 이용하여 n_i대신 $\bar{n}$를 이용하는 데는 아래와 같은 조건이 있어야 한다.

i. $n_{max} < 2\bar{n}$

ii. $n_{max} > \frac{1}{2}\bar{n}$

다음의 예제를 이용하여 p관리도를 작성해보자.

예제 2 다음 <표 6-5> 자료는 어느 제조공장에서 생산되는 제품을 매 로트마다 50개의 시료를 무작위 추출하여 검사한 결과이다. 이 자료로부터 p관리도를 작성하시오.

| 표 6.5 | 불량품 데이터

시료군의 번호	불량품의 수	불량률	시료군의 번호	불량품의 수	불량률
1	1	0.02	14	0	0.00
2	2	0.04	15	2	0.04
3	5	0.10	16	1	0.02
4	6	0.12	17	0	0.00
5	3	0.06	18	0	0.00
6	5	0.10	19	1	0.02
7	2	0.04	20	1	0.02
8	1	0.02	21	0	0.00

시료군의 번호	불량품의 수	불량률	시료군의 번호	불량품의 수	불량률
9	1	0.02	22	0	0.00
10	0	0.00	23	1	0.02
11	0	0.00	24	0	0.00
12	1	0.02	25	0	0.00
13	1	0.02			

① 불량률 p의 계산

발견된 불량품의 수로부터 각 군의 불량률을 계산한다.

$$p = \frac{p_n}{n}$$

② 평균불량률 $\bar{p}$의 계산

$$\bar{p} = \frac{\text{불량개수의총합}}{\text{검사개수의총합}} = \frac{34}{1250} = 0.0272$$

③ 관리한계선의 결정

$$\text{관리상한선(UCL)} = \bar{p} + 3\sqrt{\frac{\bar{p}(1-\bar{p})}{n}}$$

$$= 0.0272 + 3\sqrt{\frac{(0.0272)(0.9728)}{50}} = 0.0963$$

$$\text{중심선(CL)} = \bar{p} = 0.0272$$

$$\text{관리하한선(LCL)} = \bar{p} - 3\sqrt{\frac{\bar{p}(1-\bar{p})}{n}}$$

$$= 0.0272 - 3\sqrt{\frac{(0.0272)(0.9728)}{50}} = -0.041 \quad (=0)$$

④ 관리도의 작성

다음 그림과 같이 관리도 용지에 계산된 불량률(p)의 값을 기록하고 (3)에서 계산된 관리선을 기입한다. 이때 중심선은 실선으로, 관리한계선은 점선을 이용한다. 작성된 관리도는 [그림 6.6]과 같다.

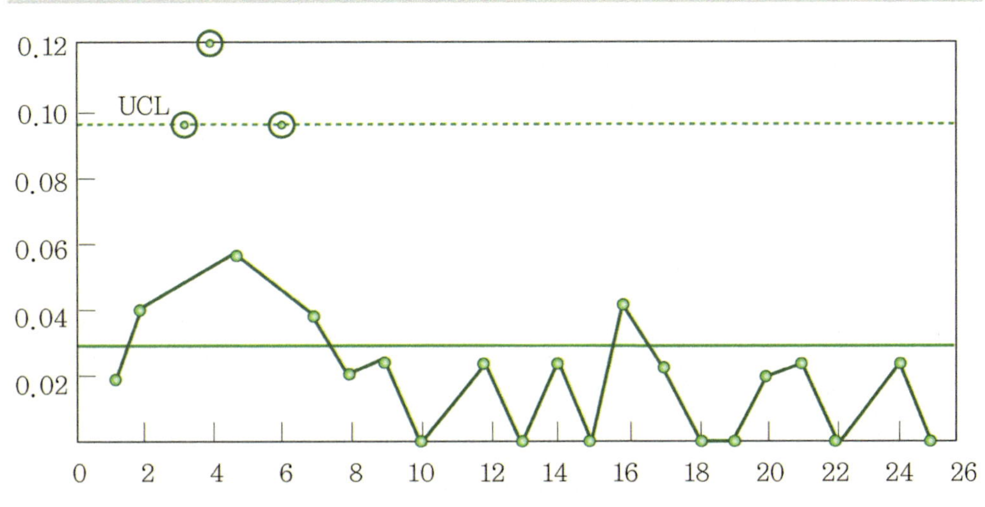

| 그림 6.6 | 시료군의 번호

⑤ 관리상태의 판정

작성된 관리도로부터 관리상태를 판정한다. 즉 많은 불량률의 값이 관리한계선을 벗어나므로 공정상에 이상 원인이 존재함을 알 수 있다. 따라서 원인을 조사하고 그 원인에 대한 대책 마련이 필요하다.

(2) 불량개수관리도(np관리도)

공업제품은 종종 불량품과 합격품으로 분리할 수 있고 또 불량품 개수를 이용하여 한 특정제품의 가공품질을 판정할 수 있다. 불량개수관리도는 불량률관리도와 마찬가지로 공정의 불량률을 관리하고자 할 때 사용하는 관리도이며 관리도를 통해 불량개수가 정상적 범위 내에서 변동을 관찰하고 또 분석하는 계수형 관리도이다. 불량률관리도보다 불량개수관리도를 사용하는 것이 편리한 경우가 많다.

np관리도의 한계선과 중심선은 아래 식과 같다.

$$UCL = n\bar{p} + 3\sqrt{n\bar{p}(1-\bar{p})}$$

$$CL = n\bar{p}$$

$$LCL = n\bar{p} - 3\sqrt{n\bar{p}(1-\bar{p})}$$

예제 3 한 제조회사에서 생산중의 한 제품으로부터 랜덤방식으로 25개 표본을 추출하였다. 한 번에 100개 제품을 추출하였으며 그 중 불량개수를 통계한 결과 아래 <표 6.6>과 같다. <표 6.6>에서 제시한 자료를 이용하여 불량개수 관리도를 작성하시오.

| 표 6.6 | 불량개수통계표

표본순위	1	2	3	4	5	6	7	8	9	10	11	12	
불량개수(np)	3	4	0	4	3	3	2	2	2	5	4	1	
표본순위	13	14	15	16	17	18	19	20	21	22	23	24	25
불량개수(np)	1	1	2	0	3	0	6	0	4	4	1	0	4

〈표 6.6〉 자료를 이용하여 계산을 한 결과 아래와 같다.

$$\bar{p}=\frac{\sum_{i=1}^{25}(np)_i}{nk}=\frac{59}{100\times25}=0.0236$$

$$\therefore\ CL=\bar{P}_n=\frac{\sum P_n}{k}=\frac{59}{25}=2.36$$

$$UCL=\bar{P}_n+3\sqrt{\bar{P}_n(1-\bar{P})}=2.36+3\sqrt{2.36\times(1-0.0236)}=6.91$$

$$LCL=\bar{P}_n-3\sqrt{\bar{P}_n(1-\bar{P})}=2.36-3\sqrt{2.36\times(1-0.0236)}$$

$$=-2.19\ <\ 0\ (\text{제외})$$

4. 품질 및 성능 향상을 위한 도구

품질향상의 첫 번째 단계는 자료의 수집이다. 자료를 분석해 보면 개선이 요구되는 활동을 파악할 수 있고 또한 요구되는 시정조치의 범위도 알 수 있다. 품질 및 성능 향상을 위해 자료를 조직화하고 나타내는 데에는 체크리스트, 히스토그램/막대그림, 파레토분석, 특성요인도, 산포도 등이 사용된다.

1) 체크리스트

체크리스트(checklist)를 통한 자료수집은 품질문제 분석의 첫 단계이다. 체크리스트는 제품이나 서비스의 품질과 관련된 특성의 발생빈도를 기록하는데 사용되는 일종의 양식이다. 품질특성치는 무게, 직경, 시간, 길이 등과 같이 연속적인 값을 가지는 계량치(variables)로 측정될 수도 있고, 결점 수나 불량품의 수와 같이 셀 수 있는 계수치(attributes)로 측정될 수도 있다. [그림 6.7]은 어느 공장에서 생산되는 한 부품의 유형별 빈도를 나타낸 것이다.

불량유형	빈도표시	도수
A. 도색불량	||||	4
B. 용접불량	|||	3
C. 치수불량	卌 卌 卌 卌 卌 卌 卌	35
D. 성형불량	卌 |||	8
합 계		50

| 그림 6.7 | 체크리스트

2) 히스토그램/막대그림

체크리스트의 자료는 히스토그램이나 막대그림으로 간명하게 나타낼 수 있다.

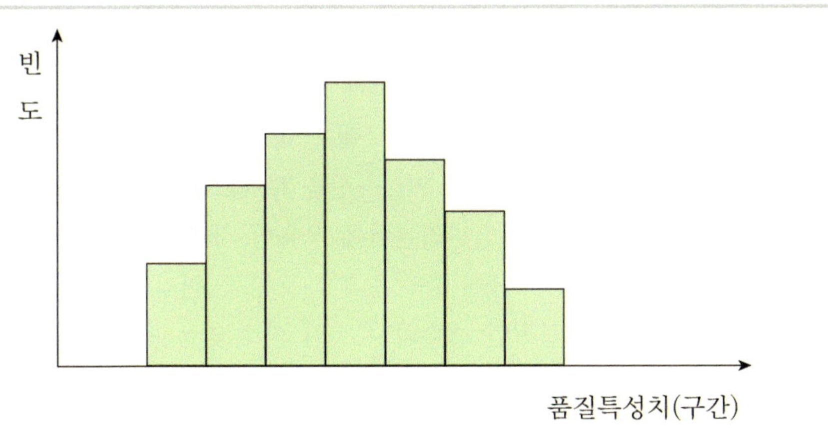

| 그림 6.8 | 히스토그램

[그림 6.8]과 같이 히스토그램은 연속적인 척도로 측정되는 품질특성치의 빈도 분포를 보여주고 있다. 막대그림은 계수치로 측정되는 품질특성을 일련의 막대로 표시하며, 막대의 높이는 특정 품질특성의 빈도를 나타낸다. [그림 6.9]은 [그림 6.8]에서 치수불량의 빈도를 3교대 작업조별로 조사하여 그 결과를 막대그림으로 나타낸 것이다.

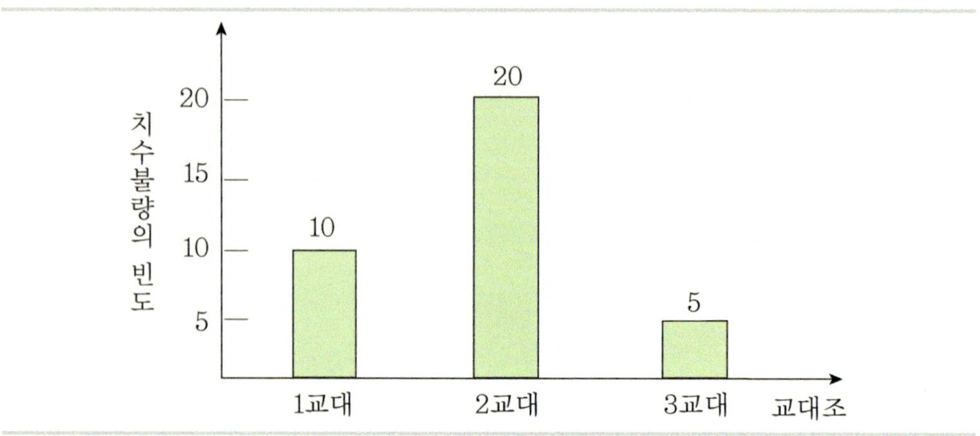

| 그림 6.9 | 막대그림

3) 파레토(Pareto) 분석

(1) 파레토그램의 개념

파레토그램은 이탈리아 경제학자인 파레토(Vilfedo Pareto, 1848~1923)가 국민소득 분배형태를 인구와 대비하여 국민의 수입이 적을수록 분배형태가 높고, 반대로 국민의 수입이 높을수록 분배형태가 낮게 차지하고 있다는 사실을 곡선으로 표시한 것이다. 1905년에 미국경제학자인 로렌츠(M. O. Lorenz)는 파레토그램 원리를 이용하여 누적곡선을 설계하였다. 이 곡선을 로렌츠곡선이라고도 한다. 그러나 이러한 파레토그램의 개념을 품질관리분야에 응용한 사람은 미국의 품질관리 학자인 쥬란(Juran)박사이다. 1951년에 쥬란은 파레토분석 원리와 로렌츠곡선을 품질경영에 도입하였고 또 "관건적인 소수와 사소한 다수"라는 용어를 창조하였다. 동시에 히스토그램을 로렌츠곡선과 결합하여 [그림 6.10]과 같은 쥬란분석그램을 설계하였다([그림 6.10] 참조). 쥬란분석그램을 더욱 발전시켜 [그림 6.11]과 같은 파레토그램이 형성되었다.([그림 6.11] 참조)

파레토그램은 각 문제의 빈도를 나타내는 막대를 내림차순으로 정렬해 놓은 것이다. 즉 왼쪽에 가장 큰 막대를 표시하는 것을 시작으로 해서 오른쪽으로 갈수로 작아지는 형식으로 배열해 놓았다. 파레토그램은 일종의 문재해결 도구로 지금까지 여겨져 왔지만 실제로는 문제해결 방법보다도 해결해야 할 문제를 결정하는데 도움을 주는 기법이다. 자료정리와 분류 그리고 도표화하는 과정을 통해 해결해야 할 가장 중요한 문제가 무엇인가를 결정하는데 도움을 준다.

[파레토그램]

많은 사소한 요인들로부터 문제의 가장 주목할 만한 원인을 구분하기 위해 또한 팀의 업무 수행에 있어서 가장 긴요한 문제점을 확인하기 위해서 작성되어진다. 또한 현장에서 발생한 불량품, 결점, 클레임 등과 같은 현상을 원인별로 데이터를 분류하여 그 크기를 그래프로 나타낸다.

파레토그림의 적용범위로 일반 사회학 분야에서도 많이 사용하지만, 품질과 관련해서는 어떤 불량항목이 원인에 기여하는 것이 많은가? 그 비율은 어느 정도인가? 어떤 문제부터 개선해 가면 좋은가 등을 밝혀내는데 적용된다. 각기 다른 주장을 가진 사람들이 각각 다른 활동의 순서를 따르기를 원할 때 하나의 합의에 이르기는 어려운 일이 될 수 있다. 파레토 그림은 현상의 사실을 보여 줌으로써 의사결정을 돕는다.

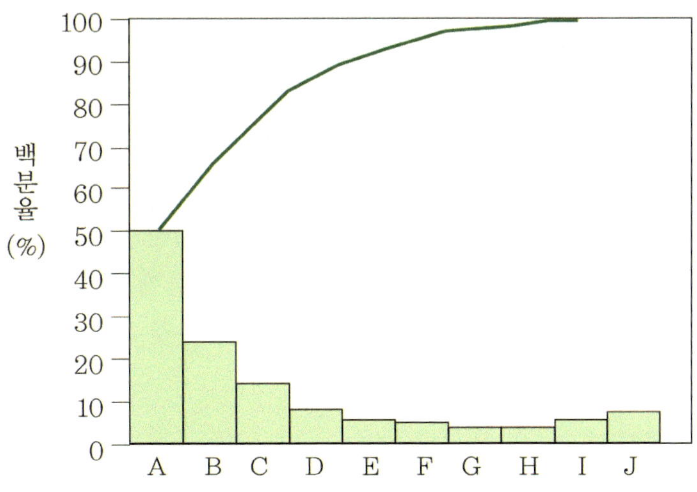

그림 6.10 쥬란분석그램

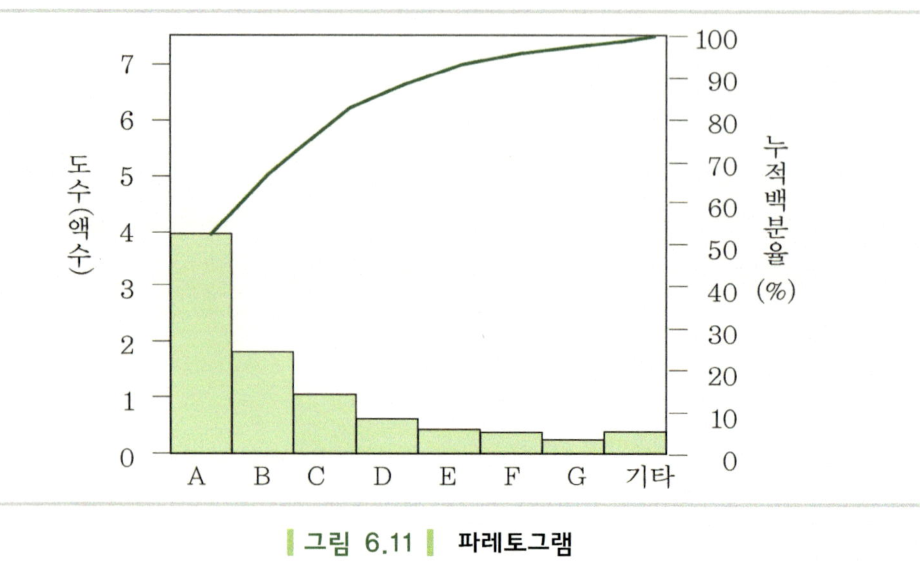

| 그림 6.11 | 파레토그램

(2) 파레토그램의 작성순서

① 품질문제를 평가하는 객관적인 기준에 대한 선정

파레토그램 작성에서 선정하려고 하는 기준은 바로 수직 축의 눈금내용이다. 즉 불량품 수(도수), 불량품률, 소모시간, 손실금액, 영향정도 등 모두 기준으로 잡을 수 있다.

② 데이터의 분류항목을 정한다.

불량항목별, 고장유형별, 공정별 등 특성에 대한 분석(결과분석)과 기계별, 작업자별, 재료별, 작업방법별 등 요인에 대한 분석(원인분석)을 한다.

③ 자료수집기간을 정해서 데이터를 수집한다.

연구기간은 상황에 따라 다른데 연구기간 선택의 기준으로는 첫째, 한달, 일주일, 하루, 8시간 혹은 1시간 등과 같은 편리한 기간, 둘째, 비교목적을 위해 모든 관련도표와 동일한 기간, 셋째, 계절상품에 대해서는 특정계절과 같이 분석과 관련 있는 일정기간 등을 들 수 있다.

④ 분류항목별 데이터를 집계한다.

- 분류항목별 일정시간 내 중복으로 나타나는 차수를 집계한다. 즉 도수를

통계한다. 분류항목별 도수는 파레토그램에서 막대의 높이를 결정한다.

- 분류항목 전체의 데이터수를 100%로 보고 해당 분류항목별 데이터수를 비율(%)로 계산한다.
- 분류항목별 누적수를 구하고, 전체 데이터에 대한 누적비율(%)을 계산한다. 각 분류항목의 누적도수는 파레토그램에서 곡선의 변화점 위치를 결정한다.

⑤ 파레토그램의 작성

- 데이터 sheet에는 분류항목별 데이터수가 큰 것부터 차례로 기록한다.
- 영향이 적은 여러 항목을 묶어서 "기타" 항목으로 하고 분류항목 순서 맨 오른쪽에 기록한다.
- 그래프에 수직과 수평축을 표시하고 적절한 단위로 이루어진 수직축에는 0부터 빈도표상의 총 관찰 수 합계를 표시하는데 그래프용지에 세로축 좌측에는 데이터수의 눈금을, 우측에는 비율(%)을 기록하고 가로축에는 분류항목을 적는다. 가능한 세로축과 가로축의 길이는 같도록 한다.
- 수평축에 가장 많이 발생하는 요인을 제일 왼쪽에 표시하고 가장 빈도수가 낮은 것을 오른쪽에 배치한다.
- 각 요인에 대해 막대그림을 그린다.
- 파레토그램에 누적빈도에 대한 꺾은선을 긋는다.
- 도표에 이름을 붙이고 그 자료의 원천을 적는다. 언제 어떠한 조건 하에서 자료가 수집되었다는 것을 기재하여야 한다. 그렇지 않으면 파레토그램은 유용성이 없다.

표 6.8 A형 선반에서의 품질불량 데이터 sheet

불량 항목	불량 건수	비율(%)
도구의 정밀도 저하	97	34.4
작업상 문제	87	31.0
설비의 문제	38	13.4
공정의 문제	26	9.2
원자재의 불량	9	3.1
설계상의 문제	6	2.2
기타	19	6.7
합계	282	100

예제 4 한 선반회사에서 A형 선반의 품질문제에 대해 조사를 한 결과, 최종적으로 품질문제가 발생하는 차수를 평가기준으로 정하였다. 작업, 공정, 설비, 도구의 정밀도, 원자재, 설계 및 기타항목별로 데이터를 수집하였다. 수집된 데이터에 대해 정리하여 아래 <표 6.8>과 같은 결과를 얻었다(<표 6.8> 참조). 분류항목별 누적수량을 구하고 전체 데이터에 대한 누적비율을 구하시오.

◐ **풀이** 〈표 6.8〉을 이용하여 분류항목별 누적수와 전체 데이터에 대한 누적비율(%)을 계산한 결과 〈표 6.9〉와 같다.

표 6.9 A형 선반에서의 불량 데이터 sheet

불 량 항 목	불량 건수	비율(%)	누적수량	누적비율(%)
도구의 정밀도 저하	97	34.4	97	34.4
작업상 문제	87	31.0	184	65.4
설비의 문제	38	13.4	222	78.8
공정의 문제	26	9.2	248	88.0
원자재의 불량	9	3.1	257	91.1
설계상의 문제	6	2.2	263	93.3
기타	19	6.7	282	100.0
합계	282	100		

〈표 6.9〉를 이용하여 작성된 파레토그램은 [그림 6.12]와 같다.

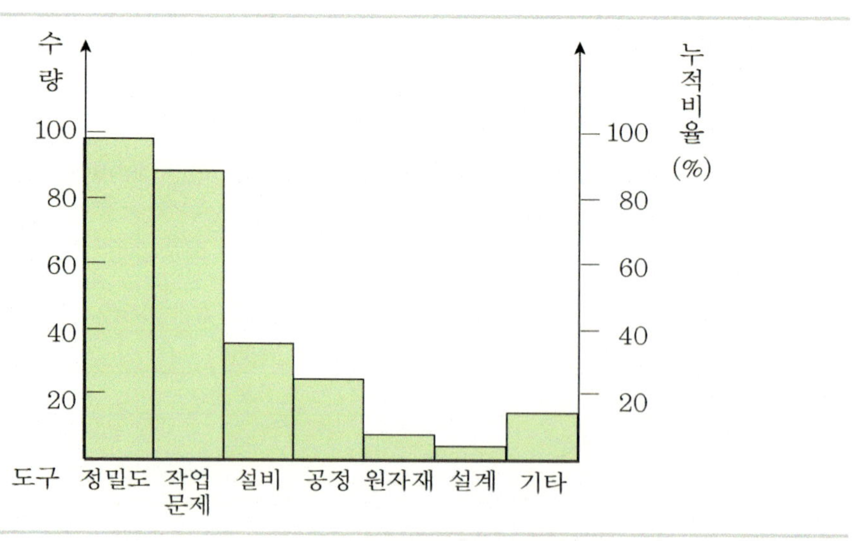

그림 6.12 A형 선반의 결함자료기입한 파레토그램

4) 특성요인도(cause & effect diagram)

(1) 특성요인도의 개념

품질문제를 선정해 분석하여 그 근본적인 원인을 밝혀내는데 이용되는 기법이다. 특성요인도는 1953년 일본의 품질경영전문가인 이시가와 카오루박사가 일본의 가와사키 철도공사 작업의 품질프로그램과 관련해 처음 소개되었다. 이 도표는 모든 일의 현상에는 결과(제품의 특성)에 의한 원인(요인)이 어떻게 관계하고 있으며 어떤 요인이 영향을 주고 있는가를 한 눈으로 볼 수 있도록 작성한 그림이라고 한다. 특히 이 그림을 생선뼈 모양이나 나뭇가지 모양과 비슷하다고 하여 어골도(魚骨圖 : fish bone diagram) 나뭇가지도 이라고도 한다.([그림 6.13 참조).

어떠한 제품의 품질문제든지 모두 결과와 원인으로 분리할 수 있다. 또 결과와 원인은 모두 재 세분화 할 수 있는 것이다. 모든 결과와 원인을 해결하는 것은 어려운 일이다. 따라서 이 많은 결과와 원인 중에서 관건적인 결과와 원인을 찾아서 조치를 취하여 효율적으로 품질문제를 해결하여야 한다. 특성요인도가 바로 문제의 원인을 수집·조직화하여 그 중 가장 가능성과 중요성이 높은 원인을 선택하여 해를 얻을 수 있도록 확고한 인과관계가 만들어질 때까지 원인을 규명하여야 한다. 이 기법은 변화를 필요로 하는 특정한 사안을 구체적으로 명시한 브레인스토밍 결과의 산물이다. 문제의 결과가 정의 되고 나면 그 결과에 영향을 끼치는 원인의 윤곽이 드러나고 이들이 바로문제의 원인이 된다. 원인 규명 시 한 번에 한 가지 문제해결에만 노력을 집중하여 문제를 분석한다. 품질문제의 원인은 다음과 같은 일곱 가지의 M중 하나에 기인하여 일어난다.

① **경영측(Management)**: 경영층이 개선활동을 위하여 충분한 정보와 지원 및 개선수단을 제공하는가?

② **작업자(Man)**: 작업자가 적절한 훈련과 동기를 부여받고 그 일에 대한 경험을 갖고 있는가?

③ **방법(Method)**: 적절한 도구가 사용되고 있는가? 공정파라미터가 적절히 규격화되어 있으며 통제가 가능한가?

④ **측정(Measurement)**: 검사장치가 적절하게 조정되어 있는가? 문제를 일으키는 다른 환경요인은 없는가?

⑤ **기계(Machine)**: 예방보전활동은 적절히 수행되고 있는가? 설비가 좁은 변동범위 내에서 생산을 할 만큼 충분한 능력이 있는가?

⑥ **원재료**(Material): 공정에 사용되는 원료는 적합한가? 공급자의 품질활동은 원활한가?

⑦ **환경**(Milieu): 주변 환경이 생산결과에 영향을 끼치는가?

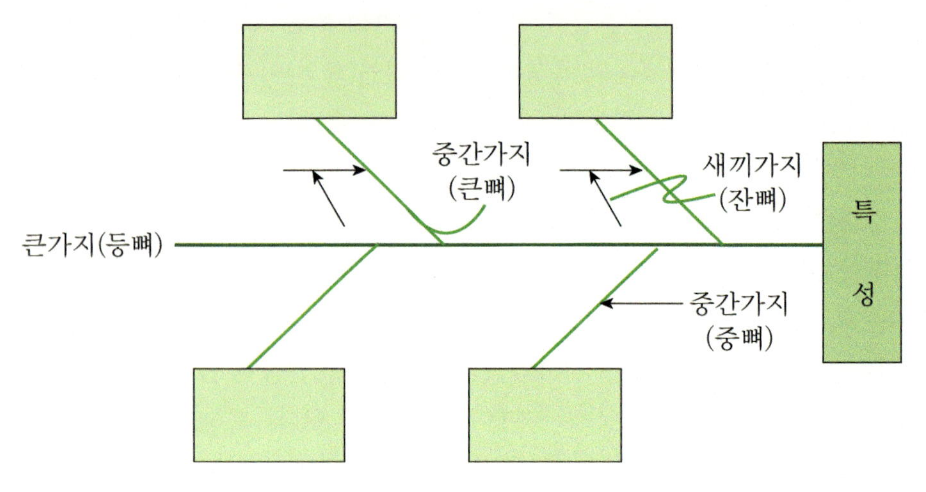

| 그림 6.13 | 특성요인도 작성방식

[특성요인도]

특성요인도는 가능한 원인들을 밝혀내고 데이터가 수집된 가능한 영역을 지적하기 위하여 결과들 또는 문제점들을 시험한다. 특성요인도 또는 원인결과도(cause-and-effect diagram)란 문제해결에 있어 제품의 특성인 결과에 요인인 원인이 어떤 관계를 갖고 있으며 그리고 어떻게 영향을 주고 있는가를 알 수 있도록 작성한 시각적 그림이다. 이것은 이시가와가 고안하여 일본의 가와사키제철에서 처음으로 품질관리에 적용한 것으로 이를 생선뼈 도표(fishbone diagram)라고도 한다.

(2) 특성요인도 작성순서

① 문제로 삼고 있는 특성을 정한다.

② 특성과 큰 가지를 그린다.

먼저, 특성을 오른쪽에 적고, 왼쪽에서 오른쪽으로 큰 가지가 되는 굵은 화살표를 그린다.

③ 중간가지의 요인을 적는다.
특성에 영향을 미친다고 생각되는 큰 요인을 중간 가지에 적어 넣고 □로 둘러싼다.
가능한, 정리가 될 수 있는 작업이나 공정을 5M(작업자, 기계, 방법, 원재료, 환경)을 중간 가지로 하되 중간 가지 수는 4~5개 정도가 좋다.

④ 요인의 그룹마다 보다 작은 요인을 작은 가지에 적어 넣는다. 필요하면 작은 가지를 향해서 새끼가지를 적어 넣는다. 작은 가지는 3~5개 정도로 한다.

⑤ 영향이 크다고 생각되는 요인에 표시를 한다. 요인 중에서 특히, 큰 영향을 미치고 있는 것으로 생각되는 요인에 ○표를 한다.

⑥ 특성요인도를 작성한 목적, 시기, 작성자 등을 기입한다.

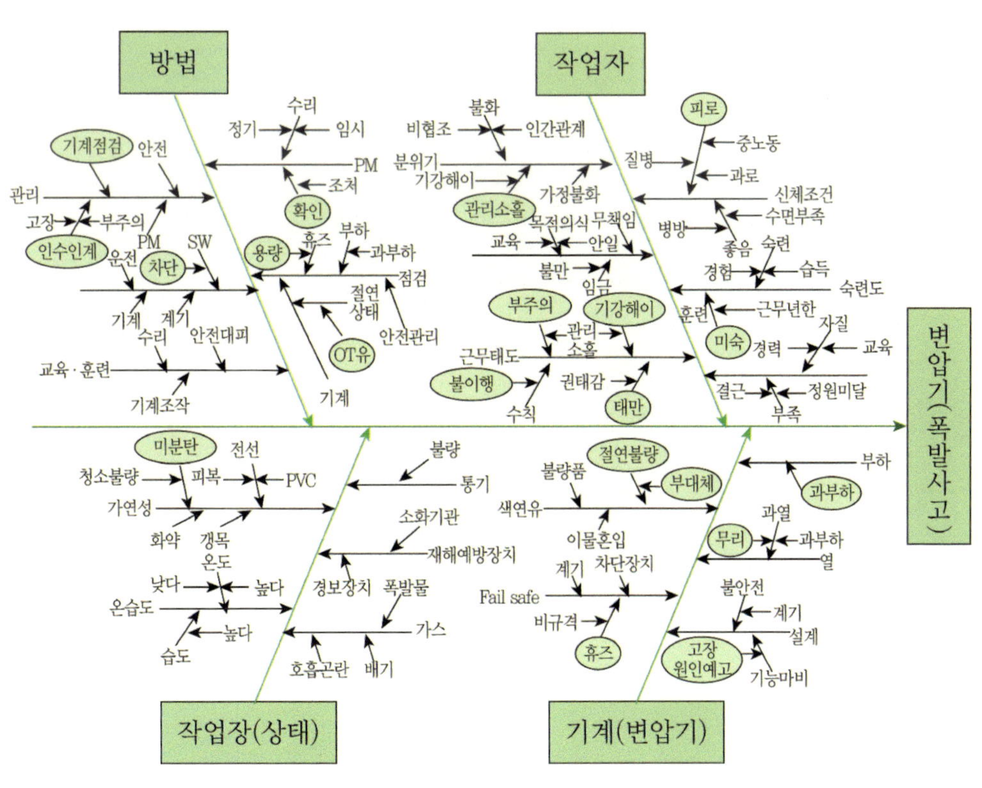

그림 6.14 변압기 폭발사고 특성요인도

5) 산포도

산포도(scatter diagram)는 어떤 요인과 특정 품질문제간의 관계를 살펴보는 데 유용하다. 즉, 산포도에서는 품질문제에 영향을 미치리라고 생각되는 요인을 독립변수로 그리고 품질특성치를 종속변수로 놓고 두 변수의 대응값을 점으로 찍어 나간다. 그리고 이 점들의 모양을 보고 두 변수 간에 상관관계가 있는지를 검토한다. 산포도는 상관관계도라고도 한다. [그림 6.15]은 산포도의 모양을 보여 주고 있다.

품질향상을 위한 도구들은 독립적으로도 사용될 수 있지만, 품질문제의 원인을 파악하고 시정조치를 취하기 위해서는 이들을 함께 사용하면 더욱 유용하다. 예를 들면, 체크리스트를 통해 불량의 유형과 빈도를 조사한 다음, 파레토분석을 통해 이들 중 가장 먼저 해결해야 할 불량항목을 찾아내고, 특성요인도를 통해 불량의 원인을 발견하여 시정조치를 취하는 것이다. 또한 교대로 작업이 수행되는 경우에는 어느 작업교대조에서 특정 불량항목이 많이 발생하였는지를 막대그림을 이용하여 나타낼 수 있다.

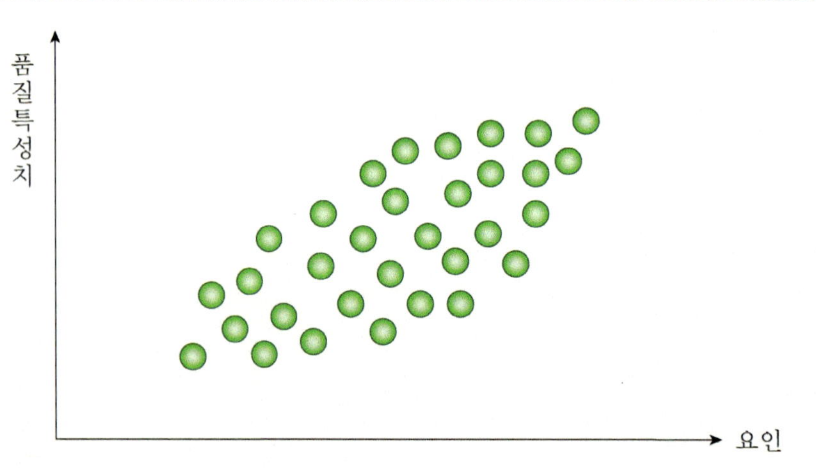

그림 6.15 산포도

5. 6σ 운동

1) 6σ 개념

6σ 운동은 품질 개선을 목적으로 1987년에 미국의 모토롤라(Motorola) 반도체

사업부에 의해 개발된 개념이다. 1992년 제품과 공정에서의 불량률의 과감한 감소가 요구되자 Boeing, Caterpillar, Corning, Digital Equipment, IBM, Raytheon을 포함하는 많은 기업에서 품질의 지속적인 개선 노력의 일환으로 6σ 운동을 전개하였다. 이 운동은 품질설계, 공정설계, 부품·구매관리, 공정관리 등에서 품질의 안정화를 우선으로 하는 품질경영전략을 수립·실천하여, 제품의 품질변동을 최소화하려는 운동이다.

6σ 운동은 공정의 평균값이 규격한계의 중심인 공칭치수와 일치한다는 가정 하에 불량률 2ppb(parts per billion), 즉 0.002ppm을 추구하는 것이다. 다시 말하면, [그림 6.16]에서 볼 수 있듯이 공정의 자연적인 분포인 ±3σ값의 중심이 규격한계 폭인 ±6σ값의 중심과 일치한다면 이때 발생하는 불량품은 십억 개당 2개의 비율로 발생하여 실질적으로 불량품이 없게 된다. 규격한계와 불량수와의 관계는 〈표 6.10〉에 자세히 나와 있다.

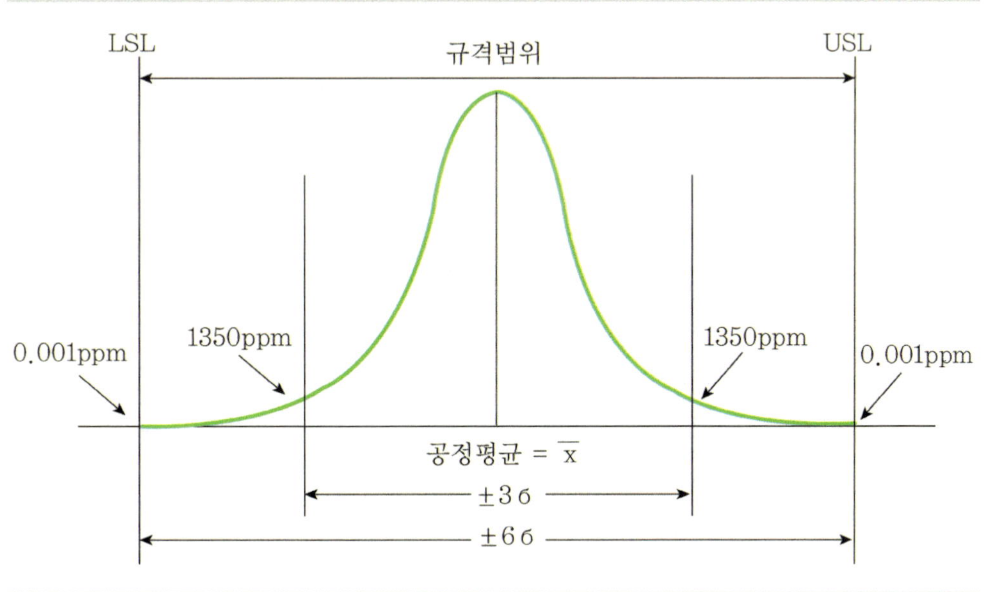

그림 6.16 **규격한계가 ±6σ인 경우의 불량품수**

우리나라에서도 최근에 품질향상을 획기적으로 이루기 위해 100ppm운동을 전개하고 있는데, 이는 〈표 6.10〉을 보면 규격한계가 약 ±4σ에 해당하는 값으로 약 0.01%의 불량률을 의미한다.

| 표 6.10 | C_p지수에 해당하는 불량품수와규격한계

C_p지수	불량품수(ppm)	규격한계
0.5	133,600	±1.5σ
0.67	45,000	±2σ
1.00	2,700	±3σ
1.33	63	±4σ
1.67	0.57	±5σ
2.00	0.0018	±6σ

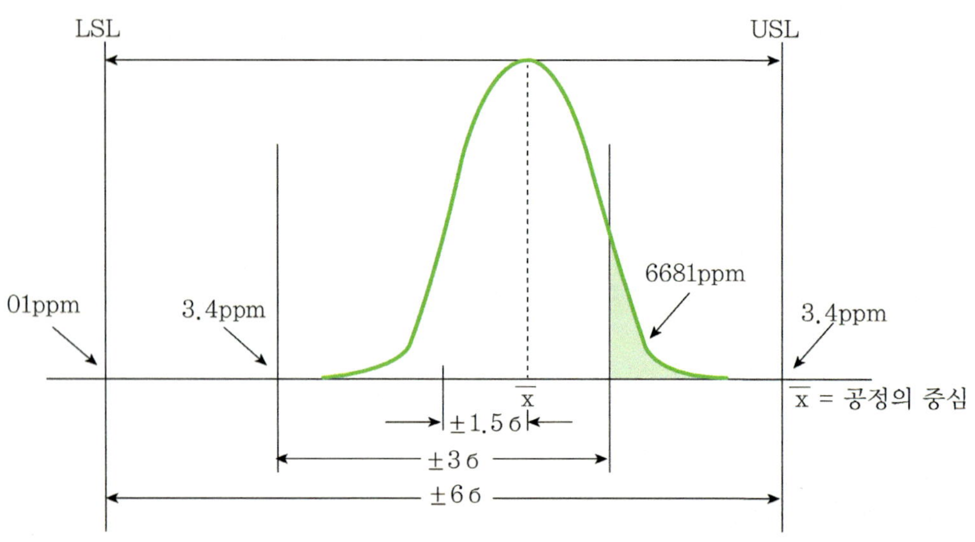

| 그림 6.17 | 중심이 1.5σ 이동한 경우의 불량품수

| 표 6.11 | 중심이 1.5σ 벗어난 경우의 규격한계와 불량품수의 관계

규격관계	양품률(%)	불량품(ppm)
±1σ	30.23	697,700
±2σ	69.13	308,700
±3σ	93.32	66,810
±4σ	99.3790	6,210
±5σ	99.97670	233
±6σ	99.999660	3.4

그러나 현실적으로 공정의 평균과 규격중심값이 일치하기는 쉽지 않은 것으로 [그림 6.17]처럼 공정중심이 1.5σ만큼 이동한 경우 ±6σ는 〈표 6.11〉에서와 같이 불량률은 3.4ppm이 된다.

2) 6σ의 의미

6σ의 의미는 다음과 같이 네 가지로 요약할 수 있다.

① 통계적 척도

- 통계적 의미로 100만 건 중 3.4건의 결함을 의미한다.
- 즉 $P_r(X > USL) + P_r(X < LSL) = 3.4ppm$

  단, 여기서 USL = 규격상한(upper specification limit)

  LSL = 규격하한(lower specification limit)

② 문제해결 도구

- 개발, 생산, 판매, 서비스 등 전 과정에 걸쳐 적용할 수 있도록 통계수법을 일련의 프로세스로 조합하여 full package화 시킨 문제해결 도구이다.
- 실질적 문제(practical problem) → 통계적 문제(statistical problem) → 통계적 해결안(statistical solution) → 실질적 해결안(practical solution)

③ 사업전략

- 온전한 Big Q의 실현으로 경영혁신을 달성하는 전략적 품질계획이다.
- 고객지향적 사고에 근거한 사업전략이다.
- 업무 프로세스 측정 → 현수준 파악 → Target 설정 → 개선활동 전개 → 성과측정 및 보상

④ 생활철학

- 내가 하는 모든 일에서 실수, error를 줄여 낭비를 없애자는 노력이다.
- Working Harder보다는 Working Smarter를 추구
- 조직문화의 변혁 창출을 도모하는 것이다.

3) 6σ전개방법론

6σ의 전개에 있어서 실제 문제를 통계적 문제로 전환하여 해결하는 것이 그 핵심이라고 할 수 있다. 전개방법론은 [그림 6.18]에서 보는 바와 같다.

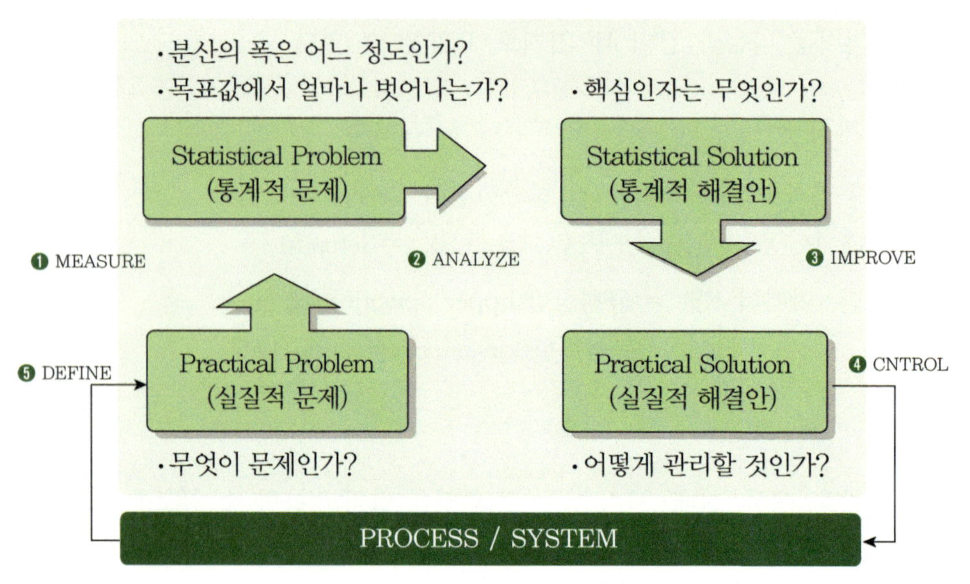

| 그림 6.18 | 6σ 전개방법론

연 습 문 제

1. 설계품질과 적합품질의 차이를 설명하시오.

2. 파레토도는 품질향상을 위해 어떻게 사용되는가?

3. 품질비용의 종류 및 각각의 특징을 설명하시오.

4. ISO 9000시리즈에 대하여 간략히 설명하시오.

5. 생산자 위험과 소비자 위험은 무엇을 의미하는가?

6. 검사특성곡선(OC: operating characteristic curve)은 무슨 용도로 사용되는가?

7. 공정으로부터 $n=10$인 표본을 50회 추출한 결과 다음의 값을 얻었다.

   $$\sum_{i=1}^{50}\bar{x} = 2,000 \qquad \sum_{i=1}^{50}R_i = 200$$

   품질특성은 정규분포를 한다고 가정할 때 $\bar{x}$관리도와 R관리도의 관리한계를 구하시오.

8. 품질특성치의 평균과 범위를 통제하기 위해 생산공정으로부터 크기 5의 표본을 수십 차례 뽑아 계산한 결과 $\bar{\bar{x}} = 30, \bar{R} = 5$였다.

(1) $\bar{x}$관리도의 CL, UCL 및 LCL을 계산하시오.

(2) R관리도의 CL, UCL, LCL을 계산하시오.

(3) 크기 5의 표본을 방금 추출한 결과 측정치가 38, 35, 27, 30, 33였다. 현재 공정은 여전히 통제되고 있는 상태에 있는가?

9. 생산공정으로부터 크기 200개의 표본을 10회 추출하여 불량률을 계산해 본 결과 다음과 같았다.

0.01, 0.02, 0.02, 0.00, 0.01, 0.03, 0.02, 0.01, 0.03, 0.02

(1) p관리도의 CL, UCL 및 LCL을 구하시오.

(2) 방금 크기 200개의 표본을 추출하여 검사한 결과 6개의 불량품이 발견되었다. 생산공정은 여전히 통제된 상태에 있는가?

Chapter 07

총괄생산계획과 주생산일정

1. 총괄생산계획과 주변 활동과의 연계관계
2. 총괄생산계획의 본질
3. 총괄생산계획수립 전략
4. 총괄생산계획의 수립과정
5. 총괄계획기법
6. 주생산일정의 기능
7. 잡샵에서의 세부일정계

총괄생산계획이란 향후 약 1년에 걸친 계획대상기간 동안 변화하는 수요를 가장 경제적으로 충족시킬 수 있도록 월별로 기업의 전반적인 생산수준, 고용수준, 잔업수준, 하청수준, 재고수준 등을 결정하는 중기계획이다. 총괄생산계획은 기업의 전반적인 생산, 고용, 잔업, 하청 및 재고수준을 결정하기 위한 계획이므로 개별 제품별로 수립되는 것이 아니라 그 기업이 생산하는 여러 제품을 총괄할 수 있는 공통의 산출단위, 즉 총괄생산단위에 의하여 수립된다. 총괄생산계획은 수요를 충족시켜야 하며, 중기에는 사실상 고정되어 있는 생산설비의 생산능력 범위 내에서 이루어져야 하고, 기업정책에 부합해야 하며, 관련비용이 최소가 되도록 수립되어야 한다.

총괄생산계획은 예산, 인력 및 마케팅과 같은 기업 내 다른 기능과 밀접히 관련되어 있다. 이 중에서도 특히 예산은 총생산량, 고용수준, 재고수준, 구매수준 등에 입각하여 수립되므로 총괄생산계획은 최초 예산의 수립이나 예산의 수정에 기초자료가 된다. 또한 총괄생산계획은 채용, 해고 및 잔업에 관한 의사결정을 포함하고 있기 때문에 인력계획 또한 총괄생산계획에 의해 크게 영향을 받는다. 마케팅기능도 총괄생산계획과 밀접한 관계가 있는데, 이는 향후 제품의 공급량, 즉 고객에 대한 서비스수준이 총괄생산계획에 의해 결정되기 때문이다. 따라서 총괄생산계획은 주로 생산기능에 의해 수립되지만 기업 내 모든 부문의 협조와 조정을 필요로 한다.

생산계획이 현장에서 적용되기 위해서는 총괄생산계획의 분해가 필요하다. 총괄생산계획의 분해란 생산계획을 추진하는데 필요한 노동력이나 자재의 양, 재고소요량 등을 결정하기 위하여 총괄생산계획을 보다 구체적으로 분해하는 것을 의미한다.

총괄생산계획에서 산출된 총괄적 단위는 실제로 생산되거나 서비스되어야 할 제품단위로 변환되어야 한다. 이와 같이 총괄생산계획의 분해결과를 주생산일정(MPS: master production schedule)이라고 한다.

1. 총괄생산계획과 주변 활동과의 연계관계

[그림 7.1]은 총괄생산계획이 제조업체의 다른 계획 활동과 어떻게 연관되어 있는지를 개략적으로 보여준다.

장기계획은 일반적으로 일 년에 한번 수립되며, 1년 이상의 계획기간을 가진다.

중기계획은 보통 6개월에서 18개월의 계획기간을 가지며, 월별 또는 분기별 시간 단위로 계획이 수립된다. 단기계획은 하루에서 수 주일을 대상으로 실제로 현장에서 집행하기 위한 세부계획 및 통제에 관한 것이다. [그림 7.1]에서 생산계획 활동에 해당되는 것은 중기에서 단기에 이르는 활동들이다.

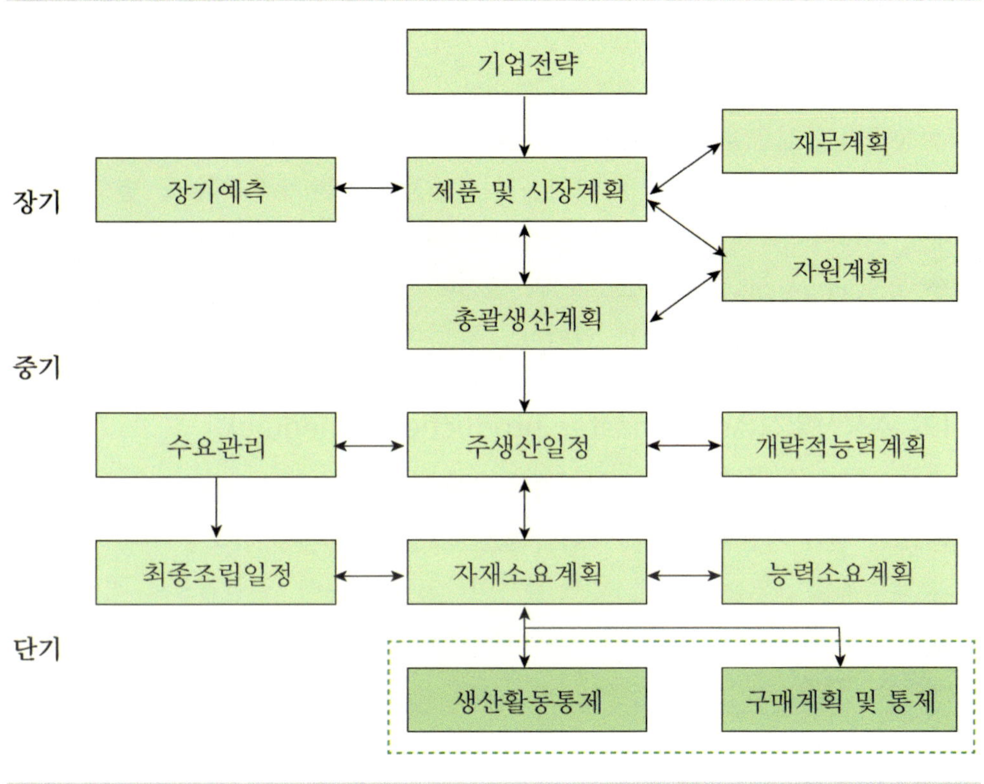

그림 7.1 생산계획 활동

1) 장기계획

장기계획은 향후 수년간의 기업목적, 목표를 설정하는 데에서 시작한다. 기업전략은 주어진 기업역량과 경제적, 정치적 여건 속에서 설정된 목적 및 목표를 어떻게 성취하는가에 대한 장기계획이다. 전략계획에는 제품라인, 품질 및 가격수준, 그리고 시장침투목표 등의 설정이 포함된다. 이들에 대한 계획과 장기예측의 결과는 제품 및 시장계획을 통해 향후 수년간 생산될 품목에 대한 장기생산계획으로 구체화되며, 개별시장과 제품 라인별 목표로 전환된다. 재무계획은 이들 계획의 자금소요량과 투자회수율 목표에 비추어 실행가능성 여부를 분석하게 된다. 자원계획은 장기생산계획을 성취하기 위하여 필요한 시설, 장비, 인력을 분석·검토하게 된다.

2) 중기계획

(1) 총괄생산계획

총괄생산계획이란 기업의 전략을 성취하기 위한 제조부문의 역할을 반영하며, 주로 총괄적인 산출량에 의하여 명시된다. 어떤 기업에서는 회사 전체의 월별 또는 분기별 매출액으로, 또 어떤 기업에서는 공장별 또는 주요 제품군 별로 부피나 무게에 의하여 명시되기도 한다. 총괄생산계획을 달성하기 위해서는 주생산일정(MPS: master production schedule)과 밀접한 연계관계를 유지하여야 하며, 특히 주생산일정의 합이 총괄계획과 일치하도록 하여야 한다.

(2) 주생산일정(MPS: master production schedule)

주생산일정이란 총괄생산계획의 후속 생산계획 활동으로 개별 완제품에 대한 주별 또는 월별 생산일정표로, 계획기간은 3개월에서 6개월이 보통이다. 주생산일정의 계획대상이 되는 품목을 MPS 품목이라고 부르는데, 일반적으로 최종완제품들이 MPS 품목이 되지만 기업에 따라서는 제품의 모델이나 사양품목이 MPS 품목이 되기도 한다.

(3) 수요관리

수요관리란 수요예측, 고객주문, 창고 및 유통과정에서의 수요, 기업 내 계열 공장 간의 수요, 서비스 수요 등 모든 생산능력 수요의 근원을 파악하여 생산계획 부문에 제공하여 주는 기능이다. 총괄생산계획은 총괄적인 척도에 의한 월별 분기별 투입자료를 필요로 하는 반면에, 주생산일정은 각 완제품의 수량에 대한 일별 또는 주별 자료를 수요관리 기능으로부터 제공받는다.

(4) 개략적 생산능력계획

주생산일정이 수립되면 이를 시행하기 전에 주어진 생산능력에 비추어 실현 가능한 계획인가를 먼저 검토하여야 한다. 개략적 생산능력 계획은 각 완제품의 MPS

가 필요로 하는 생산능력을 계산하여 주어진 MPS의 실현가능성을 검토하고 생산 능력 수급의 잠재적인 문제점을 평가하여 관리자에게 제공한다.

3) 단기계획

(1) 자재소요계획

주생산일정은 각 MPS 품목이 언제, 얼마나, 생산되어질 것인가를 제시하지만 그들이 구체적으로 어떻게 생산될 것인가를 알려주지 않는다. 그러므로 주생산일정이 완료되면, 이는 다시 자재소요계획(MRP: material requirements planning) 시스템으로 투입되어 자재명세서에 따라 하위단계의 조립품, 부품, 그리고 원자재 등의 필요량 및 필요시기를 산출하는데 사용된다.

(2) 능력소요계획

자재소요계획이 완성되면 이는 다시 능력소요계획(CRP: capacity requirements planning)을 통해 실행가능성을 검토 받게 된다. 능력소요계획은 상위단계의 개략적 능력계획에 비해 훨씬 더 상세하고 세부적인 자료를 이용하여 각 작업장의 주별 생산능력의 수요와 공급의 차이를 비교 분석하여 그 결과를 관리자에게 제공한다.

(3) 최종조립일정

최종조립일정은 최종완제품을 조립하는데 필요한 생산공정의 일정계획을 수립하는 활동이다. 모델 또는 사양품목의 수에 비해 최종완제품의 가지 수가 월등히 많은 자동차업체와 같은 기업에서는 반제품 또는 사양품목의 단계까지는 계획생산을 하고 완제품의 생산은 고객의 주문이 들어온 후에 최종조립일정을 수립하여 완제품의 생산을 하는 것이 일반적이다.

(4) 생산활동통제

생산활동통제는 작업현장의 생산활동을 통제하는 일정계획, 투입/산출 계획 및 통제 등의 제반활동을 의미한다. 자재소요계획이 확정되면 이로부터 작업현장에서 하루하루 생산활동을 수행하도록 하는 세부적인 생산일정이 필요하며 이를 일정계획이라고 한다.

투입/산출 계획 및 통제란 일정계획을 실행하는 과정에서 각 작업장으로의 계획

투입과 실제투입의 차이 그리고 각 작업장에서의 계획산출과 실제산출과의 차이를 검토하여 작업현장의 활동을 통제하는 활동의 하나이다.

(5) 구매계획 및 통제

구매계획 및 통제활동은 자재소요계획에 명시된 자재의 구입과 인수를 계획하고 통제하는 활동이다.

4) 생산능력의 종류

생산능력이란 작업자, 기계, 작업장, 공장 등 조직이 단위시간당 얼마만큼의 산출물을 생산할 수 있는 것을 알아내는 것이다.

예를 들면, 소수의 제품을 생산하는 한 공장의 생산능력은 일반적으로 단위시간당 산출율로 나타낸다. 맥주공장은 하루에 생산하는 맥주의 상자수로 산출율을 측정할 수 있고, 발전소는 연간 생산된 전력의 메가와트(megawatts)로 측정할 수 있다.

생산능력에는 다음에서 설명되는 것과 같이 다양한 의미가 있다.

① **설계생산능력(design capacity)** : 이상적인 여건에서 기업이 이론적으로 산출할 수 있는 최대생산능력이다. 예를 들어 어떤 공장을 1년에 20만대의 자동차를 생산하도록 설계하였다면, 20만대가 이 회사의 설계생산능력이다. 이 공장이 시제로 2p만대의 자동차를 생산하는지는 모른다. 이렇게 설계생산능력은 모든 실제상황이 최적으로 운영될 때 달성할 수 있는 생산능력이다.

② **기대생산능력(expected capacity)** : 일반적으로 기업의 생산능력은 제품믹스, 스케줄링, 품질 그리고 설비보수나 보전과 같은 여러 가지 이유로 말미암아 설계생산능력에 미치지 못한다. 그래서 기업은 설계생산능력을 가급적 최대한도로 달성하기를 희망한다. 이러한 생산능력을 기대생산능력이라고 한다.

③ **실제능력(actual capacity)** : 기업이 실제로 달성하는 생산율은 보통 기대생산능력에도 못 미친다. 왜냐하면 기계고장, 결근처럼 현실적으로 예기치 못한 여러 가지 이유들이 발생하기 때문이다. 그래서 기업이 실제로 달성하는 생산량을 실제생산량이라 한다. 그리고 실제생산량과 설계생산능력의 비율을 생산능력이용률(capacity utilization), 실제생산량과 기대생산능력의 비율을 생산능력의 능률성(capacity efficiency)이라 한다. 또 실제로 사용한 생산능력과 설계생산능력은 반드시 동일한 단위로 측정되어야 한다. 시간이면 시

간, 인원이면 인원, 톤이면 톤으로 똑같이 측정되어야 한다.

④ **최대생산능력(maximum capacity)** : 설비를 최대로 이용할 때, 산출할 수 있는 생산능력을 의미한다. 물론 최대생산능력은 정기적으로 설비를 유지하고 수리하는 시간을 제외한다. 최대생산능력은 주로 엔지니어의 관점에서 보는 생산능력이다. 그러나 최대생산능력에서의 생산이 가장 능률적인 생산이라고는 할 수 없다.

5) 규모의 경제 및 범위의 경제

규모의 경제(economies of scale)란 생산규모가 증가함에 따라 제품의 단위당 평균생산비용이 점점 감소한다는 원리이다. 이렇게 단위당 평균생산비용이 감소하는 것은 점점 증가하는 생산량이 땅값과 관리비 또는 설비비 같은 고정비용을 상쇄하기 때문이다. 즉 '규모의 경제' 개념은 소량생산보다 대량생산이 비용을 감소시킨다는 개념이다. 그래서 비용을 감소시키기 위해서는 생산량을 증가하여야 한다는 개념이다.

[그림 7.2]는 '규모의 경제' 개념을 보여 주는 도표이다. 여기에서 볼 수 있듯이 생산량이 증가함에 따라 단위당 평균생산비용이 점차로 감소하는 것을 볼 수 있다. 그래서 생산량 A보다는 생산량 B에서 단위당 평균생산비용이 적은 것을 알 수 있다. 그러므로 제품의 생산비용을 감소시키기 위해서는 생산량을 증가하여야 한다.

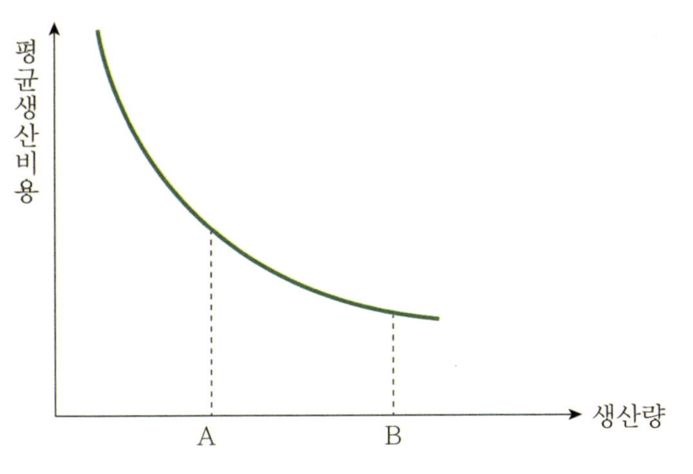

그림 7.2 규모의 경제

그러나 생산비용을 감소하기 위하여 생산량을 무한정 증가할 수는 없다. 왜냐하면 생산량은 절대적으로 생산규모에 의해 결정되기 때문이다. 어떤 주어진 생산규모에는 한계가 있다. 그러므로 이 한계를 초과하는 생산량을 달성하기 위해서는 생산규모 자체를 증가하여야 한다.

또한 생산규모가 어느 한계를 초과하면, 오히려 '규모의 비경제(diseconomies of scale)'가 발생한다. '규모의 비경제'란 생산량이 어떤 한계를 초과하면 단위당 평균생산비용이 증가하는 현상을 의미한다. 이것은 지나치게 확장한 생산규모가 오히려 제조활동을 복잡하게 하고, 의사소통을 어렵게 하고, 스탭 조직이 필요 이상으로 비대화되어 궁극적으로 능률의 저하를 초래하게 하는 것이다. [그림 7.2]는 '규모의 비경제'를 보여 주고 있다.

[그림 7.2]에는 '가', '나', '다' 세 개의 생산규모가 있다. 이 도표에 의하면, 생산규모가 증가할수록 단위당 평균생산비용이 감소하는 것을 볼 수가 있다. 물론 생산규모의 증가가 생산비용을 감소하는 것이 아니라, 생산량의 증가가 생산비용을 감소시킨다. 그러므로 '가'보다는 '나', 또 '나'보다는 '다'의 생산규모가 생산량이 증가함에 따라 생산비용을 감소시킨다. 또 하나 [그림 7.2]에서 볼 수 있는 현상은 규모의 비경제이다. 생산량이 증가한다고 무조건 생산비용이 감소하지 않는다. 어느 한계를 초과하면 생산량이 증가함에 따라 생산비용이 오히려 증가한다. '가'는 생산량 A, '나'는 생산량 B, 그리고 '다'에서는 생산량 C를 초과하면 오히려 생산비용이 증가하기 시작한다. 그러므로 각각의 생산규모에는 생산비용을 최소화시키는 생산량이 존재한다. 그러므로 경영자는 이 생산량보다 높게 생산량을 책정해서는 안 된다.

'범위의 경제'(economies of scope)는 '규모의 경제'와는 전혀 다른 새로운 개념이다. '범위의 경제'는 Panzer와 Willig에 의해 1981년 처음으로 소개되었다. 그들은 '범위의 경제'를 한 장소에서 두 개 이상의 제품을 함께 생산함으로써 비용을 감소하고자 하는 개념이라고 정의하였다. 즉, '범위의 경제'는 어떤 제품들을 생산하는 데 그 제품 하나 하나를 독립적인 별개의 라인에서 따로 생산하는 것 보다는 같은 설비와 기계를 공동으로 사용하여 그 모든 제품들을 한 라인에서 함께 생산함으로써 비용을 감소시킬 수 있다는 것이다. 그러나 사실 '범위의 경제' 개념은 공동으로 사용하는 기계와 설비의 비용을 감소시킬 수 있을 뿐만 아니라, 정보, 저장, 반출, 보전 등에 따르는 비용들도 감소시킬 수 있어 그 효과는 훨씬 크다고 할 수 있다.

Goldhar와 Kelinek(1983)은 '범위의 경제'는 CIM 시스템에 적합한 개념이라고 하였다. 왜냐하면 CIM시스템은 생산량에 의해서 능률을 추구하지 않고 제품의 다양성에 의해서 능률을 추구하는 시스템이기 때문이다. 그래서 '범위의 경제' 개념은 동일한 설비와 기계를 사용하여 다양한 품목의 제품을 소량 또는 중량으로 보다 경제적으로 생산하게 한다. 이렇게 볼 때 '범위의 경제'는 자본의 집중적인 투자를 통해 생산의 능률성과 자원의 탄력성을 동시에 추구한다고 볼 수 있다. 그래서 전형적으로 자본의 집중도가 높은 프로세스에서 볼 수 있는 낮은 유연성의 단점을 극복하게 한다.

〈표 7.1〉은 '규모의 경제'와 '범위의 경제'를 비교한 표이다. '규모의 경제'는 표준화된 제품을 대량생산하는 시스템에, 그리고 '범위의 경제'는 다품종을 소량 또는 중량으로 생산하는 시스템에 적합하다. '범위의 경제'는 고객의 기호변화에 빠르게 대응할 수 있는 반면에, '규모의 경제'는 그렇지 못하다. 그리고 '규모의 경제'는 하드웨어가 전문화되어 있지만, '범위의 경제'는 소프트웨어가 전문화되어 있다.

| 표 7.1 | 규모의 경제와 범위의 경제

	규모의 경제	범위의 경제
생산형태	표준품생산	다품종생산
생산량	대량	1~중량
제품의 다양화	고정	다양
고객수요변화 대응	거의 없음	빠름
전문화	하드웨어	소프트웨어
탄력성	낮음	높음
재고량	많음	적음
기계	특수기계	일반기계

2. 총괄생산계획의 본질

1) 생산의 총괄단위

총괄생산계획은 기업이 생산하는 여러 제품을 총괄할 수 있는 공통의 산출단위, 즉 총괄생산단위에 의하여 수립된다. 석유산업의 배럴이나 철강산업의 톤과 같이 생산량이나 매출량을 공통의 측정단위에 의해 쉽게 나타낼 수 있는 경우도 있고, 그렇지 못한 경우에는 금액단위, 노동단위, 기계시간 등을 총괄단위로 사용하기도 한다. 이러한 총괄단위는 총괄생산계획에서 수요량, 생산수준, 고용수준, 재고수준 등을 나타내는 데 사용된다. 이와 같은 총괄생산단위는 반드시 하나일 필요는 없다. 전체 제품을 총괄할 수 있는 공통의 단일 산출단위를 발견하기가 어려운 경우에는 여러 개의 비슷한 제품을 한데 묶어 제품그룹별로 총괄단위를 설정할 수도 있다.

총괄생산단위를 사용하면 수요예측을 보다 용이하고 정확하게 할 수 있으며 또한 계획수립과정을 보다 단순화시킬 수 있다. 즉, 총괄단위를 사용하면 수많은 품목을 동시에 고려해야 하는 복잡성을 피할 수 있게 된다.

2) 생산평활

현실적으로 기업은 수요변동에도 불구하고 가능하면 전반적인 생산수준을 안정적으로 유지하려고 하는 경향이 있다. 이는 생산율을 안정시키면 대규모 채용이나 해고가 없이 고용수준을 일정하게 유지할 수 있을 뿐만 아니라 과도한 잔업이나 하청 그리고 잦은 가동 시작이나 가동 중지로 인한 비용을 피할 수 있기 때문이다. 이와 같이 전반적인 생산수준의 급격한 변동을 피하고자 하는 것이 생산평활 또는 생산평준화의 개념이다.

생산수준을 고르게 하여 생산량의 변동에 따른 비용을 회피하기 위해서는 다음과 같은 두 가지 방법이 사용된다.

첫 번째 방법은 재고를 이용하는 것이다. 즉, 비수기에도 정상가동하여 재고를 유지하였다가 성수기의 수요에 대처하는 방법이다. 그러나 서비스업의 경우에는 수요에 앞서 서비스를 생산하여 재고로 보관할 수 없으므로 이 방법을 사용할 수 없다. 제조업의 경우에도 주문 생산되는 제품이나 부패하는 제품 또는 유행에 매우 민감한 제품에는 이 방법을 사용할 수 없다.

두 번째 방법은 수요패턴을 바꾸는 것이다. 이를 위해 비수기에는 각종 판촉활동을 통해 수요를 진작시키기도 하고, 성수기에는 추후납품 정책을 사용하기도 한다.

그러나 이와 같은 생산평활을 위한 방법에도 비용이 발생한다. 즉, 첫 번째 방법의 경우에는 재고유지비용이, 두 번째 방법의 경우에는 판촉비용이나 추후납품비용이 발생한다. 따라서 총괄계획은 생산수준의 변동으로 인한 비용과 생산수준의 변동을 회피하기 위한 비용 간의 상충관계를 고려하여 수립되어야 한다.

3. 총괄생산계획수립 전략

총괄생산계획을 수립하는 데는 세 가지 기본적인 접근이 있다. 그들은 세 가지 변수들 즉 ① 생산능력의 양, ② 생산능력의 활용수준, 그리고 ③ 유지하는 재고의 양 간의 상충관계를 포함한다.

1) 추적전략(Chase Strategy) - 생산능력을 지렛대로 사용

이 전략에서는 생산율은 수요율이 변함에 따라 기계생산능력을 변화시키거나 종업원을 고용 혹은 해고시킴으로써 수요율과 일치시키는 것으로, 여기서의 목표는 항상 100%의 생산능력을 사용하는 것이다. 이 접근은 재고의 낮은 수준을 가져오나, 공장 능력을 더하거나 줄이는 비용이 높으면 실행하는데 매우 비용이 많이 들 수 있다. 또한 사람들이 수요가 높고 낮음에 따라 채용되거나 해고된다면 종종 작업자에 대하여 분열과 사기저하를 가져다준다. 이 접근은 재고유지비용이 높고, 생산능력을 변경하는 비용이 낮을 때 적합하다.

일반적으로 이 전략은 주문형 생산(make-to-order)에 적합한데 왜냐하면 주문형 생산 회사들은 변동하는 수요 패턴을 만족하기 위하여 최종 제품 재고에 의존할 수 없기 때문이다. 주문형 생산 회사들은 고객의 스펙을 바탕으로 여러 종류 중의 하나 혹은 특별 제품을 만들게 된다. 주문형 생산회사들은 그들이 최종제품의 실제 스펙을 알지 못하기 때문에 주문에 앞서 사전에 생산할 수가 없다.

2) 평준화 전략(Level Strategy) - 재고를 지렛대로 사용

이 전략에서는 안정적 기계생산능력과 작업자 수준이 일정한 산출율과 함께 유지되며, 생산은 수요와 일치하지 않게 된다. 이 접근은 높은 생산능력 활용과 낮은 능력변경 비용을 가져오나, 수요가 변동함에 따라 많은 재고와 이월재고를 가져온다. 따라서 이 전략의 단점은 많은 재고가 쌓일 수 있고, 고객주문이 지연될 수 있다는 것이다. 능력비용과 능력 변경비용이 높고, 재고와 이월재고 유지비용이 상대적으로 낮을 때에만 사용되어야 한다.

이 전략은 재고형 제조(make-to-stock) 회사에 적합한데 특별히 즉각적인 배달을 강조하는 회사나 추적전략에 비하여 상대적으로 저가의 표준품을 생산하는 회사들에 적합하다.

3) 혼합전략(Mixed Strategy)

현실에 있어서는 위와 같은 순수전략을 실행하기에 문제가 있기 때문에 두 가지 전략을 잘 혼합함으로써 새로운 전략을 세울 수 있다. 예컨대 수요가 많은 특정기간에는 추적전략을 사용하고 비수기인 경우에는 평준화 전략을 사용할 수가 있는 것이다.

4. 총괄생산계획의 수립과정

총괄생산계획은 일반적으로 [그림 7.3]과 같은 과정을 통해 수립된다. 계획기간 내 각 시점의 제품군별 수요를 결정한 후, 이 수요를 충족시킬 수 있는 대안(생산율, 고용수준, 재고량, 잔업량 등의 결정)들을 작성한다. 그리고 장기적인 전략계획, 제약요인, 비용 등을 고려하여 가장 적합한 대안을 선택하게 된다.

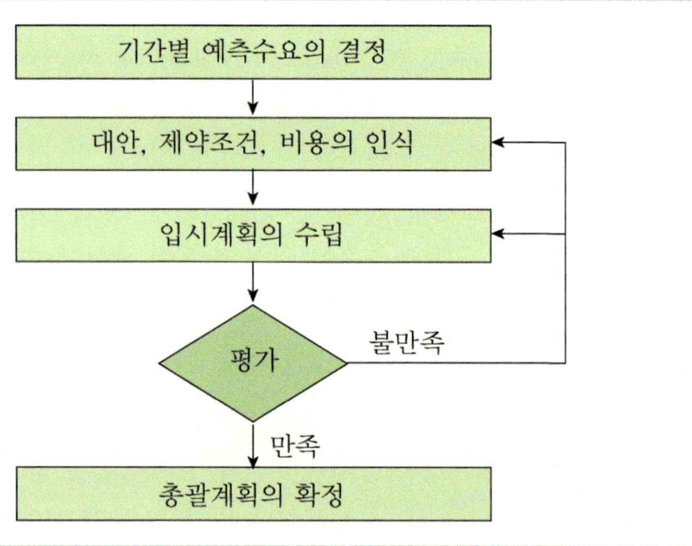

그림 7.3 총괄생산계획의 수립과정

4.1 기간별 예측수요의 결정

총괄생산계획을 수립하기 위한 첫 번째 단계는 계획기간 동안의 각 시간단위별 수요를 결정하는 것이다. 총괄생산계획에서는 수요를 총괄적인 단위(수량, 무게,

화폐단위 등)로 예측한다. 예컨대 어느 회사가 $\frac{1}{4}$인치 드릴과 $\frac{3}{8}$인치 드릴을 생산한다고 하자. 이 회사에서 생산총괄계획 수립을 위한 수요예측을 할 경우, 개별 제품 각각의 수요를 예측하는 것이 아니라, 총괄적인 척도로 개별제품의 수요를 합하여 제품군의 총수요를 예측한다.

4.2 대안, 제약조건, 비용의 인식

총괄생산계획수립의 두 번째 단계는 파악된 수요를 충족시킬 대안을 수립하는 것이다. 이를 위해 우선 결정해야 할 사항은 계획기간의 길이, 계획의 시간단위(월별 또는 분기별), 그리고 총괄계획에서 결정하여야 할 의사결정변수(예를 들면 산출률, 고용수준, 재고수준, 잔업, 하청 등)이다. 이들이 결정되면 의사결정변수에 영향을 주는 요인을 선별하고, 계획을 수립하는데 장애가 되는 제약조건을 인식하여 적절한 총괄계획 대안들을 작성한다. 이와 함께 각 대안들을 수행하는 데 발생하는 비용요소들을 조사하여야 한다.

총괄계획에서의 의사결정변수는 다음과 같이 크게 두 가지로 나눌 수 있다.

1) 수요에 영향을 미치는 의사결정변수

기업은 다음의 옵션을 활용하여 수요를 변화시킬 수 있다.

(1) 대체수요의 활용

공급능력은 연중 대체로 일정한데 반하여 수요는 계절적인 요인 등으로 큰 폭의 변동이 있을 수 있다. 수요의 변동은 비수기 중에는 생산능력의 활용성을 저하시키고 초과 수요기에는 품절의 발생을 초래하게 된다. 이와 같은 수요와 공급의 부조화를 완화시키기 위한 방법으로서, 서로 상반된 수요주기를 갖는 제품/서비스를 제품 믹스를 하여 연중 생산능력의 균등화를 도모할 수 있다.

예를 들면 여름철에 많은 수요가 발생하는 냉방기를 생산하는 업체에서 비수기 중의 유휴자원을 냉방기와 상반된 수요주기를 가지는 난방기를 생산하는데 활용한다면, 연중 생산능력의 활용을 고르게 함으로써 생산의 효율을 높일 수 있을 것이다.

또한 서비스산업의 경우 에버랜드와 같은 야외오락시설 산업은 겨울철에 수요가 감소하는 산업이다. 그래서 근래에는 겨울철의 유휴인력을 효과적으로 활용하기 위해 스키장, 눈썰매장 등을 개장하여 수요의 연간 분포를 고르게 하고 있다.

대체수요 대안의 핵심은 특정기간에 집중되어 있는 생산자원의 수요를 모든 기간에 걸쳐 균등하게 분포되도록 함으로써 생산자원의 활용성을 높이는데 있다.

(2) 가격의 조정

비수기 판매증진을 위한 가장 전형적인 방법은 가격할인이라고 할 수 있다. 가격할인은 주로 성수기의 수요를 비수기로 분산시키기 위해 이용된다. 열차나 비행기의 평일 할인제도, 영화의 조조할인, 전화의 심야할인제도 등이 이와 같은 예들이다. 이 방법도 수요의 변동 폭을 줄임으로써 생산계획의 수립을 용이하게 하며 생산자원의 활용도를 높이고자 하는 것이다.

2) 공급에 영향을 미치는 의사결정변수

공급에 영향을 미치는 의사결정변수들은 고용수준, 재고수준, 잔업, 하청 등을 들 수 있다.

(1) 고용수준관리

관리자는 예측된 수요와 비교하여 고용수준이 높으면 해고를 통하여, 고용수준이 낮으면 신규채용을 통하여 고용수준을 관리함으로써 생산능력에 영향을 미칠 수 있다. 이 옵션은 수요의 변화에 따라 고용수준을 자유롭게 변화시킬 수 있어야 가능하며, 주로 미숙련 노동을 필요로 하고 풍부한 유휴인력이 있는 산업에서 유용한 전략이다. 하지만 숙련노동이 필요한 산업의 경우 노동시장이 제한되어 있고, 새로운 근로자들에 대한 교육훈련에 소요되는 경비와 시간 등으로 그 활용 폭이 매우 좁다.

(2) 재고의 조정

일정한 생산율을 유지하면서 수요가 적은 기간 동안은 재고를 축적하고, 이 재고를 성수기의 수요를 충당하는데 사용할 수 있다. 이와 같은 재고의 사용은 생산율 및 고용수준을 안정시킬 수 있지만 재고유지를 위한 비용이 많이 든다. 완제품은 부가가치가 크므로 주문이 왔을 때 즉시 조립할 수 있는 상태인 부품 또는 반제품의 상태로 재고를 유지하는 것이 바람직하다.

(3) 잔업 및 근로시간 단축

잔업 또는 단축근무도 수요의 변동에 대응하기 위한 수단으로 사용된다. 잔업은 정상근무시간 이외의 초과근무를 하여 수요의 증가에 대응하는 방법이다. 잔업은 정상근무수당보다 비용이 많이 들게 되는데, 보통의 경우 정상근무수단의 1.5배를 지급한다. 이러한 이유로 관리자는 가능한 잔업의 사용을 제한한다. 더구나 많은 경우 근로자들은 초과근무를 원하지 않으므로 잔업시의 생산성은 평상시보다 낮은 수준이고 불량의 발생이 높게 나타난다. 단축근무는 수요에 비하여 고용수준이 높은 경우 사용되는 방법으로, 주로 고도의 기술이 필요하며 인력대체가 어려운 공정 중심의 기업에서 사용된다.

(4) 하청

단기적인 생산능력의 부족은 하청에 의해서 해결할 수 있다. 하청업자들은 서비스를 공급할 수도 있으며, 부품을 공급하거나 조립공정을 대신할 수도 있다. 만일 하청업자가 기업자체 내에서 생산하는 것보다 우수한 품질의 부품 및 서비스를 공급하거나, 보다 값싼 비용으로 조립할 수 있는 경우 하청은 단기적인 수요공급대책이 아닌 생산공정의 일부로서의 역할을 담당할 수 있다.

4.3 총괄계획 비용

총괄계획을 수립할 때 고려해야 할 관련 비용들은 다음과 같다.

1) 채용비용과 해고비용

채용비용은 모집비용, 선발비용, 교육훈련비용 등으로 구성된다. 해고비용은 퇴직수당과 같은 해고와 관련된 제반비용을 포함한다.

2) 잔업비용과 유휴시간비용

잔업비용은 정규작업시간을 초과하여 작업할 때 정규임금 이상으로 지불되는 비용을 말한다. 유휴시간비용이란 정규작업시간 이하로 공장을 가동할 때 발생하는 유휴시간에 대해 지불된 임금을 말한다.

3) 재고유지비용

재고유지비용의 대부분을 차지하는 것은 재고에 묶여 있는 자본에 대한 기회비용이며, 이 밖에도 보관비용, 보험료, 보관 중의 손실, 진부화비용 등이 재고유지비용에 속한다.

4) 재고부족비용

재고가 없는데 수요가 발생하면 그 수요는 잃어버리든지 또는 제품이 생산되어 나올 때까지 기다려 충족시키게 된다. 만일 수요를 잃어버리면 재고부족비용은 품절비용의 형태로 발생하고, 생산을 기다려 추후에 수요를 충족시키면 추후납품비용의 형태로 발생한다. 품절비용은 그 수요를 잃어버림으로써 상실되는 현재의 이익뿐만 아니라 신용상실로 인한 미래의 손실까지도 포함한다. 추후납품비용은 생산독촉비용, 가격할인, 신용상실비용 등 납품의 지연으로 인한 제 비용을 포함한다.

5) 하청비용

하청비용이란 생산능력 부족 등의 이유로 제품을 자체 내에서 생산하지 못하고 외부에 하청을 주었을 때 하청업체에게 지불되는 비용을 말한다.

5. 총괄계획기법

총괄계획을 수립하는 기법에는 여러 가지가 있으나 여기서는 간단하면서도 일반적으로 가장 많이 쓰이고 있는 시행착오법과 선형계획 모형법을 간단히 소개하고자 한다.

5.1 시행착오법

총괄 생산 계획에 대한 이해를 돕기 위해 한 예를 들어 총괄 생산 계획에 대한 몇 가지 대안을 설정하고 각 대안에 대한 총비용을 계산하여 서로를 비교해 보자. 이러한 접근 방법은 최적 생산 계획을 수립하는 데 구조적인 접근 방법이라고 할 수는 없으나 설정된 대안이 있는 경우에는 비교적 쉽게 실제 적용이 가능한 시행착오적인 방법이라 할 수 있다.

표 7.2 총괄 생산 계획을 위한 기본자료

월	1	2	3	4	5	6
수요예측치	1100	1672	2856	2816	1636	1920
작업일수	22	19	21	22	20	21

이 회사의 일일 작업 시간은 8시간이며 현재의 고용 수준은 10명이다. 회사 정책상 고용 수준 변동, 잔업, 하청, 재고, 납기 지연에 의한 다음과 같은 3가지 대안을 설정하고 이를 비교하고자 한다.

① **대안 1** : 현재의 고용 수준에 의한 생산량을 유지시키고 수요 변동은 가능한 범위 내에서 재고로 흡수하며 나머지 수요량은 하청에 의하여 조달한다.

② **대안 2** : 1일 평균 수요량(96단위/일)을 생산할 수 있는 고용 수준으로 대상 계획 기간 초에 고용 수준을 변동, 유지하고 수요 변동은 재고와 납기 지연으로 흡수한다.

③ **대안 3** : 현재의 고용 수준에 의한 생산량을 유지하고 수요 변동은 가능한 범위 내에서 재고로 흡수하며 나머지 소요량은 잔업에 의하여 조달한다.

주어진 대안을 평가하는 데 필요한 자료는 다음과 같다.

- 작업 소요 시간 : 1시간/단위
- 제조 비용(임금 제외) : 20,000원/단위
- 하청 비용 : 25,000원/단위
- 채용 비용 : 200,000원/인
- 정규 작업 임금 : 2,000원/시간
- 잔업 임금 : 4,000원/시간
- 재고 유지 비용 : 1,000원/단위·월
- 추후 납품 비용 : 1,500원/단위·월

대안 1의 경우에는 현재의 고용 수준 10명이 유지되며 회사 내에서 생산되어 수요를 충족시키는 경우에는 제조 비용, 정규 작업 임금, 재고 비용이 지출되고 수요량이 부족분에 대하여는 하청 비용이 지출된다. 계산결과는 〈표 7.3〉과 같으며 소요되는 총비용은 271,168,000원이다.

표 7.3 대안 1의 비용산정

(단위 : 10,000원)

항목 \ 월	1	2	3	4	5	6	합 계
① 수요	1,100	1,672	2,856	2,816	1,636	1,920	12,000
② 누적수요	1,100	2,772	5,628	8,444	10,080	12,000	
③ 고용수준	10	10	10	10	10	10	10
④ 작업일수	22	19	21	22	20	21	125
⑤ 누적작업일수	22	41	62	84	104	125	
⑥ 생산량(③×④×8/1)	1,760	1,520	1,680	1,760	1,600	1,680	10,000
⑦ 누적생산량	1,760	3,280	4,960	6,720	8,320	10,000	
⑧ 재고량(⑦-②)	660	508					1,168
⑨ 하청량(①-⑥)			668 ②-⑦	1,056	36	240	2,000
⑩ 제조비용(⑥×②)	3,520	3,040	3,360	3,520	3,200	3,360	20,000
⑪ 정규작업임금(⑥×1×0.2)	352	304	336	352	320	336	2,000
⑫ 재고유지비용(⑧×0.1)	66	50.8					116.8
⑬ 하청비용(⑨×2.5)			1,670	2,640	90	600	5,000
총비용	27,116.8						

대안 2는 1일 평균 수요량을 생산할 수 있는 고용 수준을 유지하므로 평균 수요량은 총수요량/총작업 일수=12,000/125=96단위이고 고용 수준은 평균 생산량/하루 생산량(인)=96/8인=12인이 된다. 그러므로 1월 초에 2명을 새로 채용하여야 하며 채용 비용이 발생한다. 따라서 총비용은 채용 비용, 제조 비용, 정규 작업 임금, 재고 유지 비용, 추후 납품 비용으로 구성되고 계산 결과는 〈표 7.4〉와 같다. 대안 2의 총비용은 267,614,000원이 된다.

대안 3은 현재의 고용 수준을 그대로 유지시키고 재고와 잔업에 의하여 수요 변화에 대처하는 방법으로 대안 1의 하청량이 잔업량에 해당되는 경우이다. 그러므로 하청비용이 제조 비용과 잔업 임금으로 대체되어 계산 결과는 〈표 7.4〉와 같다. 총비용은 269,168,000원이다.

표 7.4 대안 2의 비용산정

(단위 : 10,000원)

항목 \ 월	1	2	3	4	5	6	합 계
① 수요	1,100	1,672	2,856	2,816	1,636	1,920	12,000
② 누적수요	1,100	2,772	5,628	8,444	10,080	12,000	
③ 작업일수	22	19	21	22	20	21	125
④ 누적작업일수	22	41	62	84	104	125	
⑤ 고용수준	12	12	12	12	12	12	
⑥ 채용인원	2	0	0	0	0	0	
⑦ 생산량(③×⑤×8/1)	2,112	1,824	2,016	2,112	1,920	2,016	12,000
⑧ 누적생산량	2,112	3,936	5,952	8,064	9,984	12,000	
⑨ 재고량(⑧-②)	1,012	1,164	324	0	0	0	2,500
⑩ 납기지연(②-⑧)	0	0	0	380	96	0	476
⑪ 채용비용(⑥×20)	40	0	0	0	0	0	40
⑫ 제조비용(⑦×2)	4,224	3,648	4,032	4,224	3,840	4,032	24,000
⑬ 정규임금(⑦×0.2)	422.4	364.8	4,032	422.4	384	403.2	2,400
⑭ 재고유지비용(⑨×0.1)	101.2	116.4	32.4	0	0	0	250
⑮ 추후납품비용(⑩×0.15)	0	0	0	57	14.4	0	71.4
총비용	26,761.4						

〈표 7.3〉에서 〈표 7.5〉의 결과에 의하여 각 대안에 대한 총비용은 대안 1이 271,168,000원, 대안 2는 267,614,000원, 대안 3은 269,168,000원이 되어 대안 2의 총비용이 가장 적으므로 대안 2가 선택된다. 그러므로 총괄 생산 계획은 대상 계획 기간 초에 2명을 새로 채용하여 고용 인원을 12명으로 높이고 단위 기간이 수요 변동은 재고와 납기 지연으로 대응하는 것을 그 내용으로 한다.

| 표 7.5 | 대안 3의 비용산정

(단위 : 10,000원)

항 목 \ 월	1	2	3	4	5	6	합 계
① 수요	1,100	1,672	2,856	2,816	1,636	1,920	12,000
② 누적수요	1,100	2,772	5,628	8,444	10,080	12,000	
③ 작업일수	22	19	21	22	20	21	125
④ 누적작업일수	22	41	62	84	104	125	
⑤ 고용수준	10	10	10	10	10	10	
⑥ 정규생산량(③×⑤×8/1)	1,760	1,520	1,680	1,760	1,600	1,680	10,000
⑦ 누적생산량	1,760	3,280	4,960	6,720	8,320	10,000	
⑧ 재고량(⑦-②)	660	508	0	0	0	0	1,168
⑨ 잔업생산량(대안 1 참조)	0	0	668	1,056	36	240	2,000
⑩ 총생산량(⑥+⑨)	1,760	1,520	2,248	2,816	1,636	1,920	12,000
⑪ 제조비용(⑩×2)	3,520	3,040	4,696	5,632	3,272	3,840	24,000
⑫ 정규임금(⑥×0.2)	352	304	336	352	320	336	2,000
⑬ 잔업임금(⑨×0.4)	0	0	267.2	422.4	14.4	96	800
⑭ 재고유지비용(⑧×0.1)	66	50.8	0	0	0	0	116.8
총비용	26,916.8						

6. 주생산일정의 기능

주생산일정은 MPS품목에 대한 생산 일정표이다. MPS(Master Production Schedule) 품목이란 주생산일정의 계획 대상품목으로서, 기업에 따라 상이하며 주로 완제품을 가리키나 때로는 제품의 모듈이나 반제품, 사양품목을 의미하기도 한다. 주생산일정의 계획기간은 보통 3개월에서 6개월이며, 계획기간 내의 시간단위는 일반적으로 일주일이다.

주생산일정은 다음과 같은 네 가지 중요한 기능을 가진다.

① 어떤 MPS품목이 언제 얼마나 주문 또는 생산되는지를 보여준다.

② 자재소요계획의 주요 투입자료로서, 자재소요계획은 MPS에 근거하여 반제품,

부품, 원재료 등 하위품목의 주문 혹은 생산 시기 및 수량을 결정하게 된다.

③ 개략적 생산능력계획을 통하여 인력, 설비, 에너지 등 생산자원의 필요량을 결정하는 기초자료로 사용된다.

④ MPS는 고객에게 물품의 인도를 사전에 약정할 수 있는 근거자료로 활용될 수 있다. 생산이 계획된 제품을 고객의 실제주문에 할당하는 것에 의하여 어떤 제품이 언제 얼마나 약정되어 있는지를 추적할 수 있고, 약정되지 않은 수량에 대하여 주문약정을 할 수 있게 된다.

총괄생산계획이란 기업의 전략적 사업계획을 달성하기 위한 제조부문의 역할을 반영하는 것으로 주로 총괄적인 산출량 또는 투입량에 의하여 표시된다. 총괄생산계획을 달성하기 위해서는 MPS와 밀접한 연계관계를 유지하여, 품목별 MPS의 합이 총괄생산계획과 일치하여야 한다.

총괄생산계획과 MPS의 제약적 연관관계는 〈표 7.6〉에서 볼 수 있다. 〈표 7.6〉에서 천공기는 총괄생산계획 수립을 위하여 사용되는 제품군의 이름인데, 천공기의 월별 총괄생산계획이 주생산일정을 수립하면서 개별완제품(1/4인치 드릴과 3/8인치 드릴)의 주별 계획으로 세분화된다. 1월 중 각 천공기의 주별 MPS의 합은 같은 기간의 총괄계획과 일치하며, 2월과 3월의 총괄계획량도 마찬가지로 세분화되어진다.

표 7.6 총괄계획과 MPS와의 관계

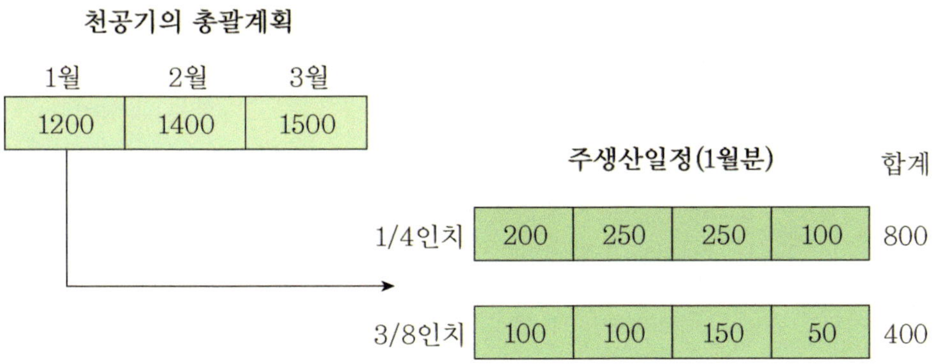

천공기의 총괄계획

1월	2월	3월
1200	1400	1500

주생산일정(1월분)

					합계
1/4인치	200	250	250	100	800
3/8인치	100	100	150	50	400

7. 잡샵(Job Shop)에서의 세부일정계획

세부일정계획이란 주생산일정을 더욱 구체화시킨 주간 계획을 의미하며 공정관리라고도 한다. 이러한 공정관리는 일정계획, 세부일정계획과 밀접한 관계가 있다.

7.1 공정관리

공정관리에 대해서는 여러 가지 정의가 있으나 미국의 ASME에서 정한 정의를 일반적으로 사용되고 있다. 즉, 공정관리란 공장에서 원자재로부터 최종완성품에 이르기까지 원재료나 부분품의 가공 및 조립의 흐름을 효율적인 방법으로 계획하고(planning), 순서를 정하고(routing), 일정계획을 세우고(scheduling), 작업을 할당하고(dispatching), 독촉하는(expediting) 과정이다.

공정관리의 주요기능은 〈표 7.7〉과 같다.

표 7.7 공정관리의 주요기능

계획기능	통제기능
절차계획(순서계획)	작업배정(우선순위)
공수계획	여력관리
일정계획	진도관리

7.2 일정계획

일정계획(scheduling)은 생산계획 내지 제조명령을 구체화하는 과정이다. 가공이나 조립에 필요한 자재가 적기에 조달되고, 이러한 부품들이 생산이 지정된 시간까지 완성될 수 있도록, 작업·기계들을 시간적으로 배정하고, 일시를 산정하여 생산계획을 수립하는 것이다.

일정계획의 내용은 기준일정의 결정과 생산일정의 결정으로 나눈다.

1) 기준일정의 결정

각 작업을 개시해서 완료할 때까지 소요되는 표준일정, 즉 각 작업의 생산기간에 대한 기준을 결정하는 것으로서 일정계획의 기초가 되는 것이 기준일정의 결정이다. 제품의 납기가 정해져 있더라도 제품을 생산하는데 소요되는 시간을 모르면 작업의 착수시기를 결정할 수가 없다. 그러나 기준일정을 알고 있으면, 납기로부터 역산해서 작업의 착수시기를 적절히 결정할 수 있다.

기준일정을 결정할 경우에는 생산기간 중에서 많은 비중을 차지하는 정체시간을 가급적 단축시키도록 힘써야 한다.

2) 생산일정의 결정

생산일정의 결정에 있어서 작업의 완급순서와 기계의 부하량 등을 감안해서 작업 개시시기를 결정한다.

① **작업배정** : 작업배정(dispatching)이란 일정계획과 절차계획에 예정된 시간과 작업순서에 따르되 현장의 실정을 파악해서 가장 유리한 작업순서를 정해서 작업을 지시하는 것으로 계획과 생산 활동을 연결시키는 역할이다.

② **여력관리** : 공수계획에 있어서는 부하와 능력을 조정하여 계획을 세우지만 실제에 있어서는 부하와 능력상의 변동이 있기 마련이다. 따라서 실제의 능력과 부하를 파악하여 균형을 이루도록 하는 것을 여력관리(capacity control)라고 한다.

③ **진도관리** : 진도관리(expediting)란 작업배정에 의해서 진행 중인 작업이 완성되기까지의 진도 상황을 수량적으로 관리하는 것이다. 진도관리의 주 현안은 주문생산에 있어서 납기의 확보와 공정품의 감소이다.

7.3 우선순위규칙과 작업순서의 평가기준

1) 우선순위규칙

우선순위규칙이란 어떤 작업을 우선해서 처리할 것인가를 결정하는 규칙으로서 작업의 도착순서, 처리시간, 납기 등 여러 가지 기준에 따라 다양한데, 일반적으로 많이 사용되는 우선순위규칙은 다음과 같다.

① **선착순규칙(first-come, first-served)** : 작업장에 도착한 순서대로 작업순서를 결정한다.

② **최단처리시간규칙(shortest processing time)** : 처리시간이 짧은 순서대로

작업순서를 결정한다.

③ **최소납기일규칙(earliest due date)** : 납기일이 빠른 순서대로 작업순서를 결정한다.

④ **최소여유시간규칙(slack time remaining)** : 여유시간이란 현재부터 납기일까지 남아 있는 시간에서 잔여처리시간을 뺀 시간이다. 여유시간이 가장 짧은 작업부터 우선적으로 처리한다.

⑤ **긴급률규칙(critical ratio)** : 긴급률이란 현재부터 납기일까지 남아 있는 시간을 잔여처리시간으로 나눈 값이다.

$$\text{긴급률 (CR)} = \frac{\text{납기일까지 남은 시간}}{\text{잔여처리시간}}$$

이 규칙에서는 긴급률이 가장 작은 작업부터 우선적으로 처리한다.

2) 작업순서의 평가기준

우선순위규칙을 이용하여 작업순서를 결정한 후에는 이를 평가할 기준이 필요한데 세부일정계획에서 일반적으로 널리 사용되는 작업순서의 평가기준은 다음과 같다.

① **총완료시간(makespan)** : 총완료시간이란 모든 작업이 완료되는 시간을 의미하며 총완료시간은 짧을수록 좋다.

② **평균완료시간** : 총완료시간을 작업수로 나눈 것인데 평균완료시간은 짧을수록 좋다.

③ **시스템 내 평균작업수** : 작업장 내에 머무는 작업의 수가 많을수록 보관 장소가 더 많이 필요하고 작업장 내부가 혼잡해지기 때문에 효율성이 떨어진다. 따라서 시스템 내 평균작업수는 적을수록 좋다.

④ **평균납기지연시간** : 평균납기지연시간은 작을수록 좋다.

⑤ **유휴시간** : 작업장, 기계 또는 작업자의 유휴시간은 짧을수록 좋다.

7.4 한 개의 작업장을 거치는 경우

여러 개의 작업이 한 개의 작업장만을 거치는 경우, 우선순위규칙에 의해 작업순서를 결정하고 이를 평가해 보자.

〈표 7.8〉은 어떤 작업장에 대기 중인 5개 작업의 도착순서, 처리시간 및 납기일을 나타내고 있다. 이 5개 작업의 총처리시간은 20일이므로 어떠한 작업순서를 사용하더라도 총완료시간은 똑같이 20일이 되며, 또한 계속해서 다음 작업을 처리하므로 작업장의 유휴시간도 없게 된다. 따라서 여러 개의 작업이 한 개의 작업장을 거치는 경우에는 총완료시간과 유휴시간은 평가기준으로서는 의미가 없게 되며, 작업순서는 평균완료시간, 시스템내 평균작업수 및 평균납기지연시간에 의하여 평가된다.

표 7.8 작업의 도착순서, 처리시간 및 납기일

작업	도착순서	처리시간(일)	납기(일)
A	1	6	10
B	2	3	4
C	3	5	15
D	4	2	5
E	5	4	9

여러 가지 우선순위규칙에 의해 작업순서를 결정해 보자. 먼저 선착순규칙(FCFS)에 의한 작업순서는 도착순서인 A-B-C-D-E 순이 된다. 최단처리시간규칙에 의한 작업순서는 D-B-E-C-A가 되고, 최소납기일규칙에 의한 작업순서는 B-D-E-A-C가 된다. 한편 각 작업의 여유시간과 긴급률을 계산해 보면 〈표 7.9〉와 같게 된다. 따라서 〈표 7.9〉에서 최소여유시간규칙에 의한 작업순서는 B-D-A-E-C가되며, 긴급률규칙에 의한 작업순서는 B-A-E-D-C가된다.

표 7.9 여유시간과 긴급률 계산

작업	처리시간	납기	여유시간	긴급률
A	6	10	10-6=4	10/6=1.67
B	3	4	4-3=1	4/3=1.33
C	5	15	15-5=10	15/5=3
D	2	5	5-2=3	5/2=2.5
E	4	9	9-4=5	9/4=2.25

이제 이들 작업순서를 평가해 보자. 먼저 선착순규칙에 의한 작업순서 A-B-C-D-E를 평가해 보면 〈표 7.10〉과 같다. 이 표에서 흐름시간(flow time)이란 각 작업의 완료시간, 즉 각 작업이 완료될 때까지 작업장에서 보낸 총시간을 의미한다. 각 작업이 완료될 때까지 작업장에서 보낸 시간은 대기시간과 처리시간으로 구성되므로 흐름시간은 대기시간과 처리시간을 합한 값이 된다. 예를 들면, 〈표 7.10〉에서 첫 번째 작업 A는 대기시간이 없으므로 처리시간 6일이 바로 흐름시간이 된다. 두 번째 작업 B는 A가 처리되는 6일 동안 기다리고 그 자신이 처리되는 데 3일이 소요되므로 흐름시간은 $6+3=9$일이 된다. 마찬가지 논리로 작업 C, D, E의 흐름시간은 각각 14일, 16일, 20일이 된다.

작업당 평균완료시간은 각 작업의 완료시간(즉, 흐름시간)을 전부 더하여 총작업의 수로 나눈 값이다. 즉,

$$\text{평균완료시간} = \frac{\text{총흐름시간}}{\text{작업의 수}}$$

선착순규칙에 의한 작업순서 A-B-C-D-E의 총흐름시간은 〈표 7.10〉에서 65일이므로 이를 작업의 수 5로 나누면 평균완료시간은 13일이 된다.

시스템 내 평균작업수를 구하는 논리는 다음과 같다. 선착순규칙에 의한 작업순서 A-B-C-D-E에서 보면, 작업 A가 처리되는 첫 6일 동안은 5개의 작업(A는 처리

표 7.10 | 선착순규칙에 의한 평가

작업순서	처리시간	흐름시간	납기	납기지연
A	6	6	10	0
B	3	9	4	5
C	5	14	15	0
D	2	16	5	11
E	4	20	9	11
계	20	65	-	27

$$\text{평균완료시간} = \frac{65}{5} = 13$$

$$\text{시스템내평균작업수} = \frac{6(5)+3(4)+5(3)+2(2)+4(1)}{20} = \frac{65}{20} = 3.25$$

$$\text{평균납기지연시간} = \frac{27}{5} = 5.4\text{일}$$

중이며 나머지 4개의 작업은 대기 중)이, 작업 B가 처리되는 다음 3일 동안은 4개의 작업이(B는 처리 중이며 C, D, E는 대기 중)이, 작업 C가 처리되는 그 다음 5일 동안은 3개의 작업(C는 처리 중이며 D, E는 대기 중)이, 작업 D가 처리되는 그 다음 2일 동안에는 2개의 작업(D는 처리 중이며 E는 대기 중)이, 그리고 작업 E가 처리되는 마지막 4일 동안은 1개의 작업이 각각 시스템 내에 있게 된다. 따라서 각 작업의 처리시간과 이 기간 동안 시스템 내에 있는 작업의 수를 곱해서 전부 더한 다음, 이를 총처리시간으로 나누면 시스템 내 평균작업수가 구해진다.

한편 각 작업이 완료되는 시간은 흐름시간과 같으므로 각 작업마다 납기지연시간은 다음과 같다.

$$\text{납기지연시간} = \begin{cases} 0, & \text{만약 흐름시간} \leq \text{납기} \\ \text{흐름시간} - \text{납기}, & \text{만약 흐름시간} > \text{납기} \end{cases}$$

따라서 평균납기지연시간은 다음과 같이 계산된다.

$$\text{평균납기지연시간} = \frac{\text{총납기지연시간}}{\text{작업의 수}}$$

〈표 7.11〉의 선착순규칙에 의한 작업순서에서는 총납기지연시간이 27일이므로 이를 작업의 수 5로 나눈 값, 5.4일이 평균납기지연시간이 된다.

이상과 같은 논리로 최단처리시간규칙(SPT), 최소납기일규칙(EDD), 최소여유시간규칙 및 긴급률규칙(CR)에 의한 작업순서를 평가할 수 있으며, 〈표 7.12〉는 이상의 5가지 우선순위규칙을 평가한 결과를 요약한 것이다.

이 예의 경우 평균납기지연시간은 최소납기일규칙을 적용했을 때 결과가 가장 좋았지만, 이는 항상 그런 것은 아니고 각 작업의 처리시간과 납기에 관한 자료에 따라 그 결과는 달라진다.

그러나 최단처리시간규칙은 어떤 경우에도 평균완료시간과 시스템 내 평균작업수 두 가지 기준에 있어서는 항상 다른 우선순위규칙보다 더 좋은 결과를 가져온다.

최단처리시간규칙은 평균완료시간과 시스템 내 평균작업수의 면에서는 가장 우수한 규칙이지만 어떠한 우선순위규칙을 선택하느냐는 어떤 평가기준을 우선적으로 고려하느냐에 따라 달라진다. 예를 들면, 선착순규칙은 고객에 대한 공정성의 측면에서는 가장 좋은 규칙이기 때문에 서비스시스템에서 널리 이용되는 것이다.

| 표 7.11 | 우선순위규칙의 평가결과

규칙	작업순서	평균완료 시간(일)	시스템내 평균작업수	평균납기 지연시간(일)
선착순규칙	A-B-C-D-E	13	3.25	5.4
최단처리시간규칙	D-B-E-C-A	10	2.5	2.2
최소납기일규칙	B-D-E-A-C	10.4	2.6	2
최소여유시간규칙	B-D-A-E-C	10.8	2.7	2.4
긴급률규칙	B-A-E-D-C	12	3	3.8

7.5 두 개의 작업장을 거치는 경우

이제 각 작업이 동일한 순서로 두 개의 작업장을 거치는 경우를 살펴보기로 한다. 이 경우에는 존슨(Johnson)의 규칙을 이용하여 최종작업이 두 번째 작업장에서 완료되는 시간, 즉 모든 작업이 끝나는 시간(makespan)이 최소가 되도록 작업순서를 결정한다. 이 규칙은 최종작업의 완료시간뿐만 아니라 두 작업장의 총유휴시간도 최소화시킨다.

존슨의 규칙은 다음과 같다.

- 단계 1 : 각 작업마다 작업장 1과 작업장 2에서의 처리시간을 산정한다.
- 단계 2 : 작업장 1, 2에 관계없이 처리시간이 가장 짧은 작업을 선택한다. 이 가장 짧은 처리시간이 작업장 1에서 발생하면 그 작업을 가능한 앞 순위에 놓고, 작업장 2에서 발생하면 그 작업을 가능한 나중 순위에 놓는다.
- 단계 3 : 단계 2에서 순위가 결정된 작업은 고려대상에서 제외한다.
- 단계 4 : 모든 작업의 순서가 결정될 때까지 단계 2와 단계 3을 반복한다.

| 표 7.12 | 두 개의 작업장을 거치는 작업의 예

작업장 \ 작업	A	B	C	D	E
작업장 1	5	8	7	11	6
작업장 2	4	9	5	10	9

예를 들어, 이 규칙을 적용시켜 보기로 하자. 〈표 7.12〉는 A, B, C, D, E 5개의 작업이 작업장 1과 작업장 2를 순서대로 거쳐야 할 때의 처리시간을 나타내고 있다. 존슨의 규칙에 의한 작업순서는 다음과 같이 결정된다.

① 작업장 1, 2중 가장 짧은 작업시간을 찾은 다음 이 작업시간이 앞 공정에 있으면 제일 먼저 작업을 착수하고, 이 작업시간이 뒷 공정에 있으면 가장 늦게 진행시킨다. 작업 A의 작업장 2가 가장 짧은 작업이고, 뒷 공정에 있으므로 작업 A가 맨 뒤로 간다.

ㅇ-ㅇ-ㅇ-ㅇ-A

② 그 다음 짧은 작업시간은 5이므로 이것도 맨 마지막 다음으로 간다.

ㅇ-ㅇ-ㅇ-C-A

③ 다음으로 짧은 작업시간은 6인데 이것은 앞 공정에 있으므로 맨 앞으로 간다.

E-ㅇ-ㅇ-C-A

④ 이와 같은 방식으로 진행시키면 다음과 같다.

E-B-D-C-A

8. 배치(Batch) 생산시스템의 세부일정계획

배치(batch) 생산시스템은 대량 생산시스템처럼 표준화된 제품을 반복적으로 생산하지만, 생산규모에 있어서는 연속생산을 할 만큼 대규모가 아닌 경우의 생산형태이다. 이와 같은 경우에는 동일한 생산라인에서 여러 가지 상이한 종류의 제품을 일정한 크기의 배치만큼씩 생산하게 된다.

예를 들어서 비누회사의 경우에 같은 포장라인에서 다양한 크기의 비누들을 포장하기도 한다. 따라서 배치생산시스템의 세부일정계획 문제는 각 제품모형의 배치 크기와 제품의 생산순서를 결정하는 것이다.

배치생산시스템의 일정계획에 자주 사용되는 소진기간(runout time)에 의한 일정계획기법을 살펴보기로 하자.

8.1 소진기간에 의한 일정계획

제품 i에 대한 소진기간 R_i은 다음과 같이 정의한다.

$$R_i = \frac{\text{제품 i의 현재고수준}}{\text{제품 i의 단위기간당 수요율}}$$

위의 정의로부터 한 제품의 소진기간은 그 제품의 현재고가 다 소모되는데 소요되는 시간을 말한다. 소진기간에 의한 일정계획의 기본적인 개념은 수요율에 비하여 현재고가 상대적으로 낮은 제품이 우선적으로 생산되어야 한다는 것이다.

표 7.13 소진기간의 계산

품목	현재고 (개)	주간수요율 (개)	소진기간 (주)	EPQ (개)	주간생산율 (개)	생산기간 (주)
소	600	200	3	800	800	1
중	1,350	150	9	600	500	1.2
대	2,000	500	4	500	500	1
점보	1,500	300	5	800	400	2
자이언트	2,000	200	10	600	400	1.5

〈표 7.13〉은 5가지 크기의 가루세제를 생산하는 공장의 소진기간 계산의 예이다. 각 품목의 현재고와 수요율을 축정한 후 소진기간을 계산한다. 또한 각 품목의 EPQ와 생산율을 고려하여 EPQ의 생산에 필요한 시간을 계산한다. 이 계산에 따라 소형세제의 소진기간이 가장 짧으므로 이 품목을 우선적으로 생산하는 것으로 결정한다. 소형세제의 EPQ는 800개이며 이를 생산하는데 1주의 시간이 소요된다.

다음에는 소형세제의 EPQ가 생산 완료되었다고 가정하고, 그것이 종료된 시점에서 다시 각 품목의 소진기간을 다시 계산한다. 각 품목의 재고수준을 현재고로부터 1주 동안의 수요를 감하여 소진기간을 다시 계산하면, 그 결과는 〈표 7.14〉와 같다. 여기에서 가장 소진기간이 짧은 품목은 대형세제 품목이다. 따라서 소형세제에 이어 대형세제의 생산을 계획한다. 여기서 유의할 점은 소진기간에 의한 세부일정계획은 모든 품목에 대한 일정을 한꺼번에 결정하는 것이 아니라, 현재의 재고수준과 예상수요량에 의하여 한 번에 한 품목씩 결정하게 된다.

표 7.14 소진기간에 의한 생산순서의 결정

품 목	현재고 (개)	주간수요율 (개)	소진기간 (주)
소	1,200	200	6
중	1,200	150	8
대	1,500	500	3
점보	1,200	300	4
자이언트	1,800	200	9

이와 같은 동태적 접근방법을 적용하기 위하여, 관리자는 모든 제품에 관한 예상재고수준을 신중히 검토하여야 할 필요가 있다. 그리하여 재고가 너무 빨리 소진되고 있는지 또는 재고수준을 너무 높게 유지하고 있는 것은 아닌지 유의하여야 한다. 잔업, 근무시간 단축, 또는 다른 능력변경전략을 병행하여 사용함으로써 효과적으로 재고조정을 할 수 있다.

연 습 문 제

1. 총괄생산계획에서의 의사결정변수들은 어떠한 것들이 있는가?

2. 총괄계획을 수립하는 세 가지 기본 전략에 대하여 설명하시오.

3. 어느 회사는 단일제품을 생산·판매하고 있는데 현재의 재고량과 향후 6개월간의 월별 수요예측치는 다음과 같다고 한다.

	1월	2월	3월	4월	5월	6월
기초재고	200					
수요예측치	500	900	800	550	760	650

관련비용 및 기타 자료는 다음과 같다.

- 재고유지비용 = 100원/단위·월
- 추후납품비용 = 200원/단위·월
- 채용비용 = 5,000원/1인
- 해고비용 = 10,000원/1인
- 정규임금 = 2,000원/시간
- 단위당 소요작업시간 = 4시간/단위
- 월간 작업일수 = 22일
- 일간 작업시간 = 8시간
- 현재의 고용수준 = 15명

다음과 같은 두 가지 전략을 평가하시오.

<전략 1> : 고용수준을 변동시켜 매월 필요한 양만 정확하게 생산한다.

<전략 2> : 매월 평균소요량을 생산하며 고용수준도 여기에 맞추어 일정하게 유지한다. 그리고 수요변동은 재고와 추후납품으로 흡수한다.

4. 주생산일정과 총괄생산계획은 어떻게 다른가?

5. 아래의 MPS 기록을 완성하시오. 현재 해당품목의 재고는 25 단위가 있다. 주문량은 매번 50단위로 한다.

현재보유재고 : 35		주							
		1	2	3	4	5	6	7	8
예측수요		15	15	20	20	20	20	30	30
실제수요		10	16	5	6	9	0	0	0
기대보유재고	25								
MPS 수량									

6. 한 작업장에서 처리해야 할 다음과 같은 6개의 작업이 있다고 한다. 이들 6개 작업 각각 공정처리시간과 납기일은 아래에 주어진 표와 같고, 작업의 번호는 도착순서에 따라 정해졌을 때, 다음에 답하시오.

작업	1	2	3	4	5	6
공정시간	6	12	14	2	10	4
납기(일)	22	14	30	18	25	34

FCFS법, SPT법, EDD법, CR법 각각에 따라 작업순서를 정하고, 각 경우에 대하여 평균완료시간, 시스템 내 평균작업수 및 평균납기지연을 계산하시오.

7. 다음과 같은 A, B, C, D 4개의 작업은 모두 공정 1을 거친 후 공정 2를 거친다.

작 업	처리시간(일)	
	공정 1	공정 2
A	4	5
B	8	7
C	12	11
D	3	9

(1) 존슨의 규칙을 이용하여 최종작업이 공정 2에서 완료되는 시간을 최소화하도록 작업순서를 정하시오.

(2) 최종작업이 공정 2에서 완료되는 시간은 언제인가?

Chapter

08

수 요 예 측

1. 수요예측
2. 예측기법의 종류
3. 예측과정의 단계
4. 정성적 예측기법
5. 계량적(정량적) 기법
6. 수요예측의 정확성 판정
7. 추적지표(tracking signal)에 의한 예측기법 통제
8. 수요예측기법의 선택

일반적으로 기업의 생산형태는 불특정다수의 고객을 대상으로 사전에 제품을 만들어 판매하는 계획생산과 고객의 주문에 의해 제품을 생산하는 주문생산으로 크게 나누어진다. 계획생산형태를 취하는 기업의 생산계획과 재고관리에 관련된 활동들이 수요예측을 토대로 한다. 주문생산형태를 지닌 기업은 일반적인 생산계획에 있어서 수요예측을 필요로 하지는 않지만, 설비투자의 의사결정을 위해서는 장기적인 수요예측이 필요하다. 그러므로 수요예측은 모든 생산 형태를 갖는 기업에 생산계획의 수립을 위해 없어서는 안 될 중요한 기능이다.

1. 수요예측

수요예측은 기간에 따라 장기, 중기, 단기로 나누어 수행되는데, 장기예측은 일반적으로 3년에서 10년까지의 예측으로 새로운 공장 혹은 생산능력결정, 입지선정, 새로운 제품개발 등에 관한 전략적 분석을 위해 사용된다. 중기예측의 계획기간은 보통 3~18개월로서, 수요수준에 대한 보다 상세한 정보가 있어야만 한다. 장기예측보다 상세하기는 하지만, 중기예측도 여러 제품이나 제품군에 대한 총괄적인 자료를 예측한다. 예측기간 단위는 보통 월이 된다. 중기예측은 총괄생산계획 및 충원계획을 작성하는 데 이용된다.

단기예측에서는, 기업은 각 기간마다 제공되어야만 할 제품 및 서비스의 정확한 혼합을 알아야 할 필요가 있다. 총괄생산계획은 주일정계획으로 변환된다. 그러면 부품 및 자재가 구매되고, 자원들이 특정한 과업이나 생산지시에 배정된다. 단기예측은 며칠이나 몇 주를 대상으로 하고, 자주 갱신되며, 고객주문을 포함한다. 실제로 단기예측은 불확실성이 매우 높기 때문에 판매시점(POS: point-of-sale) 자료를 이용하는 것이 일반적이다.

1.1 수요예측의 특성

우리가 예측하여 얻은 값이 실제의 값과 일치한다면 바람직한 일일 것이나, 이는 거의 불가능한 일이므로 예측의 목적은 이들 사이의 오차를 최소화하는 것이다.

예측기법은 매우 다양하며 서로 다른 특성을 가지고 있으나, 모든 예측에 공통되는 다음과 같은 특성들이 있다.

① 모든 예측은 과거의 경향이나 인과관계가 미래에도 그대로 지속될 것이라고 정한다. 예를 들면, 시계열분석 기법들은 과거의 수요변동 패턴이 미래에도 그대로 지속될 것이라고 가정하며, 회귀분석은 과거의 함수관계가 미래에도 그대로 지속될 것이라는 가정을 전제로 예측하는 것이다.

② 완벽한 수요예측이란 없다.

수많은 요인들로 인해 예측오차는 항상 생길 수 있기 때문에, 예측오차의 정도를 잘 검토하고 이에 적절하게 대비하여야 한다. 이를 위해서 몇 가지 다른 예측기법을 다양하게 적용하여 예측의 정확성을 확인하거나, 어떤 상황에도 적용할 수 있는 신축적인 예측시스템을 구성하는 방법 등이 고려될 수 있다.

③ 개별수요예측보다 총괄수요예측이 정확하다.

집단 내 품목간의 예측오차는 상쇄되는 효과가 있기 때문에 품목 집단에 대한 총괄수요예측이 개별 품목에 대한 수요예측보다 더 정확하다. 따라서 다양한 용도를 갖는 부품이나 자재의 종합수요는 비교적 정확하게 예측할 수 있다.

④ 예측대상기간이 멀수록 예측의 정확도는 떨어진다.

장기예측보다는 중기예측이, 중기예측보다는 단기예측이 더 정확성이 높다. 먼 미래의 예측이란 불확실성이 매우 높으며, 이는 예측이라기보다 추리 내지는 예측자가 기대하는 미래의 이상이나 희망을 나타낸 것으로 보는 것이 적절할 것이다.

2. 예측기법의 종류

수요예측기법은 크게 정성적 기법(qualitative method)과 계량적 혹은 정량적 기법(quantitative method)으로 구분할 수 있다.

정성적 기법은 예측자의 주관적 판단이나 의견을 근거로 예측하는 방법이다. 이 기법은 주로 과거의 자료를 이용할 수 없는 경우나, 또는 단시간 내에 의사결정을 내려야 하는 경우에 사용되며, 이에는 델파이(Delphi)조사법, 패널(panel)조사법, 판매원이용법, 시장조사, 역사적 자료유추법 등이 있다.

계량적(정량적) 기법은 과거의 객관적인 자료를 처리하여 미래를 예측하는 기법으로서, 역사적 자료를 통해 과거의 동향과 변화를 파악하고, 변수들 간의 관계규명을 통해 미래를 예측한다.

계량적 기법은 크게 시계열 분석과 인과형 분석이 있다. 시계열 분석(time series analysis)은 과거 자료의 시간에 따른 변화를 관찰하여 일정한 패턴을 발견하고, 이를 통해 미래를 예측하는 기법으로 수요변화의 양상이 비교적 안정적인 경우의 단기 및 중기예측에 이용될 수 있다. 이에는 이동평균법, 지수평활법, 박스젠킨스 모형(Box-Jenkins model) 등이 있다.

인과형 분석기법은 변수간의 상호관계를 모형화하여 예측하는 기법으로 회귀분석(regression analysis), 투입산출모형(Input-Output model), 계량경제모형(econometric model) 등이 있다. 이 밖에도 수요변동에 영향을 미치는 요인들 사이의 복잡한 상호작용을 보다 사실적이고 체계적으로 분석하여 예측하는 시뮬레이션모형(simulation model)이 있다([그림 8.1]).

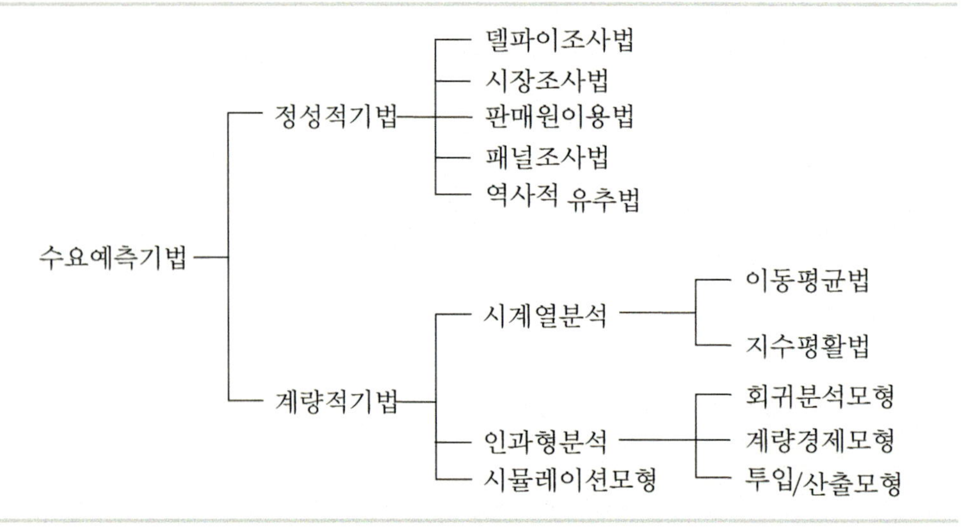

그림 8.1 수요예측기법

3. 예측과정의 단계

예측과정은 기본적으로 다음의 5가지 기본단계를 거치게 된다.

① **제1단계** : 예측의 목적과 예측이 필요한 시기를 결정한다. 이것이 결정되면 얼마나 상세하고 정확한 예측이 요구되는가에 따라 필요한 사용인력, 자금, 자원 등을 정한다.

② **제2단계** : 예측대상기간의 범위를 정한다.

③ **제3단계** : 다음 사항들을 고려하여 사용할 수요예측기법을 결정한다.

- 사용자의 기법 이해 능력
- 가용시간과 자원
- 예측의 용도
- 자료의 유무
- 자료의 변동양상

④ **제4단계** : 자료를 수집하고 분석하여 예측치를 추정한다.

⑤ **제5단계** : 예측결과를 검토한다.

4. 정성적 예측기법

1) 델파이조사법(Delphi method)

랜드사(Rand Corporation)의 핼머(Halmer)와 레쉬(Rescher)에 의해 개발된 것으로 인간의 직관력을 이용하여 미래를 예측하는 기법이다. 델파이기법은 전문가 집단으로부터 일치된 의견을 얻기 위해 설문지를 배포하고, 전문가들의 예측치 및 견해를 회수하여 요약·정리한 후 다시 배포하고 회수하는 과정을 반복하는 방법이다. 이는 위원회법의 보스 의견 집중경향이나 대세편승효과와 같은 단점을 없애기 위해, 전문가들의 이름은 밝히지 않는다. 이 과정에서 전문가들은 예측과 그러한 예측을 지지하는 견해를 밝힌다. 주관자는 이러한 예측치와 견해를 요약·정리하여 다시 설문지와 함께 보내준다. 전문가들은 다른 사람들의 예측 및 견해를 참조하여 다시 수정된 예측을 할 수 있게 된다. 이러한 과정을 반복하면 일치된 예측을 얻을 수가 있다. 보통 2회에서 5회 정도까지 이러한 과정이 진행되면서, 어느 정도의 합의에 이르게 되면 종료한다.

이 방법은 장기수요예측, 과거의 자료가 없는 신제품의 수요 예측, 그리고 신기술 예측 등에 유용하게 이용된다.

2) 패널(위원회) 조사법

다수의 의견이 소수의 의견보다 더 우월하다는 전제하에서 경영자, 생산자, 소비자, 판매원 등이 포함된 위원회를 구성하고 이들이 모여 자유로운 의사개진을 통해 미래수요를 예측하는 방법이다. 한 사람의 전문가가 범할 수 있는 오류를 방지하기 위한 방법이므로 참가한 모든 전문가들의 의견일치를 보았을 때 비로소 결정되는 것이다. 그러나 어느 한 사람이 영향력을 크게 발휘하게 될 경우 그 사람의 견해로 집약되거나, 대세에 편승하는 경향에 따른 오류가 발생된다. 이 방법은 비용이 저렴한 반면에 정확도가 떨어진다.

3) 판매원 이용법

각 지역에 흩어져 있는 판매원들은 그 지역의 고객들과 많은 접촉을 하게 되어 담당지역의 소비자들을 가장 잘 알고 있으므로, 이들로 하여금 담당 지역의 수요를 예측하게 하여 이를 종합하는 방법이다. 이 조사결과와 경제적 상황 및 경쟁업체 등을 함께 고려하여야만 한다.

이 방법은 비교적 단기간 내에 저렴한 비용으로 쉽게 수행할 수 있다는 것이 장점이나 판매원들이 예측할 때, 최근의 동향에 지나치게 영향을 받을 가능성이 크다는 단점이 있다. 예를 들면, 최근 판매량이 호조를 보이고 있으면 낙관적 예측을 하기 쉽다.

4) 시장조사법

실제제품에 대한 수요의 결정주체는 소비자이므로 이들의 의견을 수렴하여 미래수요를 예측하는 것이 타당성 있는 방법이라 할 수 있다. 이러한 방법을 시장조사법이라 하는데 이를 위해서는 각 필요한 정보를 얻기 위해 설문지를 작성하여야 한다. 조사방법은 전화 인터뷰, 우편, 직접면접, 시험판매 등이 있다.

이 기법의 문제점은 대부분의 경우 모집단인 소비자의 범위가 너무 넓고, 특히 신제품에 대한 조사를 하는 경우는 소비자의 존재가 확실하지 않으므로, 조사대상을 파악하기 어렵다는 점이다. 그래서 이 기법은 잠재적인 소비자 중에서 표본집단을 추출하고, 이들로부터 얻은 의견을 여러 가지 방법으로 통계분석하여 수요예측을 한다.

이 방법은 단기예측에서 매우 우수한 방법이나, 조사기간이 길고 많은 비용이 따르는 단점이 있다.

5) 역사적 자료유추법

역사적 자료유추법은 이용하여야 할 자료가 없을 경우 비슷한 제품이나 상황의 자료를 이용하여 결과를 유추하는 방법이다. 예를 들면 신제품에 대한 수요를 예측하는 경우 과거의 자료를 사용할 수 없으므로 어려움을 겪게 된다. 이와 같은 경우 이용할 수 있는 방법은 신제품과 유사한 기존제품의 과거자료를 통해서 신제품의 미래수요를 예측하는 것이다. 이 방법은 적은 비용으로 예측을 할 수 있으나, 유사제품과 그 역사적 자료를 찾기가 어렵고, 유사제품이 신제품의 수요를 얼마나 정확하게 예측할 수 있는가에 관련해서 정확성의 문제를 발생시킨다.

5. 계량적(정량적) 기법

1) 시계열분석

시계열(time series)이란 어떤 현상에 관한 계량적 자료가 일정 시간 간격으로 종적으로 나열되어 있는 것을 말한다. 그러므로 시계열분석은 예측하고자 하는 변수들에 대한 과거의 시계열자료를 이용하여 미래의 현상을 예측한다. 즉 시계열분석에서 사용하는 모든 자료는 과거의 수요에 대한 자료들뿐이다.

시계열분석의 대표적 기법으로는 이동평균법, 지수평활법 등이 있다.

(1) 시계열의 구성요소

시계열이란 일정한 시간간격으로 본 일련의 과거자료를 말한다. 예를 들면, 일별, 주별, 월별 판매량 같은 것이다. 시계열은 때로는 확연히 드러나지 않는 경우도 있지만 대개 어떤 패턴을 가지며, 이러한 패턴은 추세(T: trend), 계절적 변동(S: seasonal variation), 순환요인(C: cyclical element), 불규칙 변동 혹은 우연변동(R: irregular or random variation)으로 구성되어 있다. 이들 4요소는 [그림 8.2]에 잘 나타나 있으며, 이들을 좀 더 구체적으로 살펴보면 다음과 같다.

① 추세(T)란 수요가 일정한 율로 증가 또는 감소하는 경향을 나타낸다.

② 계절적 변동(S)은 추세선 상하로의 변동을 나타내며 1년 단위로 반복된다.

③ 순환요인(C)이란 1년 이상의 장기간에 걸쳐 수요가 상하로 순환적으로 변하는 것을 나타내며 주로 경기 변동에서 비롯된다.

④ 불규칙변동 혹은 우연변동(R)이란 수요변동을 추세, 계절적 변동 및 순환요인에 의해 규명하였을 때 나머지 설명할 수 없는 변동으로서 예측이나 통제가 불가능하다.

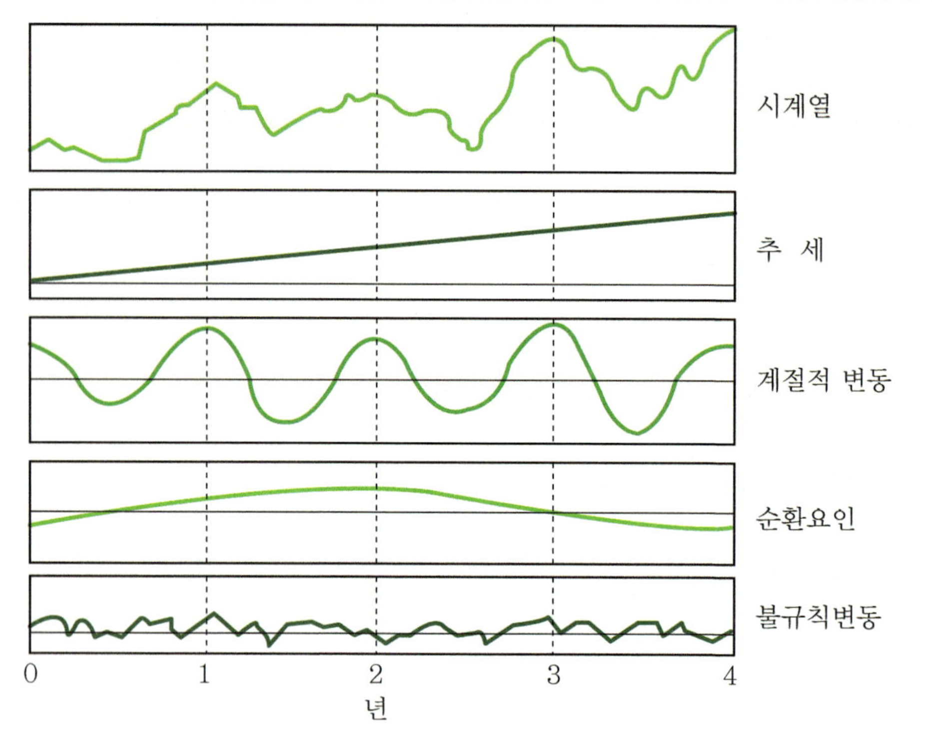

| 그림 8.2 | 시계열의 구성요소

시계열분석기법에서는 수요를 이와 같은 4가지 요소의 복합작용으로 파악한다. 즉, 시계열분석모형에서는 수요 Y를 다음과 같이 시계열의 4가지 구성요소의 함수로 파악한다.

$$Y = f(T, S, C, R)$$

이 함수에서 시계열의 4가지 구성요소가 상호 어떻게 결합되어 있느냐에 따라 시계열분석모형은 일반적으로 승법모형(multiplicative model)과 가법모형(additive model)으로 구분된다. 승법모형에서는 시계열의 4가지 구성요소가 서로 곱하기 형태를 취하며, 가법모형에서는 더하기 형태를 취한다. 일반적으로 승법모형이 가법모형보다 더 많이 사용되고 있다. 다음의 식 (8.1)과 (8.2)는 각각 승법모형과 가법모형을 나타내고 있다.

$$Y = T \cdot S \cdot C \cdot R \tag{8.1}$$

$$Y = T+S+C+R \tag{8.2}$$

과거의 자료를 가장 잘 나타내는 모형의 유형을 결정하기 위해서는 시계열을 그래프로 표시해 보면 도움이 된다. [그림 8.3]은 몇 가지 가능한 시계열의 패턴을 보여 주고 있다.

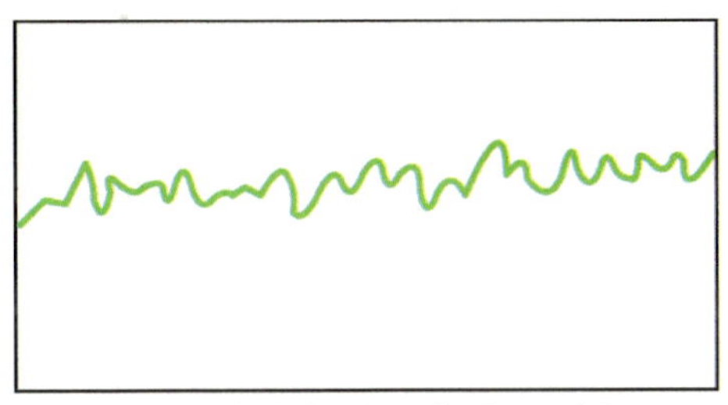

(a) 추세나 계절적 변동이 없는 경우

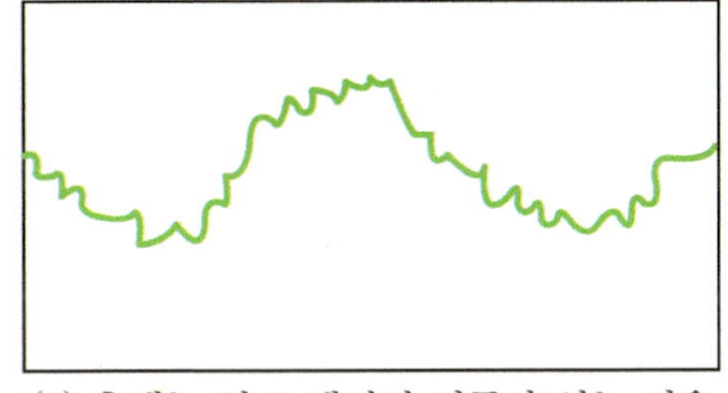

(b) 추세는 없고 계절적 변동만 있는 경우

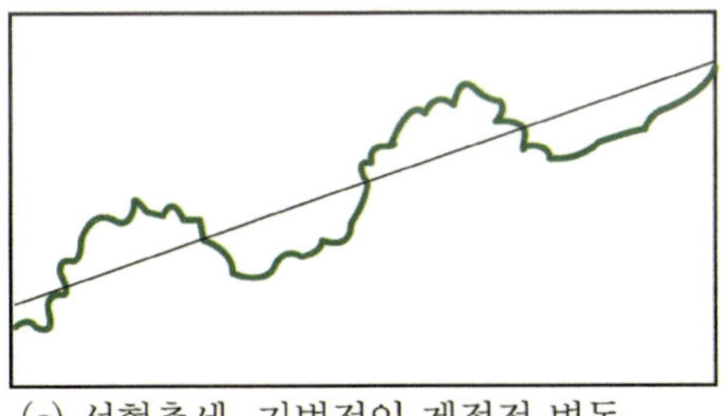

(c) 선형추세, 기법적인 계절적 변동

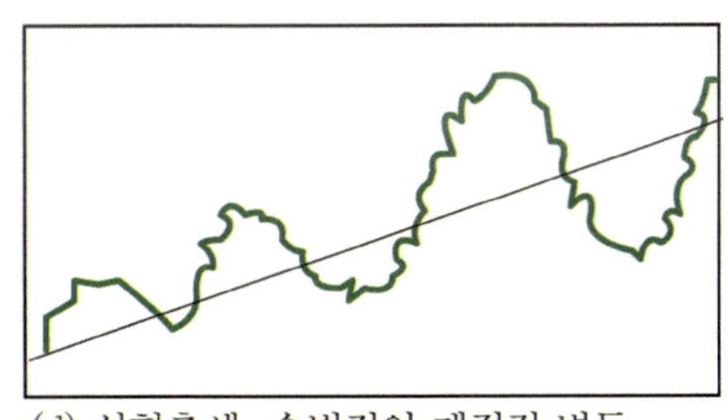

(d) 선형추세, 승법적인 계절적 변동

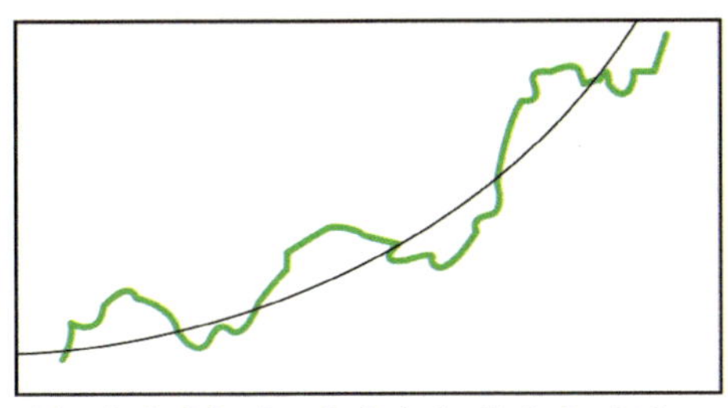

(e) 비선형추세, 기법적인 계절적 변동

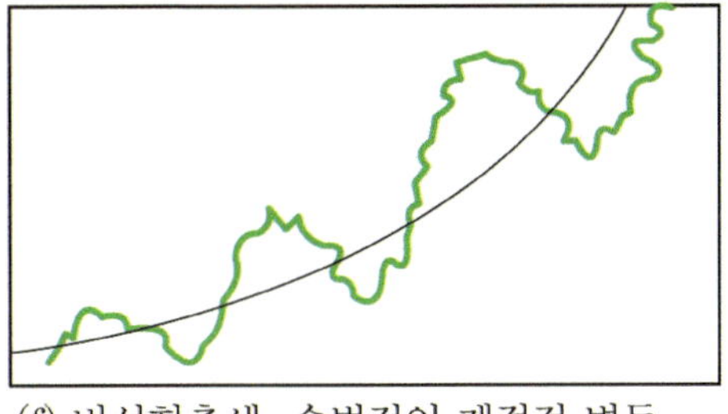

(f) 비선형추세, 승법적인 계절적 변동

그림 8.3 시계열의 패턴

2) 이동평균법(moving average method)

과거의 자료를 이용하다보면 불규칙적인 변동을 보이는 것을 볼 수 있으며, 이렇게 불규칙적인 변동은 예측에 커다란 오차를 일으키게 한다. 불규칙적인 변동을 고르게 하기 위해 사용하는 방법이 이동평균법이다. 이동평균법은 일정기간 동안의 자료의 평균값으로 다음 기간의 값을 예측하는 방법으로, 이에는 단순이동평균법과 가중이동평균법이 있다.

① 단순이동평균법(simple moving average method)

가장 가까운 일정기간 동안의 평균값을 다음 기간의 예측치로 이용하는 방법이다.

단순이동평균법에 의한 예측 :

$$F_t = \sum_{i=1}^{n} \frac{A_{t-i}}{n} = \frac{1}{n}(A_{t-1} + A_{t-2} + A_{t-3} + \dots + A_{t-n})$$

여기서, F_t : t 기의 예측치

A_{t-i} : $(t-i)$ 기의 실제치

n : 이동평균대상기간

예제 1 아래의 타이어판매 자료를 토대로 4기간 단순이동평균을 적용하여 10월의 수요예측을 하시오.

표 8.1 | 월별 수요량 데이터

(단위 : 천 개)

월	5	6	7	8	9
수요량	20	24	23	27	26

◐ 풀이

(10월의 예측치) $F_{10} = \frac{(A_9 + A_8 + A_7 + A_6)}{4}$

$$= \frac{(26 + 27 + 23 + 24)}{4} = \frac{100}{4} = 25$$

그러므로 10월의 기대수요는 25,000개이다.

② 가중이동평균법(weighted moving average method)

단순이동평균법에서는 모든 기간의 값들이 동일한 조건하에서 변동하고 있다는 가정을 전제로 하고 있다. 그러나 미래의 상태는 일반적으로 먼 과거보다는 최근의 상태에 의해 영향을 받을 가능성이 더 높다고 생각할 수 있다. 이에 따라 시기별로 가중치를 달리하여 예측하는 것이 보다 바람직하다고 볼 수 있다.

가중이동평균법에 의한 예측:

$$F_t = \frac{\sum_{i=1}^{n} w_{t-i} \cdot A_{t-i}}{\sum_{i=1}^{n} w_{t-i}}$$

여기서, F_t : t 기의 예측치

w_{t-i} : (t−i) 기에 부여된 가중치

A_{t-i} : (t−i) 기의 실제치

예제 2 지난 5개월 동안 한 백화점에서의 자동 커피 제조기 판매량은 다음과 같다. 가중 이동평균법에 의해 6월의 수요예측치를 구하시오. 단, 가중치는 최근 월로부터 각각 0.4, 0.3, 0.2, 0.1로 부여한다.

| 표 8.2 | 월별 수요량 데이터

(단위 : 천개)

월	1	2	3	4	5
수요량	82	70	85	80	90

◐ 풀이 6월의 수요예측치 :

$$F_w = \frac{(0.4 \times 90) + (0.3 \times 80) + (0.2 \times 85) + (0.1 \times 70)}{0.4 + 0.3 + 0.2 + 0.1}$$

$$= 36 + 24 + 17 + 7 = 84$$

그러므로 6월의 기대수요는 84,000개이다.

3) 지수평활법(exponential smoothing method)

일종의 가중평균법에 속하지만 가중치를 부여하는 방법이 다르다. 지수평활법에서 예측치를 구하기 위해 부여하는 가중치는 과거로 거슬러 갈수록 지수함수적으로 감소하게 된다. 즉, 최신 자료일수록 가중치는 커지고 오래된 자료일수록 가중치는 작아진다. 지수평활법은 정확성이 높고, 지수함수적 모형의 설정이 비교적 용이하며 이해하기가 쉽다. 그리고 모형을 사용하는 데는 많은 시간이 필요하지 않기 때문에 시계열분석에서 단기예측을 하는 데 가장 많이 활용된다.

지수평활법에 의한 예측:

$$F_t = F_{t-1} + \alpha(A_{t-1} - F_{t-1}) = \alpha A_{t-1} + (1-\alpha)F_{t-1} \qquad (1)$$

여기서, α : 지수평활상수 $(0 \le \alpha \le 1)$

A_{t-1} : $(t-1)$기의 실제치

F_{t-1} : $(t-1)$기의 예측치

F_t : t 기의 예측치

지수평활법을 실제 적용할 경우, 두 가지 사항을 고려하여야 한다. 하나는 평활계수(α)의 값을 결정하는 문제이고, 다른 하나는 최초의 예측치이다.

평활상수 α는 '0'과 '1'사이의 값을 갖는다. '1'보다 작은 수는 곱할수록 작아지기 때문에 최신의 자료에 부여되는 가중치는 크고 과거로 멀어질수록 가중치는 작아지며, 대상기간 전체의 가중치의 합은 1이다. α값이 1에 가까울수록 최근의 가중치는 커지고 과거로 갈수록 더 빨리 작아진다. 따라서, 자료의 안정성이 낮을수록 평활상수(α)의 값은 커져야 함을 알 수 있다.

지수평활법을 처음 도입하는 경우, 최초의 예측치 F_1을 어떻게 구하느냐가 문제가 되는데 이를 구하는 절대적인 방법은 없다. 다만 자료의 개수가 매우 많을 경우(보통 20개 이상인 경우) 이등분하여 전반부의 평균을 구하여 이를 후반부의 최초의 예측치로 이용하는 방법이 있다. 그러나 자료의 개수가 아주 작은 경우(보통 5개 이하)에는 최초의 실제치를 최초의 예측치로 이용하는 방법도 있다. 또한 자료의 수가 중간 정도인 경우 처음 몇 개를 평균하여 이용할 수도 있는데, 이때 평균대상기간수(n)은 다음 식을 이용하여 구한다.

$$n = (\frac{2}{\alpha}) - 1$$

지수평활법은 보다 최근의 자료에 더 큰 비중을 두어 미래수요를 예측하는 방법인데, 위의 식(1)을 다음과 같이 연속적으로 전개시켜 그 의미를 살펴보자.

기간1 : A_1, F_1(F_1은 최초 예측치로 주어져 있고, 기간1의 말에는 A_1또한 알 수 있음)

기간2 : $F_2 = \alpha A_1 + (1-\alpha)F_1$

기간3 : $F_3 = \alpha A_2 + (1-\alpha)F_2$

$$= \alpha A_2 + (1-\alpha)\{\alpha A_1 + (1-\alpha)F_1\}$$

$$= \alpha A_2 + \alpha(1-\alpha)A_1 + (1-\alpha)^2 F_1$$

기간4 : $F_4 = \alpha A_3 + (1-\alpha)F_3$

$$= \alpha A_3 + (1-\alpha)\{\alpha A_2 + \alpha(1-\alpha)A_1 + (1-\alpha)^2 F_1\}$$

$$= \alpha A_3 + \alpha(1-\alpha)A_2 + \alpha(1-\alpha)^2 A_1 + (1-\alpha)^3 F_1$$

따라서 일반적으로 F_t는 다음과 같이 표현된다.

$$F_t = \alpha A_{t-1} + \alpha(1-\alpha)A_{t-2} + \alpha(1-\alpha)^2 A_{t-3} + \cdots\cdots + \alpha(1-\alpha)^{t-2}A_1 + (1-\alpha)^{t-1}F_1$$

위 식에서 기간 t의 수요예측치는 과거 모든 기간의 실제수요의 지수적 가중평균(exponentially weighted average)임을 알 수 있다. 그리고 위 식에서 각 가중치는 모든 $\alpha(0 \le \alpha \le 1)$값에 대하여

$$\alpha \ge \alpha(1-\alpha) \ge \alpha(1-\alpha)^2 \ge \cdots\cdots \ge \alpha(1-\alpha)^{t-2}$$

이므로 지수평활법은 보다 최근의 자료에 더 큰 비중을 두어 수요를 예측함을 알 수 있다. α값이 크면 클수록 먼 과거의 자료에 대한 가중치는 급격하게 떨어지게 되므로 α값이 크면 클수록 보다 최근의 자료가 예측치에 더 많이 반영됨을 알 수 있다.

다음 〈표 8.3〉은 α가 0.1일 때와 0.9일 때의 영향력을 비교한 것이다.

| 표 8.3 | α값에 따른 영향력 비교

계수	α	$\alpha(1-\alpha)$	$\alpha(1-\alpha)^2$	$\alpha(1-\alpha)^3$	$\alpha(1-\alpha)^4$
$\alpha = 0.1$	0.1	0.09	0.081	0.0729	0.06561
$\alpha = 0.9$	0.9	0.09	0.009	0.0009	0.00009

α가 0.1로 주어질 때 최근 3기간은 예측치에다 27.1%(0.1 + 0.09 + 0.081 = 0.271)밖에 반영하지 못하지만,α가 0.9로 주어지면 예측치에다 99.9%(0.9 + 0.09 + 0.009 = 0.999)를 반영하는 것을 보여주고 있다.

지수평활법에서 평활상수 α는 평활(smoothing)의 정도와 예측치와 실제치와의 차이에 반응하는 속도를 결정한다. 즉, α값이 클수록 예측치는 수요변화에 더 많이 반응하며, α값이 작을수록 평활효과는 더 커진다. 일반적으로 α값은 생활필수품의 경우에는 작게 주고, 고가품이나 유행성 품목 등에는 α값을 크게 준다.

예제 3 지난 6개월 동안의 컬러 TV의 판매 실적은 다음과 같다. 0.5의 평활상수를 가지고 지수평활법을 이용하여 컬러 TV의 7월 수요를 예측하시오.

| 표 8.4 | α컬러 TV의 판매 실적과 수요

(단위 : 천대)

월	1	2	3	4	5	6
수요량	10	14	9	13	15	10

◐ 풀이

가. 우선 초기예측을 결정한다. 초기예측은 지난 n기간 동안의 자료에 대한 평균을 사용한다. 즉 $n = (\frac{2}{\alpha}) - 1 = 3$ 이므로, 현재를 기준으로 이전의 3기간 만큼의 평균을 초기 예측치(4기 예측치)로 사용한다. 즉 $F_4 = (10+14+9)/3 = 11$ 이 된다.

나. 각 기간에 대해 지수평활법의 식을 사용하여 수요예측을 계산한다.

$$F_5 = F_4 + 0.5(A_4 - F_4) = 11 + 0.5(13 - 11) = 12$$

$$F_6 = F_5 + 0.5(A_5 - F_5) = 12 + 0.5(15 - 12) = 13.5$$

$$F_7 = F_6 + 0.5(A_6 - F_6) = 13.5 + 0.5(10 - 13.5) = 11.75$$

그러므로 7월의 컬러 TV의 기대수요는 11,750대이다.

4) 인과형 분석(causal analysis)

시계열분석은 시간의 변화에 따른 수요를 관찰하여 미래를 예측하였다. 인과형 분석은 시간 외에도 다른 여러 가지 요인들이 수요에 영향을 끼친다는 사실을 근거로 하여 전개된 예측기법이다. 이 기법은 영향을 미치는 변수(독립변수)들과 영향을 받는 수요(종속변수)와의 관계를 통하여 미래를 예측하고자 하는 계량적 기법으로 수학적인 공식으로 표현되며, 장기의 예측에 적합한 모형이다. 예를 들면 제품의 매출액은 가격, 품질, 경제동향, 경쟁제품의 매출 등 여러 가지 요인들에 의해서 영향을 받는다. 그러므로 각 변수들이 매출에 어느 정도의 영향을 미치는지의 인과관계를 조사하여 이들을 정형화된 수식으로 만들고, 이 수식을 이용하여 미래의 매출액 수준을 예측한다.

이 기법은 역사적 자료를 이용할 수 있고, 영향을 미치는 각 변수들의 종류와 관계가 알려져 있을 때 사용될 수 있으며, 대표적인 분석기법으로는 회귀분석이 있으며, 그 외에도 투입/산출모형, 계량경제모형 등이 있다.

여기서는 가장 일반적으로 이용되고 있는 선형회귀분석에 대해 설명하고자 한다.

① 선형회귀분석(linear regression analysis)

회귀분석이란 하나 이상의 독립변수들(원인)과 종속변수(결과)와의 관계를 파악하여 회귀방정식을 도출하고, 이 회귀방정식을 이용하여 미래를 예측하는 인과형 분석의 가장 대표적 모형이다.

특히 선형회귀분석은 회귀분석 중에서 독립변수와 종속변수가 선형의 관계로 표현할 수 있는 경우를 말한다. 회귀분석에서 종속변수는 예측하고자 하는 변수를 말하며, 독립변수는 종속변수의 결정에 영향을 미치는 원인이 된다.

회귀분석을 통해서 우리는 여러 가지의 정보를 얻을 수 있는데, 첫째로 독립변수와 종속변수간의 상호관련성 여부를 알 수 있고, 둘째로 종속변수와 독립변수의 상관관계의 정보를 파악할 수 있으며, 셋째로 변수간의 종속관계의 성격 즉 변수간의 관계가 양의 관계를 갖고 있는지, 음의 관계를 갖고 있는지 알 수가 있다. 선형회귀분석은 단순선형 회귀분석과 다중선형 회귀분석으로 나눌 수 있다.

ⓐ 단순선형 회귀분석(simple linear regression analysis)

단순회귀분석은 종속변수에 영향을 미치는 독립변수의 수가 1개인 회귀분석을 의미한다. 선형회귀식을 수립하기 위해서는 먼저 독립변수(X_i)와 종속변수(Y_i)가 다음과 같은 선형 관계를 갖는다는 가정이 필요하다.

$$Y_i = \alpha + \beta X_i + \varepsilon_i$$

여기서, α = 선형회귀식의 Y 절편
β = 선형회귀식의 기울기
ε_i = 회귀식에 의해 설명할 수 없는 오차

이다. 선형 회귀분석에서 우리가 알고자 하는 것은 절편 α와 기울기 β이다. 이들을 추정하기 위해 최소자승법(least square method)과 최우추정법(maximum likelihood method)의 방법을 사용할 수 있는데 여기서는 최소자승법을 이용한 회귀분석에 대해 설명하고자 한다.

최소자승법은 실제 Y_i와 Y_i의 추정치의 차이인 오차들의 합이 최소가 되도록 하는 절편과 기울기의 추정치를 구하는 방법이다. Y_i의 추정치는 다음과 같이 표현될 수 있다.

$$Y_i = \alpha + \beta X_i$$

이때 선형회귀식의 목적함수는

$$\sum(Y_i - Y_i)^2 = \sum[Y_i - (\alpha + \beta X_i)]^2$$

의 최소화로 표현된다. 목적함수를 최소화시키는 계수를 찾기 위해서 목적함수를 구하고자 하는 계수α와 β에 대해 편미분하여 각식을 0으로 놓고 풀면, 다음과 같은 결과를 얻게 된다.

$$\hat{\beta} = \frac{n\sum XY - \sum X \sum Y}{n\sum X^2 - (\sum X)^2}$$

$$\hat{\alpha} = \frac{\sum Y - b\sum X}{n} = \hat{Y} - \beta\hat{X}$$

단순회귀분석에서 독립변수(X)와 종속변수(Y)가 어느 정도 관계를 갖고 있는가는 상관계수(r)에 의해 측정될 수 있다. 상관계수(correlation coefficient)는 종속

변수와 독립변수관계의 강도와 방향을 측정하는 것으로 -1에서 1 사이의 값을 갖는다. 상관계수는 다음 식으로 나타낼 수 있다.

$$r = \frac{n\sum XY - \sum X \sum Y}{\sqrt{[n\sum X^2 - (\sum X)^2][n\sum Y^2 - (\sum Y)^2]}} = \frac{COV(X,Y)}{S_X S_Y}$$

$r = 0$이라는 것은 두 변수간의 상관관계가 없음을 의미하며, -1은 강한 음(-)의 상관관계를 +1은 강한 양(+)의 상관관계를 가진다는 것을 의미한다.

ⓑ 다중선형 회귀분석(multiple linear regression analysis)

현실적으로 기업의 매출액은 가격, 판촉, 경쟁자, 시장동향 등 다양한 독립변수에 의해 영향을 받는다. 이러한 경우 회귀분석에서 종속변수(Y)는 하나의 독립변수로 설명하는 것이 불가능하다. 이와 같이 여러 개의 독립변수를 갖는 회귀분석모형을 다중 회귀모형이라고 한다. 다중선형 회귀는 다음과 같은 형태로 표현될 수 있다.

$$\hat{Y} = a + b_1X_1 + b_2X_{2+...+}b_nX_n$$

예제 4 지난 8년간의 신문구독 부수와 그 마을의 주민수가 다음과 같이 주어져 있을 때 주민수의 변화에 따른 신문구독 부수를 예측하고자 한다. 만일 내년의 주민수가 42,000명으로 예측될 때 단순선형 회귀모형을 사용하여 내년도의 신문구독수가 얼마나 될지를 추정하시오.

표 8.5 신문구독 부수와 마을의 주민수

(단위: 주민수: 만 명, 신문구독수: 천부)

연도	신문구독수	주민수
1993	3.0	2.0
1994	3.5	2.4
1995	4.1	2.8
1996	4.4	3.0
1997	5.0	3.2
1998	5.7	3.6
1999	6.4	3.8
2000	7.0	4.0

◐ 풀이 $\hat{\alpha}$와 $\hat{\beta}$의 계산을 위해 필요한 자료가 〈표 8.6〉에 주어져 있다.

$$\hat{\beta}=\frac{n\sum XY-\sum X\sum Y}{n\sum X^2-(\sum X)^2}=\frac{8(127.9)-39.1(24.8)}{8(80.2)-(24.8)^2}=2.01$$

$$\hat{\alpha}=\frac{39.1-2.01(24.8)}{8}=-1.34$$

표 8.6

연도	신문구독수(Y)	주민수(X)	X^2	XY
1993	3.0	2.0	4.0	6.0
1994	3.5	2.4	5.8	8.4
1995	4.1	2.8	7.8	11.5
1996	4.4	3.0	9.0	13.2
1997	5.0	3.2	10.2	16.0
1998	5.7	3.6	13.0	20.5
1999	6.4	3.8	14.4	24.3
2000	7.0	4.0	16.0	28.0
$\sum$	39.1	24.8	80.2	127.9

따라서 주민수와 신문구독수와의 관계를 나타내는 회귀방정식은 $Y=-1.34+2.01X$ 이다. 만일, 내년의 주민수가 42,000명으로 예측되었을 때 회귀방정식으로부터 신문구독수가 얼마나 될 것인지를 추정해 보면 $Y=-1.34+2.01(4.2)=7.1$, 즉 내년도 신문구독 수요에 대한 추정치는 7,100부이다.

② 그 밖의 인과형 모형

그 밖의 인과형 모형에는 계량경제모형, 투입/산출 모형 등이 있다. 계량경제모형(econometric model)은 여러 개의 독립적인 방정식에 의해 경제의 여러 분야를 설명하는 모형이고, 투입/산출모형은 각 산업의 매출액과 다른 회사나 정부와의 관계를 집중적으로 관찰하여 수요를 예측하고자 하는 모형이다.

6. 수요예측의 정확성 판정

아무리 좋은 예측기법을 사용하여 예측한 경우라도 그 예측치는 반드시 오차를 갖게 마련이다. 그러나 수요예측에 따른 오차의 크기를 측정하는 것은 다양한 예측기법들 중에서 어느 한 기법을 선택할 경우나 사용 중인 기법의 정확성을 평가하는 경우에 있어 기준이 되기 때문에 매우 중요하다 하겠다.

예측오차의 측정은 절대편차 평균(MAD: mean absolute deviation)과 오차제곱평균(MSE: mean squared error)이 많이 이용되고 있다.

수요 예측오차 측정 방법

$$\text{절대평균편차(MAD)} = \frac{\sum|\text{실제치} - \text{예측치RIGHT}|\,\text{n}}{}$$

$$\text{오차제곱평균(MSE)} = \frac{\sum(\text{실제치} - \text{예측치})^2}{n-1}$$

예제 5 아래의 주어진 자료에 대하여 MAD와 MSE를 계산하시오.

표 8.7

기간	실제치	예측치	오차	| 오차 |	(오차)²
1	217	215	2	2	4
2	213	216	-3	3	9
3	216	215	1	1	1
4	210	214	-4	4	16
5	213	211	2	2	4
6	219	214	5	5	25
7	216	217	-1	1	1
8	212	216	-1	4	16
합계			-2	22	76

◐ 풀이

$$\text{MAD} = \frac{\sum|e|}{n} = \frac{22}{8} = 2.75$$

$$MSE = \frac{\sum e^2}{n-1} = \frac{76}{8-1} = 10.86$$

만일 예측오차가 정규분포를 이루고 평균이 0이라면, MAD와 MSE의 값은 다음과 같은 관계가 있다.

$$\sqrt{MSE} = \sqrt{\frac{\pi}{2}} MAD \fallingdotseq 1.25 \ MAD$$

이 측정치들은 서로 다른 예측기법들을 비교하는데 이용된다. 예를 들면, 지수평활법에서 평활상수 α를 0.1, 0.2, 0.3,… 등등을 적용하여 예측을 해보고, 각 경우에서 MAD나 MSE를 계산한다. 그리고 이들을 비교하여, 최소의 MAD나 MSE를 갖는 경우의 α값을 찾아 예측모형에 이용할 수 있다.

7. 추적지표(tracking signal)에 의한 예측기법 통제

추적지표(tracking signal)란 누적예측오차(cumulative forecast error)와 그에 대응하는 절대평균오차(MAD)의 비이다.

추적지표는 예측의 정확도를 나타내 주는 신호로서 이 값이 음수(-)의 값을 나타내면 예측치가 실제치보다 크고, 양수(+)의 값을 나타내면 예측값이 실제치보다 낮은 것을 의미한다. 따라서 누적오차값이 0에 가까울수록 보다 정확한 예측이 이루어졌음을 나타내준다.

예제 6 앞의 예에서 추적지표를 구하시오.

◐ 풀이

$$TS = \frac{\text{누적예측오차}}{MAD} = \frac{-2}{2.75} = -0.727$$

8. 수요예측기법의 선택

실제 수요예측을 할 때 어떤 특정 기법을 사용할 것인가가 문제가 된다. 적합한 예측기법을 선택하기 위해서는 각 기법의 내용이나 장·단점에 관한 명확한 이해가 선행되어야 함은 물론, 예측대상의 수준, 예측용도, 예측기간, 요구되는 정확도,

과거자료의 유무 및 유형, 예측에 소요되는 시간 및 비용 등 여러 가지 요인을 고려하여야 한다.

시계열분석기법이나 인과형 모형은 상당한 양의 역사적 자료를 필요로 한다. 따라서 충분한 과거자료가 없거나 이들 자료를 수집하는데 시간과 비용이 엄청나게 소요된다면 이들 기법은 사용할 수 없고 정성적 기법이 사용된다. 또한 신제품의 수요예측과 같이 역사적 자료가 전혀 없을 때에도 정성적 기법이 사용된다. 그리고 역사적 자료가 충분하여 시계열분석기법이나 인과형 모형을 사용할 수 있는 경우에도 과거자료가 안정적이냐 아니면 추세나 순환변동이나 계절적 변동을 가지고 있느냐의 여부에 따라 구체적인 기법이 선정된다.

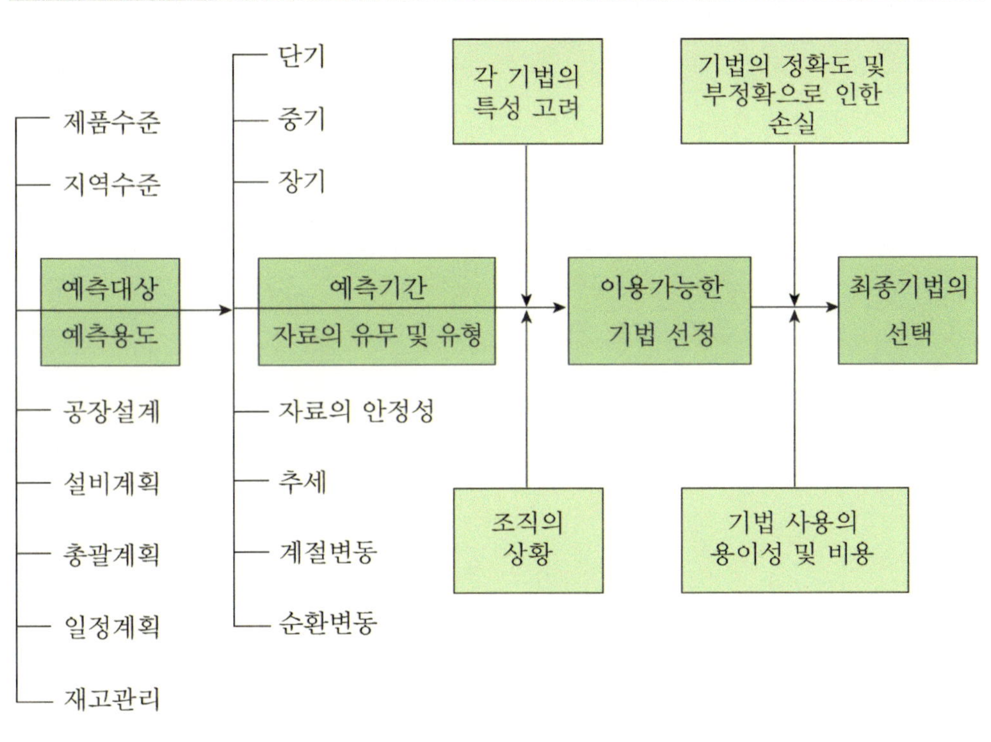

그림 8.4 적합한 수요예측기법의 선택과정

예측의 용도나 예측기간의 장단에 따라서도 적합한 기법이 달라진다. 일반적으로 정성적 기법은 장기예측에, 인과형 모형은 중기예측에, 그리고 시계열분석기법은 주로 단기예측에 많이 쓰인다.

자료의 유무나 유형, 예측용도 및 예측기간이 결정되면 개인이나 조직의 상황에 비추어 실제 사용이 가능한 여러 가지 기법들을 찾아낼 수 있다. 거기에다 요구되는 예측의 정확도, 사용비용, 소요기간, 사용의 용이성 등을 고려한 후에, 예측에 소요되는 비용과 예측의 부정확으로 인해 발생하는 비용의 합계, 즉 예측관련 총비용을 최소화하는 기법을 최종적으로 선택한다. 그러나 최종적으로 선택된 기법이 꼭 하나일 필요는 없다. 여건이 허락하면 여러 기법을 사용하여 여러 예측치를 얻은 후 상호 비교하여 최종결과를 얻는 것이 좋다. [그림 8.4]는 지금까지 설명한 적합한 수요예측기법의 선택과정을 보여 주고 있다.

연 습 문 제

1. 시계열분석에 있어 변동의 네 가지 구성요소에 대하여 설명하시오.

2. 대표적 정성적 기법을 설명하시오.

3. 시계열 분석에 해당하는 이동평균법과 지수평활법을 서로 비교하여 설명하시오.

4. 지수평활법에서 평활상수 α의 값이 예측에 미치는 영향을 설명하시오.

5. 지수평활법에서 최초 예측치를 구하는 방법에 대하여 설명하시오.

6. 적합한 수요예측기법을 선택할 때 어떠한 요인들을 고려해야 하는가?

7. 어떤 제품의 과거 자료가 다음과 같이 주어져 있다.

월	1	2	3	4	5	6
수요	12	11	15	12	16	15

(1) 가장 최근 달로부터 거슬러 올라가며 0.6, 0.3, 0.1의 가중치를 갖는 가중이동평균법에 의해 7월의 수요를 예측하시오.

(2) 3개월 단순이동평균법에 의해 7월의 수요를 예측하시오.

(3) 평활상수 $\alpha = 0.2$ 그리고 6월의 수요예측치가 13이라 할 때 단순지수평활법에 의해 7월의 수요예측치를 구하시오.

8. Y사의 지난주의 매출액을 1.1억 원으로 예측하였으나 실제매출액은 1.25억원 이었다.

(1) $\alpha = 0.1$인 지수평활법을 사용할 때 이번 주의 예상매출액은 얼마로 추정되는가?

(2) 금주의 실제매출액은 1.2억원으로 집계되었다. 다음 주의 매출액 예측치는 얼마가 되는가?

9. 다음은 어느 공장의 지난 7년간의 작업 중 사고와 종업원 수를 보여주고 있다.

연 도	종업원수(천명)	사고건수
2000	15	5
2001	12	20
2002	20	15
2003	26	18
2004	35	17
2005	30	30
2006	37	35
계	175	140

(1) 종업원 수를 독립변수로, 그리고 사고건수를 종속변수로 두고 단순선형회귀분석에 의해 회귀방정식을 구하시오.

(2) 만약 2007년도의 종업원 수를 33,000명으로 잡고 있다면 사고건수의 예측치는 얼마가 되는가?

(3) 종업원 수와 사고건수 간의 상관계수는 얼마인가?

10. 지난 6주간의 수요를 예측하기 위해 어떤 기법이 사용되었다. 실제수요와 그 기법에 의한 예측치는 다음과 같았다.

주	실제수요	예측치
1	900	800
2	1,000	850
3	1,050	950
4	900	950
5	900	1,000
6	1,100	975

매 기간 추적지표를 구하고 현재의 예측기법이 만족할 만한 것인가를 ±4관리 한계를 이용하여 평가하시오.

Chapter

09

재고관리

1. 독립수요와 종속수요
2. 재고의 기능적 분류
3. 재고관련 비용
4. 재고시스템
5. 확정적 재고모형
6. 확률적 재고모형
7. 단일기간 재고모형

재고란 한마디로 '미래에 사용하기 위하여 보관하고 있는 모든 유휴자산'이다. 재고는 모든 경제부문에서 발생하는 공통문제이다. 만일 기업에서 자재 및 부품이 떨어지고 없다면 그 시점에서 모든 생산활동은 중단되고 말 것이다. 완제품 재고의 부족은 고객 요구를 충분히 충족시켜주지 못하고, 기회이익을 놓치게 된다. 이러한 재고부족에 따른 손실을 방지하려면, 많은 양의 재고를 보유하고 있어야 할 것이다. 그러나 지나치게 많은 재고는 자금을 묶어 놓음으로써 기업의 원활한 자금흐름을 막게 되고, 시장변화에 대한 대응력을 떨어뜨리며 흑자도산까지 이르게 된다.

따라서 재고관리란 첫째, 적시 적량의 재고로 고객에 대한 서비스수준을 최대로 하며, 둘째, 이에 부수되는 제반 비용을 최소로 하는 것이라 할 수 있다.

1. 독립수요와 종속수요

기업이 생산 또는 판매하는 품목들은 수요결정 과정에 따라서 독립수요품목과 종속수요품목으로 나눈다. 독립수요품목이란 주로 각 기업의 최종 완제품으로 소비자에 의해 그 수요가 결정되는 품목을 말하며, 종속수요품목이란 다른 제품의 수요에 의해서 그 수요가 종속적으로 결정되어지는 품목으로서 원재료, 부품, 반제품 등이 이에 속한다.

종속수요의 파악은 단순한 계산의 문제라고 할 수 있다. 종속수요품목의 필요량은 그것이 사용되는 상위 품목의 수요로부터 계산될 수 있다. 예를 들어서 자동차는 독립수요품목이지만 타이어는 자동차의 수요에 의해 종속적으로 그 소요량이 결정되는 종속수요 품목이다. 자동차의 수요가 500대라면 타이어의 수요는 500×5 = 2,500본으로 바로 계산(스페어 타이어 포함)이 나온다. 반면에 자동차의 수요는 자동차 회사의 외부적인 요인에 의해 독립적으로 결정된다.

독립수요품목의 수요 파악은 주로 예측에 의존하며, 재고관리기법으로는 정량발주 또는 정기발주 등의 재발주법이 주로 사용된다. 반면에 종속수요품목은 독립수요품목과는 달리 수요 예측이 필요 없으며, 재고관리기법도 자재소요계획(MRP: material requirements planning) 시스템이 주로 사용된다. 본 장에서는 독립수요품목의 관리에 대하여 주로 다루고자 한다.

2. 재고의 기능적 분류

재고정책을 제대로 수립하기 위해서는 제조나 마케팅과 관련한 재고의 역할에 대한 이해가 필요하다. 그러나 얼마만큼의 재고이면 충분한가를 다룰 때 흔히 발생하는 오류는 개별 재고품목의 기능이나 품목간의 상관관계를 고려하지 않고 모든 품목에 일률적으로 재고회전율의 개념을 적용한다는 것이다. 플라슬(Plossl, 1971)도 기업의 재고 관련 의사결정이 종종 회계 또는 재무 실무자에 의해 수행되며, 이에 따라 재고통제는 대개 사전에 정의된 회계적 목적에 따른 재고 분류를 기준으로 결정되어 왔다고 지적한 바 있다. 재고회전율이나 매출액과 대비한 재고척도는 사후적인 분석 또는 보고 목적에는 유용하지만, 계획단계에 통제의 목적으로 일률적으로 적용하는 것은 지양되어야 한다.

재고의 기능에 따라 재고는 크게 다음의 다섯 가지로 분류할 수 있다.

1) 주기재고(cycle inventory)

주기재고란 재고품목을 한 단위씩 주문 또는 생산하여 소모하지 않고 주기적으로 일정한 로트 단위에 의해 조달되기 때문에 발생하는 재고이다. 로트 단위에 의한 조달의 이유는 다음과 같이 여러 가지가 있을 수 있다.

- 대량구매, 수송, 생산에 의한 가격할인 또는 생산비용 절감
- 대량주문에 의한 주문횟수 감축으로 주문비용의 절감
- 기술적 제약요인

특정시점에서 보유재고의 양은 재고품목의 주문량과 주문빈도에 직접적인 영향을 받게 된다. 일반적으로 주문량과 주문빈도는 주문비용과 재고유지 비용의 상충관계 속에서 결정된다.

2) 안전재고(safety stock)

안전재고는 완충재고(buffer stock)라고도 불리며, 수요와 공급의 단기적인 불확실성에 대비하여 보유하는 재고를 말한다. 만약 제품에 대한 수요를 정확히 알고 있다면 수요를 정확하게 흡족시키도록 제품을 생산할 수 있다. 그러나 보통 수요는 완전히 알려져 있지 않는 것이 일반적이며, 따라서 수요변동을 흡수하기 위해서는 안전재고를 유지해야 한다. 마찬가지로 공급자의 납품이나 조달기간에 대한 불

확실성을 흡수하기 위해 원자재의 안전재고를 유지하며, 기계설비의 고장, 작업자의 실수, 또는 급속한 일정변경에 대처하기 위해 재공품재고에 대해서도 안전재고를 유지한다.

3) 예비적 비축재고(anticipation inventory)

예비적 비축재고란 수요의 상승을 기대하여 의도적으로 사전에 비축하고 있는 재고를 말한다. 예비적 비축재고는 주로 계절적 수요를 가지는 품목의 경우에 발생한다. 예를 들어 에어컨을 생산하는 업체에서 여름 동안의 성수기를 대비하여 비수기인 겨울에 평균수요 이상의 에어컨을 생산함으로써 재고를 비축하여 성수기에 대비하는 것을 우리는 흔히 볼 수 있다. 예비적 비축재고는 예기되는 수요의 상승이외에도 불량품, 정기적 시설 보수, 파업 등에 대비하기 위한 재고를 포함하기도 한다.

4) 파이프라인 재고(pipeline inventory)

파이프라인 재고는 현재 수송 중에 있는 품목들을 말한다. 파이프라인 재고의 양은 품목의 수요율, 수송시간, 그리고 수송시간의 불확실성의 정도에 비례하게 된다.

5) 분리용 재공품재고(decoupling inventory)

[그림 9.1]은 세 개의 작업장으로 구성된 가상적 생산라인을 나타낸다. 원재료가 도착하면 첫 번째 작업장에서 공정을 거친 후, 두 번째 작업장으로 이동하고, 다시 세 번째 작업장의 공정이 끝나면 완제품이 되어 최종소비지에게 유통하게 된다.

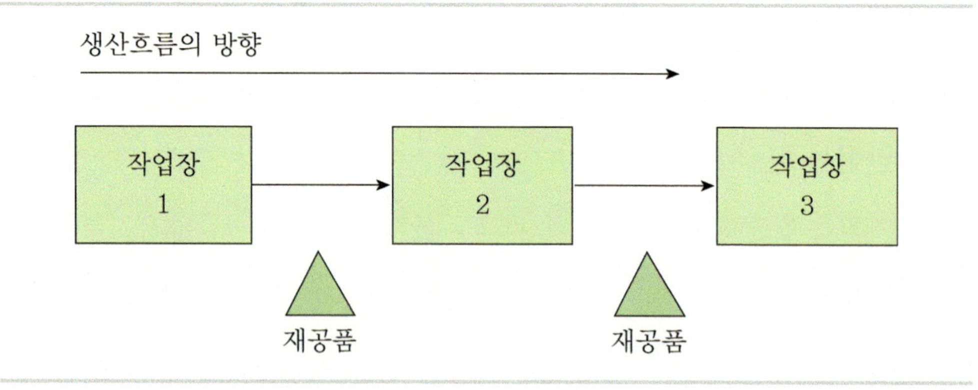

| 그림 9.1 | 가상적 생산라인

이 경우 각각의 작업장은 상호 종속적인 관계를 가지게 된다. 왜냐하면 한 작업장이 어떤 원인(기계고장, 결근 등)에 의해서 공정 활동을 중단하면 다음 작업장도 생산 활동을 계속할 수가 없기 때문이다. 그러나 만일 각 작업장 사이에 일정량의 재공품재고를 보유하게 되면 위에서와 같이 종속성으로부터 어느 정도 분리될 수가 있을 것이다. 선행작업장이 정지하여도 후속작업장은 재공품재고에 의해 지속적으로 생산활동을 수행할 수 있기 때문이다. 이와 같이 작업장 사이의 재공품재고는 공정순서나 자재흐름으로부터 오는 작업장간의 종속성을 해소시켜, 각 작업장이 독립적으로 보다 효율적으로 운영될 수 있는 수단으로 사용될 수 있다.

3. 재고관련 비용

재고와 관련하여 고려해야 할 비용에는 구매단가, 주문비용, 재고유지비용, 품절비용의 네 가지가 있다.

1) 구매단가

구매단가란 재고품목 한 단위를 구입하기 위하여 물품의 공급자에게 지불하는 금액을 말한다. 일반적으로 재고품목의 구매단가를 정확하게 산정하기는 쉽지 않다. 왜냐하면 물품의 단가는 공급자에 의해 수시로 바뀔 수 있고, 구입량에 따라 다른 가격이 적용될 수도 있기 때문이다. 구매단가의 정확한 파악은 두 가지 이유에서 중요하다. 첫째, 구매단가는 일정기간 동안의 총구매비용을 산정하기 위한 기준이 된다. 둘째, 재고유지비용이 주로 구매단가에 의하여 좌우되기 때문이다.

2) 재고유지비용

재고유지비용이란 실제로 재고를 보유함으로써 발생하는 재비용을 말한다. 재고를 보유함으로써 직접적으로 발생하는 비용으로는 창고비, 세금, 보험료, 고장, 파손, 도난, 진부화, 재고에 묶인 자금에 대한 기회비용 등을 들 수 있다. 재고유지비용을 구성하는 항목 중에서 가장 높은 비용을 차지하는 것은 재고에 묶인 자본의 기회비용이다. 재고유지비용은 보통 다음과 같이 계산된다.

연간 재고유지비용 = (평균재고)(구매단가)(i)

위 식에서 i는 연간 재고유지 비용률로서, 주로 평균재고투자액의 자본비용을 의미한다. 자본의 기회비용은 쉽게 설명될 수 있다. 이론적으로 생각할 때, 자금이 재고에 묶여서 포기해야 하는 투자안들의 가장 높은 수익률이 바로 재고유지로 인한 자본의 기회비용이 된다. 그러나 이와 같은 한계비용적 개념의 비용을 실무에 적용하기는 쉽지 않다. 따라서 실제 재고시스템에서는 일정기간 동안 고정된 자본비용률을 적용하다가, 기업환경에 중요한 변화가 발생할 때에만 다시 수정하는 것이 일반적이다.

3) 주문비용

필요한 자재나 부품은 외부공급자로부터 구입하든지 또는 제조업체 내의 생산에 의해 조달받든지 하게 된다. 외부공급자로부터의 구입이든지 내부조달이든지 물품을 주문하여 획득하는 과정에서 비용이 발생하게 된다. 외부로부터 물품을 조달할 때 소요되는 제비용의 예로서는 주문처리 및 발송비용, 수송비, 검사비, 입고비 및 관련 인건비를 들 수 있다. 내부 조달의 경우에는 생산준비비용이 들게 된다. 생산준비비용이란 특정품목의 생산에 필요한 공구의 교체, 필요자재의 준비, 보고서작성 등과 관련하여 발생하는 비용을 말한다. 주문비용의 항목들은 대개 주문의 크기보다는 주문횟수에 의하여 더 직접적인 영향을 받는다. 예를 들어서 연간수요가 10,000개일 때, 일회 주문량이 1,000개이면 1년 동안 10번의 주문비용이 발생하지만, 주문량이 5,000개이면 두 번의 주문비용이 발생하게 된다. 따라서 주문량이 커질수록 연간총주문비용은 감소한다. 그러나 주문량이 커지면 평균재고가 증가하여 앞에서 언급한 재고유지비용이 상승하게 된다.

4) 품절비용

품절비용은 재고를 불충분하게 보유하여 발생하는 것으로 기업 외부적으로 발생하는 비용과 내부적으로 발생하는 비용을 나누어서 생각할 수 있다. 외부적 품절비용은 물품의 결손으로 고객의 주문에 즉각적으로 응하지 못하여 발생하는 부재고(backorder) 비용, 판매유실에 의한 이윤감소, 그리고 신용 저하로 인한 미래의 이윤감소를 들 수 있다. 여기서 부재고란 물품이 다시 보충되면 우선적으로 처리하여야 할 미충족 수요를 말한다. 내부적 품절비용은 원재료 부족이나 재공품의 부족으로 후공정의 생산유실에서 발생하는 유휴인력과 장비의 기회비용, 선적지연에 의한 손해배상 및 신용저하 등을 들 수 있다.

외부적 품절비용은 물품결손에 대한 고객의 반응에 따라 달라진다. 즉각적으로 충족되지 않은 수요에 대해 부재고처리가 가능한지, 대체 품목에 의한 충족이 가능한지, 아니면 바로 판매유실로 이어지는지에 따라 품절비용의 평가가 달라지게 된다. 부재고가 발생하면 독촉비용, 긴급처리비용, 특별 발송 및 포장비용 등이 발생하게 된다. 빈번한 품절은 신용의 실추를 유발하여 고객은 다시 물품을 구입하러 오지 않을 수도 있다. 내부적 품절은 때때로 일부 품목의 결손으로 인하여 전체 생산라인을 폐쇄시키게 되는 엄청난 비용을 유발할 수 있다.

4. 재고시스템

재고시스템에서는 총재고관련비용을 최소화하도록 재고품목의 주문시기와 주문량을 결정해야 한다. 재고시스템은 주문시기와 주문량을 어떻게 결정하느냐에 따라 고정주문량모형(fixed-order quantity model)과 정기주문모형(fixed-order interval model)의 두 가지 유형으로 구분된다. 또한 재고시스템은 수요와 조달기간이 확정적이냐 또는 확률적이냐에 따라 확정적 모형(deterministic model)과 확률적 모형(probabilistic model)으로도 구분된다. 따라서 이 두 가지 구분을 결합시켜 보면 [그림 9.2]와 같이 총 네 가지의 기본 유형이 가능하다.

| 그림 9.2 | 재고시스템의 유형

1) 고정주문량모형

고정주문량모형에서는 재고수준이 미리 정해진 재주문점(reorder point) R에 도달하면 일정한 양 Q만큼 주문한다. 재주문점에 도달하는 시기는 재고품목의 수요에 따라 달라지므로 주문간격은 일정하지 않다. 그리고 재고수준이 재주문점 R에 도달하였는지를 알기 위해서는 계속적으로 재고수준을 검토해 보아야 하므로 고정주문량모형은 계속재고검토시스템(continuous review system)이라고도 불린다. 또한 주문간격은 일정하지 않지만 주문량은 매번 Q로 일정하기 때문에 고정주문량모형을 Q시스템이라고도 한다.

조달기간(lead time), 즉 주문시점부터 주문한 물품이 도착할 때까지 걸리는 시간을 L이라 할 때 고정주문량시스템은 [그림 9.3]과 같다. 이 그림에서 보면 재고수준이 재주문점 R에 도달할 때마다 일정한 양 Q만큼 주문하며, 주문량 Q는 조달기간 L이 지나면 들어온다(여기서 조달기간 L은 일정한 경우도 있고 그렇지 않은 경우도 있다). 그리고 수요변화에 따라 재고수준이 재주문점 R에 도달하는 시간간격은 매번 달라지므로 주문간격은 일정하지 않다.

고정주문량모형에서는 재고와 관련된 총비용이 최소가 되도록 재주문점 R점과 1회 주문량 Q의 최적값이 결정되어야 한다.

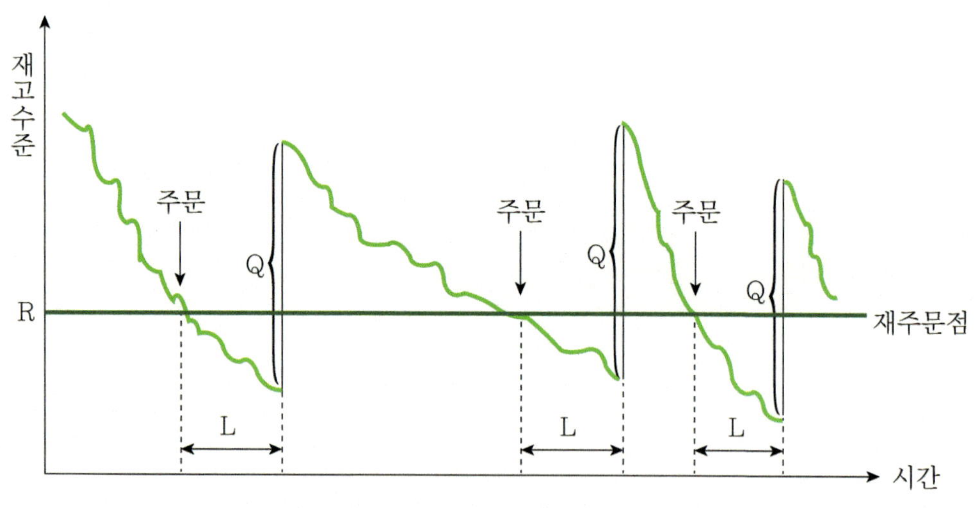

| 그림 9.3 | 고정주문량모형

2) 정기주문모형

정기주문모형에서는 미리 정해진 일정한 시간간격마다 주문을 한다. 예컨대 매 주말마다 또는 매월말마다 주문하는 재고모형을 정기주문모형이라 한다. 정기주문모형에서는 주문시점마다 필요한 양을 주문하는데, 보통은 목표재고수준(target inventory level)을 미리 정해 놓고 주문시점의 재고수준과 목표재고수준과의 차이만큼을 주문한다. 따라서 수요변화에 따라 주문량은 매번 달라진다.

정기주문모형에서는 계속적으로 재고수준을 검토할 필요가 없으며, 다만 매 주문시점마다 주문량을 결정하기 위하여 정기적으로 재고수준을 검토한다. 이와 같은 특성 때문에 정기주문모형은 정기재고검토시스템(periodic review system)이라고도 불리며, 또한 주문기간 또는 주문 간격이 매번 일정하다고 해서 P시스템이라고도 한다.

[그림 9.4]는 정기주문모형을 보여주고 있다. 이 그림에서 M은 목표재고수준을, T는 일정한 주문간격을, 그리고 Q_1, Q_2, Q_3는 매번의 주문량을 의미한다. 그리고 이 그림에서 실제재고수준이 목표재고수준에 도달하는 경우는 조달기간 L이 0인 경우뿐이다.

정기주문모형은 주문주기 T와 목표재고수준 M에 의해 완전히 결정되므로 T와 M의 최적값이 결정되어야 한다.

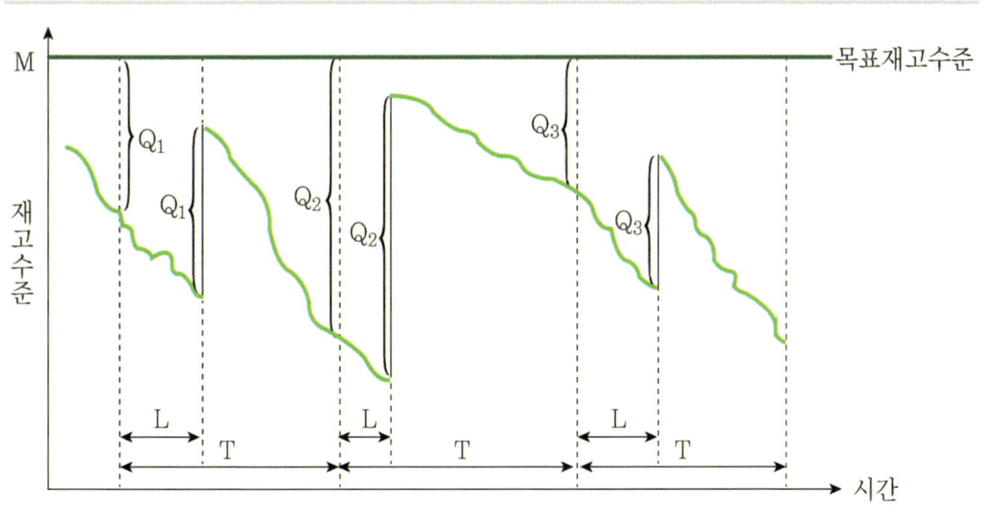

그림 9.4 정기주문모형

3) 고정주문량모형과 정기주문모형의 비교

지금까지 살펴본 고정주문량모형과 정기주문모형의 기본적인 차이점을 요약해 보면 〈표 9.1〉과 같다.

현실에서는 Q시스템과 P시스템, 그리고 양 시스템의 여러 변형이 사용되고 있다. 이 두 시스템 중 어느 것을 선택하느냐는 경제적인 측면뿐만 아니라 경영 관행에도 달려 있다. 하지만 다음과 같은 경우에는 P시스템이 Q시스템보다 선호된다.

① 주문이나 납품이 특정 기간마다 이루어지는 경우에는 P시스템이 사용되어야 한다. 예를 들면, 식료품점이 통조림제품을 매주 주문하여 납품받는 경우에는 P시스템이 사용된다.

② 동일한 공급자에게 여러 품목을 함께 주문하여 납품받는 경우에는 P시스템이 사용되어야 한다. 이 경우 공급자는 여러 품목을 합하여 단일 주문을 받는 것을 선호한다. 예를 들면, 페인트 공급자에게 여러 가지 색상의 페인트를 함께 주문하여 한꺼번에 납품을 받는 경우가 이에 해당한다.

③ 볼트(bolt)나 너트(nut)와 같이 계속적으로 재고기록을 하지 않는 값싼 품목에 대해서는 P시스템이 사용된다.

요컨대 P시스템은 재고의 보충이 사전에 정기적으로 계획되고 재고기록이 덜 요구된다는 이점을 갖고 있다. 하지만 P시스템에서는 재고수준을 계속적으로 검토하지 않고 매 주문주기의 말마다 정기적으로 검토하기 때문에 조달기간뿐만 아니라 주문주기기간에 대해서도 품절의 위험에 대비한 안전재고를 고려해야 한다. 따라서 일반적으로 P시스템은 Q시스템보다 더 많은 안전재고를 요구한다. 이 때문에 고가의 품목에 대해서는 안전재고에 대한 투자를 줄이기 위해 보통 Q시스템이 사용된다. 따라서 Q시스템과 P시스템 중 어느 것을 선택하느냐는 재고보충의 시기, 사용 중인 재고기록시스템의 유형, 재고품목의 가격 등에 달려 있다.

표 9.1 | 고정주문량모형과 정기주문모형의 차이점

유 형	주문시기	주문량	재고수준의 검토
고정주문량모형 (Q시스템)	재고수준이 재주문점에 도달할 때	일정	계속 검토
정기주문모형 (P시스템)	미리 정해진 주문주기의 말	변함	주문주기의 말에만 검토

5. 확정적 재고모형

시장의 수요와 조달기간이 일정하다고 가정할 때 주문량을 결정하는 것이 확정적 재고모형이다. 대표적인 확정적 모형인 경제적 주문량 모형과 이의 몇 가지 변형을 소개한 다음, 확정적 정기주문모형을 소개하고자 한다.

5.1 경제적 주문량 모형

재고에 있어서 가장 기본적인 경제적 주문량(EOQ: economic order quantity) 모형은 재고주문비용과 재고유지비용의 합을 최소화하는 것으로서 1915년 해리스(F. W. Harris)에 의해서 고안되었다.

1) 모형의 기본 가정과 정책의 형태

경제적 주문량 모형은 다음과 같은 기본적인 가정을 한다.

- 단일 제품만을 대상으로 한다.
- 수요율이 일정하고 연간 수요율은 확정적이다.
- 조달기간은 알려져 있고 일정하다.
- 주문량은 전량 일시에 입고된다.
- 수량할인(가격할인)은 없다.
- 모든 수요는 재고부족 없이 충족된다.
- 주문비용 또는 준비비용은 고정비로서 일정하다.

이상과 같은 가정하에 경제적 주문량 모형에서는 재고수준이 재주문점 R에 도달할 때마다 일정한 양 Q만큼 주문한다. 따라서 총관련비용이 최소가 되도록 R과 Q의 값을 결정해야 한다.

우선 재주문점 R은 조달기간 동안의 수요량에 해당하는 재고수준이 된다. 왜냐하면 주문한 양이 들어오는 시점에서 재고가 0이 되게 하는 것이 재고유지비용의 측면에서 가장 유리하기 때문이다. 따라서 경제적 주문량 모형에서는 총관련비용을 최소화하는 Q, 즉 경제적 주문량을 어떻게 결정하느냐가 문제가 된다.

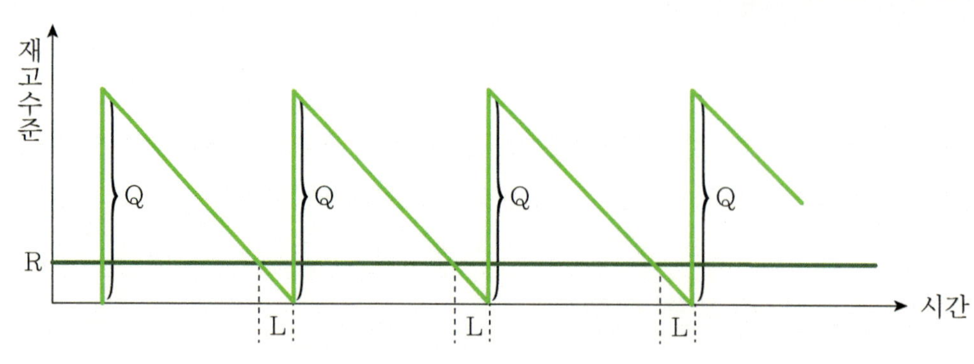

그림 9.5 경제적 주문량 모형

[그림 9.5]는 이와 같은 경제적 주문량 모형을 보여 주고 있다. 이 그림에서 보면 재고수준이 재주문점 R에 도달하면 Q만큼 주문하고, 주문량 Q는 일정한 조달기간 L이 경과하여 재고가 0이 되는 시점에서 전량이 들어온다.

2) 경제적 주문량의 유도

이제 총 관련비용을 최소화하는 Q, 즉 경제적 주문량을 결정해 보자. 경제적 주문량 모형에서는 [그림 9.5]와 같은 재고패턴이 시간의 흐름에 따라 계속되므로 어떤 임의의 단위기간당 총 관련비용을 최소화하는 Q를 구하면 이것이 곧 무한대기간에 걸쳐 총 관련비용을 최소화하는 Q가 된다. 단위기간은 주, 월, 년 어느 것도 무방하나 여기서는 편의상 1년을 단위기간으로 사용하기로 한다.

먼저 다음과 같이 기호를 정의한다.

TC = 연간 총비용
D = 연간 수요
Q = 1회 주문량(최적 주문량을 경제적 주문량이라 하며, EOQ 또는 Q^*로 표시한다.)
C = 단위당 구입가격(생산의 경우 단위당 생산비용)
S = 주문비용 혹은 준비비용(고정비)
H = 연간 단위당 재고유지비용(1단위를 1년간 재고로 유지하는 데 드는 비용을 말하며, 보통 단위당 구입가격의 몇 %로 표시한다. 즉, 연간 단위

당 재고유지비용이 구입단가의i%라면 $H = \frac{iC}{100}$가 된다.)

R = 재주문점

L = 조달기간

한 번에 얼마씩 주문하든 연간 수요 D는 반드시 재고부족 없이 충족시켜야 하므로 연간 총주문량은 D가 되고 따라서 연간 구입비용은 DC가 된다. 하지만 이 연간 구입비용 DC는 주문량 Q의 크기와 관계없이 일정하므로 경제적 주문량을 구하는 데는 고려할 필요가 없다. 결국 경제적 주문량과 관련되는 연간 총비용은 연간 주문비용과 연간 재고유지비용으로 구성된다.

연간 주문비용은 다음과 같은 논리로 계산된다. 한 번에 Q씩 주문하여 연간 수요 D를 만족시키려면 연간 주문횟수는 D/Q가 된다. 그리고 주문비용은 S이므로 연간 주문비용은 (D/Q)S가 된다. 즉,

$$
\begin{aligned}
\text{연간주문비용} &= (\text{연간주문횟수}) \cdot (\text{주문비용}) \\
&= \left(\frac{\text{연간수요}}{\text{1회주문량}}\right) \cdot (\text{주문비용}) \\
&= \frac{D}{Q} \cdot S
\end{aligned}
$$

위의 식에서 1회 주문량 Q가 커지면 연간 주문횟수가 줄어들고 따라서 연간 주문비용이 감소함을 알 수 있다. 즉, 연간 주문비용은 1회 주문량 Q가 커지면 감소하고, Q가 작아지면 증가한다.

연간 재고량은 평균재고수준 Q/2와 같고 연간 단위당 재고유지비용은 H이므로 연간 재고유지비용은 다음과 같다.

$$
\begin{aligned}
\text{연간 재고유지비용} &= (\text{연간 재고량}) \cdot (\text{연간 단위당 재고유지비용}) \\
&= (\text{평균재고수준}) \cdot (\text{연간 단위당 재고유지비용}) \\
&= \frac{Q}{2} \cdot H
\end{aligned}
$$

위의 식에서 연간 재고유지비용은 주문량 Q에 비례적으로 증가하는 비용임을 알 수 있다.

따라서 연간 총비용은 다음과 같이 정리된다.

$$\text{연간총비용} = \text{연간 주문비용} + \text{연간 재고유지비용}$$

$$TC = \frac{D}{Q} \cdot S + \frac{Q}{2} \cdot H$$

주문량 Q와 연간 주문비용, 연간 재고유지비용 및 연간 총비용간의 관계는 [그림 9.6]과 같다. 이 그림에서 연간 총비용곡선은 아래로 볼록하며, 연간 총비용은 연간 주문비용과 연간 재고유지비용이 같은 주문량에서 최소가 됨을 알 수 있다.

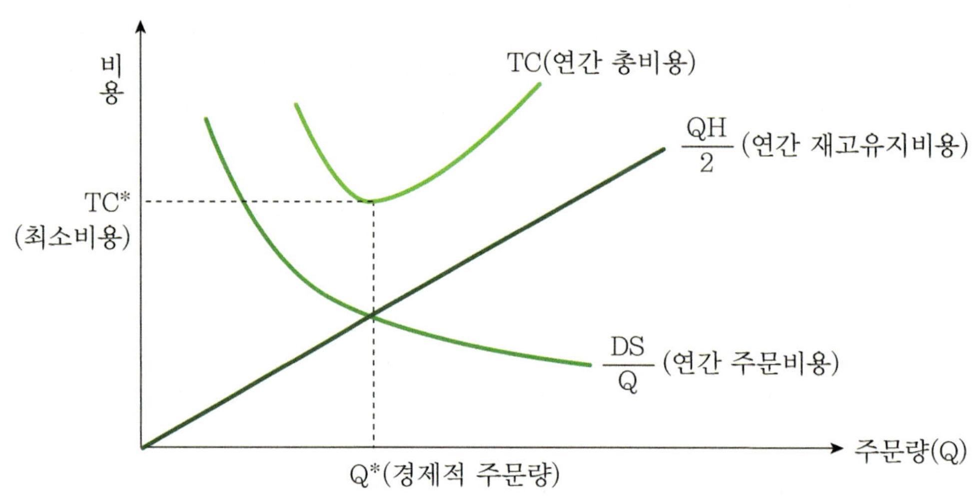

| 그림 9.6 | 주문량과 비용간의 관계

이제 연간 총비용 TC를 최소화하는 주문량 Q^*, 즉 경제적 주문량을 구해보자. [그림 9.6]에서 연간 총비용 곡선은 아래로 볼록하고 최소점을 가지므로 TC를 Q에 대해 미분한 뒤 0으로 놓고 Q에 대해 푼다.

즉,

$$\frac{\partial TC}{\partial Q} = -\frac{DS}{Q^2} + \frac{H}{2} = 0$$

$$\frac{DS}{Q^2} = \frac{H}{2}$$

$$Q^2 = \frac{2DS}{H}$$

$$\therefore Q^* = \sqrt{\frac{2DS}{H}} \qquad (1)$$

한편 연간 총비용의 최소값 TC^*는 Q^*의 값을 바로 식에 대입하면 구할 수 있다. 또는 식 (1)을 식 (2)에 대입하여 정리해 보면 TC^*는 다음과 같이 D, S, H이 값으로도 표현될 수 있다.

$$TC^* = \frac{DS}{Q^*} + \frac{Q^*H}{2} \qquad (2)$$

$$= \frac{DS}{\sqrt{\frac{2DS}{H}}} + \frac{\sqrt{\frac{2DS}{H}} \cdot H}{2}$$

$$= \sqrt{\frac{DSH}{2}} + \sqrt{\frac{DSH}{2}}$$

$$= 2\sqrt{\frac{DSH}{2}}$$

$$= \sqrt{2DSH}$$

재주문점 R은 조달기간 동안의 수요량에 해당하므로 다음과 같다.

$$R = d \cdot L$$

여기서 d = 일간수요

L = 조달기간(일)

한편 연간 최적주문횟수(N^*)와 최적주문주기(T^*)는 다음과 같다.

$$N^* = \frac{D}{Q^*} = \sqrt{\frac{DH}{2S}}$$

$$T^* = \frac{1}{N^*} = \frac{Q^*}{D} = \sqrt{\frac{2S}{DH}}$$

예제 1 (주)천성에서는 경제적 주문량모형을 이용하여 재고정책을 수립하려고 한다. 관련 자료는 다음과 같다.

$$\text{연간 수요}(D) = 1{,}000\text{단위/년}$$

$$\text{일간 수요}(d) = \frac{1{,}000}{365}\text{ 단위/일}$$

$$\text{주문비용}(S) = 1{,}000\text{원/회}$$

$$\text{연간 단위당 재고유지비용}(H) = 200\text{원/단위} \cdot \text{년}$$

$$\text{조달기간}(L) = 5\text{일}$$

◐ **풀이** 이 자료를 가지고 경제적 주문량 Q^*, 연간 최소비용 TC^*, 연간 최적주문횟수 N^*, 최적주문주기 T^* 및 재주문점 R을 구해 보면 다음과 같다.

$$Q^* = \sqrt{\frac{2DS}{H}} = \sqrt{\frac{2(1{,}000)(1{,}000)}{200}} = 100\text{단위}$$

$$TC^* = \frac{DS}{Q^*} + \frac{Q^*H}{2} = \frac{(1{,}000)(1{,}000)}{100} + \frac{(100)(200)}{2}$$

$$= 10{,}000 + 10{,}000 = 20{,}000\text{원}$$

$$N^* = \frac{D}{Q^*} = \frac{1{,}000}{100} = 10\text{회}$$

$$T^* = \frac{1}{N^*} = \frac{1}{10}\text{년} = 36.5\text{일}$$

$$R = d \cdot L = \left(\frac{1{,}000}{365}\right)(5) = 14\text{단위}$$

따라서 이 회사는 재고수준이 14단위에 도달할 때마다 100단위씩 주문하면 된다.

3) 경제적 주문량 모형의 민감도분석

〈표 9.2〉는 예제에서 주문량과 총비용간의 관계를 나타내고 있다. 이 표에서 보면 총비용곡선은 최소점 부근에서 매우 평탄함을 알 수 있다.

예를 들어, 경제적 주문량 100대신 90 또는 110단위를 주문하더라도 총비용은 약 0.5%밖에 증가하지 않는다. 심지어 80이나 120단위를 주문하더라도 총비용의 증가폭은 2.5% 이내임을 알 수 있다. 따라서 관리자는 총비용에 크게 영향을 미치지 않으면서도 필요하다면 주문량을 상당폭 조정할 수 있다.

표 9.2 총비용과 주문량과의 관계

Q	TC
50	25,000
60	22,667
70	21,286
80	20,500
90	20,111
100(Q^*)	20,000(TC^*)
110	20,091
120	20,333
130	20,692
140	21,143
150	21,667

또한 주문비용과 재고유지비용 그리고 수요도 반드시 정확히 추정할 필요가 없다. 왜냐하면 경제적 주문량과 총비용은 이들의 값에 상당히 둔감(insensitive)하기 때문이다. 예를 들면, 만약 주문비용을 50% 과대 추정하더라도 경제적 주문량 공식의 제곱근 때문에 경제적 주문량은 단지 22.5%만 증가한다. 따라서 앞서 예제의 경우 경제적 주문량은 122.5단위로 계산되고, 총비용의 증가분은 〈표 9.2〉에서 약 2% 정도임을 알 수 있다. 즉, 주문비용을 50%나 과대 추정하여 경제적 주문량을 구하더라도 총비용은 최적값에 비해 2% 정도밖에 증가하지 않는다는 것이다.

이와 같이 경제적 주문량 모형의 총비용곡선은 최소점 부근에서 평탄하므로 주문비용, 재고유지비용 및 수요의 추정오차에 매우 둔감하다. 따라서 총비용에 크게 영향을 주지 않으면서도 현실 상황에 따라 경제적 주문량을 다소간 조정할 수 있고, 또한 주문비용, 재고유지비용 및 수요를 정확히 추정하지 않더라도 총비용은 크게 변하지 않는다. 이 점이 바로 경제적 주문량 모형의 특징이자 장점인 것이다.

5.2 경제적 생산량

EOQ모형에서는 주문량이 한 번에 모두 도착하는 것을 전제로 하였다. 그러나 기업이 자체 공장에서 어떤 품목을 생산하면서 동시에 소비하는 경우에는 재고는 한 번에 확보되는 것이 아니라 일정한 생산기간 동안 점진적으로 쌓이게 된다. 이러한 경우 비용을 최소화하는 주문량을 경제적 생산량(economic production quantity:

EPQ)이라고 한다.

만일 자체 공장에서 생산에 필요한 만큼, 필요한 양을 조달한다면, 사용율과 생산율이 같아지므로 쌓이지도 않고, 생산로트의 크기 문제도 발생되지 않는다. 그러나 이러한 경우는 실제로는 거의 없이 대부분이 생산율이 사용율보다 크게 나타난다. 이에 대한 모양이 [그림 9.7]에서 설명되고 있다. 생산율은 사용률보다 크므로 생산이 이루어지는 구간에서는 재고수준이 점점 증가하게 된다. 즉, 이 구간에서는 생산율과 사용률의 차이만큼 재고수준이 증가한다. 예를 들어 일일 생산율이 20단위이고 일일 소비율이 5단위라면 재고는 15단위씩 매일 증가하는 것이다. 이렇게 계속해서 증가하는 재고수준은 생산중단 시점에서 최고수준이 된 후 계속 감소하다가 재고가 고갈되면 생산은 재개되고 이러한 주기가 반복되는 것이다.

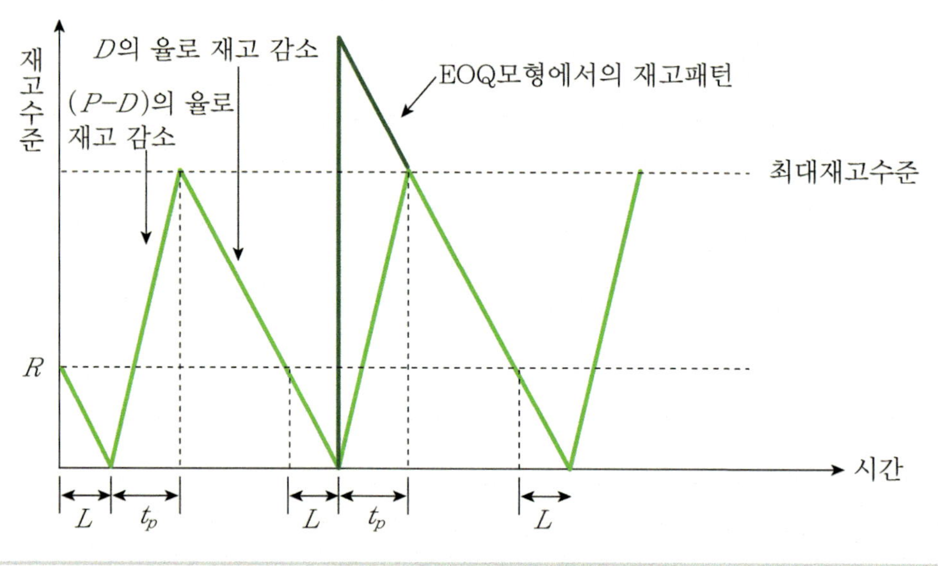

그림 9.7 **경제적 생산량 모형**

EPQ에서도 EOQ모형의 이론이 그대로 적용되나 EOQ의 주문비용은 EPQ에서는 생산준비비용으로 대체된다. 기본적인 EPQ모형에서는 모든 주문품이 전량 입고될 때 재고로 쌓였다가 수요율d로 사용된다. 그러므로 재고유지비용은 EPQ 전량에 부과된다.

EOQ 방정식의 수정은 여기서는 준비비가 되는 주문비(S)나 총수요(D)에는 영향을 끼치지 않으며, 재고로 쌓이지 않는 생산량의 부분에 대해서는 보관비가 부과되지 않으므로 단지 재고유지비용(H)을 절감시키는 데만 영향을 끼치게 된다.

예컨대 D=80단위이고, P=100단위라면, D/P=80/100이 되므로 80%가 일일수요가 되고, 1-0.80=0.20, 즉 20%가 재고로 남게 된다.

$$\text{EPQ의 연간총비용} = \text{연간 생산준비비용} + \text{연간 재고유비비용}$$

$$\text{연간 생산준비비용} = \frac{D}{Q} \cdot S$$

연간 재고유지비용은 연간 재고로 유지하는 양, 즉 평균재고에 연간 단위당 재고유지비용을 곱한 값이다.

생산기간은 $t = \dfrac{Q}{P}$가 된다.

생산기간 동안 재고는 (P－D)의 비율로 증가하므로 최대재고수준은 다음과 같다.

$$\text{최대재고수준} = \frac{(P - D)Q}{P}$$

평균재고수준은 최대재고수준의 $\dfrac{1}{2}$이므로,

$$\text{평균재고수준} = \frac{(P - D)Q}{2P}$$

그러므로 연간 재고유지비용은 다음과 같다.

$$\text{연간 재고유지비용} = \frac{(P - D)QH}{2P}$$

연간 총비용 TC는 연간총비용 = 연간 생산준비비용 + 연간 재고유지비용이므로

$$TC = \frac{DS}{Q} + \frac{(P - D)QH}{2P}$$

경제적 생산량 Q_p를 구하는 방법은 EOQ 모형에서와 같이 연간 생산준비비용과 연간 재고유지비용을 같게 놓고 EPQ에 대해 풀어보면 다음과 같다.

$$\frac{DS}{Q} = \frac{(P - D)QH}{2P}, \quad Q^2 = \frac{2DSP}{H(P-D)}$$

$$\therefore Q_p = \sqrt{\frac{2DS}{H}(\frac{P}{P-D})}$$

연간총비용 TC는, $TC = \sqrt{2DSH(\frac{P-D}{P})}$ 와 같게 된다.

EOQ와 EPQ의 차이를 살펴보면

① 재고의 입고가 EOQ에서는 순간적으로, EPQ에서는 점차적으로 이루어지고

② EPQ에서는 EOQ의 주문비용 대신에 생산준비비용이 된다.

예제 2 산악자전거 회사는 활(spoke)을 생산하기 위해 spoke를 자체 생산하는데 일일 100개의 비율로 생산할 수 있다. 재고유지비용은 1년에 한 단위당 100원이다. spoke 생산을 위한 준비비용은 10,000원이고 연간 수요는 12,000개이다. 이 회사는 1년에 300일 가동한다고 할 때, EPQ, 연간 총최소비용TC*, 생산주기 및 생산기간을 구하시오.

◐ 풀이

D = 12,000개/년, S = 10,000원

H = 100원/년 • 단위, P = 100개/일

$$d = \frac{12,000}{300} = 40\text{개/일}$$

• EPQ

$$Q_p = \sqrt{\frac{2DS}{H}} \cdot \sqrt{\frac{P}{P-D}} = \sqrt{\frac{2(12,000)(10,000)}{100}} \times \sqrt{\frac{100}{100-40}} \fallingdotseq 2,000\text{개}$$

• 총비용

$$TC = \sqrt{2DSH(\frac{P-D}{P})} = \sqrt{2(12,000)(10,000)100(\frac{100-40}{100})} = 119,287\text{원}$$

$$\bullet\ \text{생산주기} = \frac{Q_p}{d} = \frac{2,000}{40} = 50\text{일}$$

$$\bullet\ \text{생산기간} = \frac{Q_p}{P} = \frac{2,000}{100} = 20\text{일}$$

spoke의 생산은 50일 마다 이루어지고, 매번 생산을 완료하려면 20일이 소요된다.

5.3 확정적 정기주문모형

이제 확실성하의 정기주문모형을 생각해 보자. 정기주문모형에서는 T기간마다 주문을 하며, 주문량은 주문시점의 재고수준과 목표재고수준 M과의 차이가 된다. 따라서 정기주문모형에서는 최적주문주기 T^*와 최적목표재고수준 M^*의 값을 구해야 한다.

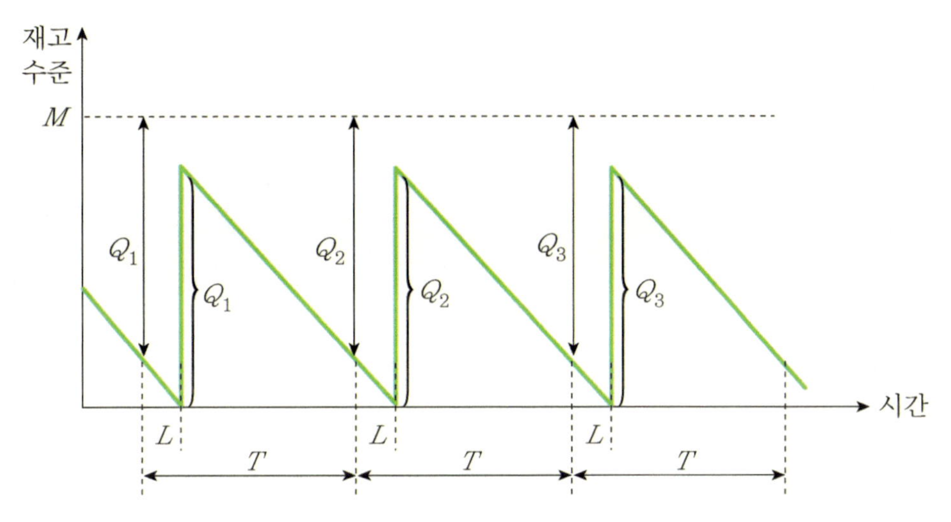

그림 9.8 **확정적 정기주문모형**

EOQ모형과 동일한 가정을 하고 재고부족을 허용하지 않으면 한 주문주기당 주문량 Q는 주문주기 T기간 동안의 수요를 충족시켜야 하므로 다음과 같다.

$$Q = DT$$

더욱이 재고유지비용을 최소화하기 위해서는 주문량이 도착하는 시점에서 재고가 0이 되어야 하므로 확정적인 정기주문모형의 재고패턴은 [그림 9.8]과 같다. 이 그림에서 Q_i ($i = 1, 2, 3, \cdots\cdots$)는 매회의 주문량을 의미하며 D와 T가 일정하므로

$$Q_i = Q = DT, \ i = 1,2,3, \cdots\cdots$$

가 되어 주문량은 매회 일정하게 된다. M은 목표재고수준(즉, 재고보충수준)을 나

타내며, 실제 재고량이 이 수준에 도달하는 경우에는 조달기간 L이 0인 경우뿐이다.

확실성하의 정기주문모형은 [그림 9.8]에서 보듯이 기본적인 EOQ모형과 재고패턴이 같다. 하지만 정기주문모형에서는 EOQ모형과는 달리 최적주문주기 T^*와 최적목표재고수준 M^*의 값을 구해야 한다. 먼저 연간 주문비용을 구해 보면, 주문주기 T동안 주문은 한 번 이루어지므로 연간 주문횟수는 1/T이 되며, 주문비용은 S이므로 연간 주문비용은 S/T가 된다. 한편 평균재고수준은 [그림 9.8]에서 Q/2이고 앞에서 Q = DT이므로 연간 재고는 Q/2 = DT/2이며, 따라서 연간 재고유지비용은 DTH/2가 된다. 그러므로 연간 총비용 TC는 다음과 같이 표현된다.

$$TC = \frac{S}{T} + \frac{DTH}{2}$$

위의 식을 T에 대해 미분한 다음 0으로 놓고 풀면 다음과 같이 최적주문주기 T^*를 구할 수 있다.

$$\frac{\partial TC}{\partial T} = -\frac{S}{T^2} + \frac{DH}{2} = 0$$

$$T^2 = \frac{2S}{DH}$$

$$\therefore T^* = \sqrt{\frac{2S}{DH}}$$

이 최적주문주기 T^*는 EOQ모형의 최적주문주기와 같음을 알 수 있다. 더욱이 최적주문량은

$$Q^* = D \cdot T^* = D \cdot \sqrt{\frac{2S}{DH}} = \sqrt{\frac{2DS}{H}}$$

가 되어 EOQ모형과 정확히 일치한다. 이는 고정주문량 모형과 정기주문모형이 언제나 같다는 것을 의미하는 것은 아니고 단지 수요와 조달기간이 일정하다는 가정하에서 얻어진 결과일 뿐이다. 즉, EOQ모형의 기본적인 가정하에서는 고정주문량모형과 정기주문모형은 서로 일치한다.

한편 [그림 9.8]에서 보면 M^*는 Q^*에 조달기간 L동안의 수요를 더한 값이므로

다음과 같다.

$$M^* = Q^* + d \cdot L = \sqrt{\frac{2DS}{H}} + d \cdot L$$

6. 확률적 재고모형

확정적 재고모형에서는 수요가 확실하며, 일정하다고 가정했다. 그러나 현실에 있어서는 수요는 확정적이 아니며 확률적으로 발생한다. 확률적 재고모형이란 수요와 조달기간이 일정치 않은 불확실한 수요에 대처하는 모형이다.

6.1 확률적 정량발주모형

확률적 정량발주모형은 수요의 불확실성 때문에 안전재고를 어느 정도 확보하고, 언제 주문해야 할 것인가를 결정해야 한다.

안전재고는 서비스수준에 의해 결정되어진다. 서비스수준이란 고객의 요구에 대응한 재고수준이다. 서비스수준을 높이면 고객에게 만족감을 줄 수 있으나 안전재고량이 늘어나 재고유지비가 증가한다. 어느 제품에 대한 연간 수요가 100개인 경우에 재고를 100개 모두 가지고 있다면 서비스 수준은 100%가 된다. 그러나 90개를 가지고 있다면 서비스수준은 90%가 되고, 품절될 확률은 10%가 된다. 즉 서비스수준이란 어느 품목이 조달기간 동안 품절되지 않을 확률이다.

정량발주모형에서는 재고수준이 재주문점(R)에 도달하면 주문을 한다. 일반적으로 R은 0보다 크므로 품절이 발생할 수 있는 기간은 조달기간뿐이다. 따라서 특정 서비스수준을 만족시키는R의 값을 결정하기 위해서는 조달기간 동안 수요의 확률분포를 알아야 한다. 여기서는 조달기간 중의 수요가 정규분포를 이루는 것으로 가정한다.

[그림 9.9]는 조달기간 동안의 수요의 확률분포를 나타내고 있다. 이 그림에서 R은 조달기간 동안의 평균수요 μ에 안전재고 s를 더한 값이다. 조달기간 동안의 수요가 R보다 작거나 같을 확률, 즉 서비스수준을 나타내는 확률이며, 흰 부분은 조달기간 동안의 수요가 R보다 클 확률, 즉 품절확률을 나타낸다.

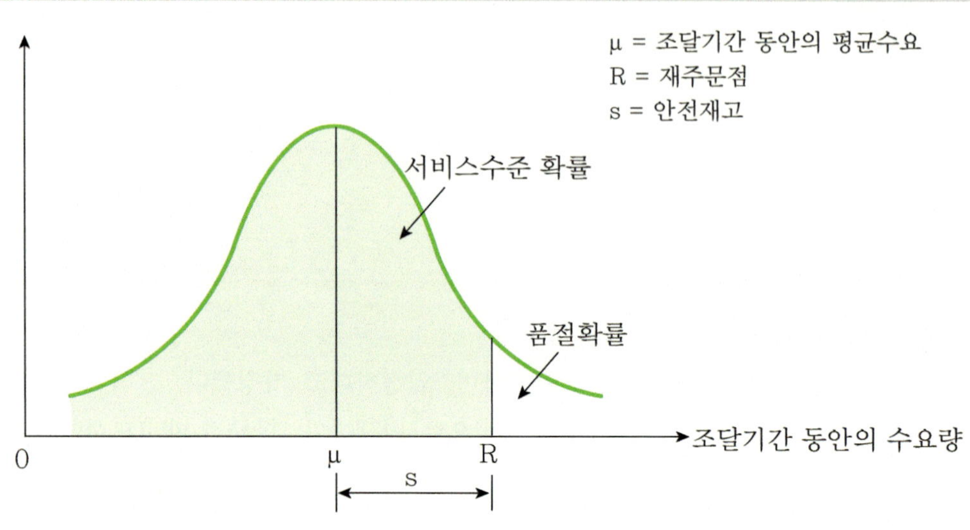

| 그림 9.9 | 조달기간 동안의 수요의 확률분포

재주문점 계산은 다음과 같다.

서비스수준 = 100% − 재고부족 위험수준

재주문점(ROP) = 조달기간 동안의 평균수요 + 안전재고

$$Z = \frac{R - \mu_L}{\sigma_L}$$

여기서, R : 재주문점

μ_L : 조달기간 동안의 평균수요

σ_L : 조달기간 동안의 표준편차

Z : 표준편차

따라서 재주문점 R은 다음과 같다.

$$R = \mu_L + Z \times \sigma_L$$

여기서 $Z \times \sigma_L$은 안전재고를 나타낸다. Z값을 크게 할수록 재주문점과 서비스수준은 높아진다. 즉 Z값을 작게 하면 안전재고는 줄어드나 서비스수준은 낮아지고, Z값을 크게 하면 서비스수준은 높아지나 안전재고는 늘어난다.

예제 3 어느 상점에서 판매되는 제품의 1일 수요는 정규분포를 하며 관련 자료는 다음과 같다고 한다.

1일 평균수요(d) = 200단위/일
1일 수요의 표준편차 = 150단위
조달기간(L) = 4일
요구되는 서비스수준 = 95%
1회 주문비용(S) = 2,000원/회
연간 단위당 재고유지비용(H) = 200원/단위·년

그리고 이 상점은 1주일에 5일, 연간 50주, 즉 연간 250일 영업한다고 한다. 정량발주 모형을 취할 때 최적재고정책을 구하라.

◐ 풀이 연간 평균수요 D는

$$D = 250(200) = 50{,}000\text{단위/년}$$

이므로, 1회 주문량 Q를 EOQ모형을 이용하여 구해보면 다음과 같다.

$$Q = \sqrt{\frac{2DS}{H}} = \sqrt{\frac{2(50{,}000)(2{,}000)}{200}} = 1{,}000\text{단위}$$

1일 평균수요는 200단위이고 조달기간은 4일이므로 조달기간 동안의 평균수요 μ_L은 다음과 같이 계산된다.

$$\mu_L = d \cdot L = 200(4) = 800\text{단위}$$

1일 수요의 표준편차가 150단위이므로 1일 수요의 분산은$(150)^2$이고, 매일의 수요는 독립적이라고 볼 수 있으므로 조달기간 4일 동안의 수요의 분산은$4(150)^2$이 된다. 따라서 조달기간 동안 수요의 표준편차 σ_L는 다음과 같이 계산된다.

$$\sigma_L = \sqrt{4(150)^2} = 300\text{단위}$$

95% 서비스수준에 해당하는 z의 값은 1.65이므로 재주문점 R은 다음과 같이 계산된다.

$$R = \mu_L + Z \times \sigma_L$$

$$= 800 + 1.65(300) = 800 + 495 = 1,295\text{단위}$$

따라서 이 상점은 재고수준이 1,295단위가 될 때마다 1,000단위씩 주문하면 된다. 그리고 이 경우 안전재고는 다음과 같다.

$$s = z\sigma = 1.65(300) = 495\text{단위}$$

6.2 확률적 정기발주모형

정기발주모형에서는 재고수준을 연속적으로 검토하는 것이 아니라 일정한 주문주기 T마다 정기적으로 재고수준을 검토하여 그 때의 재고수준과 목표재고수준 M과의 차이만큼을 주문한다. 여기서는 수요가 확률적일 때의 정기발주모형을 살펴보기로 한다.

정기발주모형에서는 목표재고수준 M으로 다음 주문주기 T와 조달기간 L동안의 수요를 충족하게 된다. 왜냐하면 (T + L)기간 동안 주문량은 단 한 번만 들어오고 이 주문량은 (T + L)기간 초의 재고수준과 목표재고수준M과의 차이에 해당하는 양이기 때문이다.

정기발주모형은 두 개의 변수 T와 M에 의해 완전히 결정된다. 주문주기 T의 최적값에 대한 근사치는 다음과 같이 구한다.

$$T = \sqrt{\frac{2S}{DH}}$$

한편 조달기간 동안만 품절의 위험이 있는 정량발주모형과는 달리 정기발주모형에서는 주문주기 T와 조달기간 L전체에 걸쳐 품절의 위험이 발생하므로 목표재고수준 M은 (T + L)기간 동안의 특정 서비스수준에 의해 결정된다. 따라서 특정 서비스수준을 유지하기 위한 M의 값은 (T + L)기간 동안의 평균수요에 안전재고를 더한 값으로 표시된다. 즉,

$$M = \mu_{T+L} + s'$$

여기서 M = 목표재고수준

μ_{T+L} = (T+L)기간동안의 평균수요

$$s' = \text{안전재고}$$

안전재고는 요구되는 특정 서비스수준을 만족시키도록 다음과 같이 결정된다.

$$s' = z\sigma_{T+L}$$

여기서 σ_{T+L} = (T+L)기간 동안의 수요의 표준편차
z = 요구되는 특정 서비스수준을 유지하기 위한 표준편차의 배수

따라서

$$M = \mu_{T+L} + z \cdot \sigma_{T+L}$$

가 되고, 목표재고수준과 서비스수준은 z값에 의해 조정된다.

예제 4 앞의 예제에서 사용된 자료를 가지고 확률적 정기발주모형의 재고정책을 구하시오.

◐ 풀이

$$T = \sqrt{\frac{2S}{DH}} = \sqrt{\frac{2(2{,}000)}{(50{,}000)(200)}} = \frac{1}{50}\text{년} = \frac{1}{50} \times 250\text{일} = 5\text{일}$$

목표재고수준 M은 다음과 같다.

$$M = \mu_{T+L} + z \cdot \sigma_{T+L}$$

여기서 μ_{T+L}은 $rT+L = 5+4$일 동안의 평균수요이므로

$$\mu_{T+L} = 9(200) = 1{,}800\text{단위}$$

가 되고 σ_{T+L}은 $T+L = 9$일 동안의 표준편차이고 1일 수요의 표준편차는 150단위이므로

$$\sigma_{T+L} = \sqrt{9(150)^2} = 450\text{단위}$$

가 된다. 그리고 서비스수준 95%에 해당하는 z값은 1.65이므로 목표재고수준 M은 다음과 같이 계산된다.

$$M = 1{,}800 + (1.65)(45) \fallingdotseq 2{,}543(\text{단위})$$

그러므로 이 상점이 정기발주모형을 사용한다면 재고정책은 매 5일(영업일 기준)마다 재고수준을 검토하여 그 때의 재고수준과 목표재고수준 2,543단위와의 차이만큼을 주문하는 것이 된다. 그리고 이 경우 안전재고 s'는 다음과 같다.

$$s' = 1.65(450) \fallingdotseq 743(\text{단위})$$

여기서 한 가지 유의할 점은 동일한 자료를 사용했음에도 불구하고 정량발주모형에서는 안전재고가 495단위였음에 비하여 정기발주모형에서는 안전재고가 743단위나 된다는 점이다. 사실상 동일한 자료를 사용하는 경우 정기발주모형은 정량발주모형에 비해 언제나 더 많은 안전재고를 필요로 한다. 이는 정량발주모형에서는 조달기간 L동안만 품절의 위험에 대비하면 되지만 정기발주모형에서는 (T + L)기간 전체에 대한 품절의 위험에 대비해야 하기 때문이다.

연 습 문 제

1. 독립수요와 종속수요의 차이에 대하여 설명하시오.

2. 재고비용에 설명하시오.

3. 정량발주모형과 정기발주모형을 비교하여 설명하시오.

4. 서울의 K회사는 장난감이 년간 10,000개 팔릴 것을 예상한다. 이 장난감의 년간 재고유지비용이 20원이고, 주문비용은 80원이다.

   (1) EOQ는 얼마인가?

   (2) 주문횟수는?

   (3) 주문 사이의 주기는?(1년은 250일로 본다)

5. 어느 전자부품회사는 단가 5만 원짜리 부품을 생산하고 있다. 생산율은 월간 1,000개이며, 수요율은 월간 200개이다. 연간 단위당 재고유지비용의 비율은 20%이며, 1회 준비비용은 20만원이다. 이 회사는 월간 20일 작업한다.

   (1) 경제적 생산율(EPQ)는 얼마인가?

   (2) 일회 생산기간은 얼마인가?

   (3) 평균재고수준은 얼마인가?

6. 어느 전자제품 대리점의 A형 TV의 1일 평균수요는 정규분포를 하며 관련 자료는 다음과 같다.

1일 평균수요 = 5대
1일 수요의 표준편차 = 1.5대
조달기간 = 2일주문비용 = 20,000/회
연간 단위당 재고유지비용 = 5,000원/대·년
연간 영업일 = 250일/년

(1) 고정주문모형을 사용할 때 최적주문량과 95% 서비스수준을 만족시키는 재주문점을 구하시오.

(2) 정기주문모형을 사용할 때 최적주문주기와 95% 서비스수준을 만족시키는 목표재고수준을 구하시오.

Chapter

10

MRP시스템과 ERP시스템

1. 수요패턴과 재고관리 시스템
2. MRP시스템의 발전과정
3. MRP시스템의 구성요소
4. ERP시스템

MRP는 1960년대 IBM사의 올리키(Joseph A. Orlicky)에 의하여 개발된 것으로 기업의 생산능력과 부하량, 생산일정과 자원(자재, 노동력, 자금 등)간의 상호관계를 고려하여 효율적인 자재소요계획의 수립과 기업내부의 상황변화에 따라 적절히 조정·관리할 수 있도록 마련된 일정 및 재고관리시스템이다.

MRP는 컴퓨터를 이용한 재고통제체계이나 MRP는 재고 통제뿐만 아니라 일정계획에도 동시에 관여한다. 일정계획체계는 MRP의 재계획(rescheduling)기능에 의한 것으로 수요상에 어떤 변화가 있을 경우 이미 발령되어 진행 중인 오더의 일정까지 정확한 우선순위를 반영하도록 새로운 납기일을 지시해주는 역할을 수행한다.

1. 수요패턴과 재고관리 시스템

물품의 수요(demand)는 그 발생형태에 따라 독립수요와 종속수요로 나눌 수 있다. 독립수요(independent demand)는 어떤 물품에 대한 수요가 그 시스템 외부의 힘, 즉 시장작용에 의해서 발생할 때의 수요로서, 가령 시장에서 판매되는 제품의 수요는 독립 수요라고 할 수 있다. 다시 말해서 單体로서의 제품이나 키트(kit)제품, 서비스 부품 등 고객으로부터의 요구에 의해 발생하는 수요를 말하는 것으로 각 품목마다 개별적으로 독립해서 발생하고 다른 품목과의 관련은 전혀 없으며 그대로 생산계획의 편성에 사용된다. 또한 독립수요의 대상이 되는 품목을 독립수요 품목이라 하며, 수요예측이나 수주에 의해 수요가 발생하게 된다.

종속수요(dependent demand)는 어떤 물품의 수요에 의존하는 수요로서 가령 완제품을 구성하는 부분품이나 원자재 및 부분 조립품 등의 수요는 완제품의 수요와 종속수요관계에 있다. 다시 말해서 종속수요는 조립품, 부품 그리고 원자재와 같이 상위 품목의 요구에 따라 종속적으로 발생하는 수요를 말한다. 이와 같은 종속수요의 대상이 되는 품목을 종속수요 품목이라고 하며 이와 같은 품목에는 조립품, 반조립품, 가공부품, 구입부품 그리고 원자재까지 포함된다.

표 10.1 | 수요패턴과 재고관리 시스템

수요패턴	재고관리 시스템	재고모델
독립수요	독립수요품의 재고관리	정량발주 방식, 정기발주 방식
종속수요	종속수요품의 재고관리	MRP 시스템

독립수요와 종속수요는 서로 다른 수요 패턴을 가지고 있다. 독립수요는 수요량 면에서 안정된 연속 수요를 보이지만 이는 불확실한 시장수요를 바탕으로 한 것이어서 정확한 수요예측 내지 안전재고를 필요로 한다. 반면에 종속수요는 산발적인 무더기 수요(lumpy demand)를 보이고 있지만 모 품목(parent item)의 수요에 따라 수요가 발생하므로 수요예측이나 안전재고의 필요성이 적다. 이것은 수요량과 시기를 모 품목의 생산계획이나 MPS로부터 알 수 있기 때문이다. 따라서 재고 관리 시스템은 수요의 패턴에 따라 구분하여 적용할 필요가 있으며, 독립수요품목의 재고관리에는 정량발주 방식과 정기발주 방식을, 종속수요 품목의 재고관리에는 MRP 시스템을 적용하는 것이 좋다.

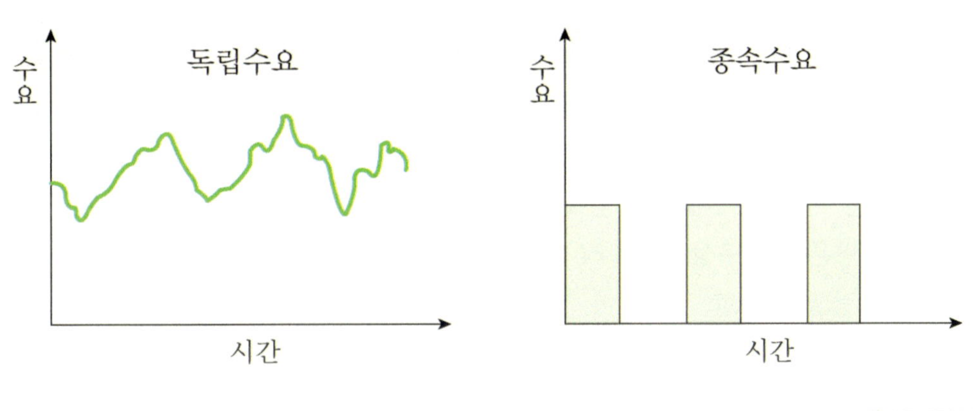

그림 10.1 독립수요와 종속수요의 패턴

2. MRP시스템의 발전과정

MRP 시스템은 초기에 매우 단순한 자재소요계획(Material Requirements Planning)의 기법으로 출발하였으나 오늘날에는 회사전체의 전사적 지원관리(Enterprise Resource Planning : ERP) 시스템으로 발전하게 되었다.

즉 자재소요계획(협의의 MRP)은 제조자원계획(Manufacturing Resources Planning : MRP II)시스템과 전사적 자원 관리시스템의 핵심 기능으로서 그 진화과정에 따라 원래 자재를 주문하는 새로운 기법으로 여기던 것이 그 후 제조부문의 일정계획을 올바르게 유지하는 우선순위(priority)관리 시스템으로 변모하게 된다. 오늘날의 MRP 시스템은 이 부분을 핵심으로 하여 회사의 모든 자원을 계획하고 관리하는 제조자원계획(MRP II)체계로 발전되어 왔다. 그리고 생산관리시스템의 초석으로서 MRP 시스템을 두고 여기에 CAD/CAM, 자동화라인, 자동창고 등을 구축하여 컴퓨터화된 통합생산체계(CIM)를 완성하려는 시도가 미국과 일본을 중심으로 활발하게 이루어져 왔다. 이와 같은 맥락에서 볼 때 협의의 MRP를 잘 이해하는 것은 현재 생산관리시스템의 본질을 이해하기 위한 출발점이 될 수 있다.

1) 자재발주 기법으로서의 MRP

MRP 시스템은 1960년대 초 필요한 자재의 소요량을 계산하여 발주하는 자재소요계획(Material Requirements Planning : MRP I)으로 시작되었다. 이는 당시에 주로 사용되었던 발주점방식(Order Point Method)이 회사의 모든 자재에 대하여 개별적으로 조달기간(lead time) 동안의 소요량을 산정하여 발주하던 것에 대한 대안으로서 창안된 것이다.

Olicky는 자재를 독립수요 품목과 종속수요 품목으로 나누고 종속수요 품목에 대한 소요량은 부품구성표(Bill of Material : BOM)를 이용하여 계산함으로써 개별적인 소요량을 예측할 필요없이 정확한 소요량이 산출될 수 있음을 제시하였다. 즉 자재소요계획(MRP)방식에서는 최종제품이나 서비스부품 등 독립수요 품목에 대한 수요만 예측이 된다면 나머지 하위의 종속 수요품목의 소요량은 예측이 아닌 계산으로써 파악될 수 있다는 개념이 MRP 시스템 발전의 기반이 된 것이다. 이 당시에는 능력계획과 연결되어 있지 않은 단순한 재고관리 시스템의 기능을 갖춘 것이었다.

2) 우선순위 계획시스템으로서의 MRP

1970년대에 이르러 MRP시스템의 기능은 단순한 자재 소요량의 계획으로부터 우선순위 계획시스템(priority planning system)으로 확장되었는데 이 단계에서부터 MRP 시스템은 본격적인 일정계획 시스템의 체계를 갖추게 되었다.

계획시스템으로서의 MRP에서는 주생산일정(master production schedule : MPS)의 중요성이 인식되어 이것을 토대로 자재소요계획을 비롯한 하위 단계의 계획 기능을 동기화하고자 하는 발상이 실현된 것이라고 볼 수 있다. 이에 따라 상위 단계의 계획인 주생산일정이 수요의 변화 등 외적요인에 의하여 변경되면 MPS와 관련된 하위 단계의 계획내용이 연동적으로 재계획되어 새로운 우선순위를 반영하기 때문에 변경에 대한 대처가 용이한 계획 지향적 시스템이 되었다.

3) 폐쇄루프 MRP 시스템

우선순위 계획 MRP시스템이 실용화되면서 사용자들은 MRP시스템의 계획기능

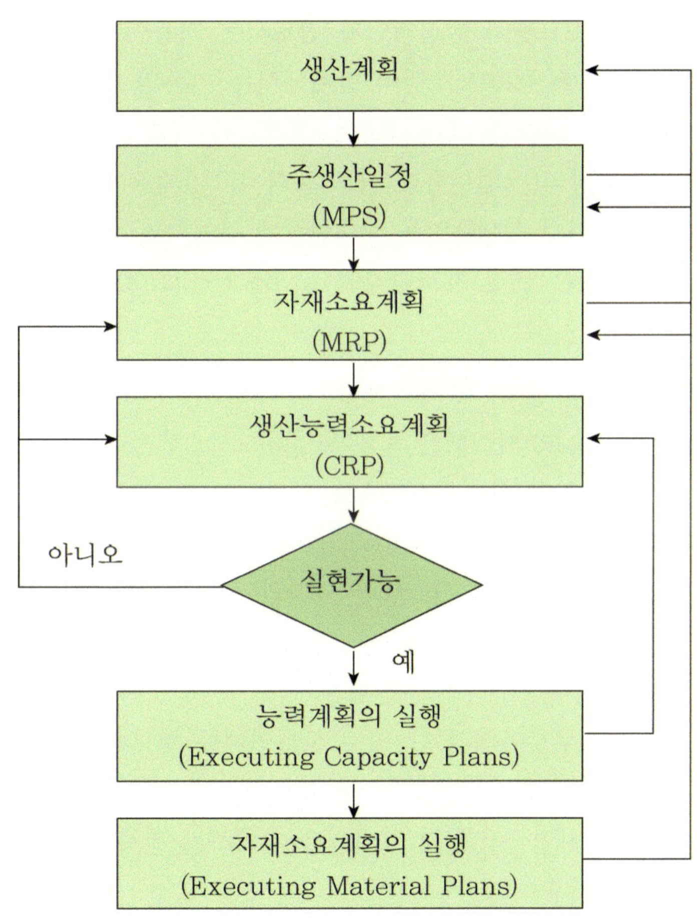

출처 : Oliver W. Wight, Manufacturing Resource Planning, 2nd ed, The Book Press, Brattleboro, 1984.

| 그림 10.2 | 폐쇄루프 MRP시스템

에 상응하는 통제기능이 필요함을 인식하게 되었는데 이러한 시스템을 폐쇄루프(closed loop) MRP시스템이라 하고, 이 이전 단계의 MRP를 개방 루프(open loop) MRP시스템이라 한다. MRP시스템의 가장 기본적인 기능 중의 하나는 제조기업의 제반활동을 가장 정확하게 컴퓨터 내에 설정하는 것이다. 그런데 과거의 MRP시스템에서는 실현 불가능한 MPS에 의하여 하위 단계의 계획들이 제조활동의 실제 우선순위를 제대로 반영하지 못하는 결과를 가져와서 결과적으로 시스템의 효용을 반감시키는 경우가 많았다.

현실에 맞는 MPS가 되기 위해서는 MPS를 실행하기 위하여 소요되는 자재소요량은 물론 생산능력 소요량이 현실적인지 검토하는 기능이 요구된다.

결과적으로 폐쇄 루프 MRP시스템의 단계에서는 기존의 MRP 시스템에 능력소요계획(capacity requirements planning)이 추가되어 작업장 별로 보유하고 있는 생산능력과 자재계획상의 작업부하가 서로 조화되고 있는지 검증할 수 있게 되었고, 이에 따라 제조지시의 실행책임을 제조현장에 부여하면서 동시에 이의 실행 결과를 피드백 할 수 있는 현장 제조관리(shop floor control)가 정착되었다.

4) 제조자원계획 시스템(MRP II)

1980년대에 이르러 MRP시스템은 폐쇄루프 MRP시스템을 더욱 보강하여 기업의 제조자원을 총괄하여 관리하는 시스템으로 확장하고자 하는 시도가 계속되어, 그 명칭도 제조자원계획(manufacturing resource planning)시스템 또는 MRP II 시스템이라 하였으며 자재소요계획 시스템인 MRP와 구분하였다.

이 단계의 MRP시스템은 회사의 각 부문활동을 사업계획의 기준 하에 종합적으로 조정하여 조직간 수평, 수직적인 균형을 이룰 수 있도록 생산, 자재 부문만이 아니라 영업, 기술, 재무분야의 통합 또는 상호연계를 도모하는 기능을 갖추었다.

MRP II는 제조활동의 계획, 관리뿐만 아니라 재무, 마케팅에서의 계획과 관리를 포괄한 시스템으로서 기업에서의 모든 자원을 관리하는 전사적 정보시스템으로 확장되었다.

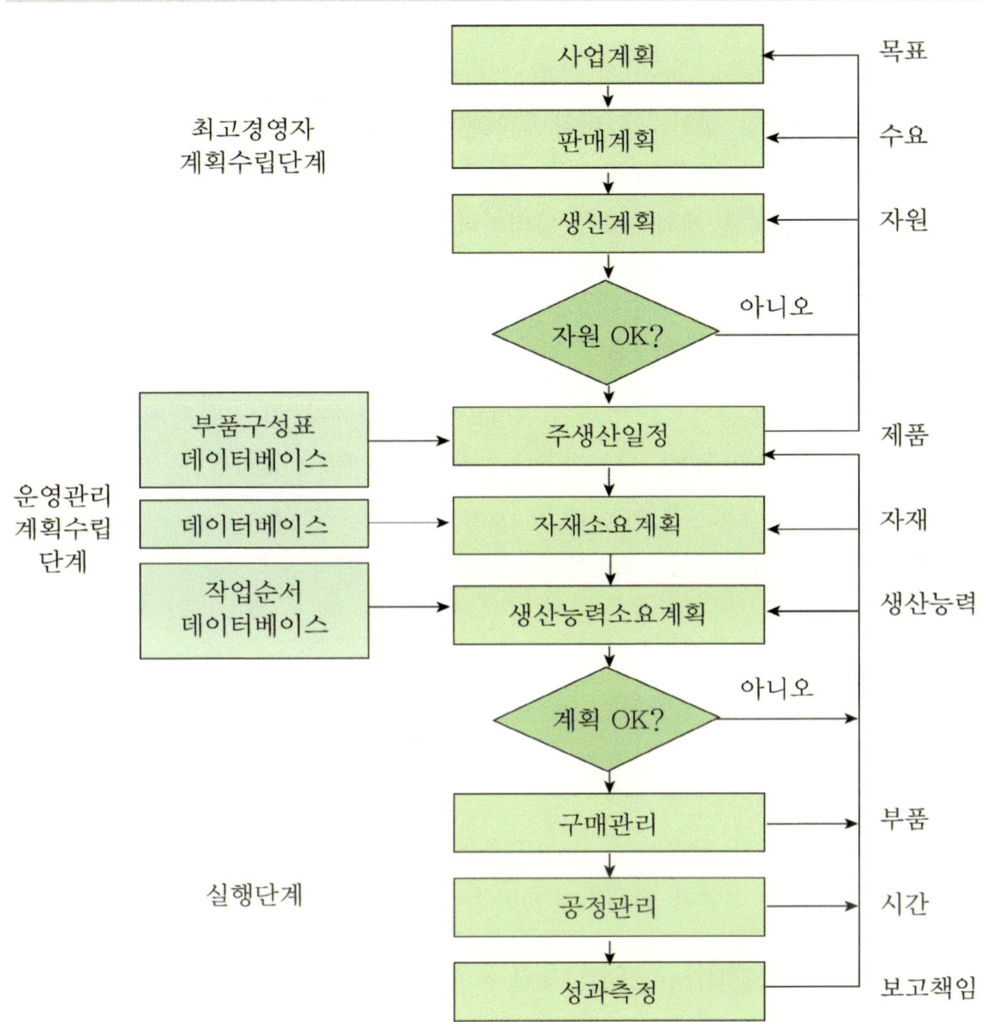

출처 : David W. Bucker, Performance Measurement, Antioch, David W. Bucker, Inc, 1984.

| 그림 10.3 | MRP II 시스템

3. MRP시스템의 구성요소

1) MPR시스템의 투입요소

MRP시스템에서 3가지 주요 투입요소는 주생산일정(MPS), 부품구성표(BOM) 및 재고기록철(inventory record file)이다.

(1) 주생산일정(Master Production Schedule : MPS)

이것은 최종품목(end item)의 계획기간과 소요량을 표시한 것으로 무엇을, 언제, 얼마만큼 생산할 것인가를 나타낸 기본적인 계획표이다.

MRP기법을 통한 계획수립의 모든 절차는 실질적으로 MPS로부터 출발하기 때문에 MPS가 잘못되면 계획전체가 무의미하게 된다.

MPS는 다음과 같은 기본요소로 이루어져 있다.

① 최종 품목(end item)

MPS에 기입되는 품목으로서 부품구성표(BOM)상에서 최상위 단계(level)에 있는 것이다. 보통 최종 품목이 될 수 있는 것은 최종제품(finished product), 서비스부품(service parts), 모듈부품(module parts), 주요 조립품(major assemblies)등이며, 최종 품목이 되기 위한 조건은 독립수요품목이어야 한다.

② 계획기간(planning horizon)

계획 또는 예측상에 포함되는 총기간이다.

③ 기간별 구분(time-phase)

이것은 MPS상에서 연속되는 시간의 흐름을 인접하는 소기간으로 세분하는 것으로, 다시 말해서 적당한 단위기간(time-bucket)의 크기로 구분하는 것이다.

④ 계획단위기간(time-bucket)

계획기간(Planning horizon)을 기별로 구분(time-phase)하여 그 하나하나를 계획단위기간(time-bucket)이라고 한다. 즉 time-phased된 각 기간을 time-bucket라 하며, bucket의 크기를 MRP에서는 보통 1주간 또는 1일로 하고 있다. 그런데 이 bucket방식으로 표현할 경우 그 bucket의 초, 중간 또는 종일이라든가 그 날의 착수일이나 종료일등을 미리 약속하여 정해 놓아야 한다.

(2) 재고 기록철(inventory record file)

품목 마스터 파일(item master file), 재고상황철 또는 품목상황철(item status file)이라고도 하는데, 이것은 부품구성표(BOM, Product structure)의 각 단계(level)에 있어서 개개 품목의 현재 재고상태에 있는 수량을 나타낸 것이다. 이 상황을 기록한 철은 개개의 품목의 재고 변동이 일어날 때 마다 갱신된다.

여기서 말하는 재고변동은 품목의 수입, 불출, 스크랩화 수량의 변화에 관한 것이다. 또한 이 재고기록철에는 계획오더량과 그 시기를 결정하는데 주로 이용되는 계획요인으로 각 품목이 리드타임(lead time), 안전재고, 감손여유량(scrap allowance), 로트 사이즈와 방식 등이 포함되어 있다.

① 재고상황 자료

ⓐ 총소요량(Gross Requirements)

최종제품을 제조하는데 필요한 수량이 아니라 모부품(parent part)의 제조에 사용하기 위하여 불출되는 수량이다.

ⓑ 순소요량(Net Requirements)

- 총 소요량 - 수입(입수)예정량 - 현재고량 = 순소요량
  여기서 계산 결과치가 음수(-)일 경우에는 순소요량을 0으로 한다.
- 어떤 기말의 실제 보유재고량(on hand) + 차기의 수입예정량 - 차기의 총소요량 = 차기말의 실제 보유재고량(on hand)
  차기말의 실제 보유재고량에서 안전재고량을 빼면 이용가능재고(available inventory, 유효재고)가 산출되는데, 계산결과치가 음(-)의 누적치로 나온 경우에는 전기와의 차를 순소요량으로 각각 취하고, 최소로 나눈 기(期)의 음(-)의 누적치의 경우는 그 절대치가 순소요량이 된다. 그리고, 누적치가 양(+) 또는 0일 경우 순소요량은 0이 된다.

ⓒ 수입예정량(scheduled receipts)

각 기(期)에 분할되어 수입(受入)이 확실한 양을 말하는데, 총소요량의 수배가 끝난 후 입수하기로 되어 있는 입고예정량이다.

수입예정량이란 재고 보충(stock replenishment) 또는 내제품(內製品)의 제조를 위해 구매처나 하청처, 제조현장에 발주를 했거나, 제조지시를 내렸지만 아직 입수되지 않은, 즉 미납된 상태에 있는 수량을 말한다. 여기에는 구입품, 외주품, 내작품 등을 모두 포함한다.

ⓓ 현 재고량(재고잔량, on hand quantity)

계획시점에서 실제로 보유하고 있는 수량 또는 제조현장에서 완성된 오더량으

로 확인될 수 있는 수량을 말한다. 이 양은 재고기록파일에 기록되어 있어야 하며, 물리적인 재고량과 파일에 기록된 재고량이 서로 일치되어야 한다.

ⓔ 계획오더 수입량(planned order receipts)

계획오더란 제조하거나 발주하는 것이 정해졌으나 계획단계에 있고, 구매처, 하청처, 제조현장에는 아직 통보하지 않은 것으로, 이는 미확정오더이므로 제조지시서나 주문서가 발행되지 않은 상태이다.

발주를 하거나 제조명령 또는 구매주문을 내는 것을 발령(release)이라 한다. 그리고 발령된 오더를 open order라 한다.

② 리드타임(lead time)

MRP에서 내제품에 대하여 보통 적용하는 제조리드타임(manufacturing lead time)은 표준시간(가공시간) + 준비시간 + 이동시간 + 대기시간의 합이다.

여기서 표준시간에는 가공시간외에도 공정의 특성에 따라 조립시간, 검사시간 등도 해당될 수 있을 것이다.

이들 요소 중 최장인 대기시간의 길이는 작업장에서의 작업량, 작업의 우선순위 등에 따라 달라 질 수 있다. MRP에서는 보통 평균대기시간을 취하여 평균리드타임을 설정하고 이것을 계획용으로 사용하는데 이를 계획 리드타임(planned lead time)이라고 한다.

이에 대하여 각 작업에서 실제로 발생한 리드타임을 실제 리드타임이라고 하는데 MRP는 시시각각으로 각 오더의 착수순을 변경지시(priority control)할 수 있는 메커니즘(mechanism)을 가지고 있으므로 계획 리드타임과 실제 리드타임간에 어느 정도 차이가 있어도 또한 계획리드타임에 약간의 오차가 있어도 상관없다.

리드타임중의 대기시간은 작업장(work center)내의 작업량의 함수이므로 계획시에 작업량을 보아 대기시간을 정하고 있어서 이로써 리드타임을 추정할 수도 있다. 이 리드타임은 재고기록파일이나 품목마스터 파일에 등록하여 이용한다. MRP 계산에서는 우선 계획오더의 입고시점을 정하고 여기에 리드타임만큼 역방향으로 거슬러 올라가 발령시점을 정하는데, 이를 lead time offset 또는 back-off라 한다.

③ 안전재고(safety stock)

안전재고는 기본적으로 불확실한 수요의 변동 또는 예측오차의 발생, 재고 보충

리드타임의 변동, 계획의 변동 그리고 공급의 불확실성 등에 대처하는 기능을 가지고 있다. MRP에서 안전재고는 MPS에 의하여 설정하며 원칙적으로 수요의 불확실성에 대비한 안전재고를 독립수요 품목에 대해서만 갖는다. MRP에서는 안전재고를 가지고 있어도 최소한으로 하도록 하고 있다.

④ 감손율 및 불량률

감손여유는 스크랩화나 공정중의 불량 또는 감손을 예상하여 이미 정해진 로트사이즈에 부가되는 양이다. 이는 보통 일정한 양 또는 비율을 설정하여 가산한다.

⑤ 로트사이즈화 방식(lot sizing approach)

ⓐ 고정로트량(fixed order quantity)

순소요량을 일정 수량마다 1로트로 해서 설정하는 방법이다.

ⓑ 경제적 로트량(economic order quantity, EOQ)

$$Qo = \sqrt{\frac{2US}{IC}}$$

여기서 Qo : 경제적 로트량
U : 연간 사용량
S : 준비비 또는 발주비
I : 재고유지비율(보관 비율)
C : 단위비(구입단가 또는 제조원가)

ⓒ lot-for-lot방식

순소요량 자체를 그대로 로트화하는 것으로 이를 사용하면 재고유지비를 최소화시킬 수 있다. 이는 흔히 값비싼 구매품 대량생산되는 품목, 연속생산품목 등에 이용된다.

ⓓ 정기발주형(fixed period requirements)

이 방식은 미리 정해진 일정기간마다 필요량을 발주하는 것으로 정기적으로(예컨대, 2 bucket마다 1회 등) 순소요량을 조사하고 그 합계량을 기초(期初)에 발주하는 것이다.

ⓔ 기간 발주량(period order quantity, POQ)

POQ는 전통적인 EOQ의 개념을 이산형으로 수정한 것이다. 먼저 보통의 방식에 따라 EOQ를 계산한다. 다음에 연간예상 소요량을 구하고, 이것을 EOQ로 나누면 발주회수가 얻어지는데, 이 발주회수에서 1년간의 기간수(예를 들면, 1기를 1개월로 하면 12)를 나눈다. 그 결과 평균 발주간격이 얻어지며 이 간격마다 발주를 한다.

(3) 부품구성표(Bill of Material, BOM)

보통 자재명세서, 제품구조도(product structure), 제품 나무도(product tree)또는 간단히 부품표라고도 하는데 이것은 최종 품목(end item)이 어떤 부품으로 구성되어 있는가를 나타낸 표이다. 여기에 기재되는 각 품목은 MPS상의 품목과 같이 품목의 명칭이 아닌 부품번호(part number)로 표시된다. 이들 품목에 대해서는 MPS 상의 표시와 반드시 일치해야 한다. 부품구성표는 보통 설계용 부품표(engineering bill of material, E-bill)와 제조용 부품표(manufacturing bill of material, M-bill)로 대별된다.

2) MRP시스템의 산출요소(outputs)

(1) 주요 산출요소((primary outputs)

① 계획오더(구매오더 또는 가공오더)의 발령에 대한 지시
② 발령된 오더의 완료예정일(due date)의 변경지시
③ 발령된 오더(open order)의 취소 또는 일시적인 중지 지시
④ 품목상황의 분석에 필요한 자료
⑤ 앞으로 발령될 예정인 계획오더의 자료

(2) 부차적 산출요소(secondary or byproduct outputs)

① 재고수준 계획의 자료(재고예측)
② 구매계약의 자료
③ 수요의 원천에 대한 확인자료(소요량 용도확인 보고자료)
④ 능률(성과)에 대한 자료(performance report)
⑤ 예외자료(exception report)

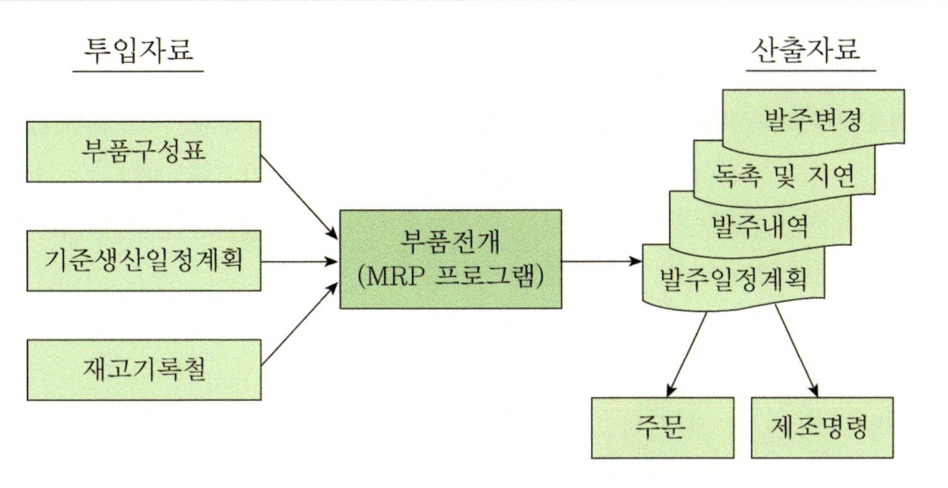

그림 10.4 MRP시스템의 투입요소와 산출자료

3) MRP 시스템의 특징

MRP시스템은 무엇보다도 자재소요량계획을 일정계획 통제에 융합시키는 것으로 다품종의 제품 및 반제품생산을 대상으로 계획·통제할 수 있고, 부품이 점차 최종제품으로 완성되어가는 단계별 부품조립관계를 고려함으로써 통합적인 자재계획이 수립될 수 있다. 또한 제품과 부품(자재)과의 상호관계를 시간적·수량적 차원에서 동시에 다룬다는 특징을 가지고 있다.

(1) 부품중심의 생산관리

종래 우리나라의 생산관리의 특징이라면 생산단위당 품목(lot)에 따라 자재의 발주에서부터 완성까지 각각 따로 관리하는 단위당 품목생산방식 또는 제번(製番) 방식의 관리가 대부분이었다. 이에 반하여 MRP 방식의 생산관리에서는 생산단위당 품목이 각기 다른 제품에 사용되는 부품이라 할지라도 구별 없이 합쳐져서 발주되고 창고에서도 부품별로만 재고현황을 기록관리하는 부품중심의 관리가 특징이다. ABC분석에서는 A급, B급의 품목에 대해서만 MRP시스템에 의하여 관리하고, C급의 품목에 대해서는 통계적인 방법이나 더블빈(double bin)시스템과 같은 수시 발주방법에 의하여 관리한다.

(2) 계획중심의 시스템

이제까지 생산관리 시스템에서 많이 볼 수 있었던 사례는 일단 제조현장에 충분한 제조지시를 해 놓고 사후에 실제로 필요한 물량을 파악해 가면서 해당 품목을 독촉하는 식의 비공식적 시스템이 많았다. 이에 반하여 MRP시스템에서는 처음부터 현장의 여건에 맞는 실시 가능한 계획을 세우고 이를 실시하기 위해 계획과 관리기능을 통합하는 것을 기본개념으로 한다.

(3) 공식적인(formal)시스템

MRP시스템에서는 회사의 모든 부문이 같은 언어를 가지고 의사소통해야 한다는 것을 강조한다. 이렇게 되기 위해서는 시스템이 사용하는 기준정보, 예컨대 부품구성표, 품목정보, 작업순서정보, 생산능력정보 등이 회사 전체적으로 하나로 공유하도록 구성되어야 한다. 설계부문의 부품구성표와 생산관리 부문의 부품구성표가 각기 따로 구성되고 관리된다면 아무리 계획이 제대로 입안되어도 소용이 없게 된다. 이와 같이 시스템에 관련되는 부문 전체를 통합시스템(total system)화하여 정보를 일원화함으로써 회사전체가 같은 기준하에서 계획되고 관리될 수 있게 하고자 하는 공식적인 시스템이 되어야 한다.

(4) 일정변경의 유연성

MRP시스템의 기본이 계획중심의 시스템이라고 하여도 제조기업에서는 여러 가지 여건의 변화에 의하여 계획 자체가 매우 빈번히 변경되고 있다. 계획이라는 것이 이미 예측을 기본으로 한 것이기 때문에 시일이 지남에 따라 발생하는 계획과 실적의 차이는 점점 더 커지게 되며 이 차이를 새로운 계획에 반영하여야 한다. 따라서 계획중심의 시스템이 갖추어야 할 또하나의 요소는 상위의 계획이 변동하면 그에 따라 하위의 계획들이 연동적으로 변경되어 전체 시스템을 동기화할 수 있어야 한다는 것이다.

MRP시스템에서는 이와 같이 상위의 계획이나 하부의 변화에 대하여 신속하게 대처하는 수단으로서 컴퓨터의 이용이 필수적으로 수반된다.

(5) 합리적인 재고관리

MRP시스템에서는 계획기간(planning horizon)을 원자재 발주로부터 제품의 완성에 이르기까지의 과정을 관리할 수 있을 정도의 누적 조달(소요)기간 (cumulative lead time)을 포함할 수 있도록 충분히 길게 잡고 그 계획기간을 일일, 일주일 또는 일 개월씩의 기간 단위로 구분한 계획단위기간(time bucket)으로 나누어 관리한다.

계획 단위기간은 품목의 소요량 등 물동현황에 대하여 '언제' 필요한 것인가를 지정하게 되며 따라서 자재의 발주도 필요한때에 맞추어서 할 수 있게 된다. 제품의 생산일정계획으로부터 각 레벨별로 반조립품, 부품 등이 각각의 조달기간(lead time)만큼 선행된 계획단위 기간에 저장되는 기능을 時位조정(time phasing)이라 한다.

4) MRP시스템의 전개절차

MRP시스템은 전술한 기본요소들을 토대로 하여 전개되는데, 협의의 MRP관점에서의 전개과정을 간단한 예를 통하여 설명하고자 한다. 어느 회사는 [그림 10.5]와 같은 탁자를 제조하고 있다고 하자. 이 탁자는 1개의 상판과 1개의 다리조립품으로 구성되며, 다시 다리조립품은 4개의 다리, 2개의 짧은 난간 및 2개의 긴 난간으로 이루어져 있다.

| 그림 10.5 | 탁자의 구성도

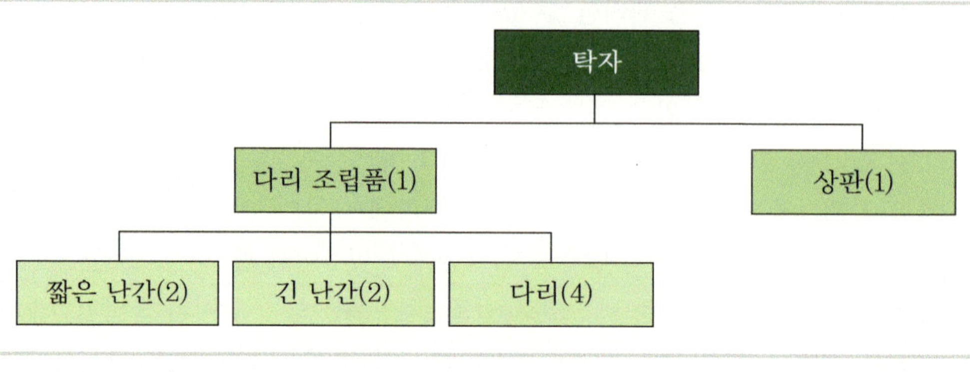

| 그림 10.6 | 탁자의 BOM

이 예에서 다리조립품은 사전에 만들어져 재고로 보관할 수 있다고 가정한다. 이렇게 중간조립품을 미리 만들어 놓으면 개별 부품을 한꺼번에 조립하여 탁자를 만드는 것보다 주문이 들어왔을 때 훨씬 신속하게 탁자를 만들 수 있다. 실제로 많은 제조기업들은 총생산시간과 준비비용을 절감하기 위하여 중간조립품을 만들어 재고로 가져간다.

이 탁자의 BOM은 [그림 10.5]과 같으며, 각 품목의 현보유재고와 조달기간은 〈표 10.2〉와 같다. 한편 이 탁자는 〈표 10.3〉의 MPS에서 보는 바와 같이 제4주에 200개, 제5주에 150개가 요구된다고 한다.

| 표 10.2 | 각 품목의 현보유재고와 조달기간

현보유재고		조달기간(주)	
탁자	50	탁자 조립	1
다리조립품	100	다리조립품 완료	1
다리	150	다리 구입	1
짧은 난간	50	짧은 난간 구입	1
긴 난간	20	긴 난간 구입	1
상판	50	상판 구입	2

| 표 10.3 | 탁자의 MPS

품목 \ 주	1	2	3	4	5
탁자	-	-	-	200	150

이상의 자료가 MRP 프로그램에 입력되면 〈표 10.4〉와 같은 자재소요계획을 얻을 수 있다. 먼저 최종제품인 탁자의 MPS에서 탁자의 총소요량은 제4주에 200개, 제5주에 150개가 된다. 탁자의 현재고는 50개이므로 이를 제4주의 총소요량 200에서 빼면 제4주의 순소요량은 150개가 되고, 제5주에는 재고가 없으므로 총소요량 150개가 그대로 순소요량이 된다. 탁자의 조립에는 1주가 소요되므로 이를 감안하면 제3주와 제4주에 각각 150개의 탁자조립이 시작되어야 한다.

탁자는 1개의 상판과 1개의 다리조립품으로 이루어지므로 탁자의 발주계획에 따라 상판과 다리조립품의 총소요량은 제3주와 제4주에 각각 150개가 된다. 상판의 현재고는 50개이므로 이를 총소요량에서 빼면 제3주의 순소요량은 100개가 되고, 제4주에는 재고가 없으므로 순소요량은 150개가 된다. 상판의 구입에는 2주가 소요되므로 상판은 제1주에 100개, 제2주에 150개를 발주하여야 한다. 동일한 논리에서 다리조립품의 순소요량은 현재고 100개를 감안하면 제3주에 50개, 제4주에 150개가 되며, 다리조립품을 만드는 데는 1주가 소요되므로 다리 조립은 제2주에 50개, 제3주에 150개가 시작되어야 한다.

다리조립품 1개에는 다리가 4개, 짧은 난간이 2개, 긴 난간이 2개 소요되므로 제2주에 50개, 제3주에 150개의 다리 조립이 시작되기 위해서는 제2주와 제3주에 다리는 200개와 600개, 그리고 짧은 난간과 긴 난간은 각각 100개와 300개가 필요하다. 이 총소요량에서 현재고를 차감하여 순소요량을 구하고 조달기간을 감안하면 다리는 제1주에 50개, 제2주에 600개, 짧은 난간은 제1주에 50개, 제2주에 300개, 긴 난간은 제1주에 80개, 제2주에 300개가 각각 발주되어야 한다.

여기에서 한 가지 유의할 점은 〈표 10.4〉에서 각 품목의 발주량, 즉 로트 크기가 정확하게 매번 필요량(순소요량)에 의해서 결정되었다는 점이다. 이와 같은 발주정책을 lot-for-lot 정책이라고 한다. 많은 MRP시스템에서는 주문비용(또는 준비비용)과 재고유지비용간의 균형을 취함으로써 재고관련 비용을 줄일 수 있도록 여러 가지 로트 크기 결정 모형을 포함하고 있다. 따라서 로트 크기를 달리하면 발주량과 재고수준은 달라진다. 예를 들어, 탁자의 로트 크기가 300개로 사전에 결정되어 있다면 〈표 10.4〉에서 제3주에 300개의 탁자가 발주된다. 따라서 제4주에는 300개가 완성되어 들어오고, 기존의 재고가 50개 있으므로 총 350개에서 총소요량 200개를 뺀 나머지 150개가 재고로서 제5주로 넘어간다. 한편 제5주의 총소요량 150개는 전부 재고로 충족되므로 순소요량은 0이 되고, 제4주의 발주는 필요 없게 된다. 그리고 이와 같이 최종제품인 탁자의 발주계획이 달라지면 하위품목들의 자재소요계획도 달라진다. 물론 이 때 하위품목들의 발주에 있어서도 lot-for-lot 방식 외에 다른 로트 크기가 고려될 수 있다.

| 표 10.4 | 탁자의 자재소요계획

		주				
		1	2	3	4	5
탁자 (LT=1)	총소요량	-	-	-	200	150
	이용가능재고(=50)	50	50	50	50	-
	순소요량	-	-	-	150	150
	계획 오더량	-	-	150	150	
상판 (LT=2)	총소요량	-	-	150	150	
	이용가능재고(=50)	50	50	50	-	
	순소요량			100	150	
	계획 오더량	100	150			
다리 조립품 (LT=1)	총소요량	-	-	150	150	
	이용가능재고(=100)	100	100	100		
	순소요량			50	150	
	계획 오더량	-	50	150	-	
다리 (LT=1)	총소요량	-	200	600		
	이용가능재고(=150)	150	150	-		
	순소요량	-	50	600		
	계획 오더량	50	600			
짧은 난간 (LT=1)	총소요량	-	100	300		
	이용가능재고(=50)	50	50	-		
	순소요량	-	50	300		
	계획 오더량	50	300			
긴 난간 (LT=1)	총소요량	-	100	300		
	이용가능재고(=20)	20	20	-		
	순소요량	-	80	300		
	계획 오더량	80	300			

4. ERP시스템

시장환경이 세계화함에 따라 생산 및 물류의 거점이 국내외 여러 곳에 산재하게 되고 새로운 개념의 프로세스인 글로벌 전략 자원관리 및 최적 공급사슬 구축이 더욱 중요하게 부각되고 있다. 또한 질 높은 정보를 신속히 제공하여 최적의 제품공급 및 자재 수급이 이루어짐과 동시에 생산, 자재, 협력업체, 고객, 수배송, A/S, 회계, 원가 등 기업의 전 프로세스를 일관되게 통합할 수 있어야 한다. 이와 같은 기업의 요구변화에 따라 개발된 정보시스템이 바로 ERP(Enterprise Resource Planning) 시스템인 것이다.

ERP시스템은 생산계획 기능면에서만 살펴본다면 이론적으로는 자원에 대한 제약사항을 고려하지 못하는 MRP시스템의 약점을 보강하고 관리의 영역을 확장하여 수요예측 및 영업시스템과의 연계를 통한 통합관리가 가능하도록 설계되었다. 이러한 특성 때문에 국내에서는 1990년대 중반부터 삼성전자 및 LG전자, 포스코 등을 시작으로 대부분의 대기업이 2000년도 초반에 구축을 완료하여 활용하고 있으며 대다수의 중소기업도 그 뒤를 잇고 있다.

4.1 ERP시스템의 정의

ERP 시스템은 계획, 제조, 판매, 마케팅, 유통, 회계, 재무, 인적자원관리, 프로젝트관리, 재고관리, 서비스와 유지보수, 수송 그리고 e-비즈니스와 같은 기능적 영역을 지원하는 모듈로 구성되어 있는 비즈니스를 위한 소프트웨어 시스템이다. 소프트웨어의 구조는 회사의 모든 기능들 사이의 정보 흐름을 일관되게 눈에 볼 수 있게 제공하면서, 모듈의 투명한 통합을 용이하게 해 준다. 미국 생산재고관리협회(APICS: American Production and Inventory Control Society)는 ERP시스템을 "제조, 유통 및 서비스회사에서 고객의 주문을 받고, 만들고, 선적하고, 회계처리하기에 필요한 모든 자원을 효과적으로 계획하고 통제하는 방법"이라고 정의한다.

4.2 ERP시스템의 발전과정

ERP 시스템은 1980년대 후반 처음 출현하였고, 1990년대 초 회사전체의 기능간의 조정과 통합의 능력을 가지고 소개되었다. MRP와 MRP II의 기술적 토대를 기반으로, ERP시스템은 제조, 유통, 회계, 재무, 인적자원관리, 프로젝트관리, 재고관리, 서비스와 유지보수, 수송 등을 포함한 비즈니스 프로세스를 통합하여, 회사 전체에 접근성, 가시성 그리고 일관성을 제공하였다.

연대	시스템
2000년대	확대 ERP(Extended ERP)
1990년대	ERP(Enterprise Resource Planning)
1980년대	MRP II(Manufacturing Resource Planning)
1970년대	MRP(Manterial Requirements Planning)
1960년대	Inventory Control Packages

| 그림 10.9 | ERP의 발전과정

1990년대 동안 ERP시스템 공급자들은 더 많은 모듈과 핵심모듈에 "부가장치(add-ons)"라는 기능을 더하여 확대 ERP(extended ERPs)를 탄생시켰다. 이 확대 ERP 시스템에는 APS(advanced planning and scheduling), CRM 및 SCM과 같은 e-비즈니스 솔루션을 포함한다.

4.3 ERP시스템의 특징

1) 다국적, 다통화, 다언어

다수의 ERP시스템은 다국적, 다통화, 다언어에 대응하고 있다. 각 나라의 법률과 대표적인 상거래 관행, 생산방식이 시스템에 입력되어 있어서 사용자는 이 중에서 선택할 수 있다.

2) 통합업무시스템

ERP는 기업활동 전반에 걸친 업무기능이 베스트 비즈니스 프랙티스(best business practice)로 제공된다. 베스트 비즈니스 프랙티스는 세계적 일류기업이 채용하고 있는 프로세스 중에서 공통화시킨 프로세스이고 세계에서 통용되는 글로벌한 비즈니스 프로세스의 표준이다.

3) 비즈니스 프로세스 리엔지어니링(BPR)의 지원

ERP시스템을 도입하는 기업은 "최적 비즈니스 실행용"에 의해 제공된 "비즈니스 프로세스 모델"을 이용해서 자사의 업무를 수행할 수 있다. 이와 같이 자사의 업무 프로세스의 최적 비즈니스 실행용의 전환은 BPR(business process reengineering)을 실현한다.

4) 원장형 통합 데이터베이스

ERP의 업무 프로세스는 원장형 통합 데이터베이스라고 하는 중앙의 데이터베이스를 중간매개로 기업활동 전반에 걸쳐 통합되어 있다. 원장형 통합 데이터베이스는 하나의 정보는 한번만 입력하고 입력된 정보는 가공하지 않은 데이터로 어느 업무에서도 참조할 수 있도록 데이터베이스에 보관된다.

5) 파라미터설정에 의한 개발

ERP에서는 미리 장착된 업무기능을 파라미터 설정으로 자사에 맞게 선택할 수 있다. 즉 시스템 구축시 해당 업무 프로세스와 관련하여 상정할 수 있는 대부분의 거래 유형을 갖추고 있다. 그렇기 때문에 업종별, 기업 규모별로 다양한 기업들에 적용이 가능하며, 기존의 시스템에 비하여 빠른 기간 내에 구축이 가능하고 유지보수 부담을 크게 줄일 수 있다.

6) 오픈, 멀티벤더

대다수 ERP시스템은 특정의 하드웨어 업체에 의존하지 않는 오픈 형태를 채용하고 있다. 따라서 복수의 하드웨어 업체의 컴퓨터를 조합해서 멀티벤더 구성을 이룰 수 있다.

4.4 ERP의 기능적 특성

1) 통합업무시스템

ERP는 영업, 생산, 구매, 회계, 인사 등 회사 내의 모든 단위 업무를 통합하여 상호 긴밀한 관계를 가지면서 업무를 처리하며, 업무통합을 통하여 전체 최적화가 실현되고 태스크 중심적인 업무처리 방식이 고객지향적인 관점에서 프로세스 중심으로의 전환이 가능하게 된다. 즉 첨단의 정보기술을 활용하여 회사 내의 전체 업무를 마치 하나의 업무처럼 통합시킬 뿐만 아니라 모든 업무를 거의 동시에 처리할 수 있다.

2) 표준 업무 프로세스

ERP시스템은 많은 업무 프로세스 전문가 및 BPR 전문가들이 첨단 경영기법을 연수하고 세계 초일류 기업의 선진 업무 프로세스를 벤치마킹하여 공동으로 개발하였기 때문에, ERP 패키지에서 구현된 프로세스 자체가 세계적인 표준 업무 프로세스라고 할 수 있다. 이러한 표준 프로세스의 도입을 통하여 기업체들은 별도의 투자 없이도 자동적으로 BPR을 하는 효과를 얻을 수 있다.

3) 그룹웨어 연동

대부분의 그룹웨어 제품들은 전자메일이나 전자게시판 기능을 기본으로 하면서, 전자회의, 전자결재 기능을 통하여 워크플로우(workflow)의 자동화를 실현시켜 주고 있다. 전자결재시스템의 구현은 사무능률을 획기적으로 향상시킬 수가 있으며, 그룹웨어시스템은 종이 없는 사무실을 실현시키는 데 주도적인 역할을 하게 될 것이다. 이러한 그룹웨어의 기능과 영업, 생산, 구매, 자재, 회계 등 기간업무시스템과의 연동은 필수적이라고 할 수 있다.

ERP시스템의 경우 패키지 자체 내에서 이러한 그룹웨어 기능들을 내장하고 있으나 자체 내에 그룹웨어 시스템이 없는 경우에도 외부 그룹웨어시스템과의 연계를 통해 그룹웨어 기능을 제공하고 있다.

4) 파라미터에 의한 개발

ERP시스템은 패키지 개발시 해당 업무 프로세스와 관련하여 생각할 수 있는 대부분의 거래유형을 포함시켜 놓고 있다. 따라서 업종별, 기업규모별로 천차만별인 세계 도처의 기업에 적용이 가능할 뿐만 아니라, 구축시간을 단축시킬 수 있고 유지보수 비용을 크게 줄일 수 있다.

ERP시스템을 구축할 때는 물론이고 시스템을 이용한 업무 수행 중에도 파라미터 지정은 유용하게 쓰여질 수 있다. 조직과 업무가 변화되더라도 새로운 시스템을 개발할 필요 없이 기본적으로는 파라미터 변경을 통하여 대응이 가능하도록 설계가 되어 있다.

5) 개방형시스템(Open System)

ERP시스템은 기본적으로 개방된 시스템 구조로 설계되어 있어서, 어떠한 운영체계나 어떠한 데이터베이스에서도 무리 없이 잘 작동되며 시스템의 확장이나 다른 시스템과의 인터페이스가 용이하게 되어 있다. ERP패키지 개발회사의 제품이 아닌, 제3자 회사의 제품인 데이터웨어하우징(Data Warehousing), 중역정보시스템(EIS: Executive Information System), PDM (Product Data Management), CALS(Commerce At Light Speed), EC (Electronics Commerce) 및 공장 자동화용 소프트웨어 등과도 연계가 가능하다.

6) 글로벌화 대응

ERP시스템은 어떤 특정국가, 특정기업의 표준 프로세스를 구현시켜 놓은 것이 아니라 각 산업별 유형에 따라 가장 모범적인 업무 프로세스를 내장하고 있기 때문에 글로벌화 대응이 가능하다.

7) 경영자정보시스템(EIS) 기능

ERP시스템을 통하여 경영자들은 수시로 경영상황을 점검하고 분석할 수 있게 된다. ERP시스템에서 제공되는 경영자정보인 EIS(Executive Information System)을 통하여 경영자는 언제라도 원하는 정보를 검색할 수 있게 된다.

8) 웹 지원 기능

인터넷을 통하여 지구촌 어떤 지역과도 즉시 문자, 음성, 그림 등 정보의 교환이 가능하다. 최신의 ERP시스템은 웹을 통하여 ERP시스템을 사용할 수 있다. ERP패키지의 모든 모듈을 웹에서 접속할 수 있으며, 해외 출장 중에도 웹 브라우저를 이용하여 자기 회사의 ERP시스템과 접속하여 업무를 수행할 수 있다.

4.5 ERP의 기술적 특징

1) 클라이언트/서버 시스템

1990년대에 들어 하드웨어 가격의 하락과 첨단 정보기술의 출현으로 컴퓨팅 자원이 저비용, 고효율구조로 바뀌면서 분산처리 구조인 클라이언트/서버시스템이 등장하였는데, 이것은 클라이언트(주로 PC)에도 프로그램을 탑재시켜 주 컴퓨터인 서버의 부하를 줄여주는 방식이다.

ERP시스템 역시 웬만한 거래는 대부분 클라이언트 수준에서 처리하게 되어 클라이언트/서버 방식에 기반을 둔 분산처리 형태의 패키지라 할 수 있다.

2) 4세대 언어(4GL), CASE Tool

갈수록 고도화되어 가고 있는 산업용 소프트웨어를 개발하는데 있어 기존의 프로그램 방식으로 한계에 부딪치게 되면서 4세대 언어(4GL)라고 불리는 프로그램 언어들이 등장하게 되었다. 대표적인 4세대 언어는 Visual Basic, C++, Power Builder, Delphi, Java 등이 있다.

이와 아울러 소프트웨어 개발의 생산성을 높이기 위한 방법론으로 등장한 것이 CASE(Computer Aided Software Engineering) 도구이다.

소프트웨어 개발뿐만 아니라 유지보수 측면에서도 유연성 있게 활용하기 위하여 사용된 것이 4GL이나 CASE 도구라고 할 수 있으며, ERP시스템 역시 이러한 개념에서 4GL이나 CASE 도구를 기본으로 채택하고 있다.

3) 관계형 데이터베이스(RDBMS: relational database management system)

거의 모든 ERP시스템은 원장형 데이터베이스 구조를 채택하고 있다. 기존의 파일시스템 구조로는 데이터의 독립성, 종속성이 문제가 있기 때문에 ERP와 같은 고기능성 산업용 소프트웨어에는 상용 RDBMS를 채택하여야만 한다. 현재 ERP시스템에서 돌아가고 있는 DB는 Oracle, Informix, Sybase, SQL 등인데 DB의 채택은 주로 운영환경(OS)과 하드웨어 등 전체의 플랫폼에 의해 결정된다.

4) 객체지향기술(OOT: object oriented technology)

ERP패키지 내의 각 모듈은 제각각 독립된 개체로서의 역할을 하게 된다. ERP시스템은 이렇게 수많은 모듈들의 집합체이다. 각 모듈들과의 인터페이스를 통해 전체적으로 시스템의 효율성을 향상시킨다.

시스템이 업그레이드되거나 기능이 추가 또는 삭제되는 경우에 객체지향적으로 설계된 ERP시스템은 전체를 건드릴 필요 없이 해당 모듈에 대한 교체만으로 시스템의 변경이 가능하다. 마치 레고 블럭처럼 영업, 생산, 구매, 자재, 회계, 인사 등 각 모듈들을 서로 짜 맞추는 식으로 전체를 최적화시켜 나가면 되고, ERP시스템이 구축된 이후에도 언제나 단위모듈의 변경이 가능하다.

연 습 문 제

1. MRP의 기본 투입자료에 대하여 설명하시오.

2. ERP의 기능적 특징에 대하여 논하시오.

3. MRP의 발전단계에 대하여 설명하시오.

4. 최종제품 A 1단위는 2단위의 구성품 B와 3단위의 구성품 C 및 1단위의 부품 D로 만들어진다. 구성품 B는 부품 E 4단위와 부품 F 3단위로 구성된다. 구성품 C는 부품 D 3단위와 부품 G 2단위로 만들어지며, 부품 G는 자재 E 5단위와 자재 H 2단위로 만들어진다.

   (1) 제품구조나무를 그리시오.

   (2) 최종제품 A를 100단위 생산하는 데 필요한 각 품목의 소요량을 구하시오.

Chapter

11

JIT시스템

1. JIT(Just-In-Time)의 철학
2. JIT시스템의 구성요소
3. MRP와 JIT의 비교

JIT시스템은 1960년대 초 일본의 도요타 자동차회사의 Taiichi Ohno가 개발한 Toyota 생산시스템을 의미하는 데 오늘날 가장 효율적인 제조시스템의 하나라고 인정받고 있다. JIT라는 용어는 미국의 경영인들이 도요타를 방문하고 이들의 채택한 생산방식을 보고 붙인 이름이며 일본인들이 만든 용어는 아니다. 사실 일본에서는 도요타가 채택한 생산방식을 도요타 생산방식(TPS: Toyota Production System)이라고 불러왔다. JIT시스템은 1970년대 중반 일본에서 보편화되었으며, 미국에서는 1980년대에 자동차 및 전자산업을 중심으로 본격적으로 도입되었다. 우리나라의 경우에도 자동차 및 전자업계를 중심으로 JIT시스템이 도입되었다.

1. JIT(Just-In-Time)의 철학

JIT시스템은 낭비의 제거와 작업자 능력의 최대한 이용이라는 철학에 근거하고 있다. JIT시스템의 뿌리는 일본이 처한 환경에서 비롯된다. 국토가 좁고 천연자원이 부족한 일본인들은 낭비를 줄이려고 노력하게 되었다. 일본인들은 폐기물과 재작업을 낭비로 생각하기 때문에 완전한 품질을 추구한다. 그들은 또한 재고는 공간의 낭비를 가져오며 유용한 자재를 묶어 두는 것이라고 생각한다. 한마디로 제품의 가치에 공헌하지 않는 것은 모두 낭비라고 보는 것이다. 즉, JIT시스템은 생산과정에서 필요할 때, 필요한 만큼만 적시에 생산함으로써 생산시간을 단축하고 재고를 최소화하여 낭비를 없애는 시스템으로 정의된다.

표 11.1 | JIT의 7가지 낭비요소

7가지의 낭비	내 용
① 과잉생산의 낭비	불필요한 것을, 불필요한 때에 만드는 것
② 작업자 대기의 낭비	전공정 대기나 감시 작업
③ 운반의 낭비	물건의 이동이나 다시 쌓기
④ 가공 그 자체의 낭비	불필요한 공정이나 작업이 필요한 것처럼 실시
⑤ 재고의 낭비	물건이 정체하고 있는 상태나 보관, 공정간의 재공품
⑥ 동작의 낭비	불필요한 움직임, 부가가치가 없는 움직임
⑦ 불량을 만드는 낭비	수정이나 반품 등 생산성을 떨어뜨리는 자재불량이나 가공불량

TPS(Toyota Production System)는 생산시스템의 낭비요소를 7가지 범주로 분류하고 있다. 〈표 11.1〉은 JIT생산방식의 7가지 낭비를 나타내고 있다.

JIT시스템에서는 낭비의 제거뿐만 아니라 작업자의 능력을 최대한 이용한다. JIT시스템에서 작업자는 다음 생산공정에 필요한 좋은 품질의 부품을 적시에 생산할 책임을 지고 있다. 만일 이 책임을 수행할 수 없는 상황이 발생하면 작업자는 곧 생산공정을 중단시키고 도움을 요청해야 한다. 작업자는 이와 같은 생산에 있어서의 책임뿐만 아니라 생산공정을 개선할 책임도 지고 있다. 품질분임조(quality circle), 제안제도 등을 통해 작업자들은 생산공정의 개선을 추구한다. 따라서 전통적인 생산접근법과는 달리 JIT시스템은 작업자에게 훨씬 더 많은 능력을 요구한다.

JIT시스템의 궁극적인 목적은 비용절감, 재고감소 및 품질향상을 통한 이익과 투자수익률의 증대에 있으며 이러한 목적은 낭비의 제거와 작업자의 참여를 통해 달성된다. JIT는 주로 자동차, 전자제품, 기계, 기구, 오토바이 등과 같이 표준화된 제품을 대량으로 반복생산하는 산업에 적용된다.

2. JIT시스템의 구성요소

JIT시스템의 구성요소들은 [그림 11.1]과 같이 나타낼 수 있다.

도요타 생산방식에서는 JIT 생산을 관리하는 수단으로 간판방식을 개발하였다. 이 간판방식을 실행에 옮기기 위해서는 생산을 평준화하고, 최종 조립라인에서 시간당 인수하는 부품의 수량을 평준화하여야 한다.

생산 평준화를 이루기 위해서는 생산리드타임을 단축하여야 한다. 여러 가지 부품을 매일 신속하게 생산하여야 하기 때문이다. 생산평준화와 리드타임 단축은 소로트 생산 혹은 한 단위 흐름의 생산 및 운반으로 달성된다. 소로트 생산은 무엇보다도 준비시간의 단축이 필수적이다. 한 단위 흐름생산은 다공정담당의 생산라인에서 작업하는 다공정 작업자에 의해 실현된다.

한 단위의 제품 가공에 필요한 모든 작업이 표준작업 편성에 의해서 사이클 타임 안에 완료된다. 100%의 우량품에 의한 JIT 생산을 유지하고 있는 것은 바로 자동적인 불량관리 방식을 의미하는 자동화이다. 개선활동은 표준작업을 수정하여 불량상태를 바로 잡아주며 이것은 동시에 작업자의 사기를 높이며, 작업자가 모든 공정의 개선에 기여할 수 있게 만든다.

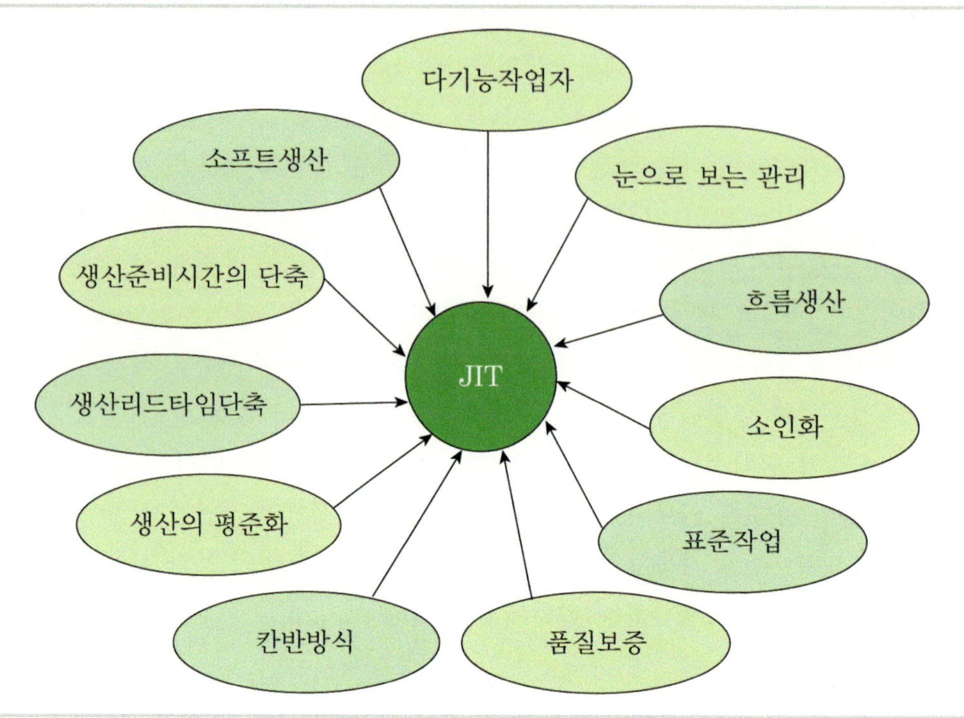

| 그림 11.1 | JIT시스템의 구성요소

2.1 칸반방식(Kanban System)

칸반(kanban)은 JIT시스템에서 생산허가와 자재이동을 위한 수단이다. 일본어로 칸반은 연속된 공정을 거치는 작업의 순서를 통제하는 데 사용되는 카드(card)를 의미한다. JIT시스템의 전 공정은 칸반을 통해서 유기적으로 연결되며, 생산시스템 내의 모든 자재 이동과 생산지시는 칸반에 의하여 이루어진다.

1) 칸반의 정의

칸반이란 생산시스템의 생산 흐름을 통제하기 위하여 사용되는 카드로서 [그림 11.2]와 같다. 도요타에서는 이동칸반과 생산칸반이라는 두 가지 종류의 칸반을 사용하는데, 이들의 용도 및 내용은 다음과 같다.

(1) 이동칸반

이동칸반은 작업장 간의 자재의 이동을 허가하는 수단으로서, 후속공정(사용자)

이 선행공정(공급자)으로부터 인출해야 할 제품의 종류 특성, 수량 등의 정보를 포함한 칸반이다. 칸반시스템에서는 생산라인의 후작업장이 선작업장으로부터 물품을 인출하기 위하여는 이동칸반이 제시되어야만 가능하다. 하나의 이동칸반은 칸반에 명시된 부품을 필요로 하는 작업장과 그것을 생산하는 작업장 사이에서만 움직인다. 이동칸반은 부품을 수요로 하는 작업장과 부품을 공급하는 작업장, 부품명칭과 수량에 대한 상세한 정보를 기록하고 있다. 또한 재고 비축장소의 위치를 명시하며, 표준 컨테이너의 형태와 용량에 대한 정보도 포함된다.

이동칸반

부품번호:
17895-74A

부품명:
Rocker Arm

컨테이너 용량	컨테이너 유형	발행번호
20	Pallet container	4/8

선행 작업장: 선반 작업장 A-1
후속 작업장: 천공 작업장 A-3

그림 11.2 이동칸반의 형태

(2) 생산칸반

생산칸반은 특정 작업장에서의 생산을 허가하는 수단으로 사용되는 카드이다. 생산칸반은 특정 작업장에서 생산해야 할 제품의 종류 및 수량, 생산 작업장 명칭과 생산되어질 부품, 그 부품을 필요로 하는 후속 작업장의 명칭, 그리고 재고 저장장소에 대한 정보를 표시한다. 작업장에서 생산되는 부품의 수량은 생산칸반에 명시된 수량에 한정되며, 생산칸반은 한 작업장의 안쪽 저장소와 바깥쪽 저장소를 이동하며 그 작업장의 생산통제를 하게 된다.

생산칸반

부품번호:
17895-74A

부품명:
Rocker Arm

컨테이너 용량	컨테이너 유형	공 정
20	Pallet container	선 반

저장 장소: A-1 OP

| 그림 11.3 | 생산칸반의 형태

2) 칸반시스템의 운영방법

칸반시스템의 목적은 부품이 더 필요하다는 신호를 보내고, 그 부품이 다음 공정의 제작 또는 조립라인에 지장을 주지 않도록 적시에 생산되도록 하는 데 있다. 이는 최종조립라인으로부터 각 생산공정을 거꾸로 거슬러 올라가며 연속적으로 부품을 견인함으로써 이루어진다. 단지 최종조립라인만이 생산계획부서로부터 일정계획을 전달받으며, 이 일정계획은 매일 거의 비슷하다. 사내의 모든 다른 작업장과 공급자는 후속공정으로부터 칸반카드에 의해 생산주문을 받는다. 만약 후속공정에서 생산이 일시적으로 중단되면 선행공정은 칸반카드를 받지 못하므로 역시 생산을 곧 중단하게 된다.

칸반시스템은 카드와 컨테이너로 구성된 물리적인 생산통제시스템이다. 예를 들어, 작업장 A와 B사이에 8대의 컨테이너가 사용되며, 각 컨테이너는 정확하게 20개의 부품을 담을 수 있다고 가정하자. 모든 컨테이너가 채워지면 작업장 A의 생산은 중단되므로 두 작업장간의 최대재고는 160(= 8 × 20) 단위가 된다.

정상적인 경우 8대의 컨테이너는 [그림 11.4]에서 보는 바와 같이 분포되어 있을 것이다. 3대의 컨테이너는 부품이 가득 채워진 상태로 작업장 A의 산출지역에 위치해 있고, 1대의 컨테이너는 작업장 A에서 부품이 생산되는 대로 채워지고 있다.

1대의 가득 채워진 컨테이너는 작업장 A에서 B로 이동 중이고, 2대의 가득 채워진 컨테이너는 작업장 B의 투입지역에서 사용을 위해 대기 중이며, 나머지 1대의 컨테이너는 작업장 B의 생산을 위해 사용되고 있다.

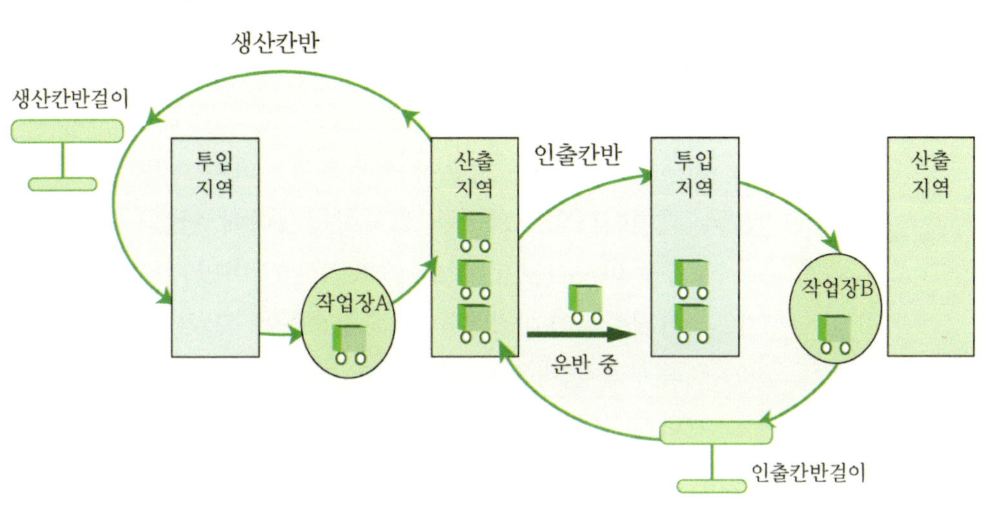

| 그림 11.4 | 칸반시스템

컨테이너가 한 번에 1대씩 이동된다고 가정할 때 칸반시스템은 다음과 같이 운용된다. 작업장 B에서 컨테이너 1대 분의 부품을 다 쓰고 나면 빈 컨테이너와 인출칸반을 작업장 A로 가지고 간다. 부품이 가득 찬 컨테이너에 부착된 생산칸반을 떼어 내고 대신 인출칸반을 붙인다. 떼어 낸 생산칸반을 작업장 A에 있는 칸반걸이에 둠으로써 한 컨테이너분의 부품을 다시 생산하도록 허가한다. 그리고 가져간 빈 컨테이너를 작업장 A에 두고, 인출칸반을 붙인 부품이 가득 찬 컨테이너를 작업장 B의 투입지역으로 끌고 온다. 다시 한 컨테이너분의 부품을 다 쓰고 나면 이 빈 컨테이너와 인출칸반을 작업장 A로 가져간다. 이와 같은 주기가 계속 반복된다.

칸반시스템은 가시적인 특성을 가지고 있다. 모든 부품은 일정한 크기의 컨테이너에 담긴다. 빈 컨테이너가 누적되면 생산작업장의 생산이 늦어지고 있음을 당장 알 수 있다. 반면에 모든 컨테이너가 채워지면 생산은 중단된다. 생산로트의 크기는 정확하게 컨테이너 1대 분의 부품이다.

3) 칸반수의 결정

한 작업장의 운영에 필요한 컨테이너의 수는 후속작업장의 수요율, 컨테이너의 크기 및 컨테이너의 순환시간의 함수이며 다음 공식에 의해 결정된다.

$$n = \frac{DT}{C}$$

여기서 n = 컨테이너의 수
D = 생산된 부품을 사용하는 후속공정의 수요율
C = 컨테이너의 크기, 즉 컨테이너 1대에 담을 수 있는 부품의 수(보통 일간 수요의 10%미만)
T = 컨테이너 1대가 한 번 순환하는데 걸리는 시간, 즉 부품을 채우고, 기다리고, 이동하여, 사용되고, 다시 돌아올때까지 걸리는 시간

예를 들어, 다음 작업장에서의 부품수요율은 1분당 2개라고 하고, 컨테이너 1대에 담을 수 있는 부품의 수는 25개라고 하자. 그리고 컨테이너 1대가 작업장 A에서 작업장 B로 가서 다시 작업장 A로 돌아오는 데 걸라는 순환시간(즉, 준비시간, 생산시간, 이동시간 및 대기시간을 포함)은 100분이라고 가정하자. 그러면 필요한 컨테이너의 수는 다음과 같이 8대가 된다.

$$n = \frac{DT}{C} = \frac{2 \times 100}{25} = 8(\text{대})$$

모든 컨테이너가 채워지면 생산은 자동적으로 중단되므로 최대재고는 다음과 같다.

$$\begin{aligned} \text{최대재고} &= (\text{컨테이너의 수}) \times (\text{컨테이너의 크기}) \\ &= nC = DT \end{aligned}$$

따라서 위의 예에서 최대재고는 $nC = 8 \times 25 = 200$(개)가 된다.

위의 식에서 보는 바와 같이 재고는 컨테이너의 크기나 컨테이너의 수를 줄임으로써 감소될 수 있다. 이는 생산준비시간, 생산시간, 대기시간 및 이동시간으로 구

성된 컨테이너의 순환시간을 줄임으로써 달성된다. 컨테이너의 순환시간을 구성하는 준비시간, 생산시간, 대기시간 및 이동시간 중 어느 것이라도 단축되면 칸반카드의 수를 줄일 수 있고, 따라서 이에 해당되는 만큼의 컨테이너의 수가 줄어들게 된다. JIT시스템에서는 지속적 개선을 통해 컨테이너의 순환시간을 단축시켜 재고를 감소시킨다.

2.2 생산의 평준화

일반적으로 공장에서는 현장의 생산능력을 작업량의 평균치에 맞게 유지하기보다는 피크에 맞추어 보유하려는 경향이 있다. 피크수요에 맞추어 생산자원을 확보해 놓은 경우 작업량이 적을 때는 유휴능력이 발생하거나 과잉생산의 낭비를 초래할 수 있다. 이 경우 평준화생산이 필요하다.

도요타 생산방식은 칸반을 통해 공장 내의 각 생산공정은 물론 부품공급업체의 생산공정과 동기화 개념에서 운영되기 때문에 제품의 수요변동 내지 최종공정의 생산변동이 있을 때는 앞 선행공정으로 거슬러 올라가면서 연쇄반응을 일으킨다. 이러한 악순환이 일어나지 않기 위해서는 최종조립을 지원하는 모든 작업장에 균일한 부하를 부과하기 위해 평준화 생산이 필요하다. 도요타 생산에서는 수량과 종류의 평준화를 평준화라 하는데, 평준화의 기준으로 사용되는 보편적인 척도는 사이클 타임이다. 따라서 사이클 타임(cycle time)의 산정은 평준화 생산에서 중요하다.

생산의 평준화는 월차적응과 일차적응의 2단계로 전개된다.

① **월차적응**: 수요변동에 대한 월별적응으로 월차생산계획에 의해 전개된다. 즉, 분기별 내지 월별 수요예측에 의거해서 작성된 주생산일정(MPS)을 토대로 해서 각 공정의 일당 평균생산량을 1차로 지시한다.

② **일차적응**: 일일 수요변동에 대한 적응으로 일별 생산지시로 전개된다. 일일 생산지시는 칸반을 통한 인수방식을 활용한다.
일일생산량은 월간 완성차 생산량을 가동일수로 평균하여 차종 라인별의 일산량으로 분할한다. 이 분할은 평준화생산을 위한 것이다.

2.3 소로트생산(준비시간의 단축 및 로트 크기의 축소)

생산의 평준화를 달성하기 위해서는 가능한 로트를 작게 해야 한다. 생산의 평준화에는 소로트생산이 뒷받침되어야 한다. 이제까지 전통적인 반복생산에서 단위당 평균생산비에 관심을 두는 것처럼, 단위당 평균 생산시간(run time)의 단축에만 관심을 두어 왔다.

이는 생산준비시간을 고정된 것으로 보았기 때문이다. 경제적 로트 크기(EOQ)는 다음과 같이 결정된다.

$$Q^* = \sqrt{\frac{2DS}{H}}$$

여기서 D = 연간수요
S = 준비비용
H = 연간단위당재고유지비용

위의 식에서 준비시간이 단축되면 준비비용 S가 줄어들게 되고 따라서 경제적 로트 크기 Q^*가 줄어든다. 한편 평균재고수준은 $\frac{Q^*}{2}$ 이므로 Q^*가 줄어들면 재고수준 또한 감소한다. 그러므로 준비시간이 0에 접근하면 이상적인 1단위 로트 크기가 가능해진다.

이상의 논리를 그림으로 나타내면 [그림 11.5]와 같다. 전통적인 접근법에서는 [그림 11.5]의 (a)와 같이 준비비용을 일정한 고정비로 보고 준비비용과 재고유지비용의 합을 최소화하도록 로트 크기를 결정한다. 반면에 JIT접근법에서는 준비비용을 하나의 변수로 보고 준비시간의 단축을 통해 준비비용을 줄임으로써 [그림 11.5]의 (b)와 같이 로트 크기와 총비용을 줄여나간다.

전통적인 반복생산에서는 단위당 생산시간의 단축에만 관심을 쏟고 준비시간에는 그다지 관심을 기울이지 않았다. 물론 1회 생산기간을 길게 하여 많은 양을 생산하는 경우에는 당연히 생산시간이 준비시간보다 더 중요하다. 그러나 가장 좋은 방법은 준비시간과 생산시간 양쪽을 모두 단축시키는 것이다.

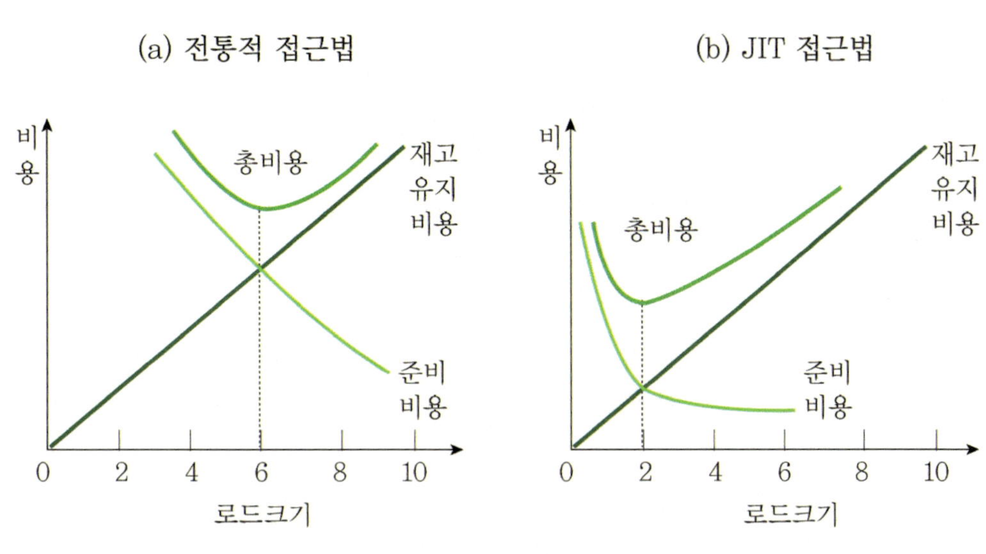

그림 11.5 로트 크기에 대한 전통적 접근법과 JIT접근법

2.4 설비배치와 다기능작업자의 활용

도요타 생산방식의 특징 중 하나는 수요변화에 따라 인원조절이 가능하도록 생산시스템을 구축하는 점이다. 도요타에서는 생력화(省力化)보다는 생인화(省人化) 더 나아가 소인화(少人化)를 추구한다. 소인화는 소수인화를 줄인 말로서 인력절감이나 무조건적인 감원보다는 생산량의 변동에 따라 인원을 맞춘다는 뜻으로 정원화하지 않는다는 의미가 숨어있다.

소수인화는 각 라인의 작업자수를 탄력적으로 증감시키기 위한 설비배치와 다기능작업자를 통해서 달성된다. 수요변동에 따라 어떤 기계의 작업은 필요 없는 대신에 다른 기계의 작업이 필요하게 되고, 수요가 적을 때는 여러 기계를 동시에 다룰 수 있어야 한다.

소수인화를 이룩하기 위한 전제조건으로 다음의 세 가지 요소가 충족되어야 한다.

① 수요변동에 유연한 설비배치

② 다기능작업자의 양성

③ 표준작업의 평가와 개정

JIT생산에 있어서 소수인화를 위한 기계배치유형은 U자형이 일반적이다. U형배치는 라인의 흐름이 부품의 공정 순에 따라 이루어지며, 라인의 입구와 출구가 서로 마주보고 있어 유연성을 통한 생산성 향상을 보장하는 수단이 된다.

U형 배치에서는 작업자의 작업범위를 늘이거나 줄이는 것이 용이하다. 그러나 이 배치가 충분히 기능을 발휘하려면 여러 기계를 유연하게 다룰 수 있는 다기능 작업자가 필요하다. 도요타 자동차에서는 특유의 직무순환을 통해서 이들을 양성하고 있다.

표준작업의 개정은 작업 및 기계의 계속적인 개선을 통해서 가능해지는데, 이러한 개선활동은 수요 증대시에 작업자수를 증가시키지 않아도 될 수 있다.

끝으로 JIT 생산이 효과적으로 전개되려면 공장이나 작업장의 정리·정돈이 뒷받침되어야 한다. 이로써 구성원 모두의 마음가짐을 눈으로 확인할 수 있을 뿐만 아니라 문제가 쉽게 노출되기 때문이다. 지속적인 정리·정돈을 위해서는 항상 주변을 깨끗하게 청소하고 이들을 유지하는 청결이 필요하다. 이와 같은 활동을 항상 생활화하는 이른바 5S활동이 필요하다.

2.5 공급자 관계

JIT는 공급자에 대해서도 변화를 요구하는데 JIT에서 공급자는 내부의 작업장과 거의 비슷하게 취급된다. 공급자는 칸반카드와 특수한 컨테이너를 받으며, 다음 생산단계에 적시에 자주 부품을 배달해야 한다. 공급자는 외부공장 내지 생산팀의 일원으로 간주된다.

JIT시스템에서는 공급자는 보통 하루에 4번 정도 부품을 배달해야 한다. 따라서 JIT시스템에서는 리드타임이 짧은 동일지역 내의 공급자가 바람직하다.

JIT에서 공급자는 선적일보다는 특정 배달시간을 통보받는다. 예를 들면, 오전 8시, 오전 10시, 정오 및 오후 2시에 각각 부품을 배달하도록 요구된다. 매번 배달할 때마다 공급자는 빈 컨테이너와 인출칸반카드를 회수해 간다. 그리고 빈 컨테이너의 숫자에 해당하는 만큼의 부품을 다음번에 배달한다. 배달은 수납이나 품질검사 없이 바로 생산라인으로 이루어진다. 따라서 공급자의 품질은 완전히 신뢰할 수 있어야 한다. 이렇게 함으로써 서류작업, 리드타임, 재고수준, 수납지역의 수 및 저장 공간이 크게 줄어들게 된다.

운송비용이 너무 많이 들어 하루에 여러 번 배달하는 것이 어려운 경우에는 공급자들은 연합하여 공동으로 배달하기도 한다. 이 방식을 이용하면 소로트 배달에 있어서 수송비를 상당히 절감할 수 있다.

JIT시스템에서는 일반적으로 한 부품에 대해 한 공급자와 장기계약을 체결하여 품질향상과 가격안정을 도모함으로써 고객과 공급자는 장기적인 신뢰관계를 구축할 수 있게 된다.

3. MRP와 JIT의 비교

MRP와 JIT는 낮은 재고수준, 높은 생산성과 고객서비스를 지향한다는 점에서 양자가 비슷하지만 양자의 접근방법은 상이하다.

JIT와 MRP시스템은 소요개념에 입각한 관리방식이라는 점에서 공통점이 있다. 즉 필요한 물품을 필요한 때 필요한 양을 확보한다는 점에서는 같지만, JIT는 주문이나 요구에 따라가는 풀시스템(pull system)이고 MRP는 계획대로 밀고 가는 푸시시스템(push system)이라는 점에서 구분된다.

표 11.2 JIT시스템과 MRP시스템의 차이

비교 내용	JIT시스템	MRP시스템
관리시스템	요구(주문)에 따라가는 pull 시스템	계획대로 추진하는 push시스템
관리목표	낭비제거(최소의 재고)	계획 및 통제(필요시 필요량 확보)
관리도구	눈으로 보는 관리(칸반방식)	컴퓨터 처리
생산계획	안정된 MPS 필요	변경이 잦은 MPS 수용
발주(생산)로트	소로트생산	경제적 발주량
재고수준	재고제로로서 짧은 조달기간	안전재고로서 긴 조달기간
공급자와의 관계	장기거래인 외주처가 일정한 우호적 관계	경쟁적 구매위주의 단기거래(외주처가 다수)인 적대적 관계
품질관리	100% 양품추구, 품질문제는 현장에서 근원적 해결	약간의 불량은 인정, 품질문제는 품질 담당요원에 의해 규명
작업자	합의제에 의한 경영 합의 후에도 변화 가능	명령에 의한 경영, 새로운 시스템이 작업자와 협의 없이 설치됨
설비보전	자주보전	필요한 때에만 함

MRP와 같은 푸시시스템에서는 미래의 요구를 충족시키기 위하여 자재를 생산 쪽으로 밀어낸다. 즉, 미래의 수요예측치나 주문량을 나타내는 주일정계획(MPS)이 수립되면 이에 따라 어떤 구성품과 부품을 주문하고 생산으로 푸시해야 하는가가 결정된다. 반면에 JIT와 같은 풀시스템에서는 자재는 주일정계획(MPS)에 의해 각 공정을 따라 연속적으로 조립라인까지 끌려온다. 즉, 자재는 다음 공정의 수요가 있을 때만 제공된다.

두 시스템의 차이는 〈표 11.2〉에서 보는 바와 같다.

MRP와 JIT의 관계를 순수 반복생산, 배치생산(반반복적 생산), 개별부문생산의 세 가지 경우에 대하여 살펴보면 다음과 같다.

1) 순수 반복생산의 경우

주일정계획(MPS)이 매일 동일하고 부하가 일정한 순수 반복생산의 경우에는 JIT와 같은 풀 시스템이 적합하다. 이 경우에는 최종제품의 생산량에 매일 변화가 없으므로 매일 필요한 구성품이나 부품의 양도 일정하다. 따라서 이 경우에는 미래의 생산요구량을 예측하기 위해 복잡하고, 비용이 많이 들며, 컴퓨터를 이용해야 하는 MRP시스템을 사용할 필요가 없다.

순수 반복생산의 하나의 변형은 주일정계획이 일정기간 내에는 반복적이나 그 기간이 지나면 바뀌는 경우이다. 예를 들면, 향후 5주간은 주일정계획이 반복적이나 6주부터는 바뀌는 경우이다. 이 경우에는 MRP를 이용하여 달라지는 생산율에 맞도록 미래의 주일정계획을 수립하고 새로운 주일정계획에 따른 요구량을 사전에 모든 작업장과 공급자에게 통보한다. 즉, 이 경우에는 MRP는 계획목적으로만 사용된다. 그리고 생산현장에서의 실행계획에는 풀 시스템인 JIT가 사용된다.

2) 반반복적인 배치생산의 경우

일부 반복적인 성격을 갖는 배치공정의 경우에는 MRP와 JIT가 혼합된 시스템을 사용할 수 있다. 이 경우에는 주일정계획은 매일 동일하지 않지만, 일부 반복적인 요소를 가지고 있다. 따라서 MRP는 자재를 공장으로 푸시하고 생산능력을 계획하는 데 사용되고, 반면에 JIT는 생산현장에서의 실행에 사용된다. 이러한 혼합시스템은 배치생산이 제조셀로 조직되어 있는 경우에 특히 잘 작동한다. 즉, MRP는 제조셀로 주문을 발령하는 데 사용되고, JIT는 각 제조셀 내에서 자재를 견인(pull)하는 데 사용된다.

3) 개별주문생산의 경우

비반복적이고 소규모 배치로 생산하는 개별주문생산공정의 경우에는 생산계획과 통제에 반드시 MRP를 사용해야 한다. 이 공정의 경우에는 일반적으로 고객의 주문에 따라 생산이 이루어지고 각 주문은 서로 다르므로 풀 시스템은 적합하지 않다. 이 경우에는 주문에 따라 달라지는 미래의 수요를 충족시키기 위해 자재를 공장으로 푸시해야 하고, 자재의 흐름을 조절하기 위해 생산능력계획과 생산현장 통제시스템이 요구된다. 하지만 이런 경우에도 준비시간의 단축, 다기능작업자, 작업자와 관리자의 문제해결활동, 공급자와의 파트너십과 같은 JIT의 구성요소는 사용될 수 있다. 즉, 칸반시스템만 작동되지 않는다.

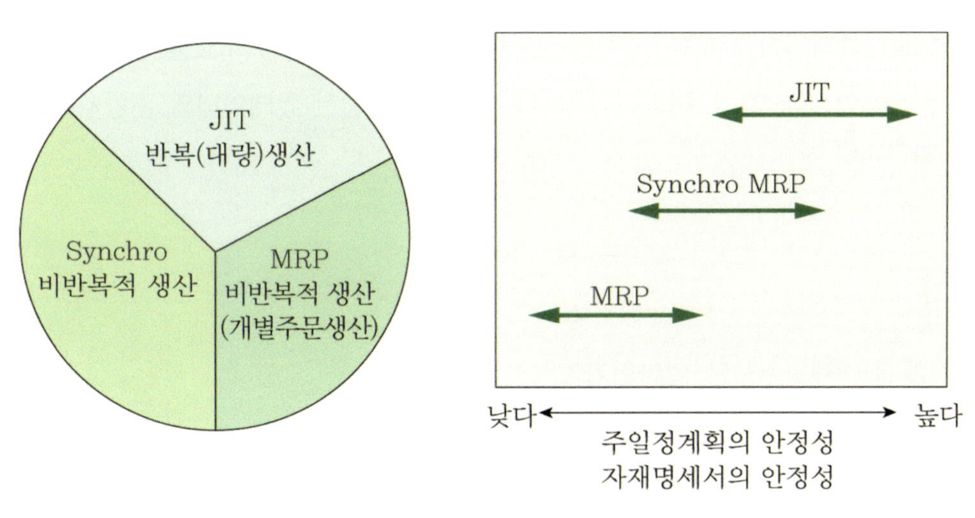

그림 11.6 MRP와 JIP의 용도

이상에서 본 바와 같이 순수한 JIT나 순수한 MRP시스템이 가장 최상인 상황도 있지만, 혼합시스템이 적합한 경우도 있다. [그림 11.6]은 MRP와 JIT의 용도를 요약해 보여 주고 있다.

연 습 문 제

1. JIT와 MRP시스템을 비교하여 설명하시오.

2. JIT환경하에서 EOQ공식이 어떻게 사용될 수 있는가를 논하시오.

3. 생산칸반과 이동칸반을 설명하시오.

4. 어느 JIT작업장의 로트 크기는 50개이다. 부품의 시간당 수요율은 200개이며 준비시간, 생산시간, 이동시간 및 대기시간을 포함한 컨테이너의 순환시간은 3시간이다.

   (1) 필요한 컨테이너의 수는 얼마인가?

   (2) 최대재고수준은 얼마인가?

Chapter

12

구매 및 외주전략

1. 구매관리의 중요성
2. 외주의 장점과 위험요소
3. 구매/생산 의사결정 프레임워크
4. 구매전략
5. 전자구매
6. 구매통합전략
7. 인소싱과 아웃소싱
8. 공급자 선정과 평가
9. 효과적 조달조직
10. 구매관리 합리화 방안

오늘날 구매는 전략적으로 중요한 활동으로 관점이 바뀌어지고 있는데 이와 같은 변화는 원자재와 부품의 구매가 비용절감과 경쟁력의 중요한 원천으로 인식하기 시작하였기 때문이다. 즉, 경쟁의 격화로 매출이 크게 늘어나는 것을 기대할 수 없게 된 지금, 구매활동이 이익 창출의 주역으로 나서게 된 것이다. 구매가 단순히 회사 내부로의 제품과 서비스의 흐름을 찾아내고 창출하고 유지하던 이제까지와는 다른 새로운 역할을 요구하고 있다. 더구나 자신의 핵심역량에만 초점을 맞추고 그 밖에는 아웃소싱이 증가하는 상황에서 구매의 역할은 더욱 그 중요성이 높아지고 있다.

1. 구매관리의 중요성

90년대에 외주는 많은 산업의 제조업자들에게 주된 관심사였다. 기업들은 구매로부터 제조까지 전 분야에 걸쳐서 외주를 고려했다. 경영자들은 재고가치에 관심을 두고, 이익을 증가시키기 위한 조직의 변화에 많은 노력을 기울였다. 그 중 이익을 증가시키기 위한 손쉬운 방안은 외주를 통한 가격절감이었다. 실제로 90년대 중반에 총판매량 대비 외주를 통한 구매는 괄목할 만큼 성장을 하였다. 1998년에서 2000년 사이 전자산업 시장에서 외주는 전 분야에 걸쳐 15%에서 40%까지 증가되었다.

예컨대, 운동화와 같이 유행에 민감한 제품들은 끊임없는 기술투자가 필요하다. 이런 산업에서 나이키만큼 성공한 기업은 없었다. 나이키는 바로 외주를 이용하여 생산하고 있었다. 세계에서 가장 큰 운동화 생산 업체인 나이키는 내부적으로 연구 개발에 주요 초점을 두고, 마케팅, 판매, 유통 부문은 외주를 주었다. 이런 전략은 90년대에 매년 20%대의 성장을 가능하게 하였다.

시스코(Cisco)의 성공 또한 주목할 만하다. 시스코의 인터넷에 기반을 둔 사업모델은 1994년부터 1998년까지 4배 이상의 규모로 성장하였고, 그들의 생산성이 증가되는 동안 매분기마다 약 1,000명의 새로운 고용을 창출하였다. 또한 매년 5억 6천만 달러의 사업관련 비용을 절약하였다. 시스코의 CEO인 존 챔버스(John Chambers)에 따르면 시스코는 전 세계 분산 제조전략을 사용하여 기업 간 네트워크에 관한 문제점을 해결하였다. 챔버스는 우선적으로 전 세계에 제조공장을 설립하고 주요 공급자들은 근거리에 위치하게 하였다. 그리고 표준화된 작업방식 하에서 공급자들과 함께 작업을 수행하면 타이완이나 다른 지역에 있는 공급자들과 공장들 간의 품질 차이가 없을 것으로 생각하였다. 이런 접근방식은 시스코의 단일기업 시스템에 의하여 가능하였다. 단일기업 시스템은 시스코의 모든 활동에 있어서 토대를 제공하며, 고객과 직원뿐만 아니라 칩 제조업자, 부품 공급자, 외주생산업자 및 물류회사들을 상호 연결한다. 단일기업 시스템 하의 모든 구성원은 시스코의 일원으로 행동한다. 이는 그들이 동일한 웹기반 자료에 의존하기 때문이다. 모든 공급자들은 동일한 수요예측자료를 활용하며, 개별적 수요 예측에 의존하지 않는다. 또한 시스코는 재고감소를 위해 동적 보충시스템(dynamic replenishment system)을 개발하였다. 1999년 시스코의 평균화전율은 경쟁사의 평균회전율 4회에 비하여 훨씬 높은 10회였으며, 모듈생산품에 대한 재고 회전율은 25~35회에 달하였다.

애플 컴퓨터는 제조활동의 대부분을 외주로 수행하였다. 애플 컴퓨터는 프린터와 같은 주요 생산품을 포함하여 전체 생산의 70%를 외주로 생산한다.

2. 외주의 장점과 위험요소

1990년대에 핵심요소들에 대한 전략적 외주는 가장 효과 있는 비용 절감방법으로 사용되었다. 외주를 통해 얻는 이점은 다음과 같다.

① **규모의 경제**: 외주의 주요 목적 중 한 가지는 다수 구매자들로부터 구매주문을 받음으로써 제조비용을 줄일 수 있다. 실제로 공급자에게 외주는 원재료 구매와 제조 양면에 걸쳐 경제적으로 많은 이점이 있다.

② **위험분산**: 불확실한 수요 하에서 외주를 선택함으로써 위험에 대비할 수 있다. 외주업자를 선택함으로 얻게 되는 이익은 외주업자들이 많은 구매자들로부터 구매주문을 받음으로 위험분산 효과를 통한 재고수준을 줄일 수 있다.

③ **자본투자 감소**: 외주의 또 다른 목적은 불확실한 수요를 외주업자를 통하여 대비하는 것 뿐 아니라 자본투자를 감소하는 것이다.

④ **핵심전략에 집중투자**: 무엇을 외주로 할 것인가를 선택한 후, 구매자는 기업의 핵심 전략에 집중할 수 있다. 이는 기업이 경쟁사에 비하여 우위를 가지고 있는 특별한 재능, 기술, 그리고 정보 등을 고객들에게 매력적으로 보이게 할 것이다.

⑤ **유동성 증가**: 다음의 세 가지 이슈로 인하여 유동성을 증가시킨다: 첫째, 고객수요의 변화에 보다 빠르게 대응할 수 있다. 둘째, 제품 개발 수명주기를 앞당기기 위해 공급자들의 관련 기술지식을 이용할 수 있다. 셋째, 새로운 기술개발과 기술혁신을 이룰 수 있다.

그러나 외주는 이익만 주는 것이 아니라 잠재적인 많은 위험을 내포하고 있다. 외주와 관련된 실질적인 위험은 다음과 같다.

① **경쟁우위의 핵심기술, 정보의 손실**: 외주를 통하여 자사의 핵심기술 및 정보가 외부 경쟁자들에게 노출될 수 있다. 또한 외주는 기업 자체의 계획에 의한 새로운 디자인을 발표할 기회를 상실하게 한다. 여러 공급업자들에 의한 다양한 요소들의 외주는 새로운 아이템 개발, 기술혁신, 그리고 여러 부서의 복합적인 팀워크가 요구되는 해결능력을 저해할 수 있을 것이다.

② **갈등**: 공급자와 구매자는 서로 추구하는 목표가 상이하다. 구매자가 다양한 요소들의 제작을 위하여 외주를 주었을 때 핵심목적은 유연성의 증가에 있다. 반면 공급자들은 구매자들로 부터 장기적이고 안정적인 공급을 원한다. 일반적으로 외주업자들의 목표는 유연성 제공보다는 비용절감에 초점을 맞춘다. 경제적 호황기에 공급자들은 하락기에 대비한 공급계약을 체결하려 함으로써 안정적인 장기 계약을 원하기 때문에 구매자들과는 갈등을 빚게 된다. 그러나 이런 장기 계약은 수요의 감소가 급격히 나타나는 경제적 하락기에는 많은 손실을 수반한다. 또한 디자인에 관한 문제도 공급자와 구매자가 추구하는 목적 차이로 인해 갈등을 야기한다. 공급자들은 가격절감에 초점을 맞추어 상대적으로 디자인의 변경을 꺼리는 반면 구매자들은 유연성을 요구하며 가능한 빠른 디자인의 변경을 요청한다.

3. 구매/생산 의사결정 프레임워크

파인(Fine)과 휘트니(Whitney)가 개발한 외주 혹은 자체생산에 관한 의사결정 두 가지 주요 요인들은 다음과 같다.

① **가용 능력 기준**: 이 경우 기업은 자체생산을 위하여 요구되는 정보 및 기술은 가지고 있으나 기타 이유로 외주를 결정한다.

② **지식 기준**: 이 경우 기업은 인력, 기술, 그리고 생산을 위하여 요구되는 정보를 가지고 있지 않으며, 이러한 것들을 가지고 있는 기업을 통하여 원하는 제품을 얻게 된다. 물론 구매 기업은 고객의 요구를 평가하는 지식과 정보를 가지고 있어야만 하며 이를 이용하여 외주업체를 통제하여야 한다.

위의 2가지 요인을 설명하기 위해 파인과 휘트니는 일본의 도요타 자동차의 외주결정 과정을 이용하였다. 도요타사는 디자인을 포함하여 전 부품의 30%를 자체 생산한다. 구체적으로 살펴보면,

- 도요타사는 자동차 엔진의 100%를 자체 생산한다.
- 트랜스미션의 경우 70%를 외주업자에게 의존한다.
- 자동차 전자 시스템은 100% 외주에 의존한다.

파인과 휘트니는 도요타사의 외주 결정이 핵심요소와 서브시스템의 전략적 역할에 따라 변한다는 것을 발견하였다. 전략적으로 중요한 요소일수록 외주업체의 능력과 지식에 가능한 적게 의존해야 한다. 이는 외주를 결정할 때는 생산구조의 정확한 이해가 필요함을 의미한다.

〈표 12.1〉은 파인과 파인/휘트니에 의하여 발전된 외주 및 자체생산에 관한 간단한 의사결정 구조를 보여준다.

표 12.1 모듈생산과 통합생산

제품	지식과 생산능력에 의존	지식에는 독립적이나 생산력에는 의존	지식 및 생산능력에 독립적
모듈 생산	외주 생산은 위험	외주 생산은 기회	외주 생산을 통한 원가 절감 기회
통합 생산	외주 생산은 매우 위험	외주 생산은 선택 사항	내부 생산

이 의사결정 구조는 모듈생산과 통합생산을 동시에 고려하고 있으며, 기업의 생산능력과 지식에 대한 의존을 고려하고 있다. 모듈생산에 관하여는, 지식의 습득이 매우 중요한 반면 자체생산 능력은 그다지 크게 중요하지 않다. 예를 들면 PC제조업자의 경우 지식의 습득은 각각의 부품들에 대한 설계능력에 의한 것일 것이다.

기업이 관련 지식을 습득하고 있다면 외주는 가격절감의 기회를 제공할 것이다. 반면 기업이 지식과 생산능력 모두 가지고 있지 않다면 외주는 공급자들에 의한 지식의 발전으로 경쟁업체로 부각할 수 있기 때문에 매우 위험한 전략이 될 것이다. 통합생산에 관해서는 생산능력과 지식 모두를 가지고 있는 것이 매우 중요하다. 그러나 두 가지 모두를 가지고 있지 않다면 그 기업은 경영을 잘못한 것이다.

위의 프레임워크는 구매/생산 의사결정에 대한 일반적 접근법을 제시하지만 부품 단위의 외주 전략에는 큰 도움이 되지 않는다. 어떻게 하면 특정 부품을 외주 혹은 자체생산할 것인가를 결정할 수 있을까? 여기에 대해 Fine et al.은 다음과 같은 다섯 가지 기준을 제시한다.

① **고객 중요성**: 해당 부품이 얼마나 고객에게 중요한가? 부품이 고객 경험에 어떠한 영향을 주는가? 부품은 고객의 선택에 영향을 주는가? 즉, 고객이 그 부품에 대해 느끼는 가치는 무엇인가?

② **부품 기술변화 속도**: 시스템 내의 다른 부품 대비 얼마나 빨리 해당 부품기술이 변화하는가?

③ **경쟁적 지위**: 해당 부품을 만들어 내는 것에 경쟁우위가 있는가?

④ **역량 있는 공급자**: 역량 있는 공급자들이 얼마나 많은가?

⑤ **구조**: 전반적인 시스템 구조상에서 해당 부품이 얼마나 모듈화 또는 통합화되어 있는가?

4. 구매전략

최근까지도 구매 업무는 조직에 부가가치를 거의 창출하지 못하는 단순 사무직으로 간주되어 왔다. 그러나 오늘날 구매업무는 동종업계에서 차별화된 성공과 고수익을 가져다주는 경쟁무기로 자리 잡고 있다. 전자 업계에 대한 조사 결과 가장 성공적인 기업들과 가장 성공적이지 못한 기업들의 수익성 차이는 19%였으며 이 중 13%가 더 낮은 생산원가에 의한 것이었다. 전자업계에서는 생산원가의 60~70%가 상품과 서비스의 구매비용이다.

어떻게 하면 기업 차원에서 효과적인 구매전략을 수립할 수 있을까? 성공적인 구매업무 수행을 위해 필요한 역량은 무엇인가? 효과적인 구매전략을 가져오는 요소들은 무엇인가? 어떻게 하면 기업은 리스크 증가 없이도 지속적인 자재의 공급을 확보할 수 있을까?

이러한 질문에 대해 피터 클라직(Peter Kraljic)은 기업의 공급전략은 ① 이익에의 영향, ② 공급리스크 의 두 요인에 근거해야 한다고 주장하였다. 클라직의 프레임워크에 의하면 공급리스크는 가용성, 공급자의 수, 경쟁적 수요, 생산/구매 기회, 창고 리스크, 대체재의 기회 등으로 평가될 수 있고 반면 이익에의 영향은 구매량, 총 구매비용에서의 비중, 품질 및 사업성장에 있어서의 영향도 등으로 평가될 수 있다고 하였다.

이러한 두 기준에 근거한 평가구조를 클라직의 공급 매트릭스(Kraljic's supply matrix)이라고 하며 [그림 12.1]과 같다.

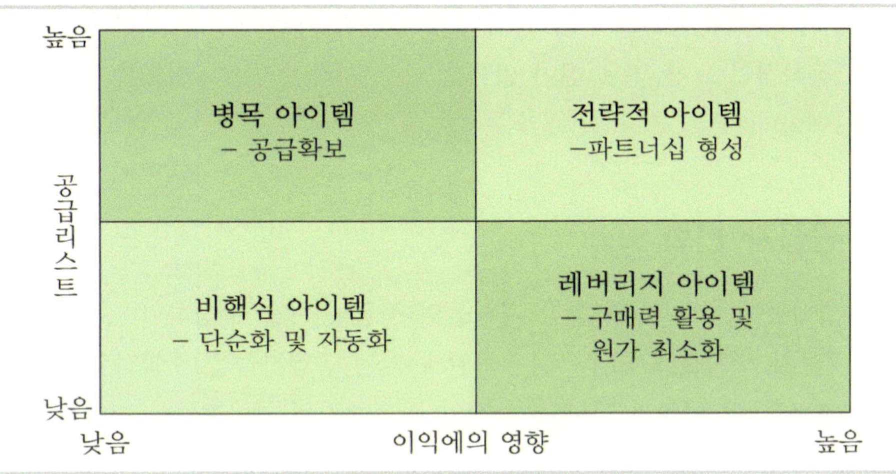

그림 12.1 클라직의 공급 매트릭스

가로축은 이익에의 영향으로 수직축은 공급리스크로 하는 두 축으로 정의하면 다음과 같은 네 가지 영역이 도출된다.

① **전략적 아이템군**: 해당 범주 부품으로는 엔진과 트랜스미션 시스템 등이 있다. 전략적 아이템군은 고객 체험에 가장 큰 영향을 미치고 가격은 시스템 원가의 많은 부분을 차지한다. 전략적 아이템 군의 경우 단일 공급자인 경우가 많다. 즉, 전략적 아이템군에 대해서 공급전략은 장기적인 파트너십을 공급자와 가져가는 것이다.

② **레버리지 아이템**: 이익에의 영향은 크지만 공급리스크가 적은 아이템들이다. 이러한 아이템들은 공급자들이 많고 약간의 원가절감도 이익 개선효과가 크

다. 따라서 공급자들 사이에서 경쟁을 조장하여 원가를 감소시키는 것이 바람직한 구매전략이 된다.

③ **병목 아이템**: 공급리스크가 높고 이익에의 영향은 낮은 아이템들이다. 이러한 제품들은 병목 제품들로 분류하는데 원가에서 차지하는 비중은 적으나 공급리스크가 큰 아이템들이다. 따라서 레버리지 아이템들과는 달리 공급자들의 지위가 높은 편이다. 이러한 병목 아이템들은 프리미엄 비용을 들여서라도 지속적인 공급을 유지하는 것이 중요하며 이는 장기 계약이나 재고보유, 또는 두 방법 모두를 사용함으로써 달성할 수 있다.

④ **비핵심 아이템**: 공급리스크가 낮고 이익에의 영향도 낮은 아이템들로서 이러한 아이템들에 대해서는 구매 프로세스를 가능한 단순화, 자동화시켜야 한다. 이 경우 분산화된 구매 정책이 필요하다. 가령 권한을 위양 받은 부서원이 공식적인 요청 및 승인이 없어도 발주를 직접 할 수 있도록 하는 정책이 그 예이다.

4.1 공급자 변화

많은 업체들이 지난 30년 동안 자신들의 공급 전략을 수정하였다. 1980년대에 미국의 자동차 회사들은 미국 또는 독일에 있는 공급자들을 주목하였다. 이러한 정책은 1990년대에 이르러 멕시코, 스페인, 포르투갈의 공급자들로 변화하였다. 마침내 최근 10년 동안은 이러한 OEM 업체들이 주요 공급선을 중국으로 전환하였다. 하이테크 산업에서도 비슷한 움직임이 발견되었다. 1980년대에는 미국 하이테크 회사들의 초점은 미국 내의 구매에 있었으나 1990년대에 이르러 싱가포르, 말레이시아로, 최근에는 대만과 미국으로 옮겨왔다.

따라서 적절한 공급자 교체를 결정하는데 도움을 줄 프레임워크를 개발하는 일이 중요하다. 마샬 피셔(Marshall Fisher)가 제안한 기능중심 제품(functional products)과 혁신 제품(innovative products)의 개념을 소개하고자 한다. 〈표 12.2〉는 두 제품 범주의 주요 특징을 기술하고 있다.

〈표 12.2〉에서 보듯이 기능중심 제품은 낮은 제품 기술변화 속도, 예측가능한 수요, 낮은 이익률 등으로 대변되며, 그 예로는 기저귀, 비누, 유유, 타이어 등이 있다. 반면에 패션 아이템, 화장품, 하이테크 제품 등의 혁신 제품은 빠른 제품 기술변화 속도, 수요 예측의 어려움, 높은 이익률 등과 연관이 있다.

표 12.2 기능중심 제품과 혁신 제품

	기능중심 제품	혁신 제품
제품 기술변화 속도	느림	빠름
수요 특성	예측 가능	예측 불가능
이익률	낮음	높음
제품 다양성	낮음	높음
생산확정시 평균 수요예측 오차	낮음	높음
평균 품절율	낮음	높음

혁신 제품에 적용되어야 하는 공급사슬 전략은 기능중심 제품에 적용되어야 하는 공급사슬 전략과 상이하다. 즉 기능중심 제품에 적합한 전략은 push이며, 이 경우 초점은 효율성, 원가절감, 공급사슬 계획에 맞추어진다. 반면에 혁신 제품에 적합한 전략은 pull로서 반응성, 서비스수준 극대화, 주문이행 수준 등에 초점을 맞추게 된다.

구매에 대해 서로 다른 공급사슬 전략이 주는 시사점은 명확하다. 가령 소매업자가 기능중심 제품을 구매한다고 하면 초점은 총 납품비용, 즉 구매부터 최종 도착지까지의 소요되는 총비용을 최소화 하는 것이다. 반면에 혁신 제품을 구매하면서 총 납품비용을 최소화하는 것은 잘못된 전략이다. 빠른 기술변화 속도, 높은 이익률, 수요예측의 부정확성 등을 고려하면 초점은 리드타임 감소와 공급의 유연성에 두어야 한다.

따라서 소매업자 또는 유통업자가 기능중심 제품을 구매할 때에는 중국이나 대만과 같은 저비용 국가에서 구매하는 것이 바람직하다. 반면에 혁신 제품을 구매할 때에는 초점이 시장 근접성이 높은 공급자에게 모아진다. 대안으로 짧은 리드타임은 항공 운송으로 달성될 수도 있으며 이 경우 제품자체 비용과 수송비 간의 차이를 비교해야 한다.

5. 전자구매

1990년대 후반 B2B(business-to-business) 자동화는 공급사슬 관리에서 일반적인 모듈로 고려되기 시작하였다. 1998년에서 2000년 사이에 화학과 철강으로부터 산업재 시장 전반에 걸쳐 전자상거래시장이 형성되었다. 이러한 전자상거래는 구매비용을 절감시키고 절차를 간편하게 함으로써 구매자와 공급자 모두를 만족시켰다.

1990년대 중반부터는 새로운 사업을 위한 모델의 필요성뿐만 아니라 전자상거래시장을 통한 구매로부터 얻게 되는 엄청난 이득을 보다 잘 이해하기 위해 재조업자와 공급업자들을 위한 개선된 공급사슬 활동이 필요하였다. 1990년대 중반 많은 기업들이 구매에 관한 부분에 대해서 외주를 주었다. 이러한 기업들은 구매절차가 매우 어렵고, 복잡하며, 전문성이 요구되며, 많은 비용이 소요된다고 생각했다. 그런 이유로 B2B 거래가 B2C 거래에 비하여 많은 부분을 차지하였다. 따라서 B2B 시장에서는 다수의 공급자들이 같은 시장에서 유사한 제품을 가지고 영업을 하였기 때문에 경쟁이 매우 치열하였다.

물론 치열한 경쟁시장은 도전의 기회와 문제점을 동시에 제공하였다. 구매자들은 유사한 상품을 가지고 경쟁함으로 구매 비용을 절감할 수 있다. 그러나 이런 저비용을 실현하려면 구매관련 전문가가 필요했으나 대부분은 전문가를 보유하지 못하고 있었다.

이러한 당시 상황은 수직적 또는 수평적 사업 아니면 기능에 기반을 둔 독립된 전자상거래시장으로 발전하는 계기를 마련하였다. 프리마켓(FreeMarkets, 현재 Ariba의 일부) 또는 버티컬넷(VerticalNet)과 같은 기업은 구매 과정 전문가와 많은 공급자들을 경쟁시킬 수 있는 기반 시스템을 가지고 있었다. 특히 전자상거래시장을 처음 이용하는 구매자들을 위해 값진 정보를 제공하였는데 다음과 같은 이점을 들 수 있다.

- 구매자와 공급자의 중간에서 서비스를 제공한다.
- 비용절감의 기회를 제공한다.
- 입찰에 많은 공급자들을 포함시킨다.
- 우수한 공급자들을 발굴하고 보증하며 지원한다.
- 입찰을 감독한다.

그러나 장기적인 유대관계가 중요한 상황에서 온라인 입찰을 통하여 공급자를 선정하는 것은 매우 위험한 일이 될 수 있다. 전자상거래의 문제는 공급자들에 관한 정보가 정확하지 않고 신뢰성이 떨어질 수 있다는 점이다. 왜냐하면 일부 전자상거래시장은 자체 시장을 확대하고 구배자들을 확보하기 위하여 비교적 소규모의 공급자들을 입찰에 참여시키기 때문이다. 따라서 구매자들은 장기적인 유대관계가 필요한 제품구매보다는 복수의 공급자들이 있고 경쟁이 치열한 영역에서 보다 싼 가격에 제품을 사고자 할 때 전자상거래를 이용한다. 또한 중요한 것은 이러한 시장에서는 공급자들이 마케팅 및 판매비용의 삭감을 통하여 기업 경쟁력을 향상시킬 수 있다는 점이다. 마지막으로 전자상거래는 공급자들의 생산능력과 재고를 유용하게 이용할 수 있게 한다.

전자상거래시장에서 많은 기업들은 그들의 핵심 운영방식을 수정하였다. 우선 그들은 낮은 구매가격뿐만 아니라 구매자와 공급자 모두를 만족시키는 정책을 수립하였다. 전자상거래에 대한 평가는 4가지 형태의 시장이 소개된 지난 몇 년간 매우 많이 변하였다.

① **부가가치 독립 전자상거래시장**: 독립 전자상거래시장은 그들의 사업영역을 재고관리, 공급사슬 계획, 그리고 재무에 관한 서비스 등 추가적인 정보제공으로 확장하였다. 예를 들면 인스틸 닷컴(Instill.com)사는 식음료 서비스 분야에 초점을 맞추었으며 추가로 레스토랑, 제조업자 및 분배업자 등을 함께 연결하는 서비스를 제공하였다. 이 기업은 고객들에게 구매에 관한 서비스뿐만 아니라 예측, 공동연구 및 보급에 관한 정보도 동시에 제공한다. 다른 예로 유럽의 신선생선시장에 진출한 페파 닷컴(Pefa.com)을 들 수 있는데 구매자들에게 신선도 높은 생선 경매 전자상거래 시장에 참여할 수 있도록 한다. 이렇게 함으로써 구매자들은 첫째 많은 유럽 항구로부터의 가격 투명성, 둘째 품질에 대한 정보 등을 얻을 수 있게 된다.

② **비공개 전자상거래시장**: 비공개 전자상거래시장은 델 컴퓨터, 선 마이크로시스템, 월마트 및 IBM 등에 의하여 설립되었다. 이들 기업들은 공급자들에게 가격을 경쟁시키기 위하여 전자상거래시장을 설립한 것이 아니라 자사의 공급자들에게 수요에 관한 정보와 생산 자료를 제공함으로 공급사슬을 개선하기 위하여 전자상거래시장을 설립하였다. 일부 기업들은 여러 곳에 흩어져 있는 회사들의 개별 구매를 통합하기 위하여 사용한다. 예를 들면 70여국에 산재되어 있는 16,000여 가맹점을 가지고 있는 서브웨이 레스토랑은 비공개 전자상거래시장을 운영한다. 이는 개별 가맹점들이 100여개 공급업자들로부터 필요한 것들을 구매하는 것을 돕는다. 다른 예로 모토롤라는 입찰을 수행하거나 협상 시, 그리고 효과적인 구매 전략을 선정할 때 사용할 수 있는 공급자 협상 소프트웨어 엠토리스 테크놀로지(Emptoris technology)를 2002년 구축한 이후 1,000개가 넘는 모토롤라의 공급 담당자들이 새로운 구매시스템

을 사용하게 되었다.

③ **컨소시엄 기반 전자상거래시장**: 이러한 전자상거래시장은 동종 산업에 종사하는 여러 기업들이 함께 참여한다는 것을 제외하고는 공개 전자상거래시장과 유사하다. 자동차 업계의 코비신트(Covisint), 우주항공 산업의 엑소스타(Exostar), 정유산업의 트레이드-레인저(Trade-Ranger), 컨버즈(Converge)와 이투오픈(E2Open)이 이러한 예에 속한다. 컨소시엄 전자상거래시장의 목적은 유사 기업들로 구성된 컨소시엄을 통하여 구매력을 향상시키고 영향력을 행사하는 것뿐만 아니라 공급자들에게 표준화된 납품 시스템을 제공하여 공급자들이 원가를 낮추고 더욱 효율적인 운영을 하게 돕는다.

④ **컨텐츠 기반 전자상거래시장**: 컨텐츠 전자상거래시장은 두 가지 형태의 시장을 포함한다. 첫 번째는 MRO(Maintenance, Repair, Operations) 제품에 대한 시장이고, 두 번째는 특수 산업 생산품에 대한 시장이다. 컨텐츠에 초점을 맞추는 전자상거래시장은 많은 산업재 공급자들의 제품 카탈로그를 종합하여 운영한다. 사업을 확장하고 효율성을 높이기 위해 컨텐츠에 근거한 전자상거래시장은 공급자들의 제품 카탈로그를 종합하고 제품에 대한 상호비교와 탐색이 용이하도록 효과적인 도구들을 제공한다. 예를 들면 어스펙트 디벨롭먼트(Aspect Development)사는 CAD시스템과 통합된 전자부품 카탈로그를 제공한다.

코비신트(Covisint)는 2000년 초반에 디트로이트의 3대 자동차 회사들에 의해 설립되었다. 나중에 르노, 닛산, 미쯔비시, 그리고 푸조가 참여했다. 특이한 것은 모든 자동차 회사가 참여하지는 않았다는 것이다. 예를 들면, 자신의 공급자와 프로세스에 치중하는 폭스바겐의 경우 자신만의 비공개 전자상거래시장인 VWgroupsuppy.com을 설립했다. 폭스바겐의 전자상거래시장은 코비신트와 유사한 기능도 제공하지만, 공급자들에게 생산계획에 대한 실시간 정보를 제공하여 공급자들이 자신들의 생산 능력과 자원을 더 잘 활용할 수 있도록 지원한다. 양쪽 모두 설계 활동을 전자상거래 시장에서 수행하게 한다. 만일 자동차 회사의 엔지니어가 어느 부품의 설계를 변경하면 관련된 공급자들이 프로세스에 참여하게 되고 신속하게 대응할 수 있기 때문에 사이클 타임을 감소

시키고 설계 변경에 따르는 원가 발생을 줄인다. 물론 코비신트가 맞선 주요한 도전은 경쟁 자동차 회사들이 자신들의 가장 민감한 구매 표준에의 위험을 감수하고 컨소시엄의 표준을 사용할지의 문제이다. 유사한 문제로 자동차 산업의 1단계 공급자들이 OEM 업체들의 구매요구조건을 위해 소유하는 시스템을 받아들일지를 들 수 있다. 왜냐하면 1단계 공급자들이 자신의 공급자에게 제공하는 가격이 공개되기 때문이다. 2003년 말 코비신트는 경매 사업부를 프리마켓에 매각하였다. 오늘날 코비신트는 자동차와 건강산업 두 분야에만 집중한다. 두 경우 모두 협업 및 의사결정 과정을 향상시키는 것에 초점을 맞추고 있다.

6. 구매통합전략

구매통합이란 경쟁우위 확보를 위한 능력을 갖추기 위하여, 구매부서 혹은 기능이 기업 내부의 다른 기능 및 기업 외부의 다른 조직과 밀접하게 통합되어야 한다는 것이다. 기업 내부의 다른 기능과의 통합을 내적 통합, 기업 외부의 공급자 등과의 통합을 외적 통합이라 한다. 통합이 이루어지면 다양한 사람들이 그들이 가진 정보와 전문지식을 공유할 수 있고 또한 관점이 다양해지므로, 예전에는 생각하지 못했던 관점에서 문제를 바라볼 수 있는 장점이 있다. 기업에서는 이러한 장점을 이용하고자 기업 내부의 여러 기능으로부터 사람들이 모여 이루어지는 다기능팀을 조직하여 운영하기도 하며, 신제품 개발을 위한 조달기능, 엔지니어링, 공급자 등을 통합하여 운영하기도 한다.

6.1 내적 통합

구매는 기업 내부의 다른 기능과 밀접하게 연계되어야 한다. 예를 들어, 생산기능과의 관계를 살펴보면 구매가 생산에 필요한 투입요소의 조달에 책임이 있으므로, 구매 관리자는 생산부분과 협력하여 생산계획의 실행을 조정할 필요가 있다. 구매가 생산부분의 요구에 신속하게 대응할 수 있도록 하기 위해 구매인력을 생산구역에 상주하게 하는 기업도 있다. 아웃소싱의 증가에 따라 구매와 품질보증 기능과의 관계는 최근에 더욱더 중요하게 되었다. 즉 공급자가 좋은 품질의 원자재나 부품을 공급할 수 있도록 구매와 품질 보증 기능과의 밀접한 협력관계가 유지되어야 한다.

이들 두 기능이 함께 공급자 품질훈련, 공급자 프로세스 능력조사, 개선활동계획 등의 협력 프로젝트를 수행하기도 하고, 어떤 기업의 경우에는 공급자 품질관리에 대한 책임을 구매부서의 책임 하에 두기도 한다. 구매와 엔지니어링의 관계는 신제품개발의 개발속도를 높이는 차원에서 매우 밀접해야 한다. 엔지니어링은 구매부서에서 공급자를 선정할 때에 엔지니어링이 원하는 품질과 생산능력을 가진 공급자를 선정하기를 원하고, 또한 공급자가 디자인 프로세스의 초기에 참여하여 독창적인 아이디어를 제공하기를 원하며, 신제품에 통합될 수 있는 새로운 기술을 가진 공급자를 발굴해 주기를 바라고 있다.

구매는 또한 회계 및 재무 기능과도 연계되어 있는데 이러한 관계는 생산, 엔지니어링, 품질기능과의 관계보다 강하지는 않다. 구매와 관련된 정보는 모두 회계시스템으로 전달되며 구매성과의 측정에 회계시스템을 통하여 수집된 정보가 이용된다. 또한 구매는 자금획득 의사결정시 재무기능과 협력한다. 구매는 마케팅과는 간접적인 관계를 가지고 있다. 신제품에 대한 아이디어가 주로 마케팅에서 나오고 구매부서는 신제품의 개발 및 생산에 대한 지원을 해야 하므로 마케팅과 간접적으로 관계가 있다고 할 수 있으며, 또한 생산계획의 기본이 되는 수요예측도 주로 마케팅에서 담당하는 것이므로 구매와 간접적인 관계가 있다고 할 수 있다.

6.2 외적 통합

구매의 가장 중요한 외부관계는 공급자와의 관계이다. 대부분의 구매자와 공급자는 비용, 품질, 배송, 시간 차원에서의 개선을 위해서 공급자와의 협력이 중요하다는 점을 인식하고 있다. 이렇게 공급자와 협력관계를 유지하는 것을 협력적인 접근법(collaborative approach)이라고 한다. Monczka 등은 전통적인 접근법과 협력적인 접근법의 차이를 〈표 12.3〉과 같이 설명하고 있다.

구매자와 공급자가 협력적인 관계를 유지하게 되면 신뢰관계가 형성되는데, 신뢰관계가 형성될 경우의 이점은 서로 비용자료를 공유하게 되어 공동으로 비용절감을 위한 노력을 기울일 수 있게 된다는 것과 공급자가 구매자의 신제품 개발의 초기단계에서부터 참여함으로써 기여를 하게 된다는 것이다. 또한 구매자와 공급자의 협력적인 관계는 장기적인 계약을 맺을 가능성이 높아지므로 양측 모두 장기계약의 혜택을 얻게 된다.

예를 들어, 장기계약을 하게 되면 공급자는 구매자가 원하는 제품을 효율적으로 생산할 수 있는 공장이나 설비에 투자를 하게 되어 낮은 원가로 구매자에게 공급을 할 수 있게 된다. 또한 장기계약은 공동 기술개발, 공급자능력의 개발 등을 가능하게 한다. 그러나 이러한 협력적인 관계를 유지하는데 있어 비밀 유지, 법적 장애, 변화에 대한 저항, 공급자의 파워가 큰 경우 등 여러 가지의 장애요인이 있을 수 있는데 이러한 장애요인을 확인하고 극복할 수 있는 방법을 찾아야 한다.

표 12.3 공급자와의 협력관계 비교

	전통적 접근법	협력적 접근법
공급자 수	다수의 공급자와 거래	소수의 공급자와 거래
비용절약의 분배	구매자가 비용절약 모두 차지	비용절약 공평 배분
공급자 성과의 공동개선 노력	거의 무	상호 공동 개선의 노력
분쟁해결	구매자가 일방적으로 해결	분쟁해결 메커니즘 존재
의사소통	최소한의 의사소통, 양방향 정보교환 거의 무	개방적, 양방향 정보교환
시장 환경변화에 대한 조정	대응방안 구매자가 결정	구매자와 공급자가 공동으로 대처
품질	구매자가 제품 수령 후 검사	제품 자체가 무결점이 되도록 디자인 됨

7. 인소싱과 아웃소싱

제품이나 서비스를 직접 생산할 것인지 아니면 외부에서 조달할 것인지는 조직에 장기적인 영향을 미치는 복잡하고 중요한 의사결정 중의 하나이다. 최근에 비용감축의 일환으로 아웃소싱이 증가추세이기는 하지만 조직의 경쟁력과 직결되므로 신중을 기해야 한다. 이러한 의사결정과 관련하여 몇 가지 고려해야 할 사항이 있다.

① 기업의 핵심능력과 밀접하게 관련 있는 제품이나 서비스는 아웃소싱보다는 내부에서 생산하는 것이 바람직하다.
② 기술의 성숙도와 자신의 기술경쟁우위를 고려하여 [그림 12.2]와 같이 결정한다.
③ 총 인소싱비용에서 총 아웃소싱비용을 비교하여 비용절감의 크기를 고려하여 결정한다.
④ 비용과 관련이 없는 요인들을 고려한다.

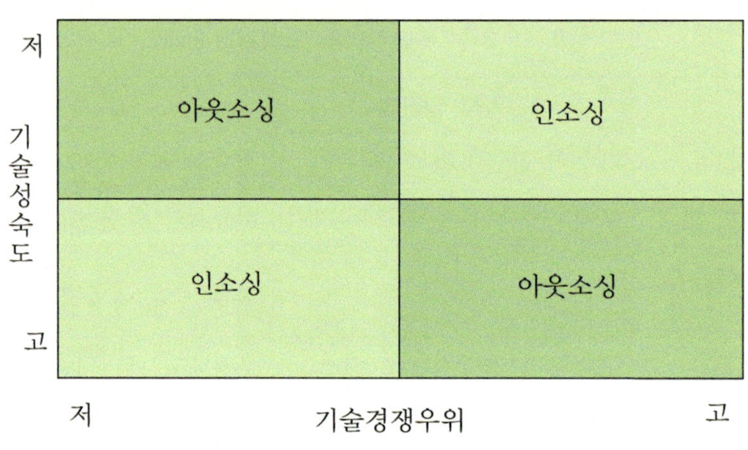

그림 12.2 | 기술성숙도와 기술경쟁우위를 고려한 아웃소싱 의사결정

인소싱과 아웃소싱의 장단점을 살펴보면 다음 〈표 12.4〉와 같다.

표 12.4 | 인소싱과 아웃소싱의 장단점

	인소싱	아웃소싱
장점	• 투입요소에 대한 높은 통제력 • 프로세스에 대한 가시성 증대 • 규모의 경제/범위의 경제	• 높은 유연성 • 낮은 투자 위험 • 현금흐름의 개선 • 낮은 노임
단점	• 높은 생산량이 요구됨 • 높은 투자 필요 • 전용설비의 사용이 제한적 • 공급사슬에 문제 있음	• 공급자를 잘못 선정할 가능성 • 프로세스에 대한 낮은 통제력 • 긴 리드타임/생산능력 부족 • 기업의 공동화

8. 공급자 선정과 평가

구매과정에서 가장 중요한 활동은 필요한 물품들을 제공할 수 있는 수많은 공급자들 중에서 최고의 공급자를 선택하는 것이다. 구매 과정은 구매할 때 고려되어야만 하는 요인들의 다양성 때문에 복잡하다. 그 과정은 의사결정 단위를 형성하는 결정을 내리는 사람들과 결정에 영향을 미치는 사람들을 함께 포함한다.

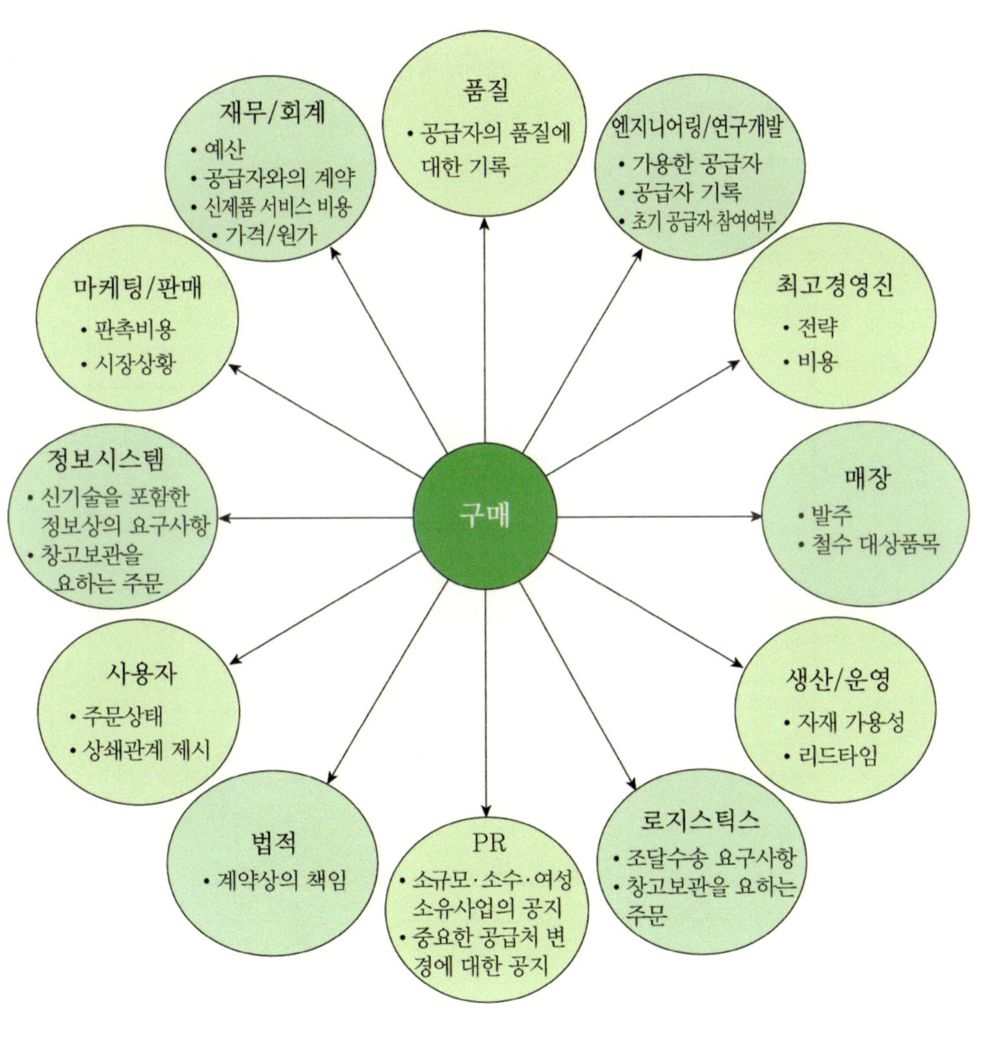

그림 12.3 구매에서 발생되는 내적 정보흐름

[그림 12.3]은 공급자 선정과 평가 시스템에 영향을 미칠 구매와 다른 내부적 기능들 사이의 많은 정보 흐름들의 일부를 보여준다. 이러한 흐름은 사용자들의 주문을 다루는 것에서부터 법무 부서에서 계약적 용어들을 인증하는 것, 적당한 재료들의 유효성을 확정하는 것, 마케팅의 판매 촉진들을 지원하는 것에까지 많은 부문들이 존재한다.

1) 구매단계

[그림 12.4]는 구매의 필요량을 확인하는 것으로부터, 공급자 관계의 관리를 위한 기본적인 다섯 단계의 구매 과정을 보여준다. 구매 관리자들은 구매 결정을 할 때 리드타임, 정시 배달, 신속한 진행능력, 가격 경쟁력, 그리고 구매 후 판매지원 등과 같은 다양한 요인들을 고려할 것이다.

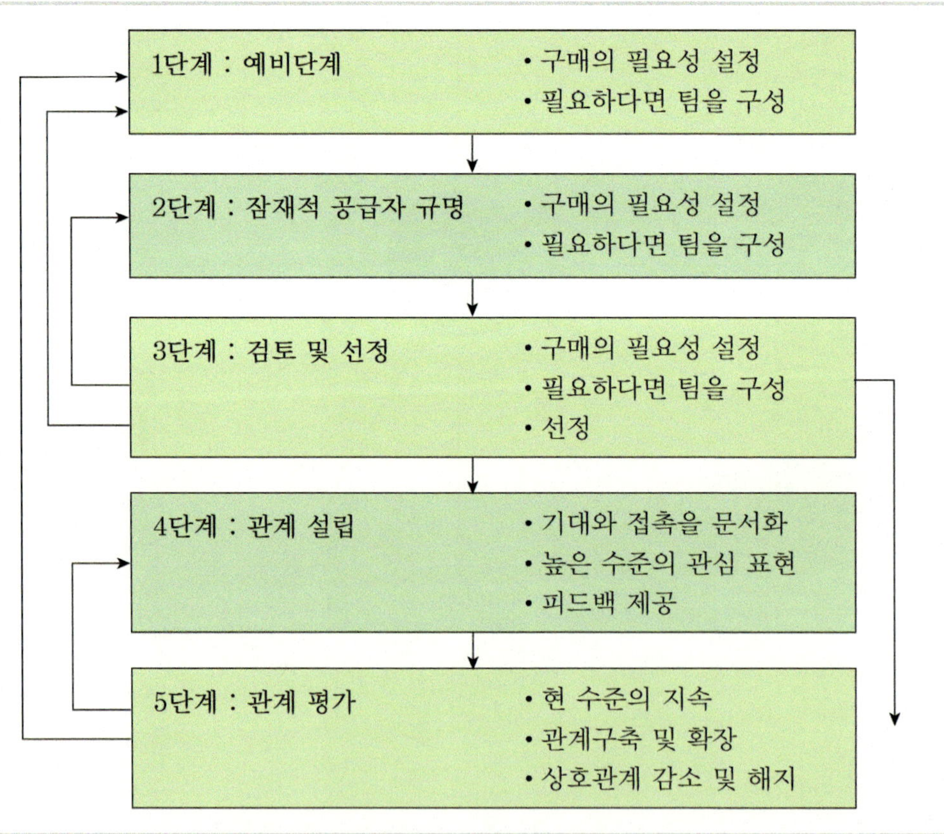

| 그림 12.4 | 구매 관계의 선택 과정과 관리의 다섯 단계

2) 구매 카테고리

기업에는 6개의 구매 카테고리가 있다. 즉 ① 부품 ② 원재료 ③ 운영지원품 ④ 지원 설비 ⑤ 처리과정 설비, 그리고 ⑥ 서비스 등이다. 이러한 6가지 주요 구매 카테고리는 일상적 구매와 비일상적 구매로 구분 가능하다. 일상적 구매는 일상적으로 발생하는 구매를 의미하며, 비일상적 구매는 새로운 형태의 구매, 문제가 발생한 구매, 기업의 전략수립이나 비용절감에 미치는 구매 등을 뜻한다.

3) 공급자 평가

다양한 평가단계들이 가능하며 무엇보다 중요한 것은 목표달성 가능성을 높이기 위하여 끊임없이 해당 절차를 반복하여야 한다.

(1) 공급자 평가요소들의 리스트 개발

관리자는 모든 잠재적 공급자들을 확인해야 한다. 그 다음 단계가 각 공급자를 평가하기 위해 요소들의 리스트를 개발하는 것이다.

공급자 선정은 선정 초기에 사용된 요소들을 보완하여야 한다. 그 요소들이 일단 결정되면, 각 공급자들의 활동은 각 요소들에 의하여 평가될 것이다(예컨대, 생산신뢰도, 가격, 주문편의 등). 〈표 12.5〉는 5점 척도를 사용하지만(1=최악, 5=최고), 다른 척도가 사용될 수도 있다.

다음 내용들을 공급자 선정에 있어서 평가기준으로 이용할 수 있다.

① 경영능력

장기적인 계획을 수립하는지, 경영진이 TQM과 지속적인 개선에 얼마나 전력하는지, 경영자의 경력 및 경험의 정도, 고객 중심에 초점이 맞추어져 있는지, 노동조합과의 관계가 좋은지, 미래의 성장을 위한 적절한 투자가 이루어지고 있는지, 전략적 구매의 중요성을 이해하는지 등을 고려하여 경영능력을 평가할 수 있다.

② 작업자 능력

작업자의 기량, 유연성, 사기, 이직률, 품질개선에 대한 태도, 경영진과의 관계 등을 바탕으로 작업자 능력을 평가할 수 있다.

표 12.5 공급자 평가 예시

요 인	공급자 등급 (1=최하, 5=최고)	요인의 중요도 (0=중요하지 않음 5=최고로 중요함)	가중 결합 등급 (0=최소, 25=최대)
공급자 A 제품신뢰도 가격 주문편의성 ⋮ 판매후 서비스 **공급자 A의 총합**			
공급자 B 제품신뢰도 가격 주문편의성 ⋮ 판매후 서비스 **공급자 B의 총합**			
공급자 C 제품신뢰도 가격 주문편의성 ⋮ 판매후 서비스 **공급자 C의 총합**			

③ 비용구조

공급자의 비용구조를 알게 되면 얼마나 효율적으로 품목을 생산할 수 있는지 혹은 서비스를 제공할 수 있는지를 알 수 있으며 또한 개선 가능성을 파악할 수 있다.

④ 품질에 대한 성과, 시스템, 철학

많은 구매자들은 공급자들이 ISO 9000에서 제시하는 품질 가이드라인에 기반을 둔 품질관리시스템을 채택하기를 기대하고 있다.

⑤ 프로세스와 기술적 능력

공급자 평가팀에는 공급자의 프로세스 및 기술적 능력을 평가하기 위해 엔지니어가 포함되는 것이 일반적이다. 생산이나 서비스를 제공하는데 공급자가 채택한 기술, 디자인 방법, 설비 등에 대한 검토와 더불어 공급자가 미래의 프로세스나 기술적 개선을 위해 연구개발에 투자한 자원에 대한 평가가 이루어진다.

⑥ 환경 규제 준수여부

환경과 관련하여 공급자 평가기준으로 사용되는 것에는 ISO 14000의 획득 여부, 재활용 관리 실태, 위험물 처리 관리 실태, 오존 파괴물질의 통제 여부 등이다.

⑦ 재정적 안정성

공급자의 재정적 안정성은 평가단계에서 초기의 적격심사 수단으로 이용될 만큼 중요하다. 재정적 안정성이 결여된 공급자는 사업 중단을 할 가능성이 높고, 투자자원이 부족해 미래의 프로세스 및 기술적 개선을 위한 여지가 적으며, 구매자에 대한 재정적 의존도가 높아지고, 재정적인 문제는 보통 다른 여러 가지 문제로 인해 발생하는 것이 일반적이므로 이러한 공급자와의 거래는 피하는 것이 바람직하다.

⑧ 생산일정 및 통제시스템

공급자의 생산일정 및 통제시스템에 대한 평가는 공급자가 어느 정도 통제력을 가지는지에 대하여 가늠해보고자 함이다. 공급자가 납기 내에 공급을 할 수 있는지의 여부, 혹은 공급자의 생산시스템이 구매자의 JIT시스템을 지원할 수 있는지의 여부 등을 평가한다.

⑨ e-commerce 수행능력

점차적으로 웹에 기반을 둔 B2B 전자상거래가 증가하고 있다. 공급자는 전자상거래를 수용할 수 있는 능력이 필요하다. 이 이외에도 e-mail을 통한 의사소통능력, 전자자금결제 능력, 바코딩 혹은 RFID 사용능력 등 공급자의 전반적인 정보기술에 대한 평가가 필요하다.

⑩ 공급자의 조달전략, 정책, 기법

공급자의 공급자에 대한 정보도 공급사슬관리를 위해 중요하다. 하지만 공급자가 자신의 공급자에 대한 평가를 했을 경우를 제외하고는 정보를 얻기가 쉽지 않다. 이러한 경우 공급자의 구매부서와의 대화를 통하여 공급자의 공급자에 대한 정보를 얻을 수 있다.

⑪ 장기적인 관계유지 가능성

구매자와 공급자 사이에 장기적인 관계를 유지하는 것이 유리한 경우에 공급자 평가시에 공급자가 장기적인 관계를 유지하는데 적합한지에 대한 평가가 이루어져야 한다. 평가의 기준에는 공급자의 장기적인 관계에 대한 의도가 있는지, 이러한 관계에 자원을 투자할 의도가 있는지, 정보공유에 대한 의지가 있는지, 구매자를 위해서만 생산능력을 독점적으로 제공할 의지, 구매자에 대한 이해심, 비용자료의 공유 의지 등이 포함된다.

(2) 각 평가요소의 상대적 중요성

공급자 평가에 앞서 관리자들은 평가 요소들의 상대적인 중요성을 판단하여 각각에 비중을 할당해주어야 한다. 예를 들어, 제품 신뢰도가 그 회사의 중요성을 가진 것이라면, 그것은 최고로 중요한 등급을 받았을 것이다. 만약 가격이 제품 신뢰도만큼 중요한 것이 아니라면, 가격을 더 낮은 중요성 등급에 놓을 것이다.

다음 단계는 각 요소의 중요성에 따라 공급자들에 대한 가중치가 반영된 전체 평가를 개발하는 것이다. 이는 공급자 평가를 확장하는 것으로, 각 요소와 중요성에 입각한 가중치가 포함된 측정방법이다. 전체 점수를 통해 공급자들에 대한 등급 매김이 가능하며, 비교가 이루어질 수 있다. 전체 점수가 높을수록 해당 공급자는 제품을 제공받는 기업의 필요사항과 특이사항을 보다 잘 만족시킬 수 있다.

이러한 과정을 통해 경영상에서의 구매결정시 중요한 요소를 공식화하고, 해당 과정의 필요성을 인식하게 된다.

(3) 적절한 공급자 선정과 평가 결과로부터의 이익

공급자의 적절한 선정과 평가에 기반을 둔 보상이 이루어져야 한다. 구매 활동은 기업의 수익에 긍정적인 효과를 미친다. 재료비의 절감은 매출원가의 단위비용을 줄임으로써 수익 마진을 증가시킨다. 나아가 재료비의 절감과 관련 물류 활동 비용을 줄이게 되면 창고에 대한 투자비용을 줄일 수 있다.

또한 제조 과정에서 공정들의 속도 향상이나 원활한 진행을 통해 고객서비스를 향상시킬 수 있다. 효과적인 구매관리를 통해 보다 품질이 높은 원자재의 구매가 가능함으로, 최종 고객들에게 제공되는 제품의 품질 향상이 이루어진다. 이는 제품 불량에 따른 반품 가능성까지 떨어뜨리게 한다.

9. 효과적 조달조직

조달조직은 전통적으로 집중화 또는 분산화되어 왔다. 최근에는 특별한 이점을 얻기 위하여 다음과 같은 형태로 발전되어 왔다.

1) 중앙집중 조달

중앙집중 조달은 단일의 공동 소싱과 구매력을 회사의 본사에게 제공하는데 이러한 접근은 중앙집중의 물류조직과 운영을 포함한다. 이의 장점은 전체 회사의 공급 사슬을 조정하는 능력과 공급시장에 관한 집중된 정보를 확보할 수 있다는 점이다.

2) 분산조달

이 조직 형태에서는 조달은 현장에만 위치한다. 회사의 재무나 다른 운영정책을 통해서 공포된 것 외에는 중앙으로부터 조정이나 통제가 존재하지 않으며, 조달활동의 모든 책임을 현장에 두며 회사간접비를 최소화하는 정책이다. 이는 중앙집중 조달에 비해 시너지효과 창출이라든지 공급자나 운송업자에 대한 구매력 면에서는 불리하다. 실제 조사결과에 따르면 분산조달 조직을 채택하고 있는 많은 회사의 경우 서로 다른 사업부에 대한 공급자나 운송업자들의 가격에는 크게 차이가 있다고 한다. 분산조직의 변형은 현장에 조달협의체를 구성하는 것이다. 협의체는 유사한 제품과 서비스를 필요로 하는 여러 지역조달 담당자로 구성되는데 리더십과 상위경영자의 참여부족으로 유명무실해지는 경우가 많다.

3) 중앙조정자

현장에서의 조달은 공장장이나 사업부장에게 보고되지만 본사의 중앙집중된 조정 그룹의 지원을 받는다. GE와 United Technologies는 이러한 모델을 사용하는 대표적 예이다. GE는 본사 차원에서 조달과 운송 그룹이 존재하는데 이 그룹은 회사 전체의 관심사항을 살펴보고 개별 공장의 사람들이 전체를 보지 못하는 곳에서 전체로서 회사의 기회를 찾는다. 이 그룹은 서비스를 개별 사업부나 공장에 판매하는 컨설팅 역할을 한다. 장점은 회사가 공급업자에 대한 힘을 가질 뿐만 아니라 보다 넓은 범위를 포함하는 것인데 완전히 집중화된 그룹에서와 같이 전체 간접비용을 담당하지는 않는다.

4) 지역계획자

중앙의 조달 그룹이 공급자들과의 관계를 창출하지만 현장의 조달·물류 계획자가 모든 실제 제품흐름을 주관한다. 이 시스템은 소싱 및 벤더 선정과 배달을 위한 주문 프로세스를 분리한다. 조달은 벤더와의 관계를 창출하고 모니터링하는 프로세스를 담당하며, 생산계획자나 물류담당자는 내부이동, 독촉, 그리고 팔로우업(follow-up)을 위한 매일 매일의 주문을 처리한다.

5) 공급관리자

이 시스템에서는 조달이 사업 대부분의 제품 라인에 대한 자재관리 책임을 갖는다. 이 접근은 모든 공급, 취득, 자재 및 생산 책임을 한 사람에게 지우는 것으로 이 관리자는 한 개 혹은 소수의 제품에 대해 두루 살피고, 그의 성과는 판매가격에서 마지막 포장까지 소요되는 모든 비용을 뺀 기여율(contribution margin)에 기초한다.

공급관리자는 공급자로부터 최종소비자로의 외부전달까지의 전 공급사슬에 걸쳐 모든 비용책임과 권한을 갖는데 이 방식은 각 제품에 대한 넓은 범위의 기술을 필요로 한다.

6) 상품팀

이 접근은 원래 건설, 무기 시스템, 연구개발, 산업용 기계 등과 같은 프로젝트 환경에서 볼 수 있었으나 현재 많은 회사들에 의해 보다 널리 사용되고 있다. 이러한 접근을 채택하고 있는 대표적 회사는 Caterpillar사로서 회사 제품의 핵심 성공요소 주변에 상품팀을 설치하였다. 이 접근의 특징은 시작부터 마무리까지 제품을 포괄적으로 본다는 것에 있다. 각 부문의 관리자로 구성된 이 팀은 제품을 위한 설계, 생산기술, 구매, 제조, 영업 및 유통 등을 연속적·개별적으로 접근하지 않고 공동목표의 달성을 위하여 공조체제를 구축한다.

7) 물류 파이프라인

소비재 산업에 있어 재고의 신속한 회전과 완벽한 고객서비스에 대한 압박은 구매와 판매 양측 기업을 포함하는 혼합된 고객조달·자재와 판매유통 모델을 가져왔다. 이와 같은 체제에서는 두 기업간에 중복되는 물류기능과 비부가가치를 가져오는 일들이 감소 혹은 제거되었다. 이러한 예는 프록토 갬블사와 월마트사 간에 볼 수 있다. 프록토 갬블사의 공장으로부터 월마트점의 선반에 이르는 흐름 시스템은 종전에 두 회사 간에 이루어졌던 청구서, 구매, 주문등록 및 출하 등의 과정들이 제거됨으로써 더욱 효율적으로 되었다. 판매자인 프록토 갬블사는 그의 고객인 월마트 상점 내에서 제품재고를 모니터링할 수 있다.

이러한 시스템은 양측 모두에게 장점을 제공한다. 판매자는 고객조직 내부에서 강력한 위치를 유지할 수 있기 때문에 이러한 방식으로 경쟁적 우위를 얻을 수 있으며 더구나 판매자는 그들의 제품에 대한 재고를 보다 관심을 갖고 정확하게 모니터링할 수 있다. 이는 뜻하지 않은 품절과 긴급출하에 대한 수요를 크게 줄일 수 있으며, 또한 구매자가 다른 브랜드로 바꾸는 가능성이 낮기 때문에 경쟁적 우위를 제공한다. 구매회사로는 판매자가 재고감시, 주문 및 운송과 같은 관리적 프로세스들을 하게 함으로써 이득을 얻을 수 있다.

10. 구매관리 합리화 방안

1) 구매업무의 표준화

구매업무의 표준화는 구매소요시간의 표준화와 각종 구매절차의 표준화로 대별되며, 다시 구매대상품의 품질·가격·구매원·구매조건 등과 같은 구매요건별 표준화로 세분된다.

구매업무를 표준화하기 위해서는 구매부문의 노력만으로는 불가능하고 수요부문의 적극적인 협조에 의해서만 가능하게 되는 것이다. 예를 들어 구매대상품의 품질을 표준화하기 위하여는 수요부문의 협조가 전제로 되는 것과 같다.

2) 구매업무의 단순화

구매업무의 표준화가 이루어지면 그 다음 단계로 구매업무의 단순화가 요구된다. 단순화란 일반적으로 품종의 삭감이나 절차의 단일화를 의미하는 것이다. 즉, 구매대상품목에 있어서는 다양한 품목 중에서 불필요한 종류, 예컨대 형이나 용적이나 규격 등을 배제하고 순수하게 단일종류만을 구매하는 것이며, 구매절차에 있어서는 복잡한 과정을 단순하거나 또는 절차과정을 적절히 분류하여 각기 단일 책임만을 담당하게 하는 것이다. 이와 같이 함으로써 고차의 구매업무를 저차의 구매업무로 분해하여 편리하고 쉽고 빠르게 구매업무를 수행할 수 있게 되는 것이다.

3) 구매업무의 전문화

구매업무의 표준화가 이루어지게 되면 최종단계로 구매업무의 전문화가 가능하게 되는 것이며, 표준화와 단순화는 업무의 전문화를 위한 준비작업이라고도 할 수 있는 것이다.

전문화란 단일의 기능만을 최고도로 철저히 추구하는 것이며, 모든 노력을 한 방향으로 집중시키는 것이다. 전문화의 효용은 업무에 종사하는 직원으로 하여금 당해 기능에 대한 전문가의 지식과 숙련된 기술자로서의 일솜씨를 체득케 하는 동시에 기술과 지식의 발전으로 고도의 능률을 발휘케 할 수 있는 것이다. 이러한 전문화는 분업과 유사한 것으로서, 구매기능자체의 전문화는 물론 나아가서는 다시 구매기능을 제요건별로 표준화하고 단순화하고 전문화할 수 있는 것이며, 이와 같이 함으로써 더욱 합리적인 구매업무를 수행할 수 있는 것이다.

연 습 문 제

1. 구매의 역할과 중요성에 대하여 간단히 설명하시오.

2. 외주의 장점과 위험요소에 대하여 설명하시오.

3. 구매/생산 의사결정 프레임워크에 대하여 설명하시오.

4. 공급자와의 관계에서 전통적 접근법과 협력적 접근법에 대하여 비교하여 설명하시오.

5. 인소싱과 아웃소싱의 장단점은?

6. 구매관리의 합리화 방안의 세 가지는?

Chapter

13

서비스시스템

1. 서비스의 특징 및 유형
2. 서비스전략
4. 서비스산업의 입지 및 설비배치
5. 서비스설계의 새로운 접근법

오늘날 우리는 서비스 시대에 살고 있다고 할 수 있다. 경제 주체가 제조 중심에서 서비스 중심으로 이전되고 있으며 전 산업의 종사원 중 서비스 산업에 70%가 종사하는 현실에서 볼 때 서비스 산업의 중요성이 증대되고 있다. 한국은행이 발표한 자료에 따르면 우리나라의 경우 GDP 대비 제조업의 비중은 1980년에 21.7%에서, 1990년에는 24.5%, 2000년에는 26.1%로 증가하였으나, 2003년에는 23.3%로 감소하였다. 반면에 GDP 대비 서비스업의 비중은 1980년에 42.1%에서 1990년에는 44.5%, 2000년에는 48.3%로 계속 증가하여 2003년에는 50.5%를 차지하였다. 이러한 추세는 앞으로도 계속되리라고 예상된다.

또한 우리나라 근로자 10명 중 7명은 서비스 부문에 종사하고 있으며, 1970년 이후 산업고도화가 이루어져서 천연 자원개발 부문의 비중이 지속적으로 감소되어 온 반면 제조업부문과 서비스 부문의 비중은 계속 상승하여 왔다. 최근 들어 제조부문의 고용비중은 낮아졌으나 서비스 부문은 크게 높아지고 있다.

1. 서비스의 특징 및 유형

생산활동은 제조활동과 서비스 활동으로 대별된다. 제조활동에 의하여 냉장고, 자동차, 시계 등과 같은 유형적인 제품이 생산되는데 반하여, 서비스 활동으로는 의사의 진료, 자동차의 수리 등과 무형적인 서비스가 제공된다.

서비스의 본질은 타인을 위한 정신적, 육체적 노무의 제공으로 볼 수 있다. 즉, 서비스란 고객의 편익과 만족을 위해서 서비스 제공자 자신 내지 다른 서비스 지원(장비, 시설, 물품, 노동력, 지식, 기술, 정보, 아이디어 등)을 이용하는 과정, 노력, 행동의 수행이다.

서비스는 시간, 장소, 형태 또는 심리적인 효용을 생산하는 경제 활동이라 할 수 있다. 제품생산을 촉진시키고 상품을 유통시키며 개인생활에 가치를 부여하는 활동이 서비스이다. 가령 백화점이나 식료품점은 편리한 특정 장소에서 각종 상품을 고객에게 제공하며 레스토랑에서의 저녁식사는 바쁜 일상생활 속에서 심리적인 기분전환에 도움을 준다.

서비스는 고객의 요구와 일치되고 고객을 만족시킬 수 있어야 한다. 서비스는 대부분 소비시점에서 소비자에게 직접 제공되므로 서비스 참여자, 즉 고객과 서비스제공자의 행위는 서비스 시스템의 효율과 직결된다. 서비스 사업의 성과나 효율은 참여자 외에도 서비스 제공과정과 서비스 과업환경에 의해서 상당한 영향을 받는다.

1) 서비스의 특징

서비스가 일반 유형의 제품과 비교하여 가지는 특성으로는 다음과 같은 것을 들 수 있다.

(1) 무형성

서비스는 제품과 같이 어떤 특정한 형태를 가지고 있지 않기 때문에 소비자가 직접 구매하기 전에는 서비스의 질에 대한 평가를 하기 어렵다. 따라서 서비스 기업은 추상적 성격을 가진 서비스를 가시화된 형태로 제시할 필요가 있으며, 서비스가 제공되는 장소의 물리적 환경을 잘 관리하여 고객들에게 자사의 서비스 품질이 우수하다는 인상을 심어주어야 한다.

법률상담과 같은 서비스는 유형의 산출물이 아니다. 그러나 레스토랑, 주유소, 또는 실내 다자인 등과 같은 서비스는 유형의 산출물과 무형의 산출물이 혼합된 것이다.

무형성은 유형적인 것과 함께 할 수도 있지만 서비스는 어디까지나 경험되는 것이다. 서비스의 무형적인 특징은 고객에게 문제점을 주기도 한다. 제품을 구매할 때 고객은 보고, 느끼며, 구매하기 전에 성능을 시험해 볼 수 있지만 서비스를 구입할 때는 주로 서비스기업의 평판에 의존한다.

(2) 생산 및 소비의 동시성

일반적으로 유형의 제품은 시간의 흐름에 따라 제조되고 운송되어 소비자에게 전달되지만, 서비스는 생산과 소비가 동시에 이루어진다. 예를 들어, 병원에서 의사가 제공하는 진료는 그 자체가 생산인 동시에 환자의 입장에서는 소비인 것이다. 따라서 서비스의 생산과 소비는 양자가 분리되지 않는 특징을 가지고 있다.

서비스는 생산과 소비가 동시에 일어남에 따라 품질관리를 위한 많은 기회를 상실하게 된다. 제품이 수송되기 전에 검사되는 제조업과는 달리 서비스 기업은 일정 수준의 서비스 산출을 위해 다른 척도가 이용되어야 한다.

(3) 현장성

서비스는 고객이 있는 현장에서 생산되는 것이 대부분이다. 인터넷기술의 발전에 따라 예외적인 상황이 발생하고는 있으나, 많은 경우 현장성을 극복하기 어렵다. 따라서 고객은 생산현장에 나타나게 되며 현장에서 구전을 통하여 많은 정보를 공유하게 된다. 또한 서비스 생산자는 고객의 접근가능성을 고려하여 서비스를 제공하게 된다. 규모의 경제를 포기하고 체인점을 설립하는 것은 이러한 이유에 기인한다.

(4) 이질성

특정 기업의 서비스의 질은 일정하게 정해져 있지 않고 서비스를 누가, 언제, 어디서 제공하는가에 따라 차이가 있다. 서비스의 질이 이처럼 다양하기 때문에 소비자들은 서비스를 제공받기 전에 과거 사용경험이 있는 소비자나 주변에 있는 다른 사람들의 의견을 많이 참고하게 된다.

(5) 소멸성

서비스는 기본적으로 저장이 불가능하다. 즉 서비스는 일정시점에서 소비가 이루어지지 않으면 그 가치가 없어져 버리고 마는 소멸성이 있다. 가령 호텔 객실, 비행기나 극장의 좌석 등은 사용시간이 지나면 저장될 수 없고 나중에 다시 사용할 수 없다.

그런데 소멸성은 고객의 관점에서 보면 다를지도 모른다. 고객은 서비스가 생산된 이후 그 서비스를 가져올 수는 없지만 서비스를 구매한 후 오랫동안 그 효과를 음미할 수 있다. 예를 들어, 외과의사가 환자에게 심장이식 수술을 하게 되면 그것은 단지 한 번의 의료서비스에 그치는 것이 아니라 그 혜택은 환자의 평생 동안에 걸쳐 계속되는 것이다.

2) 서비스의 유형

서비스를 분류하는 방식은 매우 다양한데 대표적인 분류는 다음과 같다.

(1) 체이스(Chase)의 분류

체이스(Chase)는 〈표 13.1〉에서와 같이 서비스업을 고객 접촉의 고저에 따라 분류하고 있다. 순수 서비스는 고객과의 접촉이 높아 고객은 서비스를 받기 위해서 서비스 시스템에 장시간 참여해야 할 뿐만 아니라, 시스템과 상호작용을 할 필요가 있다. 반면에, 고객과의 접촉이 낮은 서비스는 제조업의 운영적 특징과 큰 차이가 없다. 따라서 고객의 접촉이 낮은 업종의 경우 제조업과 같이 운영될 수 있어 기존의 제조업 관리기법의 활용의 여지가 높아지나, 고객과의 접촉빈도와 강도가 높을수록 서비스운영의 관리와 통제가 보다 복잡해진다.

표 13.1 | Chase의 서비스 분류

분류	순수서비스 (pure service)	혼합서비스 (mixed service)	준제조업 (quasi-manufacturing)
고객접촉도	높음	중간적	낮음
예	유흥·오락 헬스센터 호텔 대중교통 소매업소 학교 개인적 서비스	다음의 지점·분점 금융기관, 정부기관, 광고회사, 부동산업, 컴퓨터회사 등 경찰·소방서 수리서비스	다음의 본사·중앙기구 금융기관, 정부기관, 광고회사, 부동산업, 컴퓨터회사 등 우체국 우편주문서비스 연구실험실

(2) 토마스(Thomas)의 분류

토마스(Thomas)는 [그림 13.1]에서 보듯이 서비스업을 '설비기반'과 '인력기반' 서비스업으로 분류하고 있다.

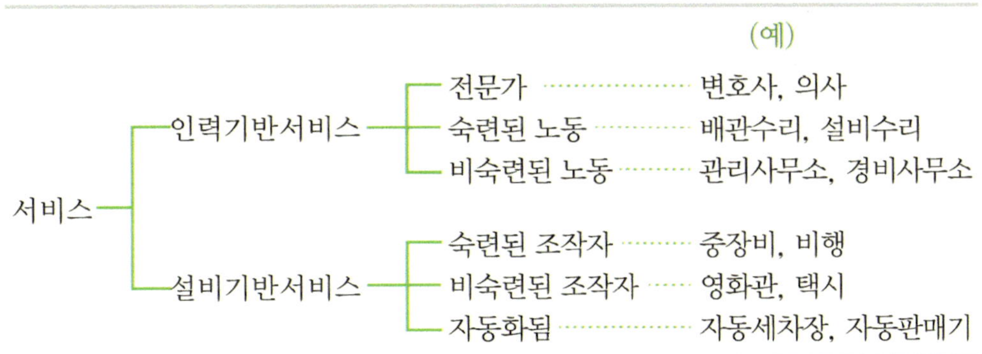

그림 13.1 | Thomas의 서비스 분류

이 분류에 의하면 자동세차장과 같이 노동적 요소는 낮으나 고도의 자동화장비를 이용한 '설비기반' 서비스가 있는 한편, 변호사나 의사와 같이 고도의 '인력기반' 서비스업도 있다.

(3) 쉬메너(Schmenner)의 분류

쉬메너(Schmenner)는 〈표 13.2〉와 같은 서비스-프로세스 매트릭스(service-process matrix)를 제시하였다.

이 매트릭스를 이용하면 서비스를 받기 위해 고객이 시스템에 참여는 하지만 상호작용의 정도가 낮은 서비스와 높은 서비스를 구분할 수 있다. 예를 들면, 항공 및 철도 서비스 또는 의료 서비스를 받기 위해서 고객은 시스템에 참여하여야 한다. 그러나 의료 서비스를 받을 때 발생하는 상호작용의 강도는 항공 또는 철도 서비스의 그것보다 훨씬 높다. 따라서 체이스의 방식에 의하면 구분할 수 없었던 항공 서비스와 의료 서비스를 쉬메너의 방식을 이용하면 구분할 수 있게 되는 장점이 있다.

표 13.2 Schmenner의 서비스 프로세스 매트릭스

		상호작용의 정도	
		낮 음	높 음
노동의 정도	낮음	서비스 공장 • 항공사, 운수회사, 호텔, 휴양지 및 레크리에이션	서비스샵 • 병원, 자동차정비업, 기타 수리업
	높음	대량 서비스 • 소·도매업, 학교 • 은행의 영업부분	전문서비스 • 의사, 변호사, 회계사, 건축사

(4) 러브록(Lovelock)의 분류

러브록(Lovelock)은 서비스 행위의 본질을 규명함에 있어서 서비스의 수혜 대상을 사람(대인)과 사물(대물)로 구분하고, 이들에 대한 서비스 행위를 유형적인 것과 무형적인 것으로 나누어 다음의 네 가지 유형으로 분류하였다.

① 유형적 대인서비스 : 신체에 대한 유형적 서비스
(예: 물리치료, 미용, 수영장, 식당)
② 무형적 대인서비스 : 정신에 대한 무형적 서비스
(예: 교육, 방송, 연극, 정보서비스)
③ 유형적 대물서비스 : 사물에 대한 유형적 서비스
(예: 세탁, 화물운송, 빌딩 및 TV수리)
④ 무형적 대물서비스 : 소유재산에 대한 무형적 서비스
(예: 금융, 보험, 법률, 회계서비스)

이와 같은 분류체계는 전술한 체이스의 서비스 분류개념을 보다 분화시킨 것으로 구체적인 서비스시스템 믹스(service system mix)의 제시가 가능하다. 가령 고객에게 물질적인 서비스를 제공하는 '유형적인 대인서비스'의 경우 고객들은 서비스시스템(예: 식당, 미용실, 병원, 호텔 등)에서 서비스를 제공받는 동안 이곳에서 시간을 보낸다. 이 경우 서비스시스템의 성과나 고객의 만족은 주로 서비스 요원, 서비스 시설 및 환경 그리고 서비스 과정 등에 의해서 좌우된다.

신용카드, 보험 등 '무형적 대물서비스'에서 고객들은 서비스 공정이나 서비스 시설을 거의 의식하지 못한다. 이러한 상황에서는 서비스 과정은 별로 중요시되지 않는다.

(5) 켈로그(Kellog)와 니(Nie)의 분류

켈로그(Kellog)와 니(Nie)는 서비스업의 독특한 전략적 문제를 논의하기 위해서 새로운 개념적 틀인 서비스 프로세스/서비스 패키지(service process/ service package, SP/SP) 매트릭스를 〈표 13.3〉과 같이 소개하고 있다.

서비스 프로세스 구조는 서비스의 설계, 공급 그리고 내용에 고객이 영향을 미치는 정도에 따라 세 범주로 나누고 있다. 첫째, 전문 서비스는 고객의 도움을 받아 전문가가 서비스를 정의하고 만드는 과정을 거친다. 둘째, 서비스 샵은 고객의 영향력이 중간 정도인 경우이다. 서비스 과정을 기능별로 집단화할 수 있다는 점에서 제조업의 잡샵(job shop)과 유사하다고 볼 수 있다. 셋째, 서비스 공장은 서비스 활동 하나하나가 상당히 표준화되어 있으며 활동들의 순서도 잘 정의되어 있기 때문에 제조업의 생산라인을 연상케 한다. 즉, 서비스 공장은 서비스의 생산라인 전략과 같은 개념이다.

| 표 13.3 | Kellog와 Nig의 서비스 프로세스/서비스 패키지 매트릭스

서비스 프로세스구조 \ 서비스패키지 구조	유일서비스 패키지	선택적서비스 패키지	제한적 서비스 패키지	포괄적 서비스 패키지
전문서비스	자 문			
서비스 샵			고등교육	
서비스 공장				규격우편물 배달

서비스 패키지 구조는 4가지로 나누어지는데, 첫째, 유일 서비스는 대부분의 서비스 패키지가 고객화되어 고객이 서비스의 공급방법, 시간, 장소 등을 결정하는 서비스이다. 둘째, 선택적 서비스는 서비스 패키지의 일부는 표준화되어 있으나 상당부분에 관해서는 고객이 결정하는 서비스를 뜻한다. 셋째, 제한적 서비스는 서비스 패키지의 대부분이 표준화되어 있어 고객이 결정하는 부분은 다소 한정된 서비스를 말한다. 마지막으로 포괄적 서비스는 서비스 패키지의 대다수가 표준화되어 있기 때문에 고객이 결정하는 부분은 거의 없는 서비스를 말한다. 이 SP/SP 매트릭스를 활용하면 각종 서비스는 전문서비스/유일 서비스 패키지로 분류될 수 있으며, 우체국의 배달서비스는 서비스 공장/포괄적 서비스 패키지로 분류될 수 있다.

2. 서비스전략

서비스전략에서는 제공할 서비스의 종류 및 유형과 경쟁우위의 성취방안이 제시되어야 한다. 예를 들면, 맥도날드사의 서비스전략은 "일정한 품질의 패스트푸드를 값싸고 신속하게 제공한다."이다. 맥도날드는 이와 같은 서비스전략에 맞도록 패스트푸드, 서비스 전달시스템, 서비스설비 등을 설계하고 있다.

서비스전략에서는 서비스기업이 경쟁우위를 달성하기 위한 우선적인 경쟁수단, 즉 경쟁우선순위가 제시되어야 한다. 서비스기업이 채택할 수 있는 우선적인 경쟁수단으로는 다음과 같은 것들이 있다.

① 고객에 대한 대우(즉, 친절, 정성 등)

② 서비스 전달의 신속과 편의

③ 서비스의 가격
④ 서비스의 다양성
⑤ 서비스에 수반되는 또는 핵심적인 재화의 품질(예: 세계적인 고품질의 햄버거)
⑥ 서비스를 구성하는 기술의 유일성(즉, 그 서비스기업만이 제공할 수 있는 독특한 기술: 미용기술, 의료기술 등)

〈표 13.4〉는 세계적으로 잘 알려진 서비스기업의 우선적인 경쟁수단을 보여주고 있다.

표 13.4 서비스기업의 경쟁수단

	고객 대우	속도/ 편의	가격	다양성	유일한 기술/ 유형재화의 품질
Federal Express	×	×			
Merrill Lynch & Company		×		×	
Wal-Mart Stores	×		×	×	
Price Club			×		
Disneyland	×				×
American Express Company	×	×			
McDonald's Corporation		×	×		
Domino's Pizza		×	×		
Marriott Corporation	×				
American Airlines		×		×	
Singapore Airlines	×				

서비스전략은 국제적인 관점에서도 고려되어야 한다. 오늘날 컨설팅, 여행사, 텔레커뮤니케이션, 금융, 운송 등은 국제적인 성격을 가지고 있다. 이들 서비스는 전 세계적으로 표준화되어 있고, 경쟁의 기반도 국제적이며, 영업 규모도 범세계적인 성격을 가지고 있다. 따라서 제조업과 마찬가지로 서비스 기업들도 글로벌 전략을 채택할 수 있다.

2.1 경쟁적 서비스 전략

포터(Porter, 1980)의 본원적 경쟁전략인 원가전략, 차별화전략, 그리고 집중전략을 서비스 기업의 경우에 사용할 수 있는 전략으로 적용시키면 다음과 같다.

1) 원가우위 전략

원가우위 전략은 모든 기능별 정책을 통하여 총비용우위를 달성하는 것이다. 업무의 효율성을 통한 비용감소, 제반 비용통제와 신제품개발, 서비스, 인적판매, 광고 등과 같은 분야에서의 비용 최소화를 추구하여 고객에게 보다 낮은 가격에 보다 높은 가치를 지닌 상품을 제공하는 것이다. 말하자면, 저원가 노력이란 동일한 품질을 유지하면서 되도록 원가를 낮추려는 것을 말한다. 이를 위해 서비스 기업은 다음과 같은 전략적 초점을 맞추게 된다.

① 저비용의 구조적 특징을 가진 고객을 찾음

다른 사람보다 서비스 제공비용이 덜 드는 고객이 있다. 목표고객 그들 자신이 서비스를 제공하면서 어떤 장식도 요하지 않고 양으로만 기꺼이 구매하려고 하는 고객을 탐색하여 이를 목표고객으로 한다.

② 고객서비스의 표준화

고객서비스를 표준화, 단순화함으로써 비용발생요인을 가능한 한 최대로 줄인다.

③ 새로운 유통경로

새로운 유통경로를 통해서도 원가절감을 꾀할 수 있다. 예컨대, 인터넷 혹은 우편주문 방식은 상점 확보 등의 고정비용을 최소화할 수 있으므로 원가 우위를 갖기도 한다.

④ 좋은 상점 위치의 선점

뒤늦게 시장에 진입하는 경쟁자는 상점을 유지하는 데 더 많은 비용을 들여야 하고 또한 지역 선정에 한계가 있다. 맥도널드의 성공요인 중의 하나는 부동산 구매에 관한 장기적인 관점에 있다. 그들은 상점위치를 선정하는데 탁월하여, 심지어 맥도널드가 생기는 곳에는 새로운 상권이 형성된다고 말하기까지 한다. 부동산 취들에서 얻는 원가절감이 그들이 이익을 창출하는 데 막대한 공헌을 하는 것은 두 말할 나위가 없다.

⑤ 시간절약

시간절약은 원가절감의 필수요건이다. 마케팅에서 스피드란 단순히 '빨리'를 의미하는 것이 아니고 기업의 총체적인 '시간중심(time-based)관리'를 의미한다. 스피드 경영은 먼저(기회선점), 빨리(시간 단축), 제때(적재적시), 자주(유연성)의 네 가지 특징을 지닌다. 즉, 고객에게 만족스러운 제품과 서비스를 남보다 빠르게 제공하는 능력을 말한다.

⑥ 네트워크 비용을 줄임

서비스 기업을 시작하는데 서비스제공자와 고객 사이를 연결하는 네트워크가 필요하며, 이를 구축하는데 많은 비용이 요구된다. 이때 네트워크 구성시 비용을 감축할 수 있는 비용을 사용함으로써 비용을 줄일 수 있다.

⑦ 서비스 전달시 개인적 요소배제

서비스 전달시 인적요소를 줄이게 되면 거래비용의 감소를 가져다준다. 가령, 금융기관의 자동 현금지급기는 고객과 텔러와의 인간적 접촉을 떼어놓음으로써 은행의 거래비용을 줄일 수 있게 된다.

2) 차별화 전략

서비스 기업의 차별화전략의 핵심은 독특한 서비스를 창출하는 것이다. 말하자면 남들이 갖지 못한 즉, 경쟁자의 서비스에는 없는 독특성으로 차별을 시도하는 것이다. 브랜드 이미지, 기술, 모양, 고객서비스 등 다양하다.

① 무형의 서비스를 가시화

서비스는 본질적으로 서비스의 구매와 동시에 소멸되지만 고객으로 하여금 서비스가 연상되도록 제품 등에 표시한다. 예컨대, 고급호텔의 경우에 호텔이름이 새겨진 화장품 견본을 고객에게 제공한다.

② 표준화된 제품을 고객화

고객 각자의 특성과 요구에 입각하여 서비스를 차별화한다. 가빈(Garvin, 1993)은 고객의 선택 폭을 다양하게 유지하는 유연한 전략적 개념으로 고객화를 인식한 바 있는데, 이외에도 배달의 신속성과 신뢰성, 유연성 등이 고객화의 필수적 요건이 된다 하겠다.

③ 고객이 인지한 리스크를 감소

서비스 구매고객은 정보부족으로 인하여 대다수 고객은 위험에 노출되어 있는 경우가 많다. 따라서 서비스에 대한 고객과의 긴밀한 관계를 유지하는 것이 매우 중요하다.

④ 종업원훈련

인적자원에 대한 개발과 훈련은 서비스 품질을 향상시켜 경쟁우위를 낳게 하고 경쟁자가 모방하기 어렵게 만든다.

⑤ 품질통제

노동집약적인 서비스산업에서 다수의 서비스 공간에서 행해지는 서비스 품질의 일관성있는 전달은 서비스 기업에 대단히 중요한 전략적 요소가 된다. 이를 위해서는 종업원훈련, 명확한 서비스 프로세스, 기술, 서비스 범위의 한정, 직접적인 지휘감독, 동료의 무언의 압력 등이 필요하다고 하겠다.

3) 집중화전략

집중화전략은 전체 시장을 대상으로 하는 경쟁기업보다 시장세분화에 입각한 좁은 의미의 시장에 집중하는 것으로, 차별화나 저가격정책 어느 것이든 고객의 욕구만족과 기업의 핵심역량에 초점을 둔 전략이다. 서비스기업이 집중화전략을 성공하기 위해 취한 3단계 전략으로는 고객들이 원하는 핵심 서비스를 설계하고 이에 맞는 시장을 세분화하며, 둘째, 서비스 가치에 적합한 고객을 분류 정의하며 셋째, 서비스에 대한 고객들의 적정 기대수준을 결정한다.

3. 서비스 상품의 설계

대부분의 서비스는 무형의 서비스와 유형의 재화와의 묶음 즉, 서비스 꾸러미로 제공된다. 예를 들면 택시 서비스는 승객을 목적지까지 데려다 주는 무형의 서비스를 제공하지만 택시라고 하는 유형의 촉진재화(facilitating goods)에 의해 전달되는 것이다. 마찬가지로 전화회사도 통신서비스를 제공하기 위해 전화기, 전화선 및 각종 장비와 같은 촉진재화를 사용한다. 따라서 서비스 상품은 다음과 같은 재화와 서비스의 꾸러미를 구성되는 것으로 정의할 수 있다.

① 물리적 항목 또는 촉진재화(예를 들면, 레스토랑의 경우, 설비, 음식, 냅킨 등)
② 감각적 혜택 또는 명시적 서비스(음식의 맛과 냄새, 웨이터 서비스 등)
③ 심리적 혜택 또는 내재적 서비스(안락감, 지위감, 편안함 등)

서비스 상품의 설계에 있어서는 서비스 꾸러미의 항목을 적절하게 정의하는 것이 중요하다. 즉, 세 가지 요소의 적절한 믹스가 제공되어야 한다. 서비스 상품은 고객의 기대를 잘 파악하여 설계되어야 한다. 예를 들면, 레스토랑의 경우 고객은 최상의 요리보다는 오히려 레스토랑의 분위기에 더 기대를 가질 수도 있다. 따라서 서비스 상품은 고객의 진정한 기대를 충족시킬 수 있도록 세심하게 설계되어야 한다. 촉진재화를 너무 강조하다 보면 서비스가 소홀해 질 수 있고 반대로 서비스를 너무 강조하다 보면 촉진재화가 소홀해질 수 있다.

또한 서비스 표준의 명시도 서비스상품의 설계에 매우 중요하다. 서비스 표준은 종업원훈련, 품질관리, 경영성과의 측정에 사용될 수 있도록 서비스 꾸러미의 각 속성에 대해 구체적이고 측정 가능하도록 정의되어야 한다.

제품에 대한 보증과 마찬가지로 서비스상품에 대해서도 보증이 필요하다. 서비스 보증이란 고객이 제공된 서비스에 만족하지 못하면 환불을 해주는 것을 말한다. 서비스 보증은 고객 충성도를 높이고 서비스 생산활동의 성과표준을 명확하게 정의해 주는 효과가 있다.

4. 서비스산업의 입지 및 설비배치

서비스산업은 공장입지와는 달리 고객과의 접촉이 가능한 곳에 위치하여야 한다. 즉, 서비스산업의 입지에서는 설비를 찾아오는 고객의 교통부담 등이 중요한 문제가 된다.

또한 서비스산업의 입지를 결정하는 데 있어서 수요량이 중요한 고려요소가 될 수 있다. 백화점의 경우, 수요는 예상판매액으로 추정될 수 있는 반면에 휴양지에 대해서는 연간 예상방문객의 수가 수요가 될 것이다. 어쨌든, 장래 입지의 가능성이 있는 곳에 대하여 수요예측이 실시되어져야 한다.

서비스산업의 경우에 경쟁업체의 입지에 따라 수익이 영향을 받는다. 서비스업종에 따라서는 경쟁업체를 피해 입지를 선택하는 것이 유리한 경우도 있고, 경쟁업체와 함께 입지하는 것이 유리한 경우도 있다. 일반적으로는 경쟁업체가 이미 확고하게 자리를 잡은 입지는 피하는 것이 좋다. 하지만 중고차매매센터, 전자제품·조명기구·공구 등의 전문상가, 식당가 등과 같이 여러 경쟁업체들이 함께 모여 있으면 흩어져 있는 것보다 더 많은 고객을 끌어들일 수 있는 경우에는 경쟁업체와 함께 입지하는 것이 바람직하다고 하겠다.

한편, 소매업의 경우에는 해당 입지의 상업 활동의 정도, 거주밀도, 교통흐름 및 가시도도 고려해야 한다. 구매자들은 충동에 의해 구매하는 경우가 있기 때문에 해당 지역의 상업 활동의 정도는 중요하다. 교통흐름과 관련해서는 교통정체, 교통량, 교통흐름의 방향, 교통신호, 교차로, 교통 중심지 등을 고려하고 가시도와 관련해서는 도로에서 떨어진 정도, 인근 건물들의 크기와 간판 등을 고려해야 한다. 높은 거주밀도는 야간이나 주말의 이익을 증대시킨다.

이외에도 서비스산업의 위치에 영향을 미치는 다른 무형적인 요소들로는 경쟁관계, 입지의 심미적인 질 등이 포함된다.

서비스산업의 설비배치 목적은 고객이 빨리 서비스를 받고 나갈 수 있도록 함으로써 서비스 설비에 의해 산출되는 이익을 최대화하거나 또는 조직의 다른 부문들이 최대 이익을 낼 수 있도록 지원하는 데 있다. 기본적으로 서비스산업의 설비배치는 고객이 기대하는 서비스의 속도, 인적 접촉 및 분위기를 충족시킬 수 있도록 설계되어야 하는데 다음과 같은 두 가지 형태로 나타난다.

① 고객이 빠른 서비스를 원하는 서비스산업에서는 설비배치의 목적을 서비스 산출량의 최대화에 둔다. 즉, 고객이 빨리 서비스를 받고 시스템을 나갈 수 있도록 설비배치를 하여야 한다. 예를 들면, 패스트푸드점, 징병 신체검사, 카페테리아 라인 등이며, 이 경우에는 제품별 배치가 적합하다.

② 어떤 서비스산업에서는 판매기회를 최대화하기 위하여 고객을 어떤 목표시

간 동안 산업 내에 붙잡아 둘 수 있도록 설비배치를 한다. 백화점의 경우가 대표적이며, 이때는 공정별 배치가 적합하다. 예를 들면, 백화점에서는 층별로 또는 구역별로 비슷한 품목의 매장을 모아서 배치함으로써 고객이 편리하게 상품을 구입할 수 있도록 한다.

5. 서비스설계의 새로운 접근법

서비스의 설계 및 전달에 대한 새로운 접근법으로서 맥도널드 햄버거 체인에서 채택하고 있는 생산라인적 접근법과 은행의 ATM(automatic teller machine)이나 주유소에서의 셀프서비스 접근법이 있다.

1) 생산라인적 접근법

서비스설계의 생산라인적 접근법은 서비스를 표준화하고 서비스공정을 제조공정과 같이 생각함으로써 서비스를 보다 효율적으로 전달하자는 개념으로서 맥도널드 햄버거사에 처음으로 개발되었다. 또한 이 접근법에서는 비용절감과 표준화가 이루어질 수 있도록 서비스 전달의 여러 단계가 자동화된다.

맥도널드는 패스트푸드의 제공을 서비스공정이라기 보다는 제조공정과 같이 취급하며, 제조와 마찬가지로 효율적인 생산을 지향한다. 맥도널드는 깨끗하고, 잘 정돈되어 있고, 친절한 분위기에서 일정하고 높은 품질의 패스트푸드를 신속하게 전달한다. 기술을 세심하게 계획하여 이용하고, 체계적으로 사람을 장비로 대체함으로써 맥도널드는 패스트푸드산업에서 경쟁우위를 점하고 있다. 예를 들면, 프렌치 프라이는 한 번에 미리 정해진 최적량만 튀겨내며, 주문량에 꼭맞게 정확한 양의 프렌치 프라이를 집을 수 있도록 주둥이가 넓은 특수한 삽을 개발하여 사용하고 있다. 맥도널드의 모든 식품재료는 일관성을 유지하도록 세심하게 규정된다. 레스토랑을 청소하는 절차까지도 규정되어 있다. 이 모든 것은 서비스를 표준화하고 효율적으로 전달하기 위한 것이다.

2) 셀프서비스 접근법

셀프서비스 접근법은 서비스의 생산에 고객이 보다 큰 역할을 담당하게 함으로써 서비스공정을 향상시킬 수 있다는 개념이다. 은행의 ATM, 셀프서비스 주유소, 샐러드 바 등은 고객에게 서비스 부담을 지우는 접근법이다. 대다수의 고객은 자기 스스로 서비스를 통제할 수 있기 때문에 셀프서비스를 선호한다. 또한 셀프서비스는 가격, 속도, 편리함의 측면에서 고객에게 이롭기 때문에 서비스기업은 셀프서비스 접근법을 판매촉진의 한 수단으로 사용하기도 한다.

연 습 문 제

1. 서비스설계의 생산라인적 접근법의 예를 들어 설명하시오.

2. 우리나라 서비스기업의 우선적인 경쟁수단의 몇 가지 예를 들어 보시오.

3. 서비스산업의 입지를 결정할 때 고려하여야 할 요소는 무엇인가?

4. Chase 서비스분류에 대하여 간략하게 설명하시오.

Chapter

14

공급사슬관리

1. 공급사슬관리(SCM: supply chain management)의 개념
2. 공급사슬의 정의
3. SCM과 타 기법과의 연관성
4. SCM의 구성
5. 황소채찍(Bullwhip)효과와 지연(Postponement)전략
6. 제품과 공급사슬 설계의 조정
7. 공급사슬 성과측정과 SCOR모델
8. 공급사슬 제휴

오늘날과 같은 치열한 글로벌경쟁 환경 하에서는 핵심역량의 공유를 통한 강한 경쟁력을 지닌 기업만이 생존할 수 있는 상황이다. 공급사슬관리(SCM: supply chain management)는 이러한 차원에서 제조업체와 공급업체 및 고객 등이 마치 사슬처럼 엮여져 서로 긴밀한 협조체제를 이루어 공동 운명체를 형성하는 새로운 패러다임의 창조인 것이다. 기존에는 제조업체가 주도권을 잡고 공급업체들과의 관계가 일방적이었으나, 세계시장에서의 경쟁이라는 개념에서 보았을 때, 가능한 한 적은 비용으로 세계최고 수준의 제품을 만들어 내지 않으면 안 되기 때문에 이제 개별 회사 간의 경쟁이 아니라 공급사슬 간의 경쟁이 불가피하게 되었다.

1. 공급사슬관리(SCM: supply chain management)의 개념

경쟁력을 키우기 위해서는 제조업체, 공급업체, 고객 등이 혼연일체가 되어 비용을 절약하고 기술력의 향상 등 강한 경쟁력을 확보해야만 살아남을 수 있다. 예컨대 공급자 중심의 시장에서는 제조업체의 편의주의적인 발상에서 모든 거래가 이루어지게 되어, 적기 생산 및 제품의 납기를 맞추기 위해 제조업체는 물품 공급업체에게 충분한 물량의 공급을 강요하는 경우가 일반적이다. 공급업체에서는 많이 팔면 좋지만 문제는 공급한 물품의 결제는 물품이 사용되는 시점을 기준으로 하기 때문에 자금 수급에 막대한 차질을 빚게 된다는 것이다. 이러한 상황에서 공급업체들은 만성적인 자금난에 허덕일 수밖에 없으며 전체적으로 보면 심각한 자원의 낭비를 초래케 하고 이는 경쟁력을 떨어뜨리는 원인으로 지적되고 있다.

공급사슬관리는 이와 같이 불합리한 요소를 시스템적으로 철저히 배격하자는 개념이다. 예를 들면, 제조업체의 가장 큰 골칫거리중 하나인 과잉재고의 경우 제조업체, 공급업체, 고객 등이 서로의 정보를 투명하게 볼 수 있다면 간단히 문제가 해결될 수 있다. 즉, 공급업체가 제조업체의 생산현황을 투명하게 볼 수 있다면 적기에 적량을 납품할 수 있어서 과잉생산으로 인한 과잉재고에 대한 문제에 대하여 더 이상 우려를 하지 않아도 된다. 제조업체 역시 고객의 정보를 마치 자기회사 시스템에서 검색하듯이 활용할 수 있다면 필요이상의 생산을 할 필요가 없게 된다. 이와 같이 공급사슬 상에 존재하고 있는 기업군은 서로 자기 회사의 정보를 투명하게 공개하고, 상대 회사는 이러한 정보에 의거하여 자재 및 제품의 생산이나 납품계획을 수립하고 재고를 최소화시키게 된다.

과거 1980년대에는 기업의 업무형태가 기능중심이던 것이 1990년대에는 프로세스 중심으로, 그리고 최근 2000년부터는 공급사슬(Supply Chain)중심으로 변화하고 있다([그림 14.1] 참조).

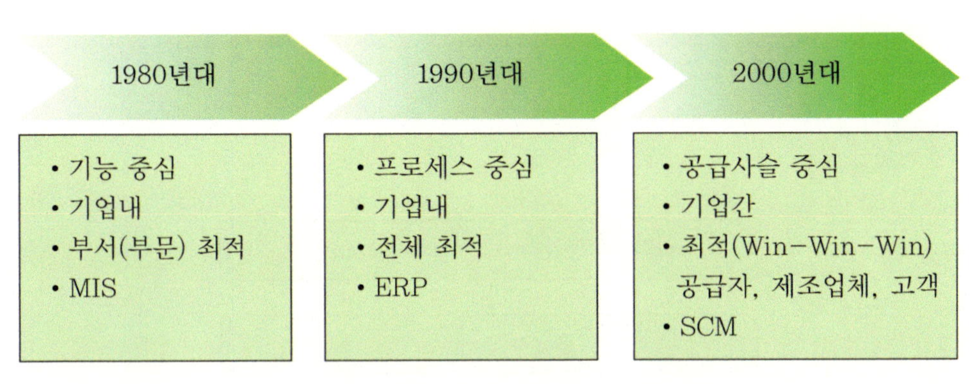

그림 14.1 기업 업무형태의 변화

1980년대 후반 미국을 중심으로 전개된 경영혁신운동인 BPR(Business Process Reengineering)의 추진성과가 저조한 경우가 많이 발생하였는데, 정작 BPR에 의하여 경영혁신을 해 놓으면 회사가 제대로 돌아가지 않는 엉뚱한 결과를 낳았던 것이다. 이것은 경영혁신의 결과를 정보기술이 뒷받침하지 않았기 때문으로 지적되고 있다.

이와 같은 BPR 사상을 토대로 첨단 정보기술을 활용하여 패키지로 구현한 것이 전사적 자원관리(ERP: Enterprise Resource Planning)인데, 이는 BPR을 실천적으로 실현하는 수단으로서 대단히 효과적이라 할 수 있다. 또한 ERP는 표준화를 추구하며 기업 내의 통합을 통하여 경영효율화를 촉진하는 수단으로써 기업 또는 그룹(자회사 포함)내에서 고밀도의 업무를 제휴하여 실시간 처리를 실현하게 된다. 거대한 데이터베이스에 기본 업무의 모든 데이터가 통합되어 실시간으로 제휴할 수 있도록 되어 있다.

ERP는 기업 내 또는 그룹 내의 프로세스 중심의 제휴를 실행하지만 보다 뛰어난 생산성, 최대의 고객만족을 실천하기 위해서는 기업의 틀을 과감히 뛰어넘어 고객 위주의 업무 프로세스를 실현해 가지 않으면 안 된다.

그러나 ERP에서 이것을 기대하는 것은 무리가 있다. 왜냐하면 업종, 업태, 규모,

역사, 토양, 문화 등이 제각기 다른 기업들이 동일 ERP로 통합된다는 것은 매우 비현실적이기 때문이다. 업무 프로세스 통합의 궁극적인 목표는 [그림 14.2]와 같이 자사(제조업체)를 중심으로 거래처의 고객, 공급자의 공급자까지 기업의 틀을 뛰어넘어 통합하는 것이다.

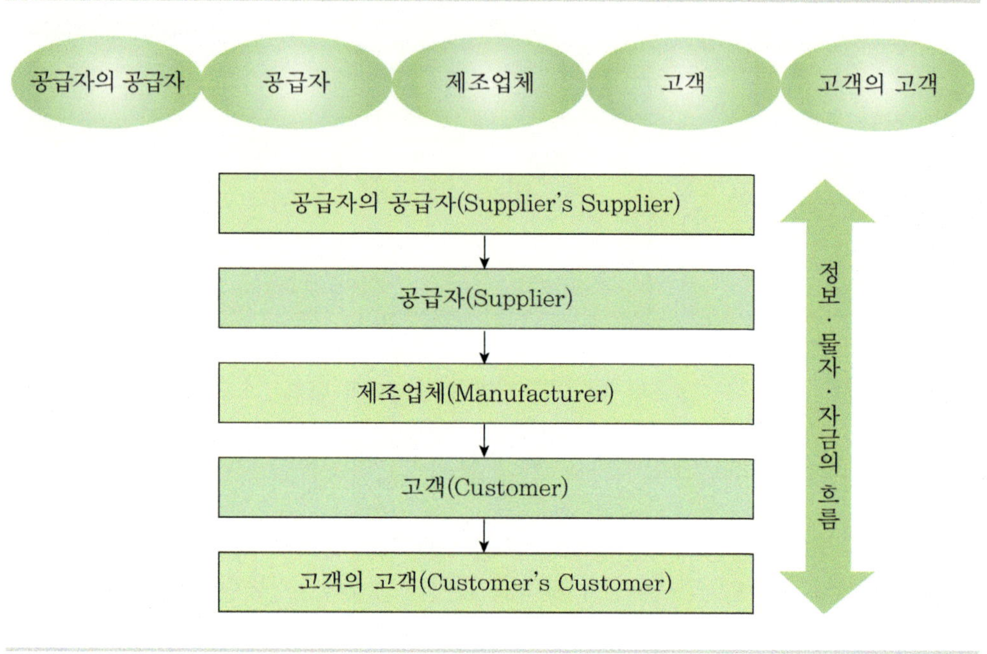

| 그림 14.2 | 공급사슬(supply chain)

공급사슬(Supply Chain)이라는 용어는 비교적 최근에 등장한 개념인데, 그 개념은 수주, 생산, 판매, 구매, 재고, 배송, 고객관리 등이 공급사슬에 통합적으로 운영되어야 한다는 것이다. 공급사슬은 크게 기본적 원료를 공급하는 공급단계, 상품이나 서비스를 만들어 내고 조립하며 변환하는 기능의 생산단계, 최종 상품을 생산자로부터 창고나 물류센터에 운송하고 고객이 요청할 때 적당한 양을 공급해주는 유통단계로 나눌 수 있다.

ERP가 기업 내 전사적 자원의 효율적인 활용을 위한 최적의 시스템이라고 한다면, SCM은 이보다 넓은 개념으로 기업과 기업간의 자원, 정보, 자금 등을 통합 관리하여 이해관계에 있는 모든 기업들의 최적화를 도모하는데 주목적이 있다.

다시 말해서 SCM은 물품의 공급자에서부터 고객에 이르기까지 거래와 관련하여 발생된 정보, 자원, 자금 등의 흐름을 총체적인 관점에서 각 기업간의 인터페이스를 통합하고 관리함으로써 효율성을 극대화하는 전략적 기법이다.

SCM은 21세기를 향한 최고의 비즈니스 프랙티스(Business Practice : 사고방식, 기법)로서 미국의 많은 문헌에 거론되고 있다. 그러나 SCM이 어느 날 갑자기 등장한 것은 아니며, 다양한 베스트 프랙티스나 정보기술이 진보되고 융합되면서 하나의 커다란 개념으로 통합된 것이다([그림 14.3] 참조).

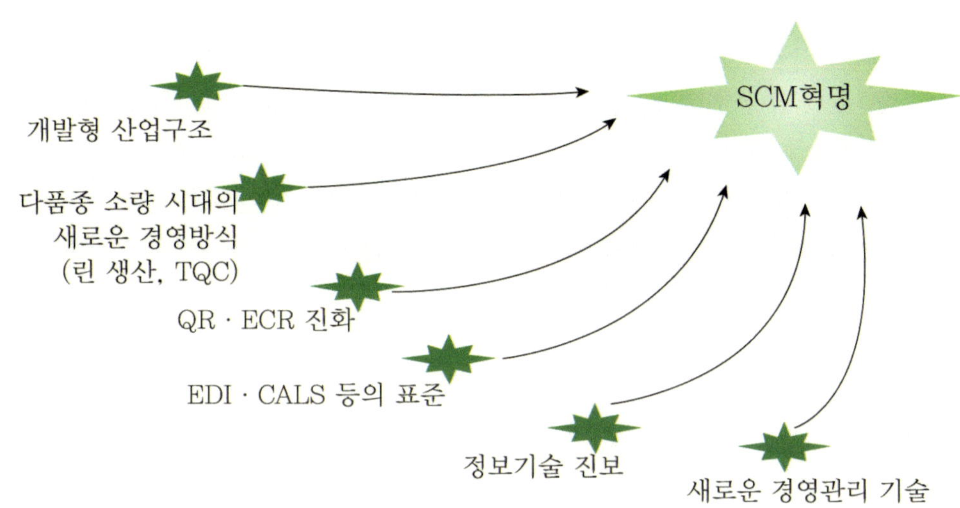

| 그림 14.3 | SCM의 등장배경

SCM은 다음 5가지의 과정을 통해서 융합되었다고 볼 수 있다.

① 정보 기술의 혁명적 진보

② 정보기술의 진보에 따른 경영관리 기술의 발전

③ 다품종 소량생산 시대의 새로운 경영방식에 따른 개념의 등장

④ EDI, CALS 등의 표준화 진전

⑤ 유통업계의 QR(Quick Response), ECR(Efficient Consumer Response)의 진화

2. 공급사슬의 정의

공급사슬관리(SCM: supply chain management)이란 용어는 본래 1980년대 초에 컨설턴트에 의해 소개되었다. 기본적으로 공급사슬관리는 공급사슬의 가치를 극대화하기 위한 통합적 노력이라고 할 수 있다. 공급사슬관리에 대한 정의를 살펴보면 다음과 같다.

① SCM이란 최종사용자로부터 최초공급업체 : 즉, 고객 및 다른 이해관계자들에게 가치를 부가해 주는 제품과 서비스 및 정보를 제공하는 공급업체 - 에 이르는 핵심 비즈니스 프로세스의 통합과정을 의미한다(Lambert 등, 2005).

② SCM은 소싱과 조달과 관련된 모든 활동, 변환 프로세스, 그리고 모든 물류관리활동을 계획하고 관리하는 것을 포함한다. 보다 중요한 것은 공급업체나 중간유통업체 혹은 제3의 서비스제공업체와 같은 채널 파트너와의 조정과 협력도 포함한다는 것이다. 본질적으로 SCM은 기업간의 공급과 수요관리를 통합하는 노력이다(CSMP, 2005).

③ SCM은 원자재를 조달해서 생산하여 고객에게 제품과 서비스를 제공하기 위한 프로세스 지향적이고 통합된 접근 방법이다(Peter, 1998).

④ 공급사슬(Supply Chain)은 첫째로 최초의 원재료에서 최종적인 완제품의 소비에 이르기까지 공급자-사용기업간을 연계시키는 과정이다. 둘째로, 제품을 생산하고 고객에게 서비스를 제공하여 가치체인(Value Chain)을 용이하게 하는 기업 내·외부의 기능이다. SCM은 이러한 공급사슬 활동을 계획하고 편성하며 통제하는 것이다(APICS, 1998).

⑤ SCM은 ERP를 근간으로 하여 전략적 의사결정을 도울 수 있도록 각 공급사슬과 접점을 이루는 부문에서 계획을 수립하는 시스템이다(Gartner Group).

⑥ SCM의 핵심 아이디어는 원자재 공급업체로부터 공장과 창고를 경유하여 최종고객에 이르는 정보와 자재 및 서비스의 흐름을 관리하기 위해서 총체적 시스템접근방법을 적용하는 것이다. 궁극적으로 총시스템비용의 감소와 서비스수준 향상을 추구하며, 변화노력의 혜택이 공급사슬 참가자들 사이에 공유될 수 있도록 노력하는 개념이다(Hill, 2003).

SCM과 관련성이 높은 개념으로는 물류관리(logistics management)가 있다. 물류관리란 최초 공급업체로부터 최종고객에 이르기까지 제품과 서비스 및 관련정보의 효율적이고 효과적인 흐름과 저장을 계획하고 실행하며 통제하는 것에 초점을 둔다. 즉, 공급사슬 전체의 가치극대화보다는 단순한 물적인 흐름의 최적화에 초점을 맞추는 것이다. 따라서 물류관리는 SCM의 한 부분이라고 볼 수 있다.

그 외에 SCM과 관련된 개념으로는 단순히 제조업체 내의 변환과정, 즉 원자재 유입부터 가공 및 조립과정을 거쳐서 완제품을 출하하기까지의 물적인 흐름을 관리하는 자재관리(materials management)와 완성품을 유통업체를 통해 최종고객에게 전달하기까지의 물적 흐름을 관리하는 물적 유통관리(physical distribution management) 등이 있다.

3. SCM전략 결정요소

공급사슬이 추구하는 목표를 달성하기 위해 필요한 전략적 접근노력은 공급사슬이 최종고객에게 제공하게 되는 제품의 특성 즉, 공급사슬이 제공하는 최종제품이 가지는 제품수명주기상의 위치에 따라서 달라지며, 최종제품이 가지는 구조적 복잡성의 정도에 따라서도 달라지게 된다. 이러한 제품의 특성은 공급사슬의 유형에 따라서 적합성의 정도가 높아지거나 낮아지게 된다. SCM전략의 접근방법을 결정하기 위해 고려해야 하는 요소들은 다음과 같다(Cigolini 등, 2004).

1) 제품수명주기상의 위치

시장에서의 제품의 수명은 통상 도입기－성장기－성숙기－쇠퇴기의 단계를 거치게 된다. 도입기와 쇠퇴기에 속하는 제품의 경우는 관리자가 취하는 의사결정의 방향이 반대이더라도 공급사슬 시스템이 본질적으로 동일한 탄력성과 속도를 필요로 하기 때문에 같은 범주로 묶어서 생각해 볼 수 있다. 식품이나 자동차와 같이 제품이 성숙기에 위치하는 경우는 수요의 예측가능성이 높고, SKU(stock keeping unit)별 매출규모가 크며, 동일한 제품을 몇 년간이나 정상가격으로 판매할 수 있다. 따라서 이 경우 관리자는 기존 제품에 관한 신뢰성 높은 데이터를 풍부하게 가질 수 있게 되며, 새로운 제품의 개발이 제한적으로 이뤄지기 때문에 이를 관리하기도 용이하게 된다.

반면에 패션의류와 베스트셀러 도서 등과 같이 성숙기를 거치지 않고 도입기에서 바로 쇠퇴기로 넘어가는 제품들도 있다. 이 경우 변덕스러운 시장 추세를 따라

잡으려면 공급사슬의 대응능력이 매우 높아져야 한다. SKU별 매출규모가 낮고 제한된 기간에만 정상가격을 받을 수 있기 때문에 매장에 재고를 유지하는 것은 매우 위험성이 높다. 반면에 판매마진이 크고 충동적 구매가 빈번하게 일어나기 때문에 고객 가까이에 많은 재고를 두고 싶은 욕망도 발생하게 된다. 이러한 두 가지 상반된 특성은 재고관리계획을 수립하는 데에 많은 어려움을 겪게 된다.

2) 제품의 구조적 복잡성

제품구조의 복잡성은 BOM(Bills of Material)상에 명시된 최종제품생산에 필요한 부품과 부분품 및 결합단계의 수로 나타나게 되며, 관리하고 조정해야 할 제조프로세스, 공급업체 및 기술의 수를 결정하게 된다. 따라서 제품의 복잡성이 높을수록 조달과 제조에 따르는 관리적 측면의 어려움이 높아지게 된다. 예를 들어 자동차와 같이 내부적으로 복잡성이 높은 경우는 전통적으로 공급사슬의 상류흐름, 즉 제품설계, 구성부품의 제조 및 조립활동의 개선에 초점이 맞추어지고 있다. 반면에 내부구조가 단순한 시품의 공급사슬에 대해서는 전통적으로 물적유통의 개선에 중점적인 개선노력이 두어지고 있다.

3) 공급사슬 유형

공급사슬의 전략을 결정하게 되는 마지막 요소는 공급사슬의 유형이다. 공급사슬의 유형은 다음의 〈표 14.1〉에 나타낸 바와 같이 효율적 사슬, 신속대응사슬 및 린 사슬의 세 가지로 구분해 볼 수 있다.

표 14.1 | 공급사슬 유형

특 징	효율적 사슬	린(Lean) 사슬	신속대응사슬
고정비용에 대한 변동비용의 비율	낮음	중간	높음
제조유연성	낮음	중간	높음
가격에 대한 수요탄력성	높음	중간	낮음
주요 경쟁수단	가격	제품, 가격, 시간, 서비스	제품, 시간

① **효율적 사슬**(efficient chain) : 효율적 사슬은 식품과 같이 대량으로 판매되는 제품들을 주요 대상으로 한다. 제품흐름의 안정성이 높기 때문에 대규모

의 자본집약적인 설비투자가 이루어지게 되며, 개선의 초점은 제품의 혁신보다는 생산운영 프로세스에 맞추게 된다. 가격에 대한 수요탄력성이 매우 높고, 수요가 안정적이기 때문에 경쟁이 치열하다. 결과적으로 이러한 형태의 공급사슬은 통상 높은 효율성과 낮은 이익마진을 가지게 된다.

② **신속대응 사슬(quick chain)** : 신속대응 사슬은 패션의류와 같이 수요예측이 어려운 제품을 대상으로 한다. 주로 제품가격보다는 제품혁신을 바탕으로 경쟁하기 때문에 높은 수준의 제조유연성을 추구하게 된다. 따라서 제조시스템에 대한 투자는 고정비용에 대한 변동비용의 비율이 높은 특징을 가지게 된다. 수요패턴에 대한 제품혁신의 결과를 활용하는 것에 중점을 두기 때문에 패션지배적인 제품혁신과 기술지배적인 제품혁신이 동시에 다뤄지게 되고, 그 결과 제품판매의 예측이 어려워지게 된다.

③ **린 사슬(lean chain)** : 린 사슬은 자동차와 같이 중간적인 특성을 가지는 제품을 대상으로 한다. 제품의 가격이나 혁신성만을 위주로 경쟁하기 보다는 제품가격, 혁신성, 품질 및 고객서비스 등의 다양한 특성을 동시적으로 고려하게 되며, 내부구조가 복잡한 제품을 시장에 소개하게 된다.

4. SCM전략 상황모델

공급사슬 전략을 결정하는 세 가지 요소의 적합한 조합의 형태는 무엇일까? 다음의 〈표 14.2〉에는 7가지 산업부문 및 SCM 특성을 연구한 자료를 바탕으로 3가

| 표 14.2 | 수요유형 : 지배적인 제품수명주기상의 위치

공급사슬 유형	도입기/쇠퇴기	성장기	성숙기	
			복잡한 구조	단순한 구조
효율적 사슬				A(식품, 의약품, 기본의류, 고전도서)
린 사슬		C(컴퓨터)	B(백색가전, 자동차)	
신속대응 사슬	D(패션의류, 도서출판, 베스트셀러도서)			

지 결정요소의 바람직한 조합을 나타내는 SCM 전략 상황모델을 제시하고 있다(Cigolini 등, 2004).

1) 성숙기의 단순한 구조제품 - 효율적 사슬

결정요소의 '조합 A'는 식품, 의약품, 고전도서 및 기본의류 산업부문과 같이 성숙기에 위치한 단순한 구조의 제품으로 경쟁하는 공급사슬에 적합한 형태이다. 공급사슬 전략의 초점은 물적 유통체계의 효율성과 효과성을 향상시키기 위해서 연속적인 보충에 초점을 맞추게 된다. 지속적인 보충체계를 갖추게 되면 소매점의 재고회전율을 높일 수 있게 되며 결과적으로 생산업체의 판매도 증가시키게 된다.

지속적인 보충이 가능해지기 위해서는 유통네트워크의 구조적인 변경이 뒷받침되어야 한다. 배달 리드타임을 줄이고 물류경로에 존재하는 안전재고를 제거시키기 위해서 크로스 도킹(cross docking)을 도입하거나 자동화된 창고관리시스템의 도입이 필요하게 된다. 상대적인 자본투자의 요구가 큰 것은 이 때문이다. 수요의 안전성과 긴 제품수명주기를 가지기 때문에 고객서비스 수준을 높게 유지할 수 있으며, 이것은 경쟁을 위한 전제조건이 되기도 한다.

2) 성숙기의 복잡한 구조제품 - 린 사슬

결정요소의 '조합 B'는 백색가전이나 자동차산업부문과 같이 성숙기에 위치한 복잡한 구조의 제품으로 경쟁하는 공급사슬에 적합한 형태이다. 공급사슬 개선의 초점은 사슬의 상류흐름, 즉 최종조립과 구성부품 공급영역에 두어지게 된다. 제품구조의 복잡성을 개선하기 위해 설계측면의 향상노력을 중요하게 고려하게 된다. 제품구조의 단순화는 비용의 감축과 물류시스템의 단순화를 가져올 수 있는 효과적인 수단이 되기 때문이다. 따라서 1차 공급업체와 제조업체 간의 파트너십 구축을 통한 공동설계방식의 추구가 효율적일 수 있다.

설계측면의 개선노력과 구성부품과 하위부품의 효율적인 공급체계를 갖추는 것도 중요하다. JIT공급방식과 같이 제조업체의 요구에 부응하여 필요한 수량의 신뢰성 높은 구성부품을 신속하게 공급할 수 있도록 상류흐름의 배달체계를 개선하는 노력이 뒷받침되어야 한다.

3) 성장기의 복잡한 구조제품 - 린 사슬

결정요소의 '조합 C'는 컴퓨터와 같이 성장기에 위치한 복잡한 구조의 제품으로 경쟁하는 공급사슬에 적합한 형태이다. 기본적으로 공급사슬 개선의 초점은 '조합 B'와 같이 사슬의 상류흐름에 두어지며, 제품설계측면의 개선노력에 두어지게 된다. 이러한 유사성은 두 조합 모두 복잡한 제품구조를 대상으로 하기 때문이라고 할 수 있다. 그러나 '조합 C'는 수명주기가 짧은 제품을 대상으로 하기 때문에 사슬 내에 기존의 제품을 제거하고 신제품을 신속하게 공급하기 위해서 사슬흐름 시간을 줄이기 위한 노력에 보다 중점을 두게 된다. 이익마진이 적은 것도 이러한 단축 노력의 중요성을 강조하게 되는 요소가 된다. 판매기회상실비용과 진부화비용을 줄이기 위해서는 사슬 내의 정보흐름과 공급흐름의 가속화가 필수적으로 요구되기 때문이다.

일례로 HP는 이러한 이유로 유통관리 접근방식을 대폭 바꾼 바가 있다. 월단위 MPS(Master Production Schedule)로는 주단위 혹은 일단위로 변화하는 고객수요에 대응하기 어려웠기 때문에 주단위 DRP(Distribution Requirement Planing)를 도입하였다. 그 결과 고객수요에 부응할 수 있는 제품유용성의 수준을 높여서 경쟁력을 높이는 결과를 거두고 있다.

4) 도입/쇠퇴기의 단순한 구조제품 - 신속대응사슬

결정요소의 '조합 D'는 패션의류, 도서출판, 베스트셀러도서와 같이 주로 도입기와 쇠퇴기만을 거치게 되는 단순구조제품의 공급사슬에 적합한 형태이다. 다른 공급사슬에 비해 상대적으로 공급사슬 개선을 위한 노력이 적은 특징을 가지고 있다. 매우 짧은 수명주기와 수요의 불안전성 때문에 개선을 위한 접근노력이 제한적일 수밖에 없기 때문일 것이다. 그럼에도 불구하고 제조업체와 주요 유통업체 간에는 수요예측의 필요성을 줄이고, 사슬의 효율성과 효과성을 높이기 위한 수단으로서 연속적인 보충프로그램의 도입이 이루어지고 있다. 이를 통해서 판매시즌에 판매자료를 조기에 활용할 수 있게 되며, 결과적으로 판매기회의 상실과 재고비용 및 할인의 폭을 줄이는 효과도 거둘 수 있게 된다.

5. SCM과 타 기법과의 연관성

1970년대 MRP(Material Requirements Planning)와 1980년대 MRP II (Manufacturing Resource Planning)가 생산자원을 계획하고 관리하는 종합생산관리시스템으로 등장하였다. 그러나 초기의 MRP 시스템은 확고한 개념의 미정립, 컴퓨터기술의 부족 등으로 인하여 시스템 구현에는 여러 가지 미흡한 점이 많았다. 특히 제조자원의 용량제한을 고려하지 않거나 일정계획의 변동사항을 실시간으로 반영하지 못했기 때문에 실현 불가능한 생산계획을 수립하는 등의 문제점이 있었다.

1980년대에 이르러 다품종 소량생산의 기업형태가 시장을 주도하고 고객 지향의 업무체계가 각광받기 시작하면서 수주관리, 판매관리, 재무관리의 중요성이 대두되기 시작하였다. 그리고 컴퓨터 기술의 발달로 데이터베이스나 통신 네트워크가 사용 가능한 기술로 등장하자 기존 MRP의 문제점을 개선시키면서 재무관리 등 중요 기능을 새로이 포함시켜 확장된 시스템으로서 MRP II가 탄생하게 되었다. MRP II는 제조자원계획이라고 불리는데 시뮬레이션 등 생산 활동의 분석도구가 추가되면서 더욱 지능적인 생산관리 도구로 발전하게 되었다. MRP와 MRP II를 확대 적용해 기업전반에 걸친 모든 경영자원을 통합컴퓨터시스템에 의해 계획적으로 관리, 낭비요소를 없애고 자원의 생산성을 극대화하려는 시도로 전사적 자원관리(ERP, Enterprise Resource Planning) 시스템이 소개되었다. 또한, 기업 업무를 분석하여 효율적으로 재설계하는 과정이 BPR(Business Process Reengineering)인데 이러한 과정을 소프트웨어로 구현하면 ERP 소프트웨어가 된다.

ERP는 생산, 판매, 자재, 인사, 회계 등 기업 전부분에 걸쳐 있는 인력, 자금, 정보 등 모든 경영자원을 하나의 체계로 통합, 계획 및 관리함으로써 기업의 생산성을 높이는 종합경영관리 시스템으로 발전되었다.

ERP 기법에서는 주된 대상이 기업 내부가 되었지만, 경영혁신을 회사 내부에만 국한하지 않고 고객과 협력업체 등 전체를 대상으로 변화를 시킴으로써 성과 개선을 극대화하는 시도로서 SCM 개념으로 발전하게 된다. SCM에서는 모든 업무를 협력회사와 연계해 재설계하고 모기업에서 협력회사의 역량을 개선하는데 주안점을 두어 동반자 관계를 구축하는 한편, 제조유통을 묶어 최종소비자에게 주는 가치와 만족을 극대화하려는 노력을 목적으로 하고 있다.

SCM 전략을 수립함에 있어서 간과하지 말아야 할 것은 EC(Electronic Commerce)와의 연관성에 관한 것이다. SCM은 EC기술, 전략 그리고 전문가 없이는 진행될 수 없다. QR(Quick Response), JIT(Just In Time) 및 VMI (Vendor Managed Inventory)와 같은 산업분야의 SCM 전략은 EC 기술과 EDI 표준 등과 매우 밀접한 관계가 있으며 지속적으로 Web Commerce와도 연관성이 높아지고 있다. 기존 기법들과 SCM의 연관성은 [그림 14.4]에 표시되어 있다.

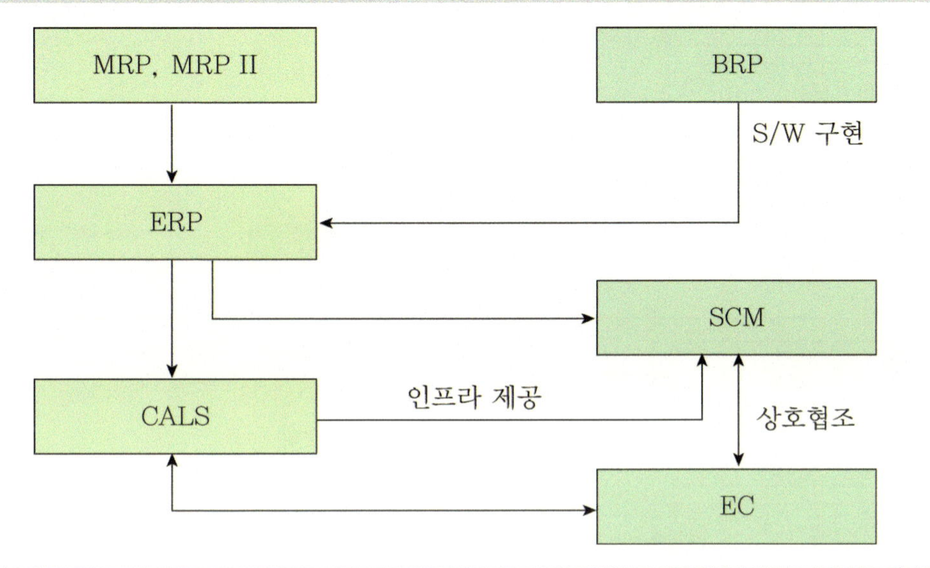

| 그림 14.4 | SCM과 타기법과의 연관성

6. SCM의 구성

1) 공급사슬(Supply Chain)의 흐름

공급사슬관리(Supply Chain Management)는 전체적인 공급망의 효율성을 극대화시켜 고객의 만족도를 높이고 기업의 생산성을 극대화시키는 총체적인 활동인데, 다음의 2가지 기능이 핵심적인 역할을 한다.

(1) 조정

- 기능 간(설계, 생산, 물류 등)
- 조직 간(공급자, 매입자 등)

(2) 사슬에서의 3가지 흐름을 관리

정보, 물자, 자금 3가지 흐름에 초점을 둔 공급망의 흐름을 나타내면 [그림 14.5]와 같다.

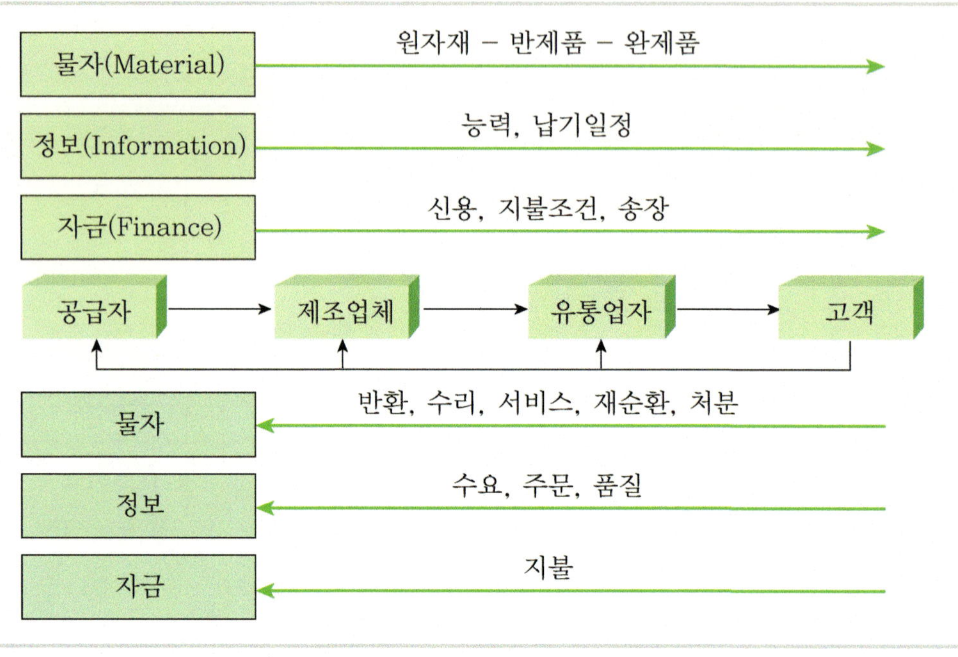

그림 14.5 공급사슬의 흐름

2) SCM의 구조

SCM에 있어서 필요한 기업의 활동들은 그 관심영역에 따라 전략레벨(Strategic Level), 전술레벨(Tactical Level) 및 운영레벨(Operation Level)의 3가지 레벨로 분류할 수 있다([그림 14.6] 참조). 특히 SCM은 이중에서도 최상위 레벨인 전략레벨에 더 초점을 두고 있다. 이들 3가지 레벨은 공급사슬의 의사결정 단계가 된다.

① 전략레벨(Strategic Level)

적어도 1년 이상 수년 동안의 기업 활동에 관련 있는 가장 상위의 레벨이다. 장기간의 고객수요를 바탕으로 한 기업의 전략적 계획이 만들어 진다. 이러한 전략적 계획에는 생산공장의 폐쇄/증설과 같은 기업 네트워크 설계의 변화나 단일 사이트 또는 멀티 사이트에서의 운영 정책 변화(예 : 생산 정책의 변화 등)들이 장기적으로 기업의 공급사슬에 어떠한 영향을 미치는지에 대한 연구가 포함된다.

이 단계에서 결정해야 할 의사결정 문제로는 공급사슬에 발생되는 수요를 충족시키기 위하여 공급사슬상의 어느 곳에 어떤 종류, 규모의 공장, 창고, 물류센터와 같은 시설을 지어야 할 것인지, 공급자의 위치와 개수, 크기, 운송수단 및 선택을 결정하고 파트너와의 협력은 어떻게 할 것인지를 결정하는 단계로서 장기적인 관점과 최고 경영자의 참여가 요구된다.

② 전술레벨(Tactical Level)

일반적으로 몇 개월에 걸친 기간 동안의 기업 활동을 포함하고 있는 레벨이다. 단일 사이트보다는 여러 사이트를 포함하고 있는 지역을 대상으로 하거나 기업전체를 대상으로 하고 있다. 자원의 범위가 단일 기계에서 단일 공장으로 확대가 되고 어느 공장에서 어떤 제품을 생산해야 될 것인가 하는 문제들이 관심분야이다. 자원은 생산 공장의 수처럼 고정될 수도 있지만 노동인력의 크기처럼 고정되지 않을 수도 있다.

③ 운영레벨(Operation Level)

스케쥴링 레벨로 볼 수도 있으며 일반적으로 생산공장, 물류센터와 같은 단일 사이트에서의 단일제품을 대상으로 한 짧은 기간동안의 활동을 포함하고 있다. 이 레벨은 SCM을 위하여 구체적으로 어떤 일을 하는가의 수준이다. 자원과 수요가 고정적인 경우 자원의 할당과 작업의 우선순위 결정 등에 관련된 영역이다.

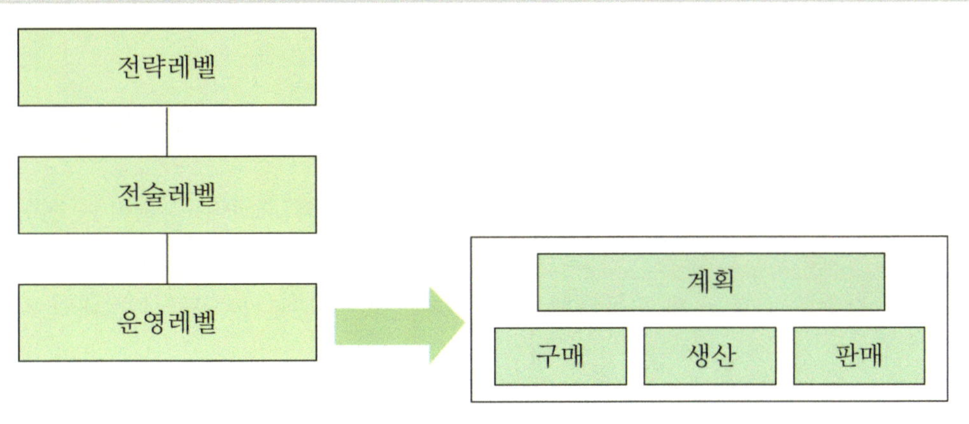

그림 14.6 SCM의 3계층 구조

〈표 14.3〉은 앞서 언급한 공급사슬 관리의 레벨을 요약한 것이다. 〈표 14.3〉과 같이 공급사슬 관리는 관리 목적과 기간, 목적 사이트에 따라 3가지 레벨로 분류할 수 있다.

표 14.3 | 공급사슬관리의 레벨

레 벨	기 간	목적 사이트	솔루션과 방법론	예
전 략	1년 ~	전사적	시뮬레이션	• 각 사이트에서의 운영정책 결정 • 공장 또는 물류센터의 수 결정
전 술	1개월 ~ 12개월	복수공장 또는 단일지역	최적화 및 시뮬레이션	• 각 공장에서의 제품생산 목록 결정 • 각 사이트에서의 자원분배 문제 결정
운 영	1주 ~ 4주	단일공장	최적화	• 제품의 생산 스케쥴 결정

7. 황소채찍(Bullwhip)효과와 지연(Postponement)전략

공급사슬에 있어 주요한 관리원칙은 크게 두 가지이다. 첫 번째는 공급사슬 내 투명성(정보공유)에 초점을 맞춘 것으로 황소채찍효과로 알려져 있는 것과 연관이 있다. 두 번째는, 예측과 함께 생산을 시작하는 것 보다 고객주문을 바탕으로 하는 것인데 이를 지연(postponement)원칙이라 한다.

7.1 황소채찍효과

공급사슬에서 가장 다이나믹한 것의 하나는 황소채찍효과라고 불리는 현상이다. 공급사슬의 맨 앞에 위치한 고객 제품 수요의 조그마한 변화가 공급사슬의 뒤로 가면 갈수록 점점 크게 변동하게 되는 것은 무엇 때문일까? 공급사슬 내의 서로 다른 단계의 회사들은 시장수요의 매우 다른 모습을 맞고 있으며, 이에 따라 공급사슬의 조정이 와해된다. 회사들은 처음에는 제품부족을, 그 후에는 초과 제품공급을 일으키는 식의 행동을 한다.

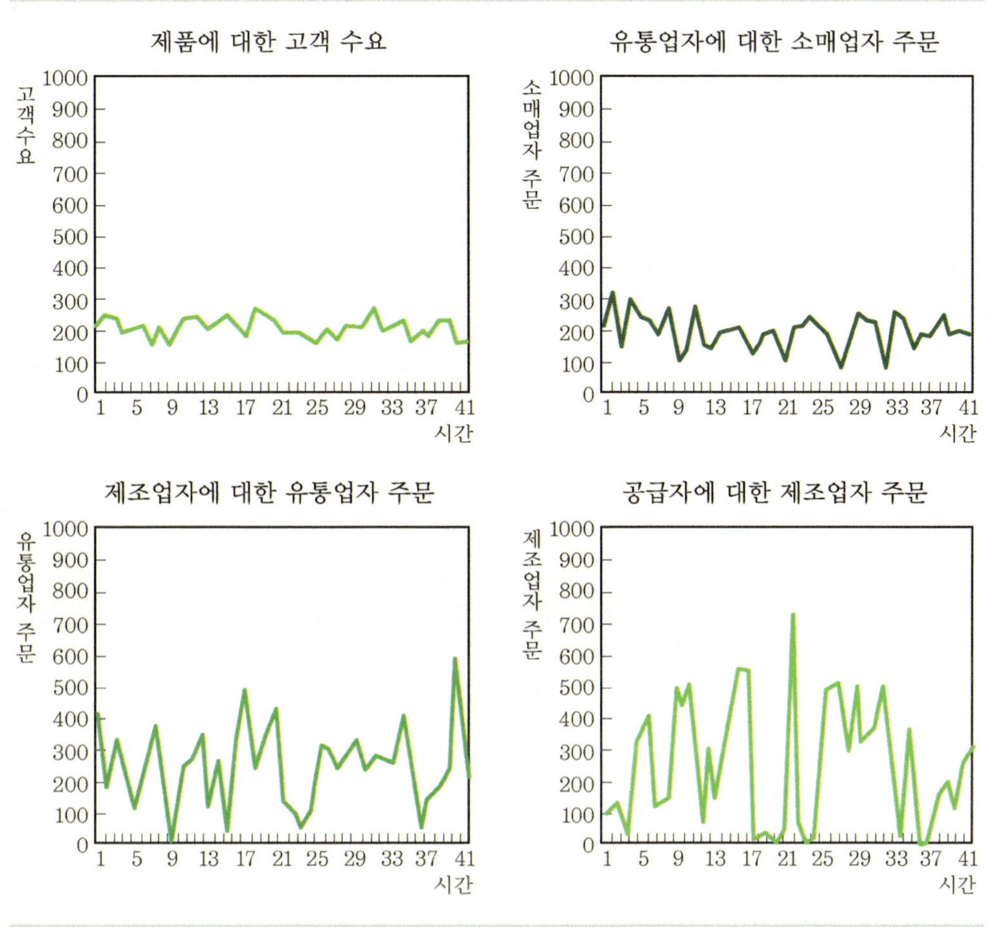

그림 14.7 **황소채찍효과**

1) 공급사슬 내의 조정

황소채찍에 관한 연구를 통하여 이러한 현상을 일으키는 다섯 가지 주요한 요소를 발견하였다. 이러한 요소들은 공급사슬의 활동들을 조정하기 위하여 이해되어야만 한다.

① 수요예측

최종사용자 데이터 대신에 접수된 주문을 기준으로 수요예측을 하는 것은 본질적으로 공급사슬로 이동함에 따라 더욱 더 부정확하게 될 것이다. 최종 사용자와의 연결로부터 제외된 회사들이 그들의 역할을 바로 다음의 고객에 대한 주문을 채우는 것이라고 단순히 생각한다면, 실제 시장 수요와 연결고리를 잃게 될 것이다. 공급사슬 내의 각 회사는 황소채찍효과에 의해 발생되어 그들에게 다가오는 주문의 변동을 보게 된다. 그들이 수요 예측을 하기 위하여 이러한 주문 데이터를 사용할 때 그들은 수요 모양에 더욱 커다란 왜곡을 하게 되며, 이 왜곡은 그들의 공급자에게 주문의 형태로 넘겨진다.

수요 예측에서 이러한 왜곡을 방지하는 한 가지 방법은 공급사슬 내의 모든 회사들이 예측을 할 때 공통된 수요데이터를 공유하는 것이다. 이러한 수요데이터의 가장 정확한 원천은 최종고객과 가장 가까이 있는 공급사슬 구성원이다. 공급사슬 내의 모든 회사들 간에 POS를 공유하는 것은 황소채찍효과를 극복하기 위한 하나의 방안이다.

② Order Batching

배치로 주문하는 것은 회사들이 그들의 주문처리비용과 수송비용을 최소화하는 제품의 양을 주기적으로 주문을 하기 때문에 발생한다. 회사들은 경제적 주문량으로 정해진 로트 량으로 주문하는 경향이 있다. 배치로 주문하기 때문에 이러한 주문은 실제 수요수준과 다르게 되고, 이러한 변동은 공급사슬로 이동함에 따라 커지게 된다.

배치로 주문하는 것에 의해 발생하는 수요왜곡을 처리하는 방안은 주문처리비용과 수송비용을 절감하는 방안을 찾는 것이다. 이는 경제적 주문량 로트 크기를 더욱 작게 하고, 더욱 빈번하게 주문을 하는 결과를 가져다 줄 것이다.

③ 제품 할당

이것은 제조업자가 그들이 생산할 수 있는 것보다 많은 수요에 직면했을 때 그들이 일반적으로 취하는 대응방법이다. 제조업자가 택하는 대표적 할당 접근은 활용가능한 제품의 공급량을 그들이 받은 주문량에 근거해서 할당하는 것이다. 가능한 공급이 받은 주문의 70%라면, 제조업자는 각 주문의 70%만 채우고 나머지는 이월주문으로 처리한다. 이것은 공급사슬 내의 유통업자와 소매업자들이 그들에게 할당될 제품 양을 늘리기 위해서 인위적으로 주문량을 증가하게끔 한다. 이러한 행태는 제품 수요를 크게 과장하게 하는데, 이를 “부족 게임(shortage gaming)”이라 부른다.

이에 대응하기 위한 몇 가지 방안이 있다. 대표적인 방안으로 제조업자들은 그들의 할당 결정을 주어진 유통업자나 소매업자의 현재 주문량이 아닌 과거의 주문 패턴을 기준으로 할 수 있다. 이는 부족게임을 위한 동기의 대부분을 제거시킨다.

④ 제품 가격책정

빈번한 제품가격책정은 제품가격이 변동하게 하고 이는 제품수요의 왜곡을 가져다준다. 만약 특별 세일이 제공되든지 제품가격이 낮아지면 고객으로 하여금 더 많은 제품을 사거나 제품을 미리 사게끔 유도한다. 그 후 가격이 정상수준으로 돌아오면 수요는 떨어지게 된다. 공급사슬을 통해서 제품의 원활한 흐름 대신에 이와 같은 가격변동은 수요의 파동과 효율적으로 처리하기 어려운 제품흐름의 불안정을 가져온다.

이 문제에 대한 답은 일반적으로 “everyday low prices” 개념에 있다. 제품의 최종 고객이 그들이 제품을 구입할 때마다 최저 가격에 구입했다고 믿는다면, 그들은 실제 필요를 기반으로 구매할 것이다. 이는 수요를 예측하기 쉽게 하고 공급사슬 내의 회사들은 더욱 효율적으로 대응할 것이다.

⑤ 성과 인센티브

회사들이 영업사원들에게 매월 또는 매분기 그들이 달성한 판매에 대하여 보상하기 위한 인센티브를 제공하는 것이 일반적이다. 그러므로 월 또는 분기 말이 가까 옴에 따라 판매원들은 할인을 제시하거나 그들의 할당량을 맞추기 위해 제품을 이동시킬 다른 수단을 취한다. 이것은 실제 수요가 아닌 공급사슬로 떠밀게 되는 것이다. 이는 또한 회사 내의 관리자가 회사의 다른 목표와 상충하는 인센티브에 의해 동기부여가 되는 것이 일반적이다.

공급사슬 효율성으로 성과 인센티브를 조정하는 것은 대단히 어려운 일이나 결합비용이 강조되는 정확한 활동기준비용(ABC: activity based costing)의 사용을 통해 어느 정도 해결할 수 있다.

2) 황소채찍효과를 해결하기 위한 방안

① 불확실성의 감소(Reducing uncertainty)

황소채찍효과를 줄이거나 제거하기 위하여 가장 자주 제시되는 것 중의 하나는 수요에 관한 정보를 중앙에 집중시킴으로써 - 즉 공급사슬의 각 단계에 실제 고객

수요에 관한 완전한 정보를 제공함으로써 - 공급사슬전체의 불확실성을 줄이는 것이다. 그러나 각 단계에서 동일한 수요데이터를 사용한다 하더라도 각자의 서로 다른 예측기법과 서로 다른 구매 관습 등은 황소채찍효과를 가지고 올 수 있다.

② 변동의 감소(Reducing variability)

황소채찍효과는 고객 수요과정에서의 본질적인 변동의 감소를 통해서 줄일 수 있다. 예를 들면 소매업자에 의해 보여 지는 고객수요의 변동을 줄일 수 있다면, 황소채찍효과가 발생한다 할지라도 도매업자에 의해 보여 지는 수요의 변동 또한 줄일 수 있을 것이다.

또한 EDLP(everyday low price)를 사용함으로써 고객 수용의 변동을 줄일 수 있다. 소매업자가 EDLP를 사용할 경우, 이것은 정기적 가격 판매촉진의 가격을 제시하기 보다는 한 제품에 대해서 일관된 단일 가격을 제시하는 것이다. 가격 판매촉진을 제거함으로써, 소매업자는 이러한 촉진활동에 따라서 일어나는 수요의 급격한 변동을 제거할 수 있다. 그러므로 EDLP전략은 훨씬 안정된 고객 수요 패턴을 가져다 줄 것이다.

③ 리드타임 감소(Lead-time reduction)

리드타임의 단축은 공급사슬 전반의 황소채찍효과를 상당하게 감소시킨다. 리드타임은 전통적으로 두 가지 요소 즉, 주문리드타임과 정보리드타임으로 구성된다. 주문리드타임은 크로스 도킹의 사용으로 줄어들 수 있고, 정보리드타임은 EDI(electronic data exchange)의 사용을 통해서 줄어들 수 있다.

④ 전략적 파트너십(strategic partnership)

황소채찍효과는 많은 전략적 파트너십에 참여함으로써 제거될 수 있다. 이러한 전략적 파트너십은 공급사슬 내에서 정보가 공유되고 재고가 관리되어지는 방식을 변경시켜 황소채찍효과의 영향을 제거할 수 있다. 예를 들면, VMI(vendor managed inventory)는 제조업체가 소매업자 판매장의 제품재고를 관리하는데, 이렇게 함으로써 어느 정도의 재고를 유지해야 하는지와 매 기간 소매업자에게 얼마나 공급해야 하는지를 결정한다. 그러므로 VMI는 제조업자가 소매업자에 의해 발행된 주문에 의존하지 않게 되고, 따라서 황소채찍효과를 피할 수 있게 된다.

파트너십의 다른 형태도 황소채찍효과를 줄이기 위해 적용된다. 예컨대 수요정보를 중앙 집중화하는 것은 공급사슬 내에서 상류단계에 의해 나타나는 변동을 획기적으로 줄일 수 있다. 그러므로 이러한 상류단계들은 고객 수요 데이터를 공급사슬의 나머지 구성원들이 활용할 수 있게끔 소매업자에게 인센티브를 제공하는 전략적 파트너십으로부터 혜택을 얻을 수 있을 것이다.

7.2 지연

미래의 발전은 대량고객화(mass customization) 방향으로 나아 갈 것이다. 이는 생산이 고객화되어지고 설비들은 보다 높은 효율성을 위해 셋업되고 최종조립은 하나의 제품에서 다른 제품으로 용이하게 변경됨으로써 가능하게 될 것이다. 이러한 생산형태는 전체 공급사슬에서 당사자 간에 매우 가까운 상호작용을 요구한다.

고객화된 생산은 서로 밀접하게 관련된 두 개의 주요 원칙을 기초로 한다. 첫 번째는 모듈화이고 두 번째는 지연이다. 모듈화는 잘 정의된 상호연계에 의해 서로 다른 부품으로부터 준비되어지고, 개별화되어진 최종제품을 의미한다.

지연은 공급사슬의 설계에서 중요한 원칙인데, 왜냐하면 이는 최종제품 재고에 묶이는 자본과 관련된 비용뿐만 아니라 불확실성을 줄여줄 수 있기 때문이다. 세 가지의 대표적 지연 전략이 있다.

1) 생산지연 전략

생산지연 전략은 고객주문을 받기 전까지 제품의 실제 고객화를 지연하는 것을 뜻한다. 예를 들면, 고객화는 제품의 최종조립단계, 포장, 가격표 부착, 그리고 국가표시일 수 있다. 특정한 고객그룹이나 시장지역을 위한 최종제품의 재고를 갖는 대신에, 제조업자는 서로 다른 고객과 시장지역에 사용되어 질 수 있는 일반형(generic) 제품을 재고로 가질 수 있다.

잘 알려진 예는 HP의 데스크젯 프린터의 고객화이다. 특정 주문을 받았을 때 각 유통센터에서 데스크젯의 범용버전에 매뉴얼, 전기플러그 그리고 포장을 추가한다. 이렇게 함으로써 HP는 지역유통센터에 대량으로 수송할 수 있었고, 이에 따라 생산과 수송에 있어 규모의 장점을 얻을 수 있었다. 동시에 HP는 특정한 시장에서만 팔릴 수 있는 값비싼 제품의 재고를 가지고 있는 것을 피할 수 있었다.

생산지연 전략은 다음의 [그림 14.8]에 나타나 있다.

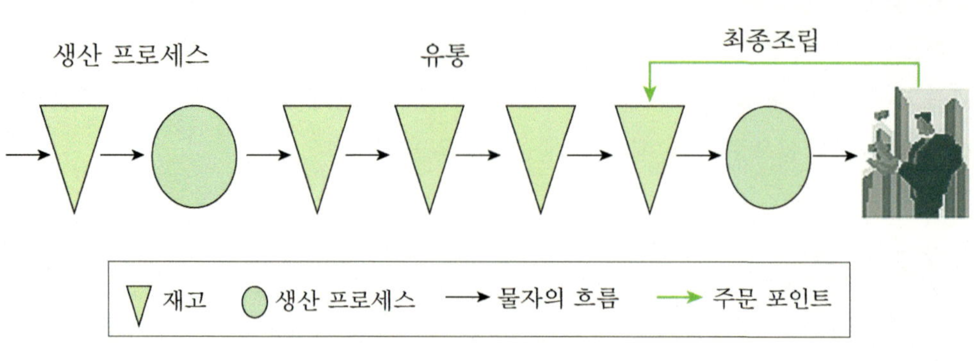

| 그림 14.8 | 생산지연 전략

2) 유통지연 전략

유통지연 전략은 제품을 중앙창고로부터 고객에게 직접 수송하는 것을 의미한다. 창고에서 제품은 완성되어진다. 유통지연을 사용하여 얻는 장점은 최종제품이 실제수요에 따라 서로 다른 고객 혹은 시장에 직접 수송될 수 있다는 것이다. 아틀라스 콥코(Atlas Copco Tools)사는 이 전략을 사용하는데 그들의 제품은 서로 다른 공장으로부터 유럽유통센터에 직접 수송되어지며, 여기에서 제품은 고객들에게 직접 보내진다.

유통지연 전략은 [그림 14.9]에 나타나 있다.

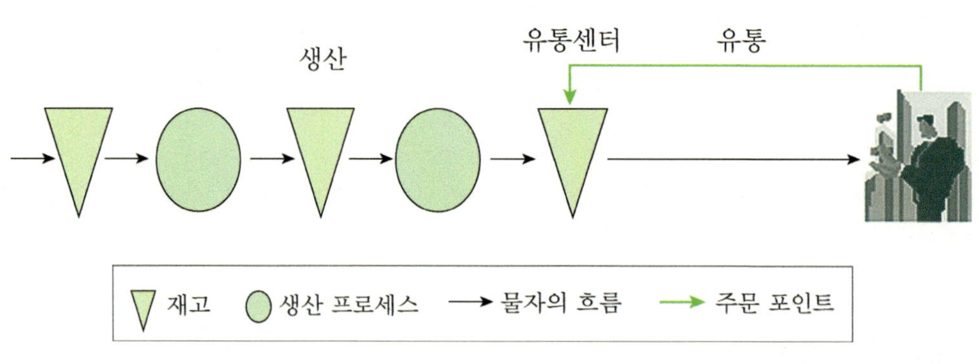

| 그림 14.9 | 유통지연 전략

3) 완전(Full) 지연 전략

완전 지연 전략은 앞에서의 두 개 전략의 결합이다. 완전 지연에서 제품의 고객화는 주문을 받을 때까지 지연하고 최종제품은 중간(in-between)에 저장을 하지 않고 곧바로 고객에게 선적되어 진다.

B&O(Bang & Olufsen)사는 유럽 전체를 통하여 국가별 유통센터시스템으로부터 덴마크의 하나의 중앙유통센터로 변경하였다. 이 중앙유통센터로부터 제품은 직접 딜러들에게 선적되어지고, 가끔 최종고객에게도 직접 선적된다. 이 프로세스를 통해서 B&O는 재고로 묶인 비용을 절약할 수 있었는데, 왜냐하면 15개 국가의 창고보다 하나의 중앙 집중 방식은 안전재고가 덜 필요했기 때문이다. 동시에 한 국가에서는 품절이 되고 또 다른 국가에서는 과다한 재고로 갖고 있는 상황을 피할 수 있었다. 또한 하나의 중앙 집중화된 창고에서 효율적인 재고관리와 재고취급을 하는 것이 훨씬 수월하였다.

완전지연 전략은 [그림 14.10]과 같이 나타낼 수 있다.

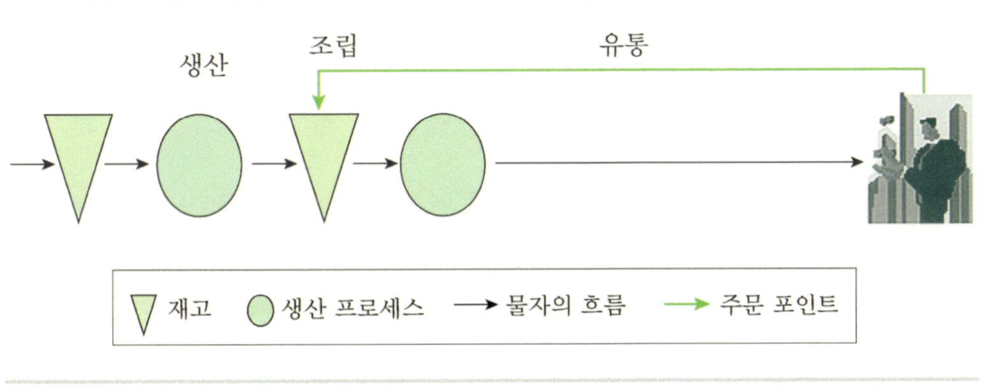

그림 14.10 완전지연 전략

7.3 신제품 개발에 있어서의 공급자통합

또 다른 핵심 공급사슬 이슈는 신제품의 구성요소를 위한 적절한 공급업자의 선정이다. 전통적으로 이것은 설계와 제조 엔지니어들이 제품의 마지막 설계를 결정한 후에 이루어졌었다. 최근 미시간 주립대의 GPSCBI(The Global Procurement and Supply Chain Benchmarking Initiative)에서 수행한 연구에 의하면, 종종 설계

프로세스에 공급자를 참여시킴으로써 엄청난 이득을 실현할 수 있다는 것을 발견하였다.

1) 공급자 통합의 스펙트럼

공급자통합에 관한 어느 한 연구에서 단일의 공급자통합의 적절한 수준은 존재하지 않는다고 지적하였다. 대신 그들은 공급자통합의 스펙트럼을 개발하였다. 그들은 다음과 같은 가장 낮은 수준의 공급자 책임으로부터 높은 수준의 공급자 책임까지 단계들의 시리즈를 제시하였다.

① **없음(none)** : 공급자가 설계단계에서 제외된다. 자재와 서브조립품들이 고객의 스펙과 설계에 따라서 공급되어 진다.

② **흰 상자(white box)** : 이 수준의 통합은 비공식적이다. 비록 공식적 협력관계는 없지마는 구매자는 제품과 스펙을 설계할 때 공급자와 비공식적으로 협의한다.

③ **회색 상자(grey box)** : 이는 공식적 통합을 의미한다. 구매자와 공급자들의 엔지니어 간에 협력팀이 구성되어지고, 공동(joint) 개발이 이루어진다.

④ **검정 상자(black box)** : 구매자는 공급자에게 인터페이스 요구들을 제공하고, 공급자들은 독립적으로 요구되는 구성요소들을 설계하고 개발한다.

검정 상자 접근이 연속선상의 끝에 있기 때문에 이것이 모든 경우에 최적 접근법이라는 것을 의미하는 것은 아니며, 회사들은 서로 다른 상황에서 공급자통합의 적절한 수준을 결정하는데 도움을 주는 전략을 개발하여야만 한다.

만약 미래제품이 회사가 현재 보유하지 않고 있는 전문성을 요하는 구성요소를 필요로 하며, 또 이러한 구성요소의 개발이 제품개발의 단계들로부터 분리될 수 있다면, 검정 상자(black box)접근을 택하는 것이 합당할 것이다. 이와 같은 분리가 가능하지 않다면 회색 상자(grey box)접근을 사용하는 것이 보다 합당할 것이다. 만약, 구매자가 설계 전문성을 가지고 있으나 공급자가 적절하게 구성요소를 제조할 수 있을 경우, 아마 흰 상자(white box)접근이 적합할 것이다.

2) 효과적 공급자통합의 핵심

공급자통합의 적절한 수준을 단순히 선정하는 것은 충분하지 않다. 관계가 성공의 핵심이라는 것을 확인시켜주는 많은 연구들이 있다. 전략적 계획 프로세스의 다음 단계는 이와 같은 성공을 보장하는데 도움이 될 것이다.

- 공급자의 선정과 그들과의 관계구축
- 선정된 공급자와의 목표 조정

일반적으로 공급자를 선정하는 것은 제조능력과 응답시간 등과 같은 여러 고려사항들을 포함한다. 공급자통합의 파트너들은 구성요소들을 공급하기 때문에, 모든 전통적 고려사항들이 여전히 적용된다. 거기에다 공급자통합의 특별한 성격은 다음과 같은 공급자요구의 추가적인 것들을 제시한다.

- 설계 프로세스에 참여할 수 있는 능력
- 지적재산권과 기밀사항에 대한 합의에 도달할 수 있는 능력을 포함하여 설계 프로세스에 참여할 자발적 의지
- 프로세스에 대하여 충분한 인력과 시간을 투입할 수 있는 능력. 필요시 인력의 배치를 포함할 수 있다.
- 공급자통합 프로세스에 대하여 참여할 수 있는 충분한 자원

8. 공급사슬 성과측정과 SCOR모델

1) 공급사슬성과측정

공급사슬성과는 고객가치를 제공하는 능력 - 특히 제품의 활용가능성의 대부분 기본 차원에 - 에 영향을 미친다. 그러므로 공급사슬성과를 측정하기 위한 독립적 기준을 개발할 필요가 있다. 공급사슬과 같은 조직간 시스템에 있어서 전체 시스템과 개별적 시스템 구성에 있어서 적시의 정확한 평가는 매우 중요하다. 효과적인 평가측정 시스템은 ① 시스템을 이해하는 기초를 제공하며, ② 시스템 전체를 통해서 행위에 대해 영향을 미치며, ③ 공급사슬 구성원들과 외부 주주들에게 시스템 노력의 결과에 관한 정보를 제공한다.

실제로 평가측정은 복잡한 가치창출 시스템을 함께 묶어주며, 전략의 수행을 모니터링하는 주요한 역할을 수행할 뿐만 아니라 전략적 형성에 관한 방향을 제시한다. 거기에 덧붙여서 공급사슬의 성과를 측정하는 것은 전체적 성과의 개선을 가

지고 온다. 또한 공급사슬에 있어 명확하게 정의된 측정치가 필요한 이유는 프로세스 내에 많은 파트너가 존재함으로 인한 공통 언어의 요구 때문이다. 이것은 SCOR모델과 같은 표준화 작업 시도의 동기부여가 되고 있다.

2) 공급사슬성과평가

PRTM에 의해 수행된 전체비즈니스 성과("Overall Business Performance")에 아래와 같은 측정치들의 예가 있다.

표 14.4 SCOR 1단계 성과측정치

관점	측정치	측정단위
공급사슬 신뢰도	적시배달	페센티지
	주문이행리 드타임	일
	충족율	페센티지
	완전주문이행	페센티지
유연성과 대응성	공급사슬 응답시간	일
	상승 생산 유연성	일
비용	공급사슬관리 비용	퍼센티지
	수입에 대한 보증비 비율	퍼센티지
	종업원당 부가가치	달러
자산/이용율	공급의 총재고일자	일
	현금화 사이클 시간	일
	순 자산 회정	회

① **전체 공급사슬관리 비용(Total supply chain management costs)** : 이것은 주문처리, 자재를 획득하고, 재고를 관리하고, 공급사슬 재무와 정보시스템을 관리하는데 소요되는 모든 비용을 포함한다. 조사에 의하면 일류회사들은 이 비용이 판매액의 4~5%를 차지한다. 중간정도 회사들은 5%에서 6% 조금 넘는다.

② **현금화 사이클 시간(Cash-to-cash cycle time)** : 원자재에 대해 지불하는 시점과 제품에 대해 현금화하는 시점 사이의 일수를 의미한다. 이것은 공급의 재고일자에 판매의 미결제일자를 더한 뒤 자재를 위한 평균지불기간을 차

감하여 구해진다. 조사에 의하면 최고수준의 회사는 30일보다 작은 사이클 시간을 가지고 있으며, 중간 정도의 회사는 100일 정도가 된다.

③ **상승생산 유연성(Upside production flexibility)** : 계획되지 않은 생산의 20% 증가를 달성하기 위해 요구되는 날짜 수를 의미한다. 이 측정치는 현재 최고 수준의 회사에서는 2주일이 소요되나 어떤 산업의 경우에는 일주일도 안 걸린다. 주요 제한조건은 자재 활용가능성이며 내부 제조나 노동력 제약이 아니다.

④ **요청한 것에 대한 배달성과(Delivery performance to request)** : 주문 중 요청한 일자 혹은 그 전에 채워진 퍼센트로 계산된다. 조사에 의하면 최고 수준의 회사는 적어도 94%를 나타내고 어떤 산업에서는 100%에 근접한다. 중간정도의 회사는 69%에서 81%의 사이에 있다.

3) 균형점수카드(Balanced Score Card) 접근

공급사슬관리는 공급사슬의 각 구성조직들이 최종 고객의 요구를 만족시키기 위한 전반적 공급사슬의 성과를 평가할 수 있는 수단을 가질 것을 요구한다. 이에 더하여 공급사슬 내에서 개별 구성조직들의 상대적 기여도를 평가해야 하는 것이 필요하다. 이는 성과측정 시스템이 여러 다른 단계에서 작동되는 것뿐만 아니라 공급사슬의 목적에 맞추도록 이러한 여러 단계에서의 노력들을 연결하고 통합하도록 요구한다. 1996년 카플란과 노튼(Kaplan & Norton)은 이러한 필요에 맞춰서 공급사슬 성과측정에 있어서 획기적인 새로운 접근을 제안하였다. 즉, 그들이 제안한 '균형점수카드(Balanced scorecard)' 접근은 공급사슬의 모든 단계에서 사용할 수 있는 재무와 운영지표를 포함하고 있다. 조직간 공급사슬 환경에 있어서 공급사슬 단계는 균형점수카드를 위한 시발점을 나타낸다.

공급사슬 카드는 공식적으로 전반적 공급사슬 목표와 공급사슬 전반의 성과측정을 위하여 이러한 목표들을 맞추기 위해 택하여진 전략들을 연결시킨다. 조직간 공급사슬을 관리하기 위하여 요구되는 균형점수카드의 서로 다른 단계의 예가 [그림 14.11]에 나타나 있다.

공급사슬 단계에서의 목표, 전략 그리고 성과지표들이 조직 단계로 연결될 수 있다. 여기에서 개별 조직들은 조직 수준에서의 목표, 이 목표를 달성하기 위한 전략, 그리고 결합된(associated) 성과지표들을 개발한다. 이러한 프로세스는 개별 공급사슬 구성 조직 내에서의 기능 단계까지 반복된다.

공급사슬 점수카드(Supply chain scorecard)
조직 점수카드(Organization scorecard)
기능 점수카드(Function scorecard)
팀/개인 점수카드(Team/Individual scorecard)

그림 14.11 **공급사슬관리의 균형점수카드**

각 단계에서 균형점수카드는 ① 재무(financial), ② 고객(customer), ③ 비즈니스 프로세스(business process), 그리고 ④ 학습과 성장(learning and growth) 등 네 가지 성과 영역을 포함한다. 이러한 영역들의 각각에서 점수카드 계층에서 바로 다음 상위단계의 목표와 전략에 의해 추진된 핵심목표들이 정해진다. 그 후 목표와 성과목표 그리고 목표들을 얻기 위한 실천(initiatives)과 결합된 특정한 성과지표들이 개발된다.

균형점수카드 체계는 [그림 17.12]와 같이 네 개의 관점으로 구성되어 있다.

① **재무적 관점** : 수입 증가, 제품 믹스, 비용 절감, 생산성, 자산 활용도 및 투자 전략들을 포함하는 측정치

② **내부비즈니스 프로세스 관점** : 품질, 유연성, 프로세스의 혁신적 요소 그리고 시간중심의 측정치를 포함하는 조직의 가장 중요한 내부적 비즈니스 프로세스의 성과에 초점을 맞춤

③ **고객 관점** : 고객만족 순위, 고객 유지, 새로운 고객 확보, 고객 가치 요소, 고객 수익성 그리고 시장점유율 등을 포함하는 고객의 요구와 만족에 초점을 둔 측정치

④ **학습과 성장 관점** : 지적 자산, 종업원 재훈련, 정보기술과 시스템의 제고 그리고 종업원 만족도 등을 포함하는 조직의 사람, 시스템, 그리고 절차에 초점을 맞춘 측정치

이러한 관점들은 네 개의 영역의 각각 안에서 성과측정을 통하여 서로 모두 연결되어있다. 측정치들은 조직의 전략적 계획안에서 각 목표를 위해 개발되어지고,

결과측정치와 그러한 결과의 성과 동인(driver)들을 포함한다.

균형점수카드를 개발하는 프로세스는 회사의 전략을 정의하는 것부터 시작한다. 일단 회사의 전략이 이해되어지고 최고경영층에 의해 승인이 되면, 다음 단계는 전략 목표를 성과측정의 시스템으로 변환하는 것이다. 균형점수카드의 네 가지 관점의 각각은 4~7개의 성과측정치를 필요로 하는데, 이에 따라 단일 전략에 관련하여 약 20여 가지의 측정치들이 산출된다. 그러나 회사가 그들이 무엇을 얻기를 원하는 것이 불분명하고, 회사전략과 연결된 적합한 성과측정의 최선의 점수카드라고 확신하지 못하면서 균형점수카드를 사용할 때 잠재적인 실패가 존재하게 된다.

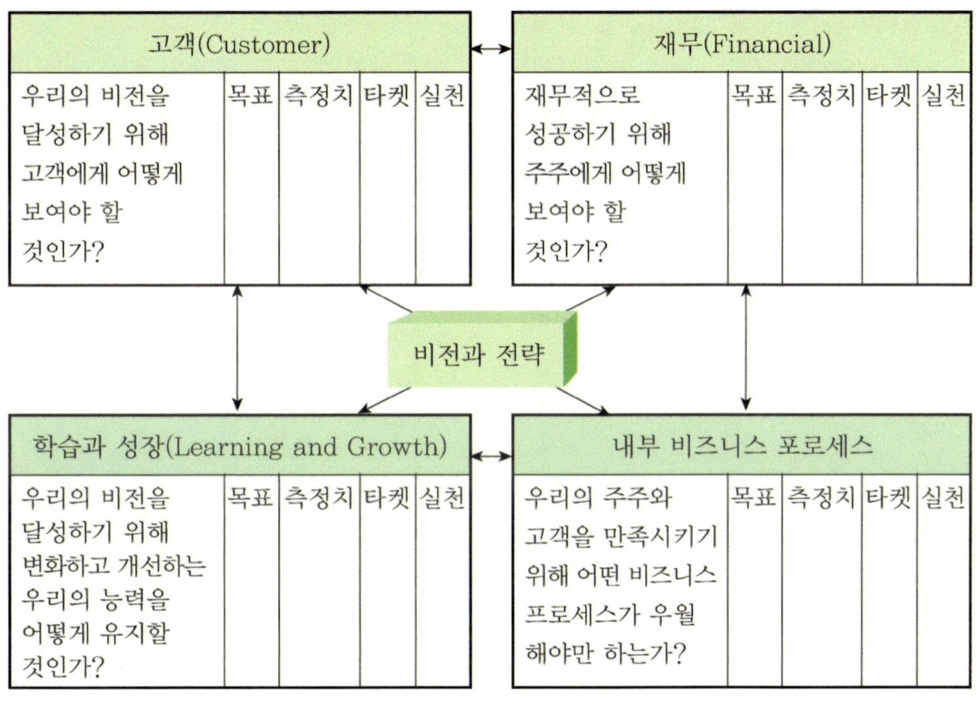

| 그림 14.12 | 균형점수카드(Balanced Scorecard) 프레임워크

9. SCOR(Supply Chain Operations Reference)모델

공급사슬협의회(Supply-Chain Council)는 1996년 설립된 독립적 비영리단체로서 공급사슬 적용모델을 개발하기 위하여 많은 시도를 하고 있다. 모두 69개의 세계적 선도 기업들이 이의 창립에 참여하였다. 오늘날 이 협의회의 사명은 기술개발, 연구, 교육 그리고 컨퍼런스 등을 통하여 SCOR모델의 사용을 계속적으로 확산시키는데 있다. 2001년 말까지 협의회의 기술공동체는 SCOR의 다섯 가지의 연속된 버전을 발표함으로써 프로세스 요소, 성과측정, 실행 그리고 기술 등을 최신의 것으로 만들었다.

1) SCOR(Supply Chain Operations Reference) 모델의 정의

프로세스 레퍼런스 모델은 BPR(Business Process Reengineering), 벤치마킹(Benchmarking), 프로세스 측정(Process Measurement)을 능 간 프레임워크로 통합시킨 모델이라고 할 수 있으며, [그림 17.13]과 같이 나타낼 수 있다.

그리고 SCOR범위는 주문 입고부터 송장 발송까지의 모든 고객의 상호작용, 공급자의 공급자로부터 고객의 고객까지 모든 물리적 거래 활동, 그리고 통합된 수요의 이해로부터 각 오더의 수행까지의 시장 상호작용을 포함한다.

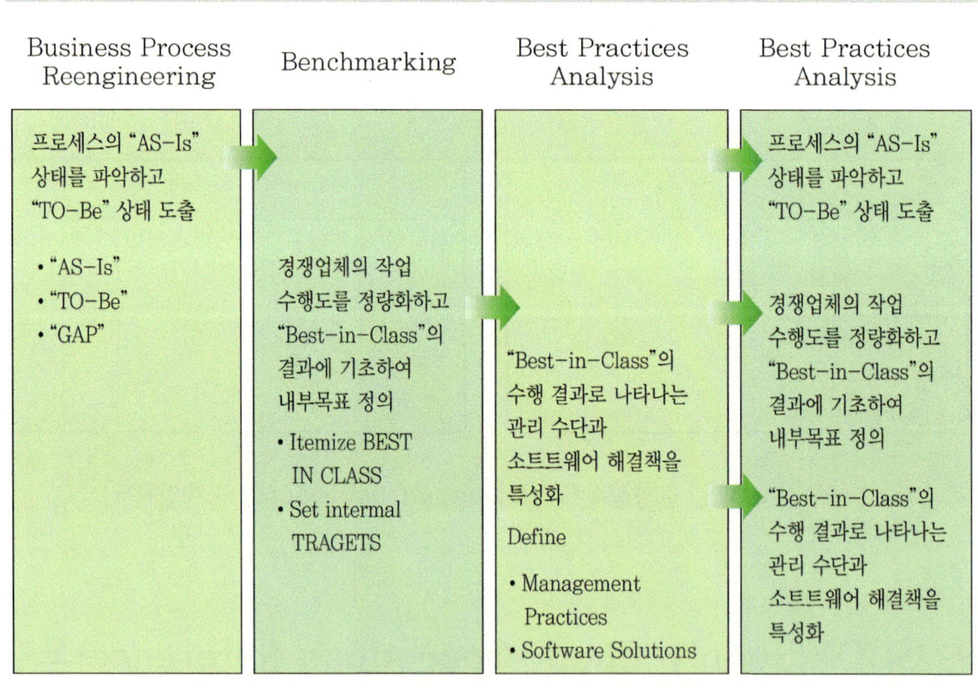

그림 14.13 SCOR 프로세스 레퍼런스 모델

2) SCOR 프레임워크

SCOR는 비즈니스 프로세스 엔지니어링(business process engineering), 벤치마킹 그리고 앞서가는 실천(leading practices) 등의 요소를 하나의 단일 프레임워크로 합한 것이다. SCOR에서 공급사슬관리는 계획(PLAN), 구매(SOURCE), 생산(MAKE), 배달(DELIVER) 그리고 반환(RETURN) 등의 통합된 프로세스로서 정의한다.

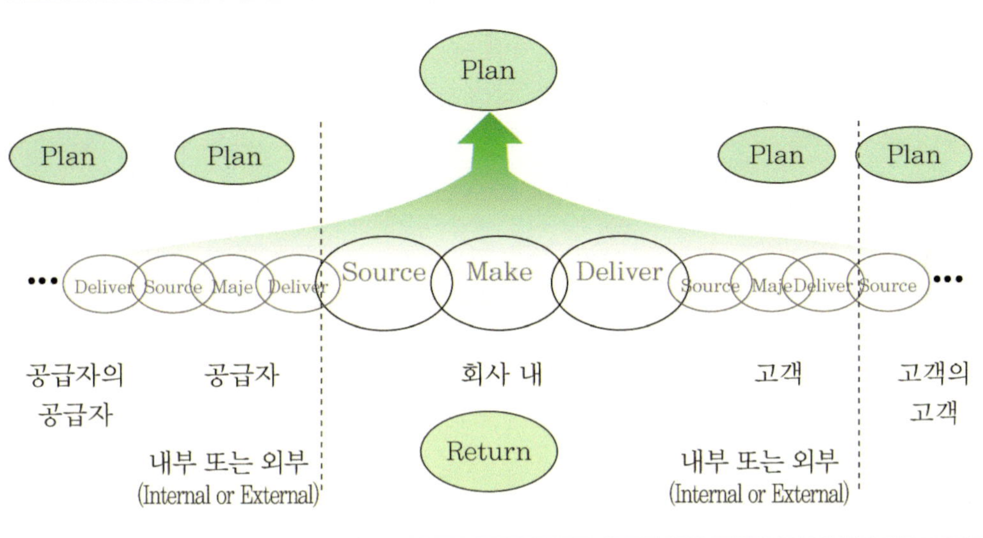

| 그림 14.14 | SCOR 모델

이러한 프로세스 요소의 각각은 다음과 같다.

- 계획(PLAN) : 공급자원 평가; 수요요구의 총괄 및 우선순위 설정; 유통, 생산 및 자재 소요를 위한 재고 계획; 모든 제품과 경로를 위한 개략적 능력 계획.
- 구매(SOURCE) : 원자재와 구입 최종제품에 대한 획득, 수령, 검사, 보유, 발행 그리고 지불의 승인.
- 생산(MAKE) : 자재의 요청과 수령; 제품의 제조와 시험; 포장, 보유 그리고 제품의 양도.
- 배달(DELIVER) : 주문관리 프로세스의 집행; 견적서 생성; 제품 구성(configure); 고객 데이터베이스의 창출과 유지; 제품/가격 데이터베이스 유지; 외상매출금, 신용, 회수 그리고 송장 관리; 골라서 끄집어내고, 포장하고 configure를 포함하는 창고 프로세스의 집행; 특정 고객에 대한 포장과 라벨링의 창출; 주

문의 통합; 제품 선적; 수송 프로세스와 수입/수출 관리; 성과 확인.

- 반환(RETURN) : 승인, 일정, 검사, 이동, 보증관리, 불량제품의 수령과 확인, 처분 그리고 교환 등을 포함하는 불량품, 보증 그리고 초과반품 프로세싱.

SCOR모델은 세 가지의 프로세스 레벨을 포함한다. 실제적으로, 레벨 1은 공급사슬의 수와 그들의 성과가 어떻게 측정되는지를 정의한다. 레벨 2는 재고형 생산(make-to-stock), 주문형 생산(make-to-order), 주문형 엔지니어(engineer-to-order)와 같은 표준분류를 사용하여, 자재흐름에 있어 계획과 집행 프로세스의 형태를 정의한다. 레벨 3은 판매주문의 거래, 주문의 구입, 주문을 실행하고, 승인을 반환하고, 주문의 보충 그리고 예측을 하는데 사용되는 비즈니스 프로세스를 정의한다.

연 습 문 제

1. 공급사슬관리 등장의 배경은 무엇인가?

2. 황소채찍효과의 원인과 이를 극복하기 위한 대책들은 어떠한 것이 있는가?

3. 지연의 대표적 세 가지 전략에 대하여 각각 간단히 설명하시오.

4. 공급사슬관리 평가의 측정치에는 어떠한 것이 있는가?

5. 균형점수카드에 대하여 설명하시오.

참 고 문 헌

고도성·양영철·장양자·박진우, 공급사슬상의 분산제조시스템의 통합생산 계획에 관한 연구, IE Interface, Vol.13, No.3, September 2000.

고동희 외 6인, 경영학원론, 명경사, 제4판, 2001.

공업표준협회, 알기쉬운 QC 7가지 도구, 1990.

곽수일·강석호, 생산관리, 박영사, 1990.

吉谷龍一·中根堪一郎, MRP SYSTEM, 日刊工業新聞社, 1997.

김대헌·노승종·왕지남·임석철, SCM을 위한 납기확약기반 생산계획 및 수주시스템, IE Interface, September 2000.

김병윤 외 3인, 현대 경영학원론, 제3판, 명경사, 2002.

김성철, 디지털시대의 생산운영관리, 시그마프레스(주), 2004.

김숙한·이영해, 공급사슬경영 연구의 현황 및 향후 연구방향, IE Interface, Vol.13, No.3, September 2000.

김진규, 품질경영시스템, 한올출판사, 2001.

나중경·박상범, 생산·운영관리론, 삼영사, 2001.

류지철, 글로벌 경제시대의 생산경영, 한올출판사, 2005.

문근찬, MRP 시스템, Computer World, JAN~MAR, 1987.

배경율·김병태, 생산운영론, 명경사, 1998.

백병태, CIM 시대의 POP 시스템, 새길, 1995.

삼성휴렛팩커드, CIM실천전략(Ⅱ), 컴퓨터엔지니어링, 1992.

삼성휴렛팩커드, CIM실천전략, 컴퓨터엔지니어링, 1990.

서석주·김경섭, 공급사슬경영과 시뮬레이션, IE Interface, Vol.13, No.3, September 2000.

서창적 외 7인, 디지털시대의 생산관리, 법문사, 2002.

신 철, 알기쉬운 ERP, 미래와 경영, 2000.

심승배·한주윤·정봉주, 공급사슬 경영에 있어서의 납기회신시스템, IE Interface, Vol13, No.3, September 2000.

안상형·이관석·이명호, 현대품질경영, 학현사, 2001.

岩田洋夫, Virtual Technology Laboratory, 工業調査會, 1994.

연세대학교 생산기술전략연구회, 우리나라 제조기업의 생산전략, 박영사, 1998.

오재인·안상형·유석천, 경영과 정보시스템, 박영사, 2000.

원유동, 현장관리를 위한 SPC 기초실무, 삼영사, 1999.

원중호·김병태·최성룡, NEW 품질경영론, 대경, 2007.

윤재봉·김명식·장신환, 경영시스템혁신을 위한 SAP R/3, 대청, 2000.

이동길, ERP 전략과 실천, 대청, 2000.

이봉진, 일본식 경영, 한국경제신문사, 1992.

이봉진, 제조업의 자동화 전략, 한국경제신문사, 1989.

이상문, 글로벌시대의 초일류기업을 위한 생산관리, 형설출판사, 1999.
이상범·류춘호, 현대 생산·운영관리, 명경사, 제3판, 2007.
이상범, 현대 생산·운영관리, 명경사, 제2판, 2000.
이순룡, 제품·서비스 생산관리론, 법문사, 수정판, 2005.
이순요, 공정관리를 위한 통합생산정보시스템, 청문각, 1997.
이창효·한상찬, 현대 생산·운영관리, 대명, 2005.
임석철, 한국기업의 SCM업무사례 분석, IE Interface, Vol.13, No.3, September 2000.
장성기, 공급사슬관리의 실천적 이해, 21세기사, 2007.
장성기·공명달, 21세기 생산관리, 대영사, 2003.
장성기·공명달, 생산정보시스템의 이해, 대영사, 2001.
仲町英戦, Virtual Factory, 工業調査會, 1994.
지호준, 21세기 경영학, 법문사, 2001.
최성·최은식, 종합생산시스템 구축 총론, 법영사, 1998.
한국능률협회컨설팅, 실전 CAD·CAM 기술입문, 1995.
한재민, 경영정보시스템, 학현사, 1998.
홍성수, 생산관리, 새로운 제안, 2001.
황규승·박명섭·박광태·김대기·임호순, 오퍼레이션스 경영, 홍문사, 2002.
황규승·박명섭·박광태, 생산관리, 홍문사, 1999.
KMAC, 경영고도화를 위한 CIM입문, 한국능률협회, 1990.
APICS Dictionary, SCM : Supply Chain Management Definition, 9th ed., 1998 Bailey, M. J., Tele-Manufacturing: Rapid Prototyping on the Internet with Automatic consistency-checking, University of California at San Diego and San Diego Supercomputer Center, 1997.
Aronson, R., "Lead Winners Find CIM is Key to Improvement", Vol.115, Issue 5, November 1995.
Chase, R.B., Aquilano, N.J. and Jacobs, F.R., Production and Operations Management, 8th ed., Irwin/McGraw-Hill, New York, 1998.
Chopra S. and P. Meindl, Supply Chain Management, 2nd ed., Pearson Prentice Hall, 2004.
Dixion, J.R., Nanni, A.J. and Vollmann, T.E., The New Performance Challenge - Measuring Operations for World-Class Competition, Homewood: Dow-Jones-Irwin, 1990.
Dyer, J. H., Dong, S. C., and Chu, W., Strategic Supplier Segmentation : The Next "Best Practice" in Supply Chain Management, California Management Review, Vol.40, No.2, 1998.
Eccles, R.G. and Pyburn, P.J., "Creating a Comprehensive System to Measure Performance", Management Accounting, October 1992, 41-44.
Fisher, M. L., What Is the Right Supply Chain for your Product?, Harvard Business Review, March-April 1997.
Fredendall, L and E. Hill, Basics of Supply Chain Management, The St. Lucie Press, 2001.
Gartner Group, ERP Scenario, Symposium/IT Expo. Brisbane, 19-22 October 1999.
Geanuracos, J. and Meiklejohn, I.(1993), Performance Measurement: The New Agenda,

London: Business Intelligence.

Hugos, M., Essentials of Supply Chain Management, 2nd ed., John Wiley & Sons, 2006.

Ireland, R. K. and C. Crum, Supply Chain Collaboration, J. Ross Publishing, 2005.

Johansen, J., Karmarkar, U., Nanda, D., Seidmann, A., "Computer Integrated Manufacturing : Empirical Implications for Industrial Information Systems," Journal of Management Information Systems, Vol.12, Issue, Fall 1995.

Kaplan, R. S. and D. P. Norton, "The Balanced Scorecard - Measures That Drive Performance", Harvard Business Review, 70(1), 1992, pp. 71-79.

Kaplan, R.M. and Norton, D.P.(1996a), The Balanced Scorecard: Translating Strategy into Action, Boston, Harvard Business School Press.

Kaplan, R.M. and Norton, D.P.(1996b), "Using the Balanced Scorecard as a Strategic Management System", Harvard Business Review, pp. 75-85.

Krajewski, L.J. and Ritzman, L.P.,`Operations Management: Strategy and Analysis, 5th ed., Addison-Wesley, 1988.

Lee, H.L., and C. Billington, "Managing Supply Chain Inventory: Pitfalls and Opportunities", Sloan Management Review, Spring 1992, pp. 65-73.

Orlicky, J., Material Requirements Planning, McGraw-Hill Book Comp, 1975.

Pine, J. B., II. Mass Customization, Boston: Harvard University Business School Press, 1993.

Plossl, G.W., Orlicky's Material Requirements Planning, 2nd edit., McGraw-Hill Inc., 1994.

Ross, D., Introduction to e-Supply Chain Management, St. Lucie Press, 2003.

Safizadeh, M.H., Ritzman, L.P., Sharma, D. and Wood, C.(1996), "An Empirical Analysis of the Product-Process Matrix", Management Science, 42, 1576-1591.

Schroeder, R.G., Operations Management, 4th ed., McGraw-Hill, New York, 1993.

Simchi-Levi, D., P. Kaminsky, E. Simchi-Levi, Designing & Managing the Supply Chain, 2nd ed., McGraw-Hill/Irwin, 2003.

Simchi-Levi, D., P. Kaminsky, E. Simchi-Levi, Managing the Supply Chain, McGraw-Hill, 2004.

Swaminathan, J. M., "Enabling Customization Using Standardized Operations", California Management review, 43(3), 2001, pp. 125-135.

Tersine, R.J. and Hummingbird, E.A.(1995), "Lead-time Reduction: The Search for Competitive Advantage", International Journal of Operations and Production Management, 15, pp. 8-18.

Towill, D.R.(1997), "The Seamless Supply Chain - The Predator's Strategic Advantage", International Journal of Technology Management, 13, pp. 37-56.

Tunc, E.A. and Gupta, J.N.D.(1993), "Is Time a Competitive Weapon among Manufacturing Firms?", International Journal of Operations and Production Management, 13, pp. 4-12.

Vollmann, T.E., Berry, W.L. and Whyback, D.C., Manufacturing Planning and Control Systems, 3rd ed., Richard D. Irwin, Homewood, Ill., 1992.

부 표

부표 Ⅰ. 표준정규분포표

부표 Ⅱ. 누적 포아송분포표

[부표 I] 표준정규분포표

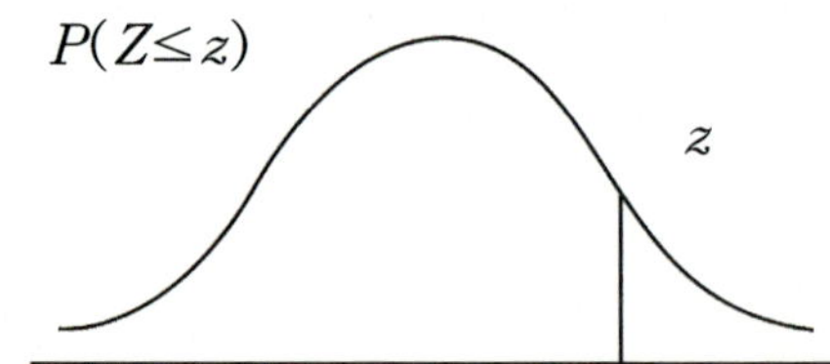

z	0.09	0.08	0.07	0.06	0.05	0.04	0.03	0.02	0.01	0.00
−3.5	0.00017	0.00017	0.00018	0.00019	0.00019	0.00020	0.00021	0.00022	0.00022	0.00023
−3.4	0.00024	0.00025	0.00026	0.00027	0.00028	0.00029	0.00030	0.00031	0.00033	0.00034
−3.3	0.00035	0.00036	0.00038	0.00039	0.00040	0.00042	0.00043	0.00045	0.00047	0.00048
−3.2	0.00050	0.00052	0.00054	0.00056	0.00058	0.00060	0.00062	0.00064	0.00066	0.00069
−3.1	0.00071	0.00074	0.00076	0.00079	0.00082	0.00085	0.00087	0.00090	0.00094	0.00097
−3.0	0.00100	0.00104	0.00107	0.00111	0.00114	0.00118	0.00122	0.00126	0.00131	0.00135
−2.9	0.0014	0.0014	0.0015	0.0015	0.0016	0.0016	0.0017	0.0017	0.0018	0.0019
−2.8	0.0019	0.0020	0.0021	0.0021	0.0022	0.0023	0.0023	0.0024	0.0025	0.0026
−2.7	0.0026	0.0027	0.0028	0.0029	0.0030	0.0031	0.0032	0.0033	0.0034	0.0035
−2.6	0.0036	0.0037	0.0038	0.0039	0.0040	0.0041	0.0043	0.0044	0.0045	0.0047
−2.5	0.0048	0.0049	0.0051	0.0052	0.0054	0.0055	0.0057	0.0059	0.0060	0.0062
−2.4	0.0064	0.0066	0.0068	0.0069	0.0071	0.0073	0.0075	0.0078	0.0080	0.0082
−2.3	0.0084	0.0087	0.0089	0.0091	0.0094	0.0096	0.0099	0.0102	0.0104	0.0107
−2.2	0.0110	0.0113	0.0116	0.0119	0.0122	0.0125	0.0129	0.0132	0.0136	0.0139
−2.1	0.0143	0.0146	0.0150	0.0154	0.0158	0.0162	0.0166	0.0170	0.0174	0.0179
−2.0	0.0183	0.0188	0.0192	0.0197	0.0202	0.0207	0.0212	0.0217	0.0222	0.0228
−1.9	0.0233	0.0239	0.0244	0.0250	0.0256	0.0262	0.0268	0.0274	0.0281	0.0287
−1.8	0.0294	0.0301	0.0307	0.0314	0.0322	0.0329	0.0336	0.0344	0.0351	0.0359
−1.7	0.0367	0.0375	0.0384	0.0392	0.0401	0.0409	0.0418	0.0427	0.0436	0.0446
−1.6	0.0455	0.0465	0.0475	0.0485	0.0495	0.0505	0.0516	0.0526	0.0537	0.0548
−1.5	0.0559	0.0571	0.0582	0.0594	0.0606	0.0618	0.0630	0.0643	0.0655	0.0668
−1.4	0.0681	0.0694	0.0708	0.0721	0.0735	0.0749	0.0764	0.0778	0.0793	0.0808
−1.3	0.0823	0.0838	0.0853	0.0869	0.0885	0.0901	0.0918	0.0934	0.0951	0.0968
−1.2	0.0985	0.1003	0.1020	0.1038	0.1057	0.1075	0.1093	0.1112	0.1131	0.1151
−1.1	0.1170	0.1190	0.1210	0.1230	0.1251	0.1271	0.1292	0.1314	0.1335	0.1357
−1.0	0.1379	0.1401	0.1423	0.1446	0.1469	0.1492	0.1515	0.1539	0.1562	0.1587
−0.9	0.1611	0.1635	0.1660	0.1685	0.1711	0.1736	0.1762	0.1788	0.1814	0.1841
−0.8	0.1867	0.1894	0.1992	0.1949	0.1977	0.2005	0.2033	0.2061	0.2090	0.2119
−0.7	0.2148	0.2177	0.2207	0.2236	0.2266	0.2297	0.2327	0.2358	0.2389	0.2420
−0.6	0.2451	0.2483	0.2514	0.2546	0.2578	0.2611	0.2643	0.2676	0.2709	0.2743
−0.5	0.2776	0.2810	0.2843	0.2877	0.2912	0.2946	0.2981	0.3015	0.3050	0.3085
−0.4	0.3121	0.3156	0.3192	0.3228	0.3264	0.3300	0.3336	0.3372	0.3409	0.3446
−0.3	0.3483	0.3520	0.3557	0.3594	0.3632	0.3669	0.3707	0.3745	0.3783	0.3821
−0.2	0.3859	0.3897	0.3936	0.3974	0.4013	0.4052	0.4090	0.4129	0.4168	0.4207
−0.1	0.4247	0.4286	0.4325	0.4364	0.4404	0.4443	0.4483	0.4522	0.4562	0.4602
−0.0	0.4641	0.4681	0.4721	0.4761	0.4801	0.4840	0.4880	0.4920	0.4960	0.5000

z	0.00	0.01	0.02	0.03	0.04	0.05	0.06	0.07	0.08	0.09
+0.0	0.5000	0.5040	0.5080	0.5120	0.5160	0.5199	0.5239	0.5279	0.5319	0.5359
+0.1	0.5398	0.5438	0.5478	0.5517	0.5557	0.5596	0.5636	0.5675	0.5714	0.5753
+0.2	0.5793	0.5832	0.5871	0.5910	0.5948	0.5987	0.6026	0.6064	0.6103	0.6141
+0.3	0.6179	0.6217	0.6255	0.6293	0.6331	0.6368	0.6406	0.6443	0.6480	0.6517
+0.4	0.6554	0.6591	0.6628	0.6664	0.6700	0.6736	0.6772	0.6808	0.6844	0.6879
+0.5	0.6915	0.6950	0.6985	0.7019	0.7054	0.7088	0.7123	0.7157	0.7190	0.7224
+0.6	0.7257	0.7291	0.7324	0.7357	0.7389	0.7422	0.7454	0.7486	0.7517	0.7549
+0.7	0.7580	0.7611	0.7642	0.7673	0.7704	0.7734	0.7764	0.7794	0.7823	0.7852
+0.8	0.7881	0.7910	0.7939	0.7967	0.7995	0.8023	0.8051	0.8079	0.8106	0.8133
+0.9	0.8159	0.8186	0.8212	0.8238	0.8264	0.8289	0.8315	0.8340	0.8365	0.8389
+1.0	0.8413	0.8438	0.8461	0.8485	0.8508	0.8531	0.8554	0.8577	0.8599	0.8621
+1.1	0.8643	0.8665	0.8686	0.8708	0.8729	0.8749	0.8770	0.8790	0.8810	0.8830
+1.2	0.8849	0.8869	0.8888	0.8907	0.8925	0.8944	0.8962	0.8980	0.8997	0.9015
+1.3	0.9032	0.9049	0.9066	0.9082	0.9099	0.9115	0.9131	0.9147	0.9162	0.9177
+1.4	0.9192	0.9207	0.9222	0.9236	0.9251	0.9265	0.9279	0.9292	0.9306	0.9319
+1.5	0.9332	0.9345	0.9357	0.9370	0.9382	0.9394	0.9406	0.9418	0.9429	0.9441
+1.6	0.9452	0.9463	0.9474	0.9484	0.9495	0.9505	0.9515	0.9525	0.9535	0.9545
+1.7	0.9554	0.9564	0.9573	0.9582	0.9591	0.9599	0.9608	0.9616	0.9625	0.9633
+1.8	0.9641	0.9649	0.9656	0.9664	0.9671	0.9678	0.9686	0.9693	0.9699	0.9706
+1.9	0.9713	0.9719	0.9726	0.9732	0.9738	0.9744	0.9750	0.9756	0.9761	0.9767
+2.0	0.9773	0.9778	0.9783	0.9788	0.9793	0.9798	0.9803	0.9808	0.9812	0.9817
+2.1	0.9821	0.9826	0.9830	0.9834	0.9838	0.9842	0.9846	0.9850	0.9854	0.9857
+2.2	0.9861	0.9864	0.9868	0.9871	0.9875	0.9878	0.9881	0.9884	0.9887	0.9890
+2.3	0.9893	0.9896	0.9898	0.9901	0.9904	0.9906	0.9909	0.9911	0.9913	0.9916
+2.4	0.9918	0.9920	0.9922	0.9925	0.9927	0.9929	0.9931	0.9932	0.9934	0.9936
+2.5	0.9938	0.9940	0.9941	0.9943	0.9945	0.9946	0.9948	0.9949	0.9951	0.9952
+2.6	0.9953	0.9955	0.9956	0.9957	0.9959	0.9960	0.9961	0.9962	0.9963	0.9964
+2.7	0.9965	0.9966	0.9967	0.9968	0.9969	0.9970	0.9971	0.9972	0.9973	0.9974
+2.8	0.9974	0.9975	0.9976	0.9977	0.9977	0.9978	0.9979	0.9979	0.9980	0.9981
+2.9	0.9981	0.9982	0.9983	0.9983	0.9984	0.9984	0.9985	0.9985	0.9986	0.9986
+3.0	0.99865	0.99869	0.99874	0.99878	0.99882	0.99886	0.99889	0.99893	0.99896	0.99900
+3.1	0.99903	0.99906	0.99910	0.99913	0.99915	0.99918	0.99921	0.99924	0.99926	0.99929
+3.2	0.99931	0.99934	0.99936	0.99938	0.99940	0.99942	0.99944	0.99946	0.99948	0.99950
+3.3	0.99952	0.99953	0.99955	0.99957	0.99958	0.99960	0.99961	0.99962	0.99964	0.99965
+3.4	0.99966	0.99967	0.99969	0.99970	0.99971	0.99972	0.99973	0.99974	0.99975	0.99976
+3.5	0.99977	0.99978	0.99978	0.99979	0.99980	0.99981	0.99981	0.99982	0.99983	0.99983

[부표 II] 누적 포아송분포표

$$P(X \leq c) = \sum_{k=0}^{c} \frac{e^{-\lambda}\lambda^{k}}{K!} = \sum_{k=0}^{c} \frac{e^{np}(np)^{k}}{K!}$$

λ 또는 np \ c	0	1	2	3	4	5	6	7	8
0.02	.980	1.000							
0.04	.961	.999	1.000						
0.06	.942	.998	1.000						
0.08	.923	.997	1.000						
0.10	.905	.995	1.000						
0.15	.861	.990	.999	1.000					
0.20	.819	.982	.999	1.000					
0.25	.779	.974	.998	1.000					
0.30	.741	.963	.996	1.000					
0.35	.705	.951	.994	1.000					
0.40	.670	.938	.992	.999	1.000				
0.45	.638	.925	.989	.999	1.000				
0.50	.607	.910	.986	.998	1.000				
0.55	.577	.894	.982	.998	1.000				
0.60	.549	.878	.977	.997	1.000				
0.65	.522	.861	.972	.996	.999	1.000			
0.70	.497	.844	.966	.994	.999	1.000			
0.75	.472	.827	.959	.993	.999	1.000			
0.80	.449	.809	.953	.991	.999	1.000			
0.85	.427	.791	.945	.989	.998	1.000			
0.90	.407	.772	.937	.987	.998	1.000			
0.95	.387	.754	.929	.984	.997	1.000			
1.00	.368	.736	.920	.981	.996	.999	1.000		
1.1	.333	.699	.900	.974	.995	.999	1.000		
1.2	.301	.663	.879	.966	.992	.998	1.000		
1.3	.273	.627	.857	.957	.989	.998	1.000		
1.4	.247	.592	.833	.946	.986	.997	.999	1.000	
1.5	.223	.558	.809	.934	.981	.996	.999	1.000	
1.6	.202	.525	.783	.921	.976	.994	.999	1.000	
1.7	.183	.493	.757	.907	.970	.992	.998	1.000	
1.8	.165	.463	.731	.891	.964	.990	.997	.999	1.000
1.9	.150	.434	.704	.875	.956	.987	.997	.999	1.000
2.0	.135	.406	.677	.857	.947	.983	.995	.999	1.000

λ 또는 np \ c	0	1	2	3	4	5	6	7	8	9	10	11
2.2	.111	.355	.623	.819	.928	.975	.993	.998	1.000			
2.4	.091	.308	.570	.779	.904	.964	.988	.997	.999	1.000		
2.6	.074	.267	.518	.736	.877	.951	.983	.995	.999	1.000		
2.8	.061	.231	.469	.692	.848	.935	.976	.992	.998	.999	1.000	
3.0	.050	.199	.423	.647	.815	.916	.966	.988	.996	.999	1.000	
3.2	.041	.171	.380	.603	.781	.895	.955	.983	.994	.998	1.000	
3.4	.033	.147	.340	.558	.744	.871	.942	.977	.992	.997	.999	1.000
3.6	.027	.126	.303	.515	.706	.844	.927	.969	.988	.996	.999	1.000
3.8	.022	.107	.269	.473	.668	.816	.909	.960	.984	.994	.998	.999
4.0	.018	.092	.238	.433	.629	.785	.889	.949	.979	.992	.997	.999
4.2	.015	.078	.210	.395	.590	.753	.867	.936	.972	.989	.996	.999
4.4	.012	.066	.185	.359	.551	.720	.844	.921	.964	.985	.994	.998
4.6	.010	.056	.163	.326	.513	.686	.818	.905	.955	.980	.992	.997
4.8	.008	.048	.143	.294	.476	.651	.791	.887	.944	.975	.990	.996
5.0	.007	.040	.125	.265	.440	.616	.762	.867	.932	.968	.986	.995
5.2	.006	.034	.109	.238	.406	.581	.732	.845	.918	.960	.982	.993
5.4	.005	.029	.095	.213	.373	.546	.702	.822	.903	.951	.977	.990
5.6	.004	.024	.082	.191	.342	.512	.670	.797	.886	.941	.972	.988
5.8	.003	.021	.072	.170	.313	.478	.638	.771	.867	.929	.965	.984
6.0	.002	.017	.062	.151	.285	.446	.606	.744	.847	.916	.957	.980

	12	13	14	15	16
3.8	1.000				
4.0	1.000				
4.2	1.000				
4.4	.999	1.000			
4.6	.999	1.000			
4.8	.999	1.000			
5.0	.998	.999	1.000		
5.2	.997	.999	1.000		
5.4	.996	.999	1.000		
5.6	.995	.998	.999	1.000	
5.8	.993	.997	.999	1.000	
6.0	.991	.996	.999	.999	1.000

λ 또는 np \ c	0	1	2	3	4	5	6	7	8	9	10	11
6.2	.002	.015	.054	.134	.259	.414	.574	.716	.826	.902	.949	.975
6.4	.002	.012	.046	.119	.235	.384	.542	.687	.803	.886	.939	.969
6.6	.001	.010	.040	.105	.213	.355	.511	.658	.780	.869	.927	.963
6.8	.001	.009	.034	.093	.192	.327	.480	.628	.755	.850	.915	.955
7.0	.001	.007	.030	.082	.173	.301	.450	.599	.729	.830	.901	.947
7.2	.001	.006	.025	.072	.156	.276	.420	.569	.703	.810	.887	.937
7.4	.001	.005	.022	.063	.140	.253	.392	.539	.676	.788	.871	.929
7.6	.001	.004	.019	.055	.125	.231	.365	.510	.648	.765	.854	.915
7.8	.000	.004	.016	.048	.112	.210	.338	.481	.620	.741	.835	.902
8.0	.000	.003	.014	.042	.100	.191	.313	.453	.593	.717	.816	.888
8.5	.000	.002	.009	.030	.074	.150	.256	.386	.523	.653	.763	.849
9.0	.000	.001	.006	.021	.055	.116	.207	.324	.456	.587	.706	.803
9.5	.000	.001	.004	.015	.040	.089	.165	.269	.392	.522	.645	.752
10.0	.000	.000	.003	.010	.029	.067	.130	.220	.333	.458	.583	.697
	12	13	14	15	16	17	18	19	20	21	22	
6.2	.989	.995	.998	.999	1.000							
6.4	.986	.994	.997	.999	1.000							
6.6	.982	.992	.997	.999	.999	1.000						
6.8	.987	.990	.996	.998	.999	1.000						
7.0	.973	.987	.994	.998	.999	1.000						
7.2	.967	.984	.993	.997	.999	.999	1.000					
7.4	.961	.980	.991	.996	.998	.999	1.000					
7.6	.954	.976	.989	.995	.998	.999	1.000					
7.8	.945	.971	.986	.993	.997	.999	1.000					
8.0	.936	.966	.983	.992	.996	.998	.999	1.000				
8.5	.909	.949	.973	.986	.993	.997	.999	.999	1.000			
9.0	.876	.926	.959	.978	.989	.995	.998	.999	1.000			
9.5	.836	.898	.940	.967	.982	.991	.996	.998	.999	1.000		
10.0	.792	.864	.917	.951	.973	.986	.993	.997	.998	.999	1.000	

c / λ 또는 np	0	1	2	3	4	5	6	7	8	9	10	11
10.5	.000	.000	.002	.007	.021	.050	.102	.179	.297	.397	.521	.639
11.0	.000	.000	.001	.005	.015	.038	.079	.143	.232	.341	.460	.579
11.5	.000	.000	.001	.003	.011	.028	.060	.114	.191	.289	.402	.520
12.0	.000	.000	.001	.002	.008	.020	.046	.090	.155	.242	.347	.462
12.5	.000	.000	.000	.002	.005	.015	.035	.070	.125	.201	.297	.406
13.0	.000	.000	.000	.001	.004	.011	.026	.054	.100	.166	.252	.353
13.5	.000	.000	.000	.001	.003	.008	.019	.041	.079	.135	.211	.304
14.0	.000	.000	.000	.000	.002	.006	.014	.032	.062	.109	.176	.260
14.5	.000	.000	.000	.000	.001	.004	.010	.024	.048	.088	.145	.220
15.0	.000	.000	.000	.000	.001	.003	.008	.018	.037	.070	.118	.185

	12	13	14	15	16	17	18	19	20	21	22	23
10.5	.742	.825	.888	.932	.960	.978	.988	.994	.997	.999	.999	1.000
11.0	.689	.781	.854	.907	.944	.968	.982	.991	.995	.998	.999	1.000
11.5	.633	.733	.815	.878	.924	.954	.974	.986	.992	.996	.998	.999
12.0	.576	.682	.772	.844	.899	.937	.963	.979	.988	.994	.997	.999
12.5	.519	.628	.725	.806	.869	.916	.948	.969	.983	.991	.995	.998
13.0	.463	.573	.675	.764	.835	.890	.930	.957	.975	.986	.992	.996
13.5	.409	.518	.623	.718	.798	.861	.908	.942	.965	.980	.989	.994
14.0	.358	.464	.570	.669	.756	.827	.883	.923	.952	.971	.983	.991
14.5	.311	.413	.518	.619	.711	.790	.853	.901	.936	.960	.976	.986
15.0	.268	.363	.466	.568	.664	.749	.819	.875	.917	.947	.967	.981

	24	25	26	27	28	29
11.5	1.000					
12.0	.999	1.000				
12.5	.999	.999	1.000			
13.0	.998	.999	1.000			
13.5	.997	.998	.999	1.000		
14.0	.995	.997	.999	.999	1.000	
14.5	.992	.996	.998	.999	.999	1.000
15.0	.989	.994	.997	.998	.999	1.000

λ 또는 np \ c	5	6	7	8	9	10	11	12	13	14	15
16	.001	.004	.010	.022	.043	.077	.127	.193	.275	.368	.467
17	.001	.002	.005	.013	.026	.049	.085	.135	.201	.281	.371
18	.000	.001	.003	.007	.015	.030	.055	.092	.143	.208	.287
19	.000	.001	.002	.004	.009	.018	.035	.061	.098	.150	.215
20	.000	.000	.001	.002	.005	.011	.021	.039	.066	.105	.157
21	.000	.000	.000	.001	.003	.006	.013	.025	.043	.072	.111
22	.000	.000	.000	.001	.002	.004	.008	.015	.028	.048	.077
23	.000	.000	.000	.000	.001	.002	.004	.009	.017	.031	.052
24	.000	.000	.000	.000	.000	.001	.003	.005	.011	.020	.034
25	.000	.000	.000	.000	.000	.001	.001	.003	.006	.012	.022

	16	17	18	19	20	21	22	23	24	25	26
16	.556	.659	.742	.812	.868	.911	.942	.963	.978	987	.993
17	.468	.564	.655	.736	.805	.861	.905	.937	.959	.975	.985
18	.375	.469	.562	.651	.731	.799	.855	.899	.932	.955	.972
19	.292	.378	.469	.561	.647	.725	.793	.849	.893	.927	.951
20	.221	.297	.381	.470	.559	.644	.721	.787	.843	.888	.922
21	.163	.227	.302	.384	.471	.558	.640	.716	.782	.838	.883
22	.117	.169	.232	.306	.387	.472	.556	.637	.712	.777	.832
23	.082	.123	.175	.238	.310	.389	.472	.555	.635	.708	.772
24	.056	.187	.128	.180	.243	.314	.392	.473	.554	.632	.704
25	.038	.060	.092	.134	.185	.247	.318	.394	.473	.553	.629

	27	28	29	30	31	32	33	34	35	36	37
16	.996	.998	.999	.999	1.000						
17	.991	.995	.997	.999	.999	1.000					
18	.983	.990	.994	.997	.998	.999	1.000				
19	.969	.980	.988	.993	.996	.998	.999	.999	1.000		
20	.948	.966	.978	.987	.992	.995	.997	.999	.999	1.000	
21	.917	.944	.963	.976	.985	.991	.994	.997	.998	.999	.999
22	.877	.913	.940	.959	.973	.983	.989	.994	.996	.998	.999
23	.827	.873	.908	.936	.956	.971	.981	.988	.993	.996	.997
24	.768	.823	.868	.904	.932	.953	.969	.979	.987	.992	.995
25	.700	.763	.818	.863	.900	.929	.950	.966	.978	.985	.991

	38	39	40	41	42	43
21	1.000					
22	.999	1.000				
23	.999	.999	1.000			
24	.997	.998	.999	.999	1.000	
25	.994	.997	.998	.999	.999	1.000

찾 아 보 기

ㅅ

ㅇ

ㅈ

저자 소개

장성기

서울대학교 계산통계학과(1976년)를 졸업하고, 미국 조지아주립대학교(Georgia State University)에서 경영학 석·박사학위(1985년·1990년)를 취득하였다. 한국경제연구원, LG생산기술원에서 근무하였고, 1999년부터 영산대학교 경영학과, 해운항만물류학과에 교수로 재직하다 2018년 정년퇴임을 하였다. 동 대학 호텔관광·경영대학원장과 정보경영연구소장, 산학협력처장 및 교무처장 등을 역임하였고, 2006년 1월부터 2007년 1월까지 미국 휴스턴대학교(University of Houston)의 SCRC(Supply Chain Resource Center)에 초빙연구원으로 근무하였다.

한국생산관리학회 및 한국 CAD/CAM학회 이사를 역임하였으며, 주요 관심분야는 생산관리, 생산전략, 생산정보시스템, MRP, CIM, ERP, SCM 등이다. 9년여 동안 LG생산기술원에 근무시 생산시스템그룹장, CIM연구실장 및 CAD/CAM/CAE 센터장을 역임하였다.

저서로는 『물류관리의 종합적 이해』, 『생산정보시스템』, 『21세기 생산관리』 그리고 『공급사슬관리의 실천적 이해』, 『물류관리론』, 『공급사슬관리』 등이 있다.

현대 생산운영관리 - 개정판

초 판 1쇄 발행 —— 2012년 8월 30일
초 판 2쇄 발행 —— 2014년 2월 25일
개정판 1쇄 발행 —— 2023년 8월 10일
지은이 —— 장 성 기
펴낸이 —— 전 두 표
펴낸곳 —— 도서출판 두남
서울시 강동구 성내로 6길 34-16 두남빌딩
신 고 : 제25100-1988-9호
TEL : 02) 478-2065, 2066, 2067, 2311
FAX : 02) 478-2068
E-mail : dnbooks@dunam.co.kr
http://www.dunam.co.kr

정가 31,000원

ISBN 978-89-6414-970-6 93320